Performance Drivers

BSC
구축 & 실행사례

Nils-Göran Olve, Jan Roy & Magnus Wetter 지음

갈렙앤컴퍼니 / 송경근 옮김

한·언

HanEon Community

옮긴이 소개

갈렙앤컴퍼니

기업의 비전설정, 사업 구조조정 등의 경영전략 서비스, 인터넷 진입·활용 전략, 경쟁전략 및 경영 체제 전략 등의 인터넷 비즈니스 서비스, 성과관리 시스템(BSC) 구축 서비스 등을 민간에 제공하고 있는 경영 자문회사이다. 특히, 성과관리 시스템을 수행하는 데 있어 기업의 장기적 전략방향을 충분히 고려하고, 현업에서 발생하는 일상적 운영활동이 성과지표에 반영되도록 하여 장기적인 비전 달성과 끊임없는 경영개선을 지원하는 데 탁월성을 지닌 회사로서 통신업, 서비스업, 대학, 병원 등에서 BSC 구축 경험을 지니고 있다. 각 영역에 대한 이해와 실행력을 지닌 전문가들이 '고객에게 가치 있고 실현 가능한 서비스를 제공하는 정직한 회사가 되어야 된다' 는 사명아래 성실하고 정직한 서비스를 제공하고 있다. 이 책의 번역에는 정종섭 이사가 주도적으로 참여했다.

정종섭은 갈렙앤컴퍼니의 이사로서 상공회의소, 생산성 본부 외에 기업체 다수에서 BSC 강의를 맡고 있다. 아더앤더슨코리아의 선임 컨설턴트와 안진회계법인의 선임 CPA로 활동한 바 있다. 현재는 한국통신의 '경영성과 관리체계(BSC) 혁신사업' 을 수행중이다.
저서로는 《통합경영혁신모델 E-CAB》, 《이것을 알면 경영이 쉬워진다》, 역서로는 《정부회계혁명》 등이 있다.

송경근

하나컨설팅그룹 대표로 경영전략(온라인 기업과 오프라인 기업의 경영전략, 온-오프라인 통합 경영전략 수립), 정보기술 활용(ISP, ERP, CRM(e-CRM), SCM, e-Business), 경영혁신(BPR(PI), 6시그마, 변화관리) 등에 대한 컨설팅을 수행하고 있다. 그리고 현재 목원대학교에서 겸임교수로 강의하고 있으며, (주)화천기계의 경영고문으로도 활동하고 있다.
역서로는 《가치실현을 위한 통합경영지표, BSC》, 《최고경영자 예수》, 《글로벌 학습조직》, 《팀경영 & 학습조직- 탁월한 사례》, 《BIG히트상품 24편의 성공이야기》, 《리더십 불변의 법칙 5》, 《당신의 경쟁자를 미치게 하는 초심리전략》, 《프로세스 혁신》, 《성공 벤치마킹》 외 다수가 있다.

BSC
구축 & 실행사례

지은이 소개

Nils-Göran Olve는 린코핑(Linköping) 대학의 겸임교수로 재직중이며, 경영 컨설팅 전문 회사인 세프로(CEPRO) 사의 선임 파트너로서 경영관리 문제, 특히 BSC와 정보기술 관리에 관한 업무를 수행하고 있다. 저서로는 《Virtual Organization and Beyond》가 있다.

Jan Roy는 세프로 사의 최고경영자이자, 선임 파트너이다. 스웨덴의 여러 회사, 특히 소매 산업 분야에서 최고경영자로서 활동했다. 경영 컨설턴트로서 주로 전략적 변혁(change) 프로세스 분야의 업무를 맡고 있다.

Magnus Wetter는 전략개발을 전문으로 하는 경영 컨설턴트로서 최근까지 세프로 사에서 근무했고, 현재는 르네상스 월드와이드(Renaissance Worldwide)의 경영 컨설턴트로 활동하고 있다.

PERFORMANCE DRIVERS
by Nils-Göran Olve, Jan Roy & Magnus Wetter

옮긴이의 글

1998년 상반기에 로버트 캐플런과 데이비드 노튼의 《가치실현을 위한 통합경영지표 BSC》가 번역 출간된 이후 국내의 많은 기업과 전문가들 사이에서 BSC에 대한 관심이 매우 높아지고 있다. 그리고 현재 국내 유수 기업을 중심으로 BSC는 그들 기업의 경영관리 시스템 및 연봉제의 구체적인 툴로서 도입중에 있다. 학계에서도 BSC는 경영대학의 전략, 관리회계, 인사관리, MIS 등 다양한 과목에 걸쳐 주요 아카데믹의 주제로서 논의되고 있다.

이처럼 높은 관심에도 불구하고 BSC와 관련된 서적 및 국내 사례가 극히 제한적인 데다가 일반인을 상대로 한 외부 교육도 그리 많지 않아 BSC의 실제적인 도입과 관련된 이슈와 궁금증에 대한 정보 획득에 많은 사람들이 어려움을 느끼고 있는 실정이다. 이러한 상황에서 옮긴이는 어떻게 하면 BSC가 단지 추상적인 개념에 그치지 않고 구체적인 무언가를 국내에 소개할 수 있을까? 하고 관련 자료들을 수집하고 검색하는 중에 "Performance drivers"라는 책자를 발견하게 되었다. 영문 서적의 원 제목을 보는 순간 이 책이야말로 국내 BSC 도입을 촉진시킬 수 있는 좋은 촉매제라고 판단했다. 그리고 번역을 진행하는 과정에서 이러한 생각은 확인되었다. 다소 이해하기 어려운 부분도 있었지만 이 책에서 언급된 이슈 및 내용들은 분명 국내에서 BSC와 관련된 토론을 활발히 일으킬 수 있는 출발점이 될 수 있으리라는 것을 확신한다. 또한 이 책은 그 동안 많은 사람들이 궁금해 하던 BSC의 실제 적용 사례는 물론, 실행 방법을 매우 상세하게 제시하고 있어, 현재 BSC를 도입중에 있거나 도입하려는 계획을 가지고 있는 기업들에게 상당한 도움을 줄 수 있을 것으로 생각된다.

다만 분명히 해야 할 것은, 앞서 발간된 BSC의 기본 개념서인 캐플런과 노튼의 《가치실현을 위한 통합경영지표 BSC》를 숙지한 다음에 이 책을 읽는 것이 좋다는 것이다. 기본 개념이 잡혀 있어야 이 책에서 좀더 유용한 도움을 받을 수 있을 것이기 때문이다. 특히 현재 국내의 BSC 도입과 관련해서 문제가 되는 부분은 위 책의 PART I 부분은 그런 대로 개념이 잡혀 있거나 적용하려고 하는 반면, PART II 부분에 대한 이해와 인식이 제대로 이루어지지 않고 있다는 것이다.

그 동안 실제로 몇몇 기업들을 대상으로 BSC 컨설팅을 수행하고 또한 다수의 BSC 강의를 하면서 옮긴이는 이와 같은 사실을 다시 한번 절감했다. 이와 관련, 국내 BSC 도입 관련 문제점 및 발전방향을 간략하게 정리해 보면 다음과 같다.

1) 비전·전략의 명확화

국내에서 BSC에 관심이 있는 상당수 기업들은 기존의 비전과 전략에 대한 명확화 및 보완·검토 없이 단지 네 가지 시각에서 지표를 개발하려고 한다. 여러 가지 이유가 있겠지만 전사 전략, 사업 전략 및 기능별 전략 개발이 어려울 뿐만 아니라 이러한 새로운 전략의 실행

여부를 측정할 수 있는 지표가 더더욱 어렵기 때문인 것 같다. 하지만 이렇게 개발된 BSC는 전략을 알리는 커뮤니케이션 수단이 아닌, '무늬만 BSC'가 될 가능성이 높다.

2) 보상시스템 또는 정보시스템으로서 BSC에 대한 오해

외국 모 컨설팅 기관의 조사에서, BSC를 도입한 외국 회사 중 88%가 BSC와 보상을 연계하고 있거나 검토하고 있다는 조사 결과에서 알 수 있듯이 BSC와 보상은 연계가 필요한 부분임에는 틀림없다. 그러나 BSC의 목적이 '전략 실행 모니터링'보다 '보상 지급의 수단'이 우선 목적이 된다면 향후 유리한 보상평가를 위한 피평가 조직들의 '지표 협상'으로 인해 평가 득점이 100점 내외의 우스꽝스러운 BSC가 될 가능성이 높다. BSC를 하나의 정보시스템으로 인식하여 정보기술 부서에 주도적으로 추진하는 경우, 최고경영자나 주요 임원은 물론, 전사적인 관심을 모으는 데 한계가 있을 가능성이 높다.

3) 지표 개발 과정의 다수 참여 필요

아무리 좋은 BSC 지표일지라도 소수가 참여하여 개발된 경우 분명 '바람직한 BSC'라고 말할 수는 없다. BSC가 기존의 경영혁신 기법에 비해 가지는 큰 강점은 기업 내 미래 모습과 관련된 활발한 사내토론을 일으킨다는 데 있다. 특히, 최고경영층의 지표개발 과정 참여는 더할 나위 없는 바람직한 모습임에 틀림없다.

4) 핵심 소수지표와 분석지표의 관계

BSC에서는 소수 핵심지표(vital few measures)를 강조하고 있다. 이는 다수의 프로세스 지표 또는 분석목적의 지표가 필요 없다는 것을 의미하지 않는다. BSC에서는 전략 실행과 관련되어 핵심지표를 관리하고, BSC 지표는 분석목적의 지표들과 상호 연계되어 관리될 필요가 있다.

5) BSC의 전략적 경영관리 시스템으로서의 발전

BSC는 단지 균형잡힌 지표 개발의 수단으로 그쳐서는 안된다. 이는 전략 수립, 재원 배분, 전략적 피드백 등과 연계한 하나의 경영관리 시스템으로 발전해야 하며, 더 나아가 전략중심 조직(strategy-focused organization)으로 기업을 변화시킬 수 있어야 한다.

6) BSC와 타 경영혁신 기법과의 상호 역할 정립

BSC와 다수의 유사 경영혁신 기법들, 예를 들면 TQM, BPR, 6시그마, 지식경영 등 서로간의 상호 역할 정립이 필요하다. 이러한 상호 역할이 내부적으로 정립되지 않는 경우 도리어 조직구성원에게 혼란만을 불러 일으키고 중복된 이중업무로 모든 경영혁신 기법들이 실패할 수 있다.

상기의 이슈들 외에 BSC 도입 및 정착과 관련하여 여러 가지 이슈가 있음은 당연하다. 따라서 옮긴이는 국내 사례와 BSC 이슈를 중심으로 한 국내판 'BSC 사례 및 실행 가이드'를 내년 중에 출간함으로써 한국 기업 실정에 맞는 BSC 개념 및 모습을 제시하고자 한다.

끝으로 이 책의 번역을 흔쾌히 승낙해 주신 한언출판사와 원고 교정 및 편집에 많은 수고를 해주신 안은희 님에게 감사를 드린다. 또한 함께 번역에 참여해 주신 하나컨설팅그룹의 송경근 대표님, 교정 및 번역 리뷰에 참여해 주신 강형석 님과 갈렙의 식구들에게 감사를 드린다. 아무쪼록 이 책이 BSC의 바람직한 국내 도입에 기여하기를 진심으로 바란다.

2000년 6월, 옮긴이들을 대표하여

㈜ 갈렙앤컴퍼니 정종섭 이사

BSC 개념이 처음 출현한 것은 1992년이며, 그 이후 많은 기업들이 이 개념을 시험해 왔다. 기업의 형태에 따라 그 BSC 또한 다양한 내용과 형태로 나타난다. 다수의 측정지표들을 조합하여 업무운영을 간결하게 묘사한다는 기본 개념 자체는 전혀 새로울 것도, 독창적일 것도 없다. 그러나 수년 간에 걸쳐 축적된 경험의 결과로서 기업의 경영관리 전반에 대한 새롭고도 유용한 접근법들이 탄생했다. 이런 접근법들을 BSC라는 간결한 정의하에서 일목요연하게 파악하기란 쉽지 않다. 왜냐하면 여기서 중요한 것은 성과측정표 그 자체가 아니고 그 사용방식이기 때문이다. 이 접근법들은 다음에 관한 것들이다.

- 경영관리에 전략적 차원을 부여한다.
- 모든 종업원들에게 그들의 업무목표를 명확히 전달한다.
- 역량, 고객 관계, 정보기술 등에 대한 개발노력이 미래에 어떤 이익을 가져올 것인가에 대해 토론한다.
- 주요 성공요소들을 더욱 조직적으로 측정하여 학습기회를 창출하며, 이런 데이터를 현재 진행중인 사업토론에서 이용한다.

■ 기업의 주요 활동들이 당장 '높은 이익 실현' 또는 '비용감소 효과' 등을 가져오지 않는다는 사실을 주지시킨다.
■ 연간보고서상의 재무적 현황 제시에 대한 보완책으로서, 기업의 현상황 및 성장 가능성을 외부에 알릴 수 있는 방법을 개발한다.

이상은 중요한 목표들이며 이것들을 실현한다는 것은 쉽지 않다. 하지만 이들 덕택에 이제 BSC는 학술회의, 관리자 교육 프로젝트, 경영대학교 학위논문 등에서 주요 주제로 떠오르게 되었다. 그러면 BSC란 정확히 무엇인가?

이 책에서 필자들은 이 질문에 대한 답으로서, BSC의 개념, 프로세스, 그리고 다수 기업들에서의 실제 사례 등을 간략하게 소개하였다. 이 책의 대부분은 필자들의 경험에 근거하고 있지만, 그 외에 일반 기업체 및 기관의 많은 사람들의 의견도 참고하였다. 그들은 각자 그들 나름대로 BSC 개념을 해석·적용해 오고 있었는데, 그 중 대표적이라 할 수 있는 몇 가지 사례들을 이 책에 소개하였다. 그리고 이것들을 한편으로는 광범위한 사례연구의 주제로서, 그리고 또 한편으로는 다양한 실제 적용상황을 설명하기 위한 예시로서 활용하였다.

필자들은 또한 BSC를 다른 현대적 사고방식 및 개념들과 연계시켰는데, 이것은 현대적 경영관리에 있어서의 BSC의 위치에 부가적인 시각을 제공해 주기 위한 시도였다.

이제 BSC는 영어권 및 스칸디나비아 반도 국가들에서 가장 널리 사용되고 있는 모델이라는 것이 필자들의 느낌이다. 그래서 필자들은 스웨덴의 다국적 기업들 외에 일부 영국 기업들도 이 책의 사례연구 대상에 포함시켰다.

BSC의 궁극적인 지향점은 '학습하는 조직의 탄생'이라는 것이 필자들의 생각이다. 따라서 성과측정표를 통해 많은 종업원들에게 다음과 같은 전반적 사업구도를 더욱 철저하고 알기 쉽게 보여주는 것이 그 목적이다.

- 총체적·포괄적 조망 : 전반적 사업구도 내에서 자기 자신의 업무가 가지는 의미는 무엇인가? 왜 그런 일을 해야 하는지 이해하고 있는가? 또한 현재의 방식은 타당한가?
- 장기적 관점 : 더욱 많은 시간들이 미래에 대한 준비를 위해 투자되고 있다. 역량 및 관계의 개발은 종종 그 투자의 효과가 쉽게 보이지 않는다. 자기 자신 및 기업 동료들이 서로의 공동 미래를 준비하기 위해 올바른 방향으로 가고 있다는 것을 어떻게 확신할 수 있는가?
- 경험 : 배운 지식을 어떻게 활용할 것인가? 오늘날 기업의 많은 종업원들은 고객과의 직접적 접촉을 통해 많은 정보들을 습득하고 있으며, 한편으로는 다른 기업 또는 공공 기관들과의 관계를 개발해 나가고 있다. 이런 지식들을 어떻게 이익과 연결시킬 것인가?
- 유연성 : 장기적 초점 및 경험을 통한 학습이라는 목표는 급변하는 사업환경에 대한 탄력적인 대응노력과 조화되어야 한다.

이 책의 집필에 있어, 필자들은 몇 가지 다른 분야들에서의 경험을 조화롭게 활용했다. 또한 스톡홀름에 본사를 둔 경영 컨설팅 기업인 세프로(CEPRO)사의 동료들과 함께 일하면서 BSC 개념이 응용된 다양한 모델들에 관여하였다. 그러면서 BSC가 사용되고 있는 일부 다른 조직들에 관한 지식도 얻을 수 있었다. 그러므로 필자들의 몇몇 동료들 역시 이 책에 기여한 바가 있는 셈이다. 한편 필자들은 대학교 또는 기타 연구기관 등 다양한 곳으로부터 자료를 수집하였으며, 그 중 가장 유용한 것들만을 엄선하였다. 이밖에 BSC에 대해 함께 토의했던 많은 분들에게는, 그분들의 지식을 필자들이 결코 헛되이 하지 않았다고 감히 말씀드림으로써 그 고마움의 표현을 대신하고자 한다. 이상 모든 분들의 수고와 협조에 다시 한번 진심어린 감사를 드린다.

Nils-Görua Olve, Jan Roy & Magnus Wetter

세프로 컨설턴트

주소 : Box 440, S -101 28 Stockholm, Sweden

전화 : +46 (0) 84029800 / 팩스 : +46 (0) 8105469

E-메일 : Company@cepro.se / 홈페이지 : www.cepro.se

이 책의 구성

이 책의 기본 목적은 필자들이 접했던 다양한 BSC의 사용 방식들을 소개하는 것이다. 〈그림 0-1〉은 이 책의 각 장들을 개관한 것이다. 제1 부(제1장 및 2장)에서는 BSC 개념을 소개했고, 그것이 등장하게 된 배경을 다루었다.

BSC의 구축(제2부)은 주로 전략적 초점 및 관리 향상에 그 목적이 있다. 이 분야에 대한 실제적인 방법을 원하는 독자는 제1장 및 2장은 건너 뛰고, 제3장에서부터 읽어나가는 것이 좋을 것이다. 이곳에서는 스웨덴의 의류 소매체인인 '캐팔사'의 실제 사례를 중심으로, 성과측정표 구축 프로세스가 한 단계씩 간략하게 소개된다. 제4장에서는 몇 가지 사례 연구들을 통해 그 프로세스의 세부사항들이 기업에 따라 달라질 수 있다는 점을 보여주며, 제5장에서는 성과측정표 프로세스 및 양식 설계에 관련된 몇 가지 쟁점사안들이 다루어진다.

위의 사례연구 중 일부 기업들은 BSC를 주로 운영적 관리의 도구로서 도입하였다. 이때 BSC의 역할은 재무적 관리를 보완하여, 기업의 성과에 대한 더욱 완벽한 조망을 제공해 준다. 물론 이런 종류의 관리도 기업의 전략을 반영해야 되지만, 이 경우 BSC 구축 프로세스는 일반적

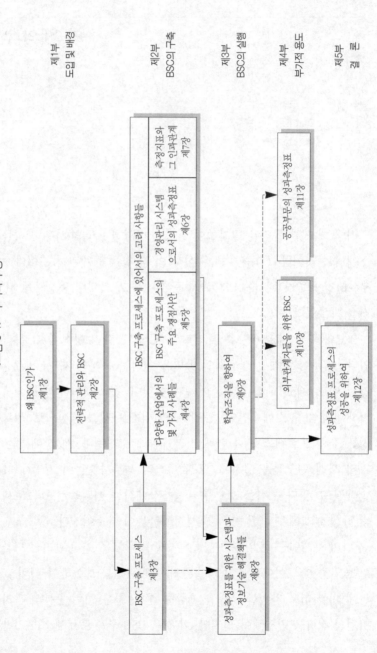

<그림 0-1> 이 책의 구성

제1부
도입 및 배경

왜 BSC인가
제1장

전략적 관리와 BSC
제2장

제2부
BSC의 구축

BSC 구축 프로세스에 있어서의 고려 사항들

다양한 산업에서의
몇 가지 사례들
제4장

BSC 구축 프로세스의
주요 결정사안
제5장

경영관리 시스템
으로서의 성과측정표
제6장

측정지표와
그 인과관계
제7장

BSC 구축 프로세스
제3장

성과측정표를 위한 시스템과
정보기술 해결책들
제8장

제3부
BSC의 실행

학습조직을 향하여
제9장

제4부
부가적 용도

외부관계개선을 위한 BSC
제10장

공공부문의 성과측정표
제11장

제5부
결 론

성과측정표 프로세스의
성공을 위하여
제12장

으로 조직 내의 더 낮은 계층에서부터 출발하게 된다. 측정지표들을 사용하게 되는 첫 번째 이유는, 단지 사업전반에 대한 간결한 조망을 원해서인 경우가 많다. 필자들은 제6장에서 몇 가지 사례연구들과 함께 이 문제를 논의하였으며, 제7장에서는 더 나아가 측정지표에 관련된 주요 사안들, 그리고 '각 측정지표들간의 연계'에 대해 설명하였다.

성과측정표 프로세스는 기업의 전략에 대한 정의 규정에서부터 출발하게 되지만, 후에 진행상황을 측정할 실제적인 방법을 찾아야 할 때가 오게 되면, 이런 것들이 주요문제로 부상하게 된다. 전략적 성과측정표 프로세스 착수를 고려중인 독자들은 제3장에서 곧바로 제3부 (제8장)로 건너뛴 후, 후에 BSC 실행이 진행되는 시점에서 다시 제5장~7장으로 돌아올 수 있다. 이런 '지름길'이 〈그림 0-1〉에 제시되어 있다.

그러나 모든 성과측정표 프로젝트 관리팀들은 제8장 및 9장에서 제기되는 쟁점사안들에 대한 그들의 입장을 신중히 고려해 보아야 할 것이다. 제8장은 성과측정표의 지원체계로서의 정보기술을 다루고 있으며, 제9장은 점차 그 중요도가 높아져 가고 있는 '조직의 학습 및 지식관리'에 관한 것이다.

제4부의 제10장 및 11장은 '부가적 용도'라는 제목에 나타나듯이, 대부분의 독자들에게는 선택적인 부분이 될 것이다. 제10장에서 필자들은 기업의 재무회계에 성과측정표적 표현을 첨가하는 것을 주제로 부각시켰다. BSC는 때때로 기업 및 지적자본의 가치 평가에 관한 토론과 관계되며, 성과측정표상의 비재무적 정보들이 재무보고서에 포함되어야 한다는 제안들이 잇따르고 있다. 이런 논의들은 점점 더 많은 사람들의 관심을 끌고 있는데, 일단 성과측정표는 주로 내부적 경

영 프로세스에 대한 도구로서 받아들여져야 된다는 것이 필자들의 입장이다. 필자들은 바로 이런 이유로 인해 성과측정표는 공공분야(제11장)에서도 그 존재 가치를 가지게 된다고 생각한다. 왜냐하면 주 또는 지방자치단체들은 하나의 조직체로서, 그 운영이 대규모의 기업 또는 그룹에 견주어질 수 있기 때문이다.

마지막으로 제5부(제12장)에서 필자들은 '경영관리의 맥락에서 본 성과측정표'를 중심으로 한 필자들의 제언들을 요약·설명하였다. 실제적인 사례연구를 통해 필자들이 얻은 한가지 결론은, 성과측정표 프로세스는 운영적인 목적 외에 전략적인 목적을 위해서도 사용될 수 있으며, 성공적인 프로세스의 설계는 이 점을 반영해야 한다는 것이다.

[CONTENTS]

4. 다양한 산업에서의 몇 가지 사례들 · 130

5. BSC 구축 프로세스의 주요 쟁점사안 · 170

[CONTENTS]

[CONTENTS]

PART I 도입 및 배경

왜 BSC인가? | 전략적 관리와 BSC

1

왜 BSC인가?

이 장을 통해 필자들은 우리의 사업이 어디를 향하고 있는가에 대해 토론함에 있어 우리에게 도움을 주는 방식 및 개념으로서의 BSC를 소개하고자 한다. 1992년 세상에 처음 소개된 이후, BSC 개념, 즉 사업을 성과측정표 관점에서 보는 발상은 많은 사람들의 관심을 불러모아 왔다. 이것은 많은 경영자들이 '단기적 보고서' 이상의 무언가에 대한 필요성을 절실히 느끼고 있다는 사실을 의미하는 것이라고 볼 수 있다.

핵심업무에 대한 묘사

'책임과 신뢰'는 오늘날 기업들의 대 슬로건이다. 하지만 경영자의 책임이란 무엇인가? 수 십년에 걸쳐 '분권화된 이익책임(profit responsibility)'이 논의되어 왔다. 일반적으로 결과는 재무적 관점에서 평가된다. 사업단위 또는 부서들의 손익계산서의 골격은 전사차원의 손익계산서에 맞추어진다.

이것으로 충분한 것인가? 기업 내 다양한 부문들의 '임무(mission)'가 단순히 '투자에 대한 이익 및 수입의 창출'에 불과하단 말인가? 대부분의 경우는 그렇지 않을 것이다. 경영자들은, 미래에 그 기업이 번영하기 위해서는 그것에 필요한 능력을 개발해야 한다는 사실을 이미 잘 알고 있다. 그러나 해당 연도의 관점에서만 본다면, 이런 노력들은 오직 비용으로만 비춰질 것이다.

여기에 바로 기업들이 BSC를 필요로 하는 근본적인 이유가 있다. 또한 이런 BSC에 대한 필요성은 정부기관 및 기업 내 스태프 조직들을 비롯한 많은 비영리 조직들에 이르러 더욱 뚜렷해진다. 운영 목표 및 그 진행상황 등을 조금 더 체계적이고 세부적으로 묘사할 필요성이 대두된 것이다.

전에는 이런 필요성이 덜 했을 것이다. 즉, 판매 및 생산은 주로 단기적인 초점을 가지고 있었으며, 미래에 대한 준비는 기업의 연구개발 부서에서 자본적 지출에 대한 중앙집중적 권한을 지닌 부서의 요구에 의해서만 이루어졌다.

하지만 이제 이런 접근법들은 더 이상 타당하지 않다. 미래를 위해 준비한다는 것은 △역량에 대한 투자 △고객 관계의 개발 △데이터베이스의 창조 등을 뜻하게 되었으며, 이들 중 많은 부분들은 본사가 아닌 조직 내 다른 어딘가에서 행해진다. 또한 이익목표가 장기적 의사결정과 상충될 위험이 생기게 되었다.

뒤에서 필자들은, 이런 이익목표들을 개선하여 '정말 중요한 것'들을 더 잘 반영하도록 할 수 있는 방안에 대해 논의할 예정이다. 하지만 기업 내의 많은 종업원들에게 있어서는 그들의 업무를 '다른 방식',

즉 성과측정표적 방법을 통해 묘사하는 것이 설득력을 더해가고 있다. 또한 BSC는 업무 운영의 지향점에 대한 합의를 끌어내 주며, 업무운영이 올바른 궤도를 유지할 수 있도록 도와 준다.

현재의 업무 현황을 묘사하기 위해 '재무적인 것' 이외의 다른 용어들을 사용한다는 발상은 새로운 것이 아니다. 다양한 핵심비율들이 민간 및 공공분야에 이미 존재해 왔다. 하지만 BSC의 경우에는 점검할 수 있을 만큼 충분히 적은, 엄선된 측정지표들에게 초점을 맞춘 후, 미래 발전을 위해 공유된 전략을 달성하고 커뮤니케이션하기 위해 그것들을 사용한다는 점에서 일반적으로 다양한 핵심비율과는 다르다. 그 용어가 의미하는 바와 같이 BSC는, 여러 고려 요소들 사이에서 '균형'을 창조하기 위한 방식이다. 또한 이때 도입된 균형은 사업에 대한 전략적 선택을 반영하게 된다.

선택된 측정지표들은 재무적인 관리를 보완하여, 단기적 접근법이 내포하고 있는 위험성들을 감소시켜줄 뿐만 아니라 종업원들이 그들 업무의 의미, 그리고 미래 및 기업에 대한 기본적 가설들을 더 잘 이해할 수 있도록 도와주는 역할을 한다. 일부에서는 '경제적' 관리에서 '전략적' 관리로 그 접근법을 변화시켜야 한다는 의견들이 나오고 있다. 하지만 이것은 '경제적'이란 표현을 단순히 '재무적 의미'로서만 받아들인 결과라는 것이 필자들의 생각이다. 즉, 좋은 '경제'란 좋은 '자원관리'를 뜻한다. 오늘날의 기업들은 단순한 '재무적 자본투자' 이상의 월등한 무언가인 것이다. 그러므로 재능, 마켓 포지션, 축적된 지식 등에 대한 관리는 재무적 관리 못지 않게 중요하다.

한 가지 예

최근 몇 년간 한 제조업 기업은 전조직 내에 수익성에 대한 인식을 제고시키기 위해 노력해 왔다. 자본회전율은 만족스러웠고 생산비용 역시 감소되었다. 가장 수익성이 높은 제품에 모든 판매노력들이 집중되었다.

그러나 이때 문제가 발생하였다. 즉, 공장들은 기술의 현대화에 지극히 소극적이었고 판매노력은 전보다 더 기존의 고객들에게 집중되었다. 그 이유는 수익성에 연연한 탓이었다. 당연히 그 기업은 미래에 대한 불확실한 투자를 꺼리게 되었다. 그러나 관리담당 이사는 만약 현재의 공장, 시설 장비, 또는 고객에게 무슨 문제라도 발생하는 날이면 기업이 큰 위기에 처하게 될 것이라는 사실을 깨닫게 되었다. 그래서 이사회는 다가오는 미래에 대비한 비전 및 전략을 토의하기 시작했다. 하지만 종업원들은 이런 사고 변화의 흐름에서 완전히 제외된 상태였다.

관리담당 이사는 이런 문제들을 재무담당 부사장에게 제기했고, 그 역시 기업의 재무적 관리가 근시안적 경향이 있었음을 인정했다. 이때 해결책으로 떠오른 것이 바로 BSC 방식이다. BSC 도입을 통해 기업은 수익성 외 다른 사항들을 고려하여, '현재 이익'과 '미래를 위한 준비' 사이의 균형을 강조할 수 있게 되었다. 뿐만 아니라 이사회의 비전을 종업원들도 같이 공유할 수 있게 되었다.

단순한 기본개념

BSC 개념은 1992년 '하버드 비즈니스 리뷰' 1, 2월 호에 실린 로버

트 캐플런(Robert S. Kaplan)과 데이비드 노튼(David P. Norton)의 논
문을 통해 처음 세상에 그 모습을 드러냈다.

BSC는 하나의 기업을 네 가지 필수적 시각을 통해 봄으로써 단기적
운영 관리를 장기적 비전 및 전략과 연계될 수 있도록 하였다(〈그림 1-
1〉 참조). 이렇게 되면 기업은 의미 있는 타깃 분야들에서 몇 가지 주요
핵심비율들에 초점을 맞추게 된다. 즉 기업은 일상업무들을 '미래 발
전에 영향을 주는 요소들'로서 관리하고 모니터하게 되는 것이다 그
러므로 BSC는 과거, 현재, 미래의 3가지 시간차원에 근거하게 된다.
오늘 우리가 내일을 위해 무언가를 했다 할지라도 모레가 되기 전까
지는 아무런 재무적 효과가 감지되지 않을지도 모른다. 이러한 시각은
기업의 초점을 확장시켜 주며, 비재무적 핵심비율들에 대한 지속적 관
심에 정당성을 부여해 준다.

사실 비재무적 측정지표란 것은 전혀 새로울 게 없다. 기업을 운영
한다는 것이 단순한 재무적 이익의 극대화가 아니라는 것은 이미 오
래 전부터 잘 알려져 온 사실이며, 사업운영에 대한 비재무적 측정지
표들의 사용 역시 전혀 새로울 것이 없는 발상이다. 80년대에 많은 기
업들의 경영은 분권화된 이익책임, 그리고 사업을 몇 개의 개별기업들
로 분리하는 것에 중점을 두었다. 이런 처방은 거대 기업뿐만 아니라
소규모 기업들에서조차 사용되었다. 그리고 1990년대에는 적극적으
로 그 대안을 찾을 시기가 도래했다.

1992년 이후 BSC에 대한 관심은 점차 고조되어, 많은 경영자들에게
큰 관심거리로 떠오르게 되었다. 중간 관리자들이 특히 이 부분에 민
감했다. 그들이 그들의 업무를 BSC의 관점에서, 즉 다른 주요 관점들
사이에서의 균형잡힌 활동으로서 파악한다는 것은 비교적 쉬운 일이

<그림 1-1> BSC 개념

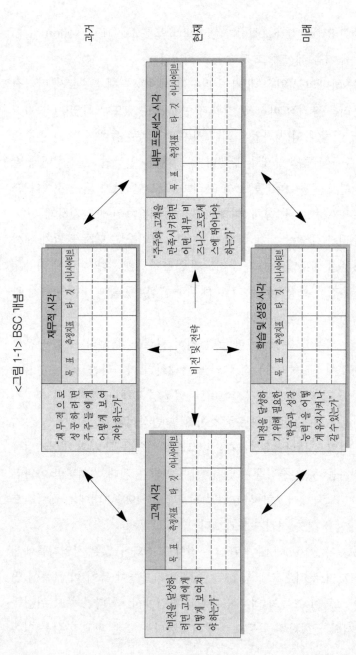

재무적 시각

목표	측정지표	타깃	이니셔티브

"재무적으로 성공하려면 주주들에게 어떻게 보여져야 하는가"

고객 시각

목표	측정지표	타깃	이니셔티브

"비전을 달성하려면 고객에게 어떻게 보여져야 하는가"

내부 프로세스 시각

목표	측정지표	타깃	이니셔티브

"주주와 고객을 만족시키려면 어떤 내부 비즈니스 프로세스에 뛰어나야 하는가"

학습 및 성장 시각

목표	측정지표	타깃	이니셔티브

"비전을 달성하기 위해 필요한 '학습과 성장 능력'을 어떻게 유지시켜 나갈 수 있는가"

비전 및 전략

과거

현재

미래

▲ 자료원 : Adapted and reprinted by permission of Harvard Business Review. Exhibit from "Using the Balanced Scorecard as a Strategic Management System" by Robert S. Kaplan and David P. Norton, January-February 1996, p.76. Copyright © 1996 by the President and Fellows of Harvard College; all rights reserved

었기 때문이다. 그러나 고위 경영층에서는 약간의 문제가 있었다. 즉, 핵심비율 및 비재무적 측정지표들이 관리목적으로 사용되어야 한다는 제안이 일단 더 현실적으로 보이는 이익적 목표들과 잘 조화될 수 없었던 것이다. 그러므로 BSC의 실제적 사용을 위해서는, 성과측정표를 통해 얻고자 하는 것이 무엇인지, 또는 도중에 어떤 함정이 도사리고 있지나 않은지 등을 면밀히 검토하는 것이 중요하다.

이 책에서 필자들은 BSC 개념의 실제적 운용에 특히 관심을 기울였다. 필자들의 경험에 의하면, BSC는 그 기본 개념의 단순성으로 말미암아 도입 과정에서 다양하게 응용된 형태로 나타나고 있었다. 그것들 중에는 상당히 유용한 단계에까지 들어선 경우도 있었지만, 단순한 토론단계 이상을 넘어서지 못하는 경우도 있었다. 그래서 필자들은 이 책의 초점을 'BSC의 실제 적용에 있어서의 다양한 방식들'에 맞추었다.

결과물 측정지표와 성과동인

BSC에서는 결과물 측정지표들이 투하된 자원 또는 수행된 활동 등을 나타내는 측정지표들과 조합되게 된다. 〈그림 1-1〉에서 알 수 있듯이, 원칙적으로 전자는 더 높은 곳에 그리고 후자는 더 낮은 곳에 위치하게 된다. 그러나 우리들은 연구개발 프로젝트의 결과들을 성과측정표상의 '학습 및 성장' 시각의 일부분으로서 측정하고자 하는 경우가 있는데, 이것들은 마케팅 또는 생산에 대한 입력, 즉 '내부 프로세스'로 보여질 수 있다. '성과동인'이란 용어 자체에는 '미래의 결과를 결정짓거나 영향을 미치는 요소들'을 측정하고자 하는 의도가

<그림 1-2> 투입물 – 산출물 모델

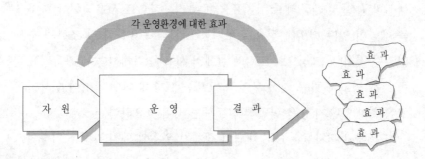

깔려 있다.

전통적인 경영관리에 있어서는 '분권화된 이익목표'를 강조하는데, 이것은 곧 대부분의 초점이 결과물에 맞추어져 있음을 뜻하는 것이다. <그림 1-2>의 투입－산출물 모델은 목표와 측정지표들이 투하된 자원 및 그 효과(outcome) 사이의 인과적 순환 속에서 어디에 위치하게 되는지를 보여 준다. 이때 효과란 한 가지 요소의 다른 한 가지 요소에 대한 작용, 또는 일정한 결과를 의미한다. 예를 들어 △더 높게 보고된 이익 △더 좋아진 평판 △감소된 환경적 영향 등이 바로 그것이다.

이런 효과들 중 일부는 차례로 기업의 미래 운영에 영향을 주어서, 그 다음 기에 이르러서는 일종의 입력으로서 작용하게 된다. 이런 관계는 내부적 결과물들의 경우(예시 : 새로운 학습, 개선된 프로세스, 더 확장된 고객 데이터)에 가장 명확하게 나타난다.

물론 그림 오른쪽의 것들을 측정하는 것이 더욱 좋다. 그 효과들을 보기 전까지는 자원의 입력 또는 운영 등이 성공적이었는지 알 수 없기 때문이다. 그러나 종종 그 효과들은 즉시 알기 힘들다거나 명백하지 않을 수가 있다. 또한 그 운영책임자들은 '그 업무의 운영상황' 또는 '그 운영의 효율성' 등에 근거하여 그들의 결과가 모니터되고 판단되어야 한다고 주장할 수 있다. 이런 요구는 정당한 것이라고 보아야 한다. 왜냐하면 그 '운영 결과'에 대해서 책임을 질 사람은 바로 그 운영의 실행을 결정했던 '집행 임원진'이라고 보아야 되기 때문이다. 그러므로 측정지표들은 운영 또는 투입을 묘사해야 한다.

아무튼 실제에 있어서는 그림 왼쪽의 측정지표들에 의존하며 경영관리를 해야 될 경우도 있게 되는 것이다. 또한 때때로 이것들은 이른바 '대리 측정지표(surrogate measures)', 즉 실제 효과와 근사한 상태를 나타내는 역할을 하게 된다. 일반적으로 만족한 고객은 충성도가 높을 것이라고 여겨진다. 하지만 그 관계의 정확한 본질은 알지 못한다. 따라서 적어도 이 둘 사이의 관계를 알기 위해 일정한 기간에 걸친 관찰이 필요하다. 이것이 바로 그림 왼쪽의 측정지표들을 '성과동인'이라고 칭하는 이유이다. 즉, 그것들을 잘 이해하고 관리함으로써 업무성과를 향상시켜, 일정한 시간이 경과한 후 더 좋은 결과 및 효과를 얻을 수 있게 되는 것이다.

단지 분권화된 단기적 이익에 초점을 맞춘 경영관리는 이런 '운영의 전체적 흐름' 중 많은 부분을 놓치게 된다. 물론 이익은 좋은 측정지표이다. 하지만 한 업무의 관리상황을 충분히 나타내 주지 못한다. 특히 업무가 일정한 시간에 걸쳐 개발되고 장기적으로 의도된 '무언가'에 근거하고 있는 경우에는 더욱 그렇다.

좋은 성과측정표란 이익을 비롯한 '결과물 측정지표'들과 '성과동인'들을 잘 조화시킨 것이라고 할 수 있다. 하지만 가끔 이 두 가지를 명확히 구분한다는 것이 어려울 때가 있다. 이것들은 수단과 결과의 인과관계로 얽혀 있는 것이다. 예를 들어 '배달시간'은 일선 책임자들에게는 결과물이겠지만, 고객 관계 목표하에서는 고객 충성도를 개선할 수 있는 성과동인들 중 하나가 될 수 있는 것이다. 성과측정표는 또한 측정지표들간 연계에 대한 가정을 기초로 우리의 사업이 어떠한 상태인지를 보여줄 수 있다. 그리고 이런 가정들은 다시 우리 업무방식의 타당성을 검토하기 위해 이용될 수 있다.

장기적 안목은 가지되, 유연하게

현대는 변화의 시대이다. 기술의 진보는 몇년 전 우리가 생각했던 것보다 우리 생활에 훨씬 더 많은 영향을 미치고 있다. 그 결과 고객들은 그들의 개인적 취향을 만족시키는 방법을 알게 되었으며, 이것은 시장의 세분화를 촉진시켰다. 또한 이러한 전개는 '사업의 적응력'이라는 측면에서 기업들에게 새로운 과제를 안겨 주었다. 즉, 고객과의 커뮤니케이션이 사실상 그 고객 한 사람 한 사람에 맞추어져야 했다. 이런 요구는 다른 기업들을 상대하는 기업들뿐 아니라 이른바 '대량 소비 시장'에도 적용되게 되었다. 즉, 커뮤니케이션이 발달함에 따라 고객들은 제품들이 자기 자신의 특정한 요구에 맞추어져야 한다는 기대감을 갖게 되었으며, 더 나아가 거의 '맞춤식'을 요구하기에 이른 것이다.

물론 기업은 이런 요구를 충족시켜 줄 수 있다. 그러나 이것은 아무런 계획수립 없이 단지 방어적으로 반응해도 된다는 것을 의미하는 것은 아니다. 철저하게 개인화된, 관계기반 마케팅은 고객과 제품을 관리할 수 있는 능력이 있을 때만이 가능한 것이다. 왜냐하면 어떠한 일반적인 처방도, 필요에 따라 선택할 수 있도록 이미 만들어진 해결책이 없기 때문이다. 따라서 정보시스템과 종업원의 역량이 갖는 의미는 날이 갈수록 증대되고 있다. 물론 고객 관계에서 구축한 영업권(goodwill) 자본 역시 마찬가지이다.

이러한 모든 요구들은 종업원에게 고도의 자율을 위임한 역동적인 조직을 필요로 하고 있다. 전통적인 재무관리로는 이런 환경에 잘 적응할 수 없다. 전통적 재무관리가 주는 정보는 흔히 낡은 것이며, 고객 관계 및 제품에 관한 의사결정의 근거로 사용되기에는 너무 부정확하다. 뿐만 아니라 전통적 재무관리는 오늘날의 고도의 자율성을 갖춘 종업원들에게도 적합하지 않다. 즉, 오늘날의 종업원들은 새로운 목표들과 보상 시스템 등을 필요로 하기 때문에 투자수익률에 근거하고 재무 회계의 손익계산서를 기본틀로 한 기존의 것들로는 그들의 요구를 충족시킬 수 없다. 결국 포괄적인 비전에 맞추어 일관성 있게 길을 인도할 수 있는 '다른 안내자'가 필요하게 된 것이다. 이제 조직은 전체적으로 전반적인 전략 및 게임의 법칙을 인식하고 이해해야 한다. 그리고 이러한 전략과 게임 룰은 다시 우선 순위에 관한 합의에 기초해야 한다.

필자들은 BSC가 이런 요구들을 충족시켜 줄 수 있을 것이라고 믿는다. BSC 개념은 조직의 모든 사람들이 그 기업 및 사업환경에 관해 공유된 견해를 가질 수 있도록 도와줄 수 있을 뿐만 아니라 전략적 관리를 위한 새로운 기반을 제공해 줄 수 있기 때문이다.

전략적 관리와 BSC

일반적으로 BSC의 개념 안에는 '성과측정표' 자체의 특정한 구조 뿐만 아니라, 그 사용과 관련된 프로세스 역시 포함된다. 그러므로 BSC 개념은 잘 개발된 전략적 관리시스템의 한 요소이며, 전통적인 경영관리 비판론에 대한 응답인 것이다. 필자들은 캐플런과 노튼의 원래의 제안을 다른 비슷한 제안들 및 기업의 지적자본(intellectial capital) 개념과 연계시켰다. BSC 개념은 기존의 재무적 책임과 재무적 관리로는 볼 수 없었던 부분들을 포함한, 사업의 전체적인 구도를 보여줄 수 있다. 이것은 재무적인 측정지표들이 덜 중요해졌다는 것이 아니라, 이러한 측면에서도 역시 균형을 추구해야 함을 의미하는 것이다.

재무적 관리에서 전략적 관리로

지난 10년 간 전통적 경영관리는 재무적 측정지표에 너무 편중되어 있다는 비난을 받아 왔다. 이미 환경은 전통적 경영관리가 출현했던 당시와는 너무나 달라져 있기 때문이다.

20세기 대부분에 걸쳐 전통적 경영관리 시스템은 '성숙한 제품' 및 '안정된 기술'이라는 환경 속에서 존속되어 왔다(Hally, 1994). 때때로 전통적인 경영관리의 발전은 사실상 1925년에 이미 멈춰졌다고까지 말하는 경우도 있다. 그 당시에 이미 오늘날 사용되는 △예산 △표준 원가 △이전 가격(transfer pricing) △듀퐁 모델 등과 같은 회계 절차들이 존재했었기 때문이다(Johnson & Kaplan, 1987). 경영관리 시스템의 역할은 기업이 효율적으로 운영되고 있는지를 따져 보는 데 있다. 그 결과 경영진들이 비용에는 지대한 관심을 기울인 반면, 수입에는 상대적으로 소홀해 왔던 것이 사실이다.

그러나 2차대전 이후로 산업은 대규모의 기술적 변화를 겪게 되었고 대부분의 기업들은 거대화, 복잡화되었다. 이 같은 고도의 기술과 생산 프로세스는 기업의 경영관리 시스템에도 새로운 변화를 요구하게 되었다. 지금까지의 재무적 측정지표들은 '이미 행해진 결정들의 결과'는 보여주지만 '장기적 전략개발을 위한 적절한 지침'을 보여주지는 못했다. 기업이 경쟁력을 유지하기 위해서는 그 사업의 다양한 상황에 대한 더욱 완벽한 보고가 필요하게 되었다. 결국 이러한 요구를 충족시키기 위한 다수의 개념과 도구들이 1980년대 들어 출현하기 시작했다.

그 예로는 △카이젠(Kaizen) △전사적 품질관리(TQM) △유연한 생산체제(lean production) △업무 프로세스 재설계(BPR) 등이 있다. 그러나 이러한 움직임들이 회계 스태프 또는 재무관리 부서들에 의해 주도되었던 것은 아니다. 더욱이 새로운 도구들의 목표들은 전통적인 경영관리와 충돌할 가능성이 농후하였고, 그 둘의 관계 설정 또한 불명확하였다. 왜냐하면 새로운 도구들은 '조직 내부의 제안과 발상들을 수용한 끊임없는 개선'을 강조하였기 때문이다.

'고객요구를 만족시키는 프로세스는 그 담당 직원이 관리해야 한다'는 생각에 기본을 둔 기업전략은, 재무적 측정지표들에만 집중함으로써 갖게 되는 단기적 사고(thinking)와 충돌하였다.

기존의 경영관리 시스템에 대한 비판은 이러한 내부적 관리 문제들에만 국한된 것은 아니었다. 새로운 전략적 방향은 △계획수립 △의사결정 △진행상황 점검 △관리 등을 위한 새로운 정보 등을 또한 요구하기 때문이다. 그러므로 경영관리는 이 같은 외부적 요인들을 고려해야 함은 물론, 그 개념을 더욱 넓혀서 '그 사업의 미래 경쟁력'을 알릴 수 있는 전략적 정보들도 포함해야 한다.

전통적 경영관리에 대한 비판

오늘날 기업에 있어서의 재무적 환경은 경영관리 및 관리시스템에 대한 새로운 요구를 낳게 하였다. 지난 10여 년 동안 전통적인 경영관리[1]는 많은 비판을 받아왔는데, 그 중 몇 가지를 요약·소개하면 다음과 같다.

■ *전통적 경영관리는 잘못된 의사결정에 이를 수 있는 정보를 제공한다.*
비용, 수입, 수익성 등에 관한 정보는 기업 의사결정의 기초가 된다. 그러나 전통적 재무적 측정지표들은 지난 활동들에 대한 결과만을 보여줄 뿐이므로, 이런 정보들은 '전략적 목표와 일관되지 않는 행위'에 이르게 할 수 있다(Goldenberg & Hoffecker, 1994).

■ *전통적 경영관리는 오늘날 조직의 요구 및 전략을 고려하지 않는다.*

재무적 관점의 측정에만 고정됨으로써 △제품 품질 △고객 만족도 △배달시간 △공장의 유연성 △신제품의 리드타임 △더 높은 수준의 종업원 노하우 등과 같은 '덜 실체적이고 비재무적인 측정지표'들을 무시하게 된다. 이렇게 사용된 측정지표들은 그 사업의 효율성 및 수익성에 대해 잘못된 정보를 제공하게 된다 (Peters, 1987).

■ *전통적 경영관리는 '단기적 사고' 및 '부분 최적화'를 초래한다.*

재무적 관리는 장기적 사고를 저해한다. 그로 인해 △R&D의 감소 △교육훈련의 단축 △보상 및 동기부여 프로그램의 약화 △투자계획의 연기 등을 가져올 수 있다. 그리고 그 결과는 '시기별 부분 최적화'를 초래, '장기와 단기 사이의 균형 달성'도 어렵게 한다.

■ *전통적 경영관리는 재무회계의 요구에 대해서 조연 역할밖에 할 수 없다.*

재무회계정보에 대한 외부적 요구들이 경영관리 시스템의 설계를 결정해 왔다. 기업의 이해관계자들은 다른 대체 이익수단과 비교해 보기 위해서, 기업의 사업에 관한 끊임없는 정보를 요구한다. 그러나 재무적 측정지표들만으로는 진정하고 공정한 사업

현황을 제공하지 못한다(Johnson & Kaplan, 1987).

■ **전통적 경영관리는 비용할당 및 투자관리를 오도할 수 있는 정보를 제공한다.**

전통적으로 비용관리는 비용의 발생원인을 분석하지 않았고, 단지 금액, 그리고 '비용중심점' 등만을 나타낼 뿐이었다. 그러나 간접비용이 직접비용에 근거하여 이같이 할당되는 전통적 비용할당 기준은 낙후된 것이다. 직접비용과 간접비용의 관계는 △증가된 R&D 비용 △시너지 효과 △생산의 능률화 등의 결과에 따라 다양할 수 있기 때문이다. 한 제품에 채산성이 없는 경우, 다른 제품의 이익이 이를 보전하는 관행으로 인하여 특정 제품의 진정한 수익성을 측정한다는 것은 어렵다. 더욱이 제품 개발의 장기적 비용을 산정한다는 것은 때때로 불가능하다. 따라서 비용은 전통적인 표준원가방식이 아닌, ABC(활동기준 원가계산)와 같은 다른 방식으로 할당되어야 한다(Johnson & Kaplan, 1987).

■ **전통적 경영관리는 종업원들에게 추상적인 정보를 제공한다.**

재무적 측정지표의 또 하나의 약점은, 그것이 조직체의 대다수를 차지하고 있는 일반 종업원들에게는 무의미하다는 것이다. 즉 그들은 월별, 분기별 보고서에 나타난 숫자들이 그들의 업무와 관련해서 무엇을 말해주고 있는지 알지 못한다. 더욱이 시스템들은 종종 너무 복잡해서 일선의 업무 유연성에 방해가 되기도 한다(Shank & Gorindarajan, 1993).

■ **전통적 경영관리는 사업환경에 대해서 별관심을 두지 않는다.**

전통적인 재무적 측정시스템들은 고객 또는 경쟁자들의 시각을 고려하지 않는다. 그 결과 산업 및 사업의 변화에 대한 조기 경보기능이 없다. 대부분의 경영관리 시스템들에 있어서 그 재무적 핵심비율들의 초점은 외부보다는 내부에 맞추어져 있다. 이런 측정지표들은 내부적으로 개발된 기준에 근거하여 이전 회계연도와 비교되어진다. 그 결과 기업을 그 경쟁자들과 공정하게 비교하는 것은 더욱 어려워진다. 그러나 이런 '경쟁상황 정보'들은 설정된 목표에 대한 기업의 성과 못지 않게 중요한 것들이다 (Eccles & Pyburn, 1992).

■ *전통적 경영관리는 의사결정을 오도할 수 있는 정보를 줄 수도 있다.*

오늘날의 경영자들은 월별 · 분기별 보고서에 초점을 맞추는 경향이 있다. 그로 인해 단기적 투자결정을 선호하게 된다. 더욱이 이런 단기적 시각은 재무적 측정지표들에 대한 조작을 조장하여 재무적 핵심비율들을 잘못된 곳으로 인도하고, 그 결과 이것들은 분석 및 의사결정을 위한 도구로서의 신빙성을 잃게 된다(Smith, 1992).

성과측정표 -기록인가? 프로세스인가?

메리엄 웹스터 대사전에 의하면 'score'란 명사의 정의는 '경기 같은 곳에서 획득된 점수의 기록'이라고 규정되어 있다. 동사로서는 '등급을 할당하다'라는 뜻이 있다. 하지만 BSC에 있어서의 그 의미는 약간 다르다. 즉 '등급 할당'은 몇몇 중요한 성과요소 사이의 균형을 반영해야 한다.

　성과측정표는 '성취된 결과에 대한 기록'으로서 뿐만 아니라 '기대되는 결과'를 나타내기 위해서도 쓰여져야 한다는 것이 필자들의 생각이다. 이렇게 되면 성과측정표는 기업의 사업 계획, 더 나아가 다양한 사업단위들의 임무를 설명하기 위한 도구로서의 역할을 할 수 있을 것이다. 그 결과 BSC는 가끔 예산의 대체물로서 간주되어 왔다. 그뿐 아니라 전체적인 계획수립 프로세스 또한 성과측정표의 틀에 의해 영향을 받는다. 우리는 BSC를 통하여 △단기적 · 장기적 균형 △모든 노력이 집중되어야 할 '전략적 방향과 관련된 중요 쟁점사안' 등에 초점을 맞출 수 있게 된다. 성과측정표는 종종 토론의 촉진제 역할을 해준다. 물론 이것 없이도 토론은 할 수 있겠지만 성과측정표를 사용하는 경우 그 토론의 효용성은 배가된다. 그러므로 사후의 수동적인 기록들도 형식적 의미에서는 성과측정표라고 불릴 수 있겠지만, 필자들의 관점에서의 성과측정표는 아니다.

　이 책의 시각은 '성과측정 시스템의 창조'라는 선을 훨씬 넘어서까지 확대되어 있다. 이 책은 또한 다양한 기업들과 함께 해온 필자들의 경험을 반영하고 있다. 필자들은 많은 사람들이 성과측정표를 얘기하지만 제각각 다른 의미로 그것을 사용하고 있음을 발견하였으며, 이책은 이에 대한 많은 사례들을 담고 있다. 다만, 이들 사례에서 공통되는 특징이 하나 있다. 즉, 성과측정표는 모든 계획수립과 관리 프로세스의 단계에 있어서 다양한 측정규준들을 병렬적으로 사용할 필요성을 인식한 기업들 사이에서 최근에 출현한 개념이라는 것이다.

캐플런과 노튼의 BSC 모델

최초의 BSC개념은 1992년 '하버드 비즈니스 리뷰'에 기고된 로버트 캐플런과 데이비드 노튼의 논문에서 발견된다. 성공적인 학자이자 컨설턴트인 두 사람은 미래조직의 성과를 측정하는 방법을 개발하기 위해 다수의 기업들과 함께 작업하였다. 몇 개의 논문을 발표한 후 그들은 이것을 하나의 책으로 요약·출판하였다(1996a). 필자들은 이미 그들의 기본적 모델을 구성하는 네 가지 시각들에 대해 언급한 바 있다.

- 재무적으로 성공하려면 주주들에게 어떻게 보여져야 하는가?
- 비전을 달성하려면 고객에게 어떻게 보여져야 하는가?
- 주주와 고객을 만족시키려면 어떤 내부 비즈니스 프로세스에 뛰어나야 하는가?
- 비전을 달성하기 위해 필요한 '학습과 성장능력'을 어떻게 유지시켜 나갈 것인가?

위에서 알 수 있듯이 명확한 비전과 전략은 네 가지 모든 시각의 기초가 된다. 또한 각 네 가지 시각에 대한 △전략적 목표 △측정지표 △목표 △행동지침 등을 수립해야 한다. 성과측정표에 중심을 둔 지속적인 프로세스가 이 같은 네 가지 시각을 조화시켜 준다. 즉, 그 프로세스 안에서 성과측정표의 역할은 '전사적인 노력이 집중되어야 할 부분'을 부각시키는 것이다. 캐플런과 노튼은(1996b) 이러한 프로세스를 순환 사이클로서 표현하였다(〈그림 2-1〉 참조).

우선 비전은 명확해야 하며, 공유되어야 한다. 또한 목표와 보상의 관점에서 커뮤니케이션되어야 한다. 이런 목표 및 보상은 △업무에 초점을 주고 △자원을 할당하며 △타깃을 설정하기 위해 사용된다. 그 프로세스를 추적한 결과는 학습에 귀착되며, 이것은 다시 비전을 재조명할 수 있게 해준다. 또한 성과측정표는 모든 단계에서 커뮤니케이션의 수단으로써 사용된다.

한편, 학습 프로세스는 측정지표들 사이의 상호 인과관계를 강조한다. 많은 이익을 얻기 위해서는 고객 충성도가 높아야 하고, 충성도가 높기 위해서는 좋은 서비스를 제공해야 한다. 좋은 서비스를 위해서는 적절하면서도 잘 수행되는 프로세스가 필요하며, 이를 위해서는 종업원의 능력을 향상시켜야 한다. "그러므로 잘 구축된 BSC는 사업단위의 전략을 나타내 주어야 한다. 또한 결과물 측정지표와 성과동인 사이의 인과관계에 관한 가설의 전후관계를 명확히 제시해야 한다. 아울러 BSC의 모든 측정지표들은 인과관계의 사슬 속에 포함된 하나의 요소이어야 하며, 그 인과관계의 사슬을 이해함으로써 모든 종업원들은 그들 사업단위 전략의 의미를 파악할 수 있어야 한다"(Kaplan & Norton, 1996a, p.31).

〈그림 2-1〉을 보면, 측정지표에는 '성취된 것(결과물)'과 '결과물에 영향을 주는 것(성과동인)'의 두 가지가 있다는 것을 알 수 있다.

기업에 있어서 장기적 목표는 대부분 재무적 성과이다. 그리고 나머지 측정지표들은 조기경보기능의 역할을 하거나, 사업의 방향이 올바른 선상에 유지하도록 하는 데 더 유용하다. 이때 측정지표와 핵심비율들이 모두 다 성과측정표에 속하게 되는 것은 아니며, 조직은 그 외의 다른 많은 측정규준들을 가지고 있을 수도 있다. 즉 성과측정표는

<그림 2-1> 캐플런과 노튼의 BSC 프로세스 묘사

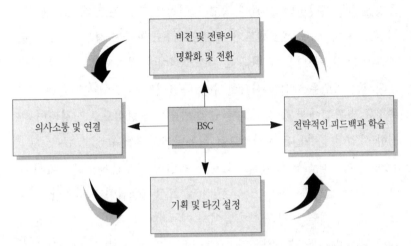

'중요한 것'에 초점을 맞출 수 있도록 도와주는 것이다.

궁극적으로 성과측정표는 토론을 위해, 또는 기업의 비전과 전략을 커뮤니케이션하기 위해, 그때그때의 상황에 맞춰 사용해야 한다는 것이 필자들의 견해이다. 이런 점들에 대해 다음 장에서 더욱 자세하게 다룰 것이다.

한편 캐플런과 노튼이 소개한 프로세스에 의하면, BSC의 개념을 통한 계획수립 및 관리의 연간 사이클을 확립시키는 데에는 약 2년의 기간이 소요된다. 이 프로세스는 소규모의 시니어 집행 임원진 집단으로 구성된 '위로부터' 시작된다. 제1사분기 후에 중간관리자들이 개입되

며, 각 사업단위들은 전사적인 성과측정표에 근거하여 그 자신의 성과
측정표들을 개발한다. 동시에 최고 경영진은, BSC 프로세스의 관점에
서 보았을 때, 어떤 프로젝트가 불필요하다고 판단될 경우에는 그것을
중단시킬 수 있으며, 그 반대로 활성화되어야 한다고 판단된 분야에
대해서는 새로운 사업을 시작할 수 있다. 1년차 말에 이 사업들은 성과
측정표의 관점에서 각 조직 계층별로 병렬처리 방식으로 점검되며, 이
러한 사업의 결과들은 전사적으로 커뮤니케이션될 수 있게 된다.

2년차에는 더욱 구체적인 목표들이 종업원 개개인에 이르기까지 개
발되며, 그 성과측정표에 맞는 관리 및 보상시스템이 도입된다. 필자
들은 BSC의 개념에 접근함에 있어서 캐플런과 노튼의 선구적인 발상
에서 많은 부분을 수용하였다. 이것들은 다음에서 볼 수 있듯이 사실
상 상당히 간단하다.

- 전략을 커뮤니케이션하기 위한 간결한 구조를 갖추어야 한다.
- 다양한 요소들간의 인과관계를 토론해야 하며, 행동방향의 근거
  가 되는 전략적 가설을 명확히 해야 한다.
- 이러한 토론을 실시할 수 있는 체계적인 절차들을 갖춰서, 그것
  들로 하여금 재무에 편중되어 있는 전통적 계획수립 및 관리시
  스템을 대체할 수 있도록 해야 한다.

대안적인 모델들

여러 문헌들에서 필자들은 캐플런 & 노튼의 모델과 비슷한 몇 가지

모델들을 발견하였다. 그들 모두의 목적은 사업에 대한 성과를 분석하고 측정지표들을 기업의 전반적 전략에 연계시키는 것이었다.

메이젤의 BSC 모델

메이젤의 BSC(1992)는 캐플런 & 노튼의 모델과 동일한 명칭을 가지고 있을 뿐만 아니라 네 가지 시각을 가지고 있다는 점에서도 비슷하다(〈그림 2-2〉 참조). 다만 메이젤은 '학습 및 성장 시각' 대신 '인적 자원 시각'을 사용하였다. 이 시각에서 그는 △교육훈련 △제품개발 △핵심역량 △기업문화 등과 같은 요소들은 물론 혁신(innovation)까지 측정한다. 그러므로 캐플런 & 노튼의 모델과 메이젤의 모델은 사실상 서로 크게 다른 것이 아니다. 메이젤이 별개의 '인적자원 시각'을 사용한 이유는, 경영진이 그 조직 및 조직원들의 효율성에 관심을 갖고 이것을 측정해야 한다고 생각했기 때문이었다.

성과 피라미드 모델

멕네어(Mcnair et al, 1990)는 이른바 '성과 피라미드 모델'을 제시하였다(〈그림 2-3〉 참조). 이것은 필자들이 접했던 다른 모델들과 마찬가지로 '기업의 전략과 연계된 고객지향의 모델'로서, 재무적인 수치들이 몇 개의 비재무적 핵심 비율들에 의해 보완되어 있다. 지금까지의 전통적인 경영정보들은 단지 '기업 내의 비교적 높은 직급수준'에만 제공될 필요가 있었다. 이에 반해 성과 피라미드 모델은 △전사적 품질관리 △산업공학 △활동기준 회계(activity accounting) 등의 개념들에 기초하고 있다. 따라서 이것은 기업을 네개의 각각 다른 계층으로 보여 주며, 조직의 각 계층에서 기업의 포괄적인 비전을 실현하는

<그림 2-2> 메이젤의 BSC 모델

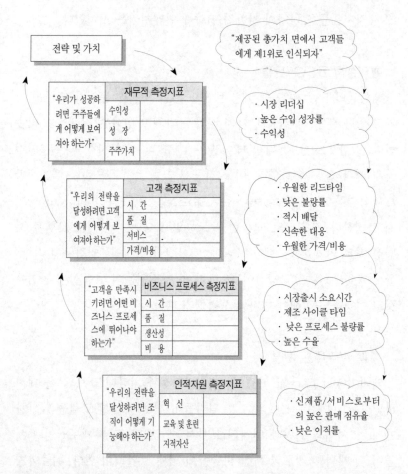

▶ 자료원 : Reprinted with permission from Lawrence S. Maisel, "Performance Measurement, The Balanced Scorecard Approach", *Journal of Cost Management* (Summer 1992), p.50

데 필요한 '쌍방향 커뮤니케이션 시스템 구조'를 제공한다. 목표들과 측정지표들은 기업의 전략과 그 활동간의 연결고리가 된다. 다시 말해

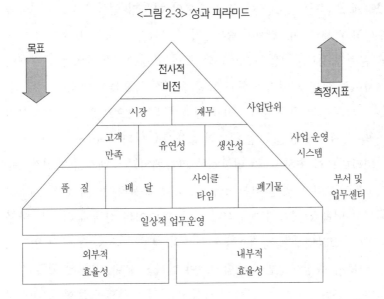

<그림 2-3> 성과 피라미드

▶ 자료원 : Reprinted with permission from C. J. McNair, CMA., Richard L. Lynch, and Kelvin F. Cross "Do Financial and Nonfinancial Performance Measures Have to Agree?" *Management Accounting*, November 1990, p.30

서 측정지표들은 조직의 '아래에서 위로' 통합되며, 목표들은 '위에서 아래로' 세분화된다.

최상층부에서 최고경영층은 기업의 비전을 규정한다. 두 번째 층에서는 사업단위 및 부서의 목표들이 더욱 구체적인 '시장 및 재무적 용어'들로 표현되는데, 이는 고객과 주주들이 외부적 관점에서 무엇이 중요한 측정 대상인지를 결정하기 때문이다. 세 번째 층은 실제로 조직의 일부라기보다는 기업 내부의 몇 개의 흐름(flow)으로 구성된다. 이러한 흐름은 '범기능적'이기 때문에 몇 개의 부서에 걸쳐진다. 이곳에서 목표들은 △고객만족 △유연성△생산성 등의 관점에서 볼 때 명확하게 드러난다. 또한 이 층은 상부와 하부의 연결고리로서 기능을 수행하게 된다. 이 세 번째 층의 3가지 목표들은 시장 및 재무적 목표와 관련된 성과동인들을 보여준다. 또한 이 층으로부터 △품질 △배달 △사이클 타임 △폐기물 등과 같은 운영적 목표들이 나오게 된다. 물론 이때 품질과 배달은 외부적 효율성과 직접적으로 관계되지만, 사이클 타임, 폐기물 등은 기업 내부의 효율성을 나타내 준다.

피라미드의 최하층, 즉 일상업무 파트에서는 수행성과가 일간 · 주간 · 월간 단위로 측정된다. 피라미드의 위로 올라갈수록 측정은 더 적어지고 더욱 현저하게 재무적이 된다. 멕네어의 견해에 의하면, 하부에 있는 일상업무 측정지표들은 상부의 재무적 측정지표들과 연계될 수 있도록 측정시스템이 통합되어야 한다고 본다. 그렇게 되면 최고 경영층은 무엇이 재무적 측정지표들의 근저에 있으며, 또한 무엇이 그것들의 '동인'이 되는지를 알 수 있게 된다.

EP²M

애덤스와 로버츠(Adams & Roberts, 1993)는 또 다른 모델을 제시한다. 그것은 이른바 EP²M(효과적인 진보 및 성과측정, 〈그림 2-4〉 참조)으로서, 이것에 따르면 기업을 다음 네 가지 영역에서 평가하는 것이 무엇보다도 중요하다.

- 외부적 측정지표 : 고객 및 시장관리
- 내부적 측정지표 : 효과성 및 효율성의 향상
- 하향 지향(Top-down)의 측정지표 : 전반적인 전략의 세분화 및 변화과정의 가속화

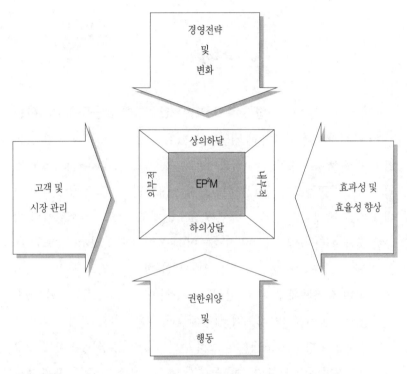

<그림 2-4> 진보 및 성과 측정지표들의 목표

▶ 자료원 : Christopher Adams and Peter Roberts "You are what you measure" *Manufacturing Europe* (1993): 505. Reprinted with permission from the authors

■ 상향 지향(Bottom-up)의 측정지표 : 권한위양 및 행동의 자유 향상

애덤스와 로버츠는 "성과측정 시스템의 목표는 기업의 전략을 실행하는 것뿐만 아니라 끊임없는 변화를 추구하는 문화를 고양시키는 것"이라고 한다. 효과적인 측정지표란, 첫째 점검 가능해야 하며, 둘째 의

사결정자 및 전략수립자에게 신속한 피드백을 제공할 수 있어야 한다.

사업의 이해

성과측정표의 기본개념은 사업성공에 필수적인 요소들을 묘사하는 것이다. 시장경제 체제하의 기업들에 있어서 궁극적으로 중요한 것은 결국 재무적 측정지표들이 되겠지만, 〈그림 1-2〉 상의 나머지 3개 영역의 측정지표들도 그 '선행지표'로서 필요하다. 즉 그것들은 훨씬 뒤에야 비로소 재무적 성과에 반영될 요소들에 대한 조기경보로서의 기능을 갖게 된다. 만약 이러한 요소들이 개선되어지고 있거나 , 또는 소홀히 되고 있다면 하루빨리 이를 감지해야 한다. 그리고 계획 수립시에는 이런 요소들에 관해서 '달성하고자 하는 수준'을 토의해야 한다.

이상은 주로 BSC의 내부적 사용에 관한 것들이다. 그러나 기업이 △프로세스의 향상 △고객 베이스의 변화 등의 사실을 공정하게 전달할 수 있는 방법이 있다면, 주주들에게 이것을 알리는 것도 좋은 생각일 것이다.

물론, 모든 사람들이 BSC의 경우처럼 사업의 사명 및 성공이 몇 개의 측정지표들에 의해 묘사되어야 한다는 데 동의하지는 않을 것이다. 일정한 이익이 될 수 있는 타깃에 예산을 편성하고 그것을 잘 모니터하는 것이 더 간단할 뿐만 아니라 해당 관리자들에게 더욱 많은 행동의 자유를 주는 것처럼 보일 수도 있다. 재무적 측정규준들을 개선하여 그것들이 고객관리, 신제품 개발 등을 더욱 정확하게 반영할 수 있도록 하는 것도 가능하다. 기업 내부적으로 그러한 개선은 자산으로 취급될 수 있으며, '연성(soft)' 투자로서 가시화될 수도 있다. 외부적으로는, 만약 주식시장이 완벽한 정보를 가지고 있다면 어떤 식으로든 모든 기업들의 성과를 측정할 수 있는 방법을 발견하게 될 것이며, 그 결과 기업의 주식 가격은 그 기업의 '장기적인 전망'을 반영하게 될 것이다. 회계 관행의 공개를 확대하고 더 나은 재무적 핵심비율들을 개발하려고 노력하는 이유는, 기업의 '올바른 행동방향'과 '주식가격 상승'과의 상관관계를 증진시키기 위해서이다. 그 하나의 예가 EVA(경제적 부가가치)에 대한 논의로서, 필자들은 뒤에서 이 문제를 다시 한 번 다룰 것이다.

이 관점에 의하면, 이익 및 투자수익률의 수정된 측정지표인 EVA는 상당히 작은 사업단위에서까지 적절하게 사용될 수 있다. 책임분권화는 재무자본에 대한 최적의 활용을 촉진시킬 것이다. 그러나 주로 재무적 타깃에 근거한 관리가 조직의 상당한 하부단위에까지 적용된다면, 그것은 필연적으로 △광범위한 기업내부거래 △이전가격 등과 연관될 것이다. 때때로 고위 경영진은 '덜 시장지향적'인 다양한 행동수칙들을 설정할 것이다. 그렇지 않은 상황이라면 '마치 그 사업단위가 독립된 기업인 것처럼' 이들이 시장에서 독자적으로 기능하도록 내버려 두는 편이 나을 것이다. 그러나 "관리란 이익목표 및 투자수익률에 초점을 두어야 한다"라는 것이 그 기본적인 가정이다.

반면에 BSC에 의한 접근의 경우 경영진의 임무는 '단순히 금전적인 것' 이상의 무언가이다. 즉 △지식 △고객과 종업원의 신뢰 △어떤 미래사업에 참여할 것인가 등이 그것이다. 만약 이러한 요소들이 존재하지 않는다면 기업이 보여주는 이익은 별의미가 없을 것이다. 모든 것을 재무적으로만 평가한다는 데 동의하기는 어려우며, 또한 그럴 필요도 없다. 그 대신 '다각도에서 본 사업운영현황'을 공개적으로 제시하는 것이 나을 것이다.

그러나 위의 접근법은 자칫 부작용이 따를 수도 있다. 예를 들어 지나치게 세부적인 관리를 가져올 수도 있고, 경영진으로 하여금 "부하직원의 업무를 그때마다 일일이 지시할 수 있다"라는 생각을 갖게끔 할 수도 있다. 1970년대와 1980년대에 분권화된 이익책임의 개념을 도입한 것은 경영자들에게 '제한된 숫자의 명확하게 규정된 목표'를 추구할 수 있도록 더 많은 권한을 주기 위해서였다. 사실상 그러한 조처는 시장경제의 강점이다. 그에 반해 '다수의 측정지표들과 목표들을 통해 지적으로(intelligently) 설계된 관리시스템'은 계획경제의 특징이라고 볼 수도 있다. 실제에 있어서는 이 두 가지 중 어느 한 가지의 특징만을 가진 극단적인 형태의 기업은 존재하지 않는다. 경영자들은 폭넓은 행동의 자유와 명확한 목표를 필요로 하는데, 이때 그 목표는 틀림없이 재무적인 것일 것이다. 잘못된 단기적 접근을 피하기 위해서는 수치화된 목표들이 필요하다. 일개 사업부의 경영진에게 △어떤 고객집단을 타깃으로 할 것인가 △그 고객 확보를 위해 얼마까지의 비용을 감수할 것인가 △어떤 프로세스의 개선에 투자할 것인가 등의 중차대한 결정에 대해 완벽한 전권을 행사하게끔 할 수는 없는 것이다. 시장상황을 본 후에 그것이 '잘못된 선택'이었음을 깨달았을 때는 이미 늦은 것이다. BSC는 이 모든 영역에서 우리를 도와줄 수 있다.

물론 그 과업은 쉽지 않다. 어떻게 사업부, 자회사, 부서 등의 사업상황에 대한 간결하고 명확한 정보를 제공할 것인가? 어떻게 피상적으로는 좋아 보이지만 근시안적인 결과를 가져올 의사결정을 피하게 해주고, '정말로 중요한 것'에 우리의 노력을 집중시켜 줄 성과측정표를 설계할 것인가? 성과측정표상에 측정지표의 형식으로 나타난 설명들은 '정말로 중요한 것이 무엇인가'에 대해 사람들로 하여금 의견이 일치될 수 있도록 해주어야 한다. 필자들은 이미 재무적 측정지표들은 더 이상 그러한 목적에 기여할 수 없음을 언급했다.

BSC의 '균형잡힌(balanced)'이란 주로 '이익 및 시장적 접근관리'와 '다른 측정지표들을 통한 관리' 사이의 균형을 의미한다. 그리고 후자는 사업이 '장기적으로는 중요하지만 단기적 이익에는 반영되지 않는 요소들'을 어떻게 관리하고 있는지 보여주어야 한다. 물론 이런 요소들은 굉장히 다양하다. 그러므로 다음의 여러 곳에서도 역시 '균형'이 필요하다. 즉, △각 초점분야들 사이 △각 측정지표들 사이 △ '일정시점의 상황'과 '일정기간에 걸친 변화' 사이 등이 그것이다.

BSC의 개념은 지역 조직단위들에 의해 가장 잘 관리될 수 있는 문제들에까지 일일이 관여하여 다시 '중앙집권식 관리체제'로 되돌아가자는 것이 아니다. 지역 조직단위들이 신속성과 능률성을 강조하는 과정에서 놓칠 수 있는 '중요한 장기적 요소'들을 이해할 수 있게끔 도와주자는 것이다.

따라서 이 책에서 필자들의 주된 관심은 내부적 관리에 있다. BSC에 의해 제공되는 내용들이 연간보고서 또는 기타 간행물 등 외부적 사용에 적합한지 살펴보기에 앞서, 먼저 기업 내부에서 그것의 적절성 및 유용성을 확인할 수 있어야 할 것이다. 그러나 외부적 사용에 대해서도 제10장에서 다룰 예정이다. 왜냐하면 일부 경우에 있어서 기업 외부에 공개된 성과측정표가 BSC 프로젝트에 있어서 중요한 한 가지 요소가 되어 왔기 때문이다.

지적자본 및 전략적 의사결정

그것이 공공 분야이든 영리적 분야이든간에 '기업의 핵심요체', 즉 '기업을 가치있게 만드는 것'은 정확히 묘사하기 어려운 요소들로서, 이러한 것들은 성과측정표의 아래 부분에 위치한다.

일반적으로 사람들은, 장기적·전략적 의사결정들이 본사 또는 사업부의 이사회 등에 의해 착수되어진 △새로운 시장 투자 △시설 투자 △주요 R&D 프로젝트 투자 등과 같이 그 규모가 크고 매우 가시적이라고 생각하는 경향이 있다.

오늘날 많은 기업들은 이와는 매우 다른 성격의 전략적 의사결정에 직면해 있다. 즉, △고객 관계에 있어서 정보기술을 어떻게 이용하고 있는가 △그 대가가 먼 훗날에야 올 수 있는 것에 대해 과연 종업원의 시간과 노력을 투자할 것인가 △기존 또는 예비고객과의 접촉에서 얼마나 많은 정보를 얻고 있으며, 또한 이것이 종업원 상호간에 공유되고 있는가? △새로운 인트라넷 시스템을 배우기 위해 얼마나 많은 업무시간을 투자할 것인가 등이 그것들이다. 이런 모든 노력에는 비용이 뒤따른다. 그리고 이런 분야는 만약 그것에 대한 유인책이 없다든지, 또는 자기 자신에게 이익이 돌아오지 않고 다른 누군가가 그 수혜자가 될지도 모른다면 쉽사리 소홀해질 수 있다. 어떤 경험을 문서화하는 이유는 주로 다른 사람들을 돕기 위해서이다. 일반적으로 자기 자신의 경험은 비교적 잘 기억할 수 있기 때문이다. 예비고객을 개발하거나 과거의 판매기록을 정리해 두는 것은, 자기 자신보다는 주로 다른 조직단위의 사람들, 혹은 자기의 후임자를 위한 것이다.

오늘날의 기업들이 '역량 및 고객 접촉'을 통해 경쟁해야 한다는 것이 사실이라면, 이런 점은 중요한 의미를 갖는다. 과거의 기업들이 하던 일들은 아마 더욱 가시적이어서, 거기에 대한 예산편성 역시 그만큼 쉬웠을 것이다. 예를 들어, 투자 프로젝트와 R&D를 위해서는 구체적인 재원 할당, 의사결정 절차, 책임자 등이 있었다. 그러나 이사회가 특정한 프로젝트에 대한 재원 할당을 승인해 주었다고 해서, 그것이 곧 '역량 및 고객 접촉에 대한 훌륭한 관리'를 보장해 주는 것은 아니다. 이런 것들은 모든 사람들의 일상업무의 일부분인 것이다. 올바른 의사결정이 이루어지기 위해서는 '모든' 사람들이 '장기와 단기 사이의 균형을 찾는 것'에 책임을 져야 한다. BSC는 일상업무의 이러한 '전략적 측면'들을 밖으로 끌어내 주는 도구인 것이다.

이러한 것들에 대한 집합적인 총칭이 바로 '지적자본'이다. 이 용어는 최근 들어 널리 사용되고 있다. 사람에 따라 약간 다르게 해석되기도 하지만, 가장 흔히 사용되는 정의는 '체계화된 유용한 지식'이다 (Stewart, 1997, p.67). 이러한 것들로 인하여, 기업은 그 대차대조표상의 '경성(hard)' 자산 합계 이상으로 평가되게 된다.

스웨덴의 보험기업인 스칸디아사는 전세계적으로 '지적자원 분야의 선구자'로 불린다. 이 기업은 1994년부터 그 연간보고서에 대한 일련의 부록들을 통해, 자신들이 주식시장에서 갖기를 희망하는 프리미엄의 근거로서 그 '지적자산'을 제시해 오고 있다. 스칸디아사가 그들의 모델을 구축하기 위해 BSC를 어떻게 활용했는지는 뒤에서 자세히 설명할 예정이다(〈그림 2-5〉 참조).

지적자원은 부분적으로는 '올바른 종업원을 고용하고 훈련시키는 것', 즉 '인적자본'을 증가시키는 것에 의해 개발된다.

<그림 2-5> 기업 시장가치의 한 요소로서의 지적자본(스칸디아사)

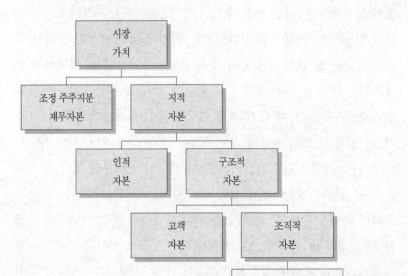

▶ 자료원 : Supplement to Skandia's annual report for 1995, "On Processes Which Create Value"
By permission from Skandia

그러나 이러한 자원은 변화 무쌍한 것들이기 때문에, 축적된 역량과 능력을 좀더 지속적인 방법으로 기업에 연결함으로써 그 안정성이 구비되어야 한다. '구조적 자본의 개발'은 외부적인 측면을 가지고 있다. 예를 들어 △기업을 더 많은 고객에게 알린다든지 △더욱 호의적인 이미지를 갖게 한다든지 △또는 그들을 단골로 만듦으로써, '기업에 대한 고객의 이미지'에 투자할 수 있는 것이다. 물론 고객과의 접촉을 통해 얻은 정보를 잘 설계된 고객 데이터베이스 형식의 자산으로 전환시킬 수 있다면, 이러한 노력의 가치는 더욱 커질 것이다. 이렇게 되면 한낱 영업사원 개인의 정보에 그치기 쉬웠을 정보들을 모두가 공유할 수 있게 된다. 즉 인적자원 자본을 '구조적 자본'으로 전환시킨 것이다.

구조적 자본은 또한 내부 프로세스, 지식, 능력 등과 밀접한 관계가 있다. 그리고 정보기술에 대한 투자는 일반적으로 이 부분의 향상을 위한 것이다. 소프트웨어와 교육훈련에 대한 투자들이 대차대조표상의 자산으로 보고되는 일은 거의 드물다. 그러나 스칸디아사의 모델은 그것들을 구조적 자본에 대한 부가적 자본으로 처리하여 기업의 시장가치 증가에 기여할 수 있게 하였다. 그러므로 이 모델은 한 기업의 가치평가를 논의하기 위한 근거로서 사용될 수 있다. 만약에 투자가가 한 기업의 주식에 대하여 '프리미엄'을 지불할 용의가 있다면, 그 이유는 다음 두 가지 중 하나일 것이다. 즉, 재무제표상의 순자산가치가 저평가되어 있다거나, 또는 그 투자가가 그 기업에 대한 가치평가에 있어서 '영업권(good will)'과 같은 다른 자산가치를 인정하였을 경우이다. 필자들이 보기에 지적자본의 중요성은 점점 더 커질 것 같다. 물론 단언할 수는 없지만, 이를 뒷받침할 수 있는 상당한 증거들이 있다. 그러나 시장이 지적자본의 가치를 쉽게 결정지을 수 없는 데에는 다음과 같은 몇 가지 이유들이 있다.

- 역량 및 마켓 포지션에 대한 개발은 실체화시키기 어렵고, 또한 동의를 얻어내기도 쉽지 않다. 왜냐하면 이러한 요소들의 미래 이익에 대한 예상 기여도는, 사람들이 그 기업의 미래 환경, 그리고 이런 투자를 현실화할 수 있는 미래 능력에 대해서 어떤 시나

리오를 선택하느냐에 따라 달라질 것이기 때문이다.

■ 이러한 요소들은 경쟁의 무기이기 때문에 일반적으로 그에 관한 정보 공개를 꺼리게 된다.

■ 이러한 자본에 대해서 한 기업이 배타적인 소유권을 행사한다든지, 최소한 효과적인 관리를 한다는 것은 쉽지 않다. 아이디어, 해결책(solutions) 등은 쉽게 모방될 수 있으며, 그것을 가진 종업원이 기업을 떠날 수도 있기 때문이다. 그러므로 전통적 재무제표상에 보고되지 않는 지적자본을 고려할 때에는, 다른 쪽에서 그것의 일부를 소유하고 있다고 주장할 가능성도 있다는 사실을 염두에 두어야 한다. 〈그림 2-6〉은 인적자원 자본에 대한 소유권이, 특히 그것의 존재 여부와 관련하여 의문시될 수 있다는 것을 보여준다. 이때에는 지적자산뿐만 아니라 지적채무도 역시 그 대상이 된다. 여기에서 이러한 자산의 일부에 대한 권리를 주장할 수 있는 것은 주로 그 종업원들이다. 그러나 때때로 그 합작제휴사가 이런 투자에 대한 주된 수혜자가 될 수도 있다.

〈그림 2-6〉은 지적자본의 개념을 결정짓는 데 있어서의 몇 가지 문제점들을 보여준다.

전통적 대차대조표상의 자산은 감가상각충당금을 차감한 후 잔액에 의해 가치평가된다. 물론 역량, 시장가치 등 이와 유사한 항목들도 똑같은 식으로 처리될 수 있다. 그러나 그것들의 미래사업에 대한 가치는 상당히 다를 수 있다. 즉 더 적거나, 또는 더 크거나 둘 중 하나일 것이다. 이러한 불확실성은 시장이 기업가치를 평가하는 데 있어 하나의 요소가 될 수 있다.

<그림 2-6> 시장 프리미엄으로서의 지적자본

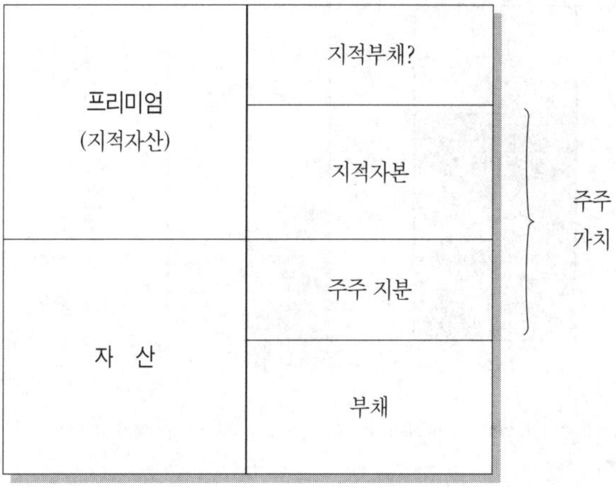

프리미엄 (지적자산)	지적부채?	
	지적자본	주주 가치
자 산	주주 지분	
	부채	

다른 분류방식들도 제안되어 왔다. 예를 들어 스베이비(Sveiby, 1997)는 '무형자산'이란 용어를 사용하였는데, 그는 그것을 △외부구조 △내부구조 △사원의 역량 등으로 나누었다. 여기에서 주요 쟁점은, 종업원들이 기업의 프로세스 및 구조와 구분된 별개의 자산으로서 고려되어야 하는가이다. 뒤에서 설명하겠지만, 이것은 성과측정표를 설계할 때에도 역시 쟁점이 된다.

시장에서 지적자본에 대해 가치를 부여하는 경향이 더욱 더 뚜렷해지고 있다. 이것은 서비스 산업이나 정보기술과 같은 '특정한 실체적 자산'이 없는 산업들에서 점점 더 많은 관심들이 집중되고 있는 것을 보면 알 수 있다. 또 하나의 증거는 '주식가치'와 '재무제표상의 순자산가치' 사이의 상관관계에 관한 연구들에서 발견할 수 있다. 물론 이런 비교들은 언제나 불확실하다. 추정된 차이점들은 다양한 다른 요소

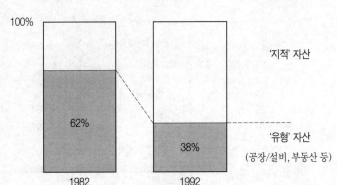

<그림 2-7> '유형자산' 과 시장가치와의 관계 (미국 제조업 및 광업)

▶ 자료원 : Based on numbers from Blair, Brookings Institution reported in Stewart (1994)

들에 의해서도 설명될 수 있기 때문이다. 그러나 미국의 한 권위 있는 여론조사 기업이 발견한 바에 의하면, 이른바 '지적자본'의 점유율이 1982년부터 1992년 사이에 괄목할 만한 증가를 보인 것으로 나타났는데, 이는 상당히 의미심장한 것이다(〈그림 2-7〉 참조).

이 같은 재무회계에 있어서 BSC의 유용성에 대해서는 뒤에서 다시한 번 설명할 예정이다(그러나 이 책의 중점은 내부적 관리에 있다). 여하튼 전통적인 대차대조표상에 보고되지 않는 자본을 개발하는 것이 점점 더 중요해지고 있는 것이 사실이라면, 이것이 경영관리에 대해 시사하는 바는 상당히 크다. 만약 기업이 경영관리의 목적으로 재무회계 측정 지표들을 사용한다면, 관리 책임이 있는 주요한 분야들을 간과하게 될 것이다. 또한 경영관리에 있어서는 재무회계와 달리, 주로 '경성(hard)' 자산에 중점을 두어야만 할 이유가 없다. 오히려 경영관리를 전략적 관리로서 간주한다면, 지적자원 개발의 필요성 및 그 개발 상황 등을 커뮤니케이션할 방법을 찾는 것에 더 많은 관심을 기울여야 할 것이다.

필자들의 생각으로는, 최근에 BSC 개념이 등장한 것은 이런 상황과 밀접하게 맞물려 있는 듯하다. 이것은 점점 고조되어 가는 '예산에 대한 회의적 시각'과 더불어, BSC 개념 탄생의 주요 원인이 되었다. 예산은 재무 회계적인 언어로 표현되는 손익계산서에 기초하여 세워지므로, 많은 사람들은 이것을 가장 보수적인 형태의 경영관리라고 인식하고 있다(필자들은 뒤에 다시 이러한 논의를 다룰 예정이다). 그래서 가끔 사람들은 경영관리의 재무적 측면에 대해서는 말하기조차 꺼리는 경우도 있다. ABB 스웨덴사의 관리담당 이사가 한 말에서 이런 경향을 읽을 수 있다. 그는 "이제 우리는 재무적 관리에서 전략적 관리로 이동하는 중이다." 라고 말했다. 이것은 그 기업의 'BSC 사용'을 가리키는 것이다(Peter Fallenius, 웬버그 지에서 인용, 1994). 또한 그의 말은 '경영관리는 어떤 것들을 포함해야 하는가'라는 문제를 제기한다. 보통 경영관리는 '관리경제학(Managerial Economics)'의 한 분야라고 생각되어진다. 만약 우리가 역량 및 고객관계를 '관리되어야 할 자원'이라고 생각한다면, 이것들은 '경제적인 연관성'을 가지고 있는 것으로 간주해야 한다. 그렇다면 '경제적'이라고 불릴 수 있는, 즉 '자원관리'와 관련성이 있는 측정지표들은 일반적인 재무적 측정지표들과는 다르다고 보아야 한다.

사업은 계산된 '위험'을 감수해야 한다

BSC 개념의 근본은, 기업은 장기적 발전에 필요한 자본을 개발해야 한다는 것이다. 그 개념의 많은 부분들은 1980년대에 사용된 일부 '유행어'들과 관련된다. 그 유행어들이란 고객 지향, 책임의 분권화, 생산의 유연화, 신속한 흐름 등이다. 그러나 그 당시 알려진 것들은 아직도 충분히 실행되지 못하고 있다. 또한 이미 연구된 분야라 할지라도 끊임없이 재연구해야만 한다. 이것들의 출발점은 주로 '고객상황 분석'이었으며, 그 결과는 이른바 '기업이 가져야 할 특성'이었다. 기업의 사명, 전략, 목표 등이 구체화되었으며, 기업은 시장 및 경쟁상황에 적응하였다. 이 모든 것들은 유용했고 많은 도움을 주었다. 그러나 충분하지는 않았던 것 같다. 왜냐하면 누구든지 그러한 분석을 해낼 수는 있고, 똑같은 결론에 도달하게 될 것이기 때문이다. 그 수요의 본질을 파악했다고 해서 사업에 성공할 수 있는 것은 아니다. 문제는 '우리가 공급자로서의 역할을 해내고 있는가?' 하는 것이다. 다시 말해, 단순히 '무엇이 원해지고 있는가?'가 아닌 '왜 우리이어야만 하는가?'인 것이다. 그 대답은 '우리가 무엇을 할 수 있는가', 즉 '역량과 능력'에 달려 있다. 필요한 역량과 능력을 결정했다고 해서 그것들을 하룻밤 사이에 얻을 수 있는 것은 아니다. 지속적인 성공을 위해서는 적기에 적절한 능력을 개발해야 한다. 수완 좋고 민첩해지기 위해서는 적절한 준비가 요구되는 것이다.

1990년대의 전략에 대한 논문들은 이런 개념들을 더욱 발전시켰다. 퀸(Quinn, 1992)은 '지능적(intelligent) 기업'을 언급하며 '핵심역량' 개발의 중요성을 역설하였다. 오늘날 제조업체조차도 그 가치사슬에서, 서비스 또는 지적인 행위로 구성된 연결고리 분야에 더욱 더 의존하고 있으며, 그 의존도는 점점 더 커지고 있다. 퀸은 "이런 성질을 가진 특정분야에서 '세계 최고'가 되지 않고는 살아남을 수 없다"고 주

장한다. 이런 종류의 능력이 바로 '개발해야 할 역량'인 것이다. 다른
모든 것들은 외부에서 구해질 수 있다. 사업 전략분야의 세계적 권위
자인 미국의 하멜과 프랄래드(Hamel & Prahalad, 1994) 교수는 기업
의 역량 구축을 강조하였다. 다음은 그들 논문의 일부이다.

> 미래에 대한 경쟁은 '시장 점유'에 대한 경쟁이라기보다는 '기
> 회 점유'에 대한 경쟁이다. (중략) 우리가 미래기회의 더 많은
> 부분을 차지하기 위해서는 어떤 새로운 역량을 구축해야 하며,
> 우리의 '타깃 시장'을 어떻게 정의해야 하는가?(p.31)

하멜과 프랄래드 교수는 역량을 얻기 위해서는 인내력을 가지고 지
속적으로 지식과 이해를 축적해 나가야 한다고 강조한다. 우리는 우리
자신에게 '다른 기업들이 쉽게 우리만큼 잘할 수 없는 것 중 우리가
할 수 있는 것은 무엇인가?'를 자문해 보아야 한다. 이에 대한 답을 얻
은 후에는, 그 역량을 남들보다 한 발 먼저 개발해서 그 경쟁우위를 지
켜나가야 한다.

그렇게 하려면 그 목표가 '세계 최고'가 아니고 '그 지역에서 최
고' 정도라 할지라도, 한 개 또는 소수의 역량에 집중해야 한다. 다행
히도 커뮤니케이션의 발달로 그 나머지 역량들을 외부에서 조달하기
는 쉬우므로, 남이 더 잘할 수 있는 것을 하려는 불필요한 노력은 없어
야 한다.

이로써 결국 핵심역량의 개념은 '지적자본이야말로 기업이 개발해야
할 것'이라는 필자들의 원래 논제로 되돌아오게 만든다. 다음은 이 분야
최고 권위자 중 한 사람의 생각을 요약해 놓은 것이다(Rumelt, 1994).

- 핵심역량은 몇 개의 사업영역 및 제품들을 지원한다.
- 제품과 서비스는 단지 핵심역량의 표현물일 뿐이다. 그러므로 핵심역량이 제품보다 더 천천히, 더 안정되게 발전된다.
- 역량은 지식이다. 그러므로 사용함으로써 증가한다.
- 장기적으로 누가 경쟁에서 승리할 것인지를 결정하는 것은 제품이 아닌 역량이다.

어떻게 하면 사람들로 하여금 과감하게 지적자본에 투자하고자 하는 열의를 불러일으킬 수 있을까? 그런 모험적 사업을 관리하기 위해서는 어떤 핵심비율들이 사용될 수 있을까? 정보기술을 통해 제공된 기회가, 독립적이고 창의적인 정신을 가진 사람들간의 상호작용에 대해 갖는 의미는 무엇인가? 만약 '벤처 캐피털'이 그 본질에 있어 주로 재무적인 것이 아니라면, 과연 '법인 기업'이라는 것이 그 사업에 대한 적절한 형태라고 볼 수 있을까? 미국의 경제지들에 언급된 이른바 '신경제' 개념으로부터, 이상과 같이 흥미있는 쟁점들이 수없이 제기되었지만, 아직까지 그에 대한 많은 답을 주진 못하고 있다.[2] 기업은 종업원의 지식과 제안을 최대한으로 활용해야 한다. 그렇지 않으면 반드시 알아야 할 사실을 간과할 수도 있다. 게다가 '그 일을 하는 이유'에 대해 토론함으로써 얻어질 수 있는 종업원들의 '헌신' 또한 얻지 못하게 될 것이다.

BSC가 필요한 주된 이유들 중 하나는, 이처럼 더 많은 사람들이 의사결정에 참여하고, 행위의 기본이 되는 가정들을 인식하도록 하는 데 있다. BSC 개념은 경영관리에 전략적 차원을 더해 주게 된다. 즉, 많은 사람들을 토론에 끌어들임으로써, '왜 우리는 우리의 미래에 대한 선택이 옳다고 믿는가'를 모두에게 이해시킬 수 있게 되는 것이다.

· 주(註) ————————————————

1) 여기서 '전통적 경영관리'란 이익, 수익성, 재무적 포지션 등을 향상시킬
   목적으로 조직 내 의사결정 및 행위들을 관리하는 것을 의미한다.

2) 그 예로는 1996년 9월 28일자 이코노미스트지(The Economist)의 특집판
   이 있다.

PART Ⅱ BSC의 구축

3

BSC 구축 프로세스

이 장의 목표는 BSC의 일반적인 구축 프로세스를 설명하는 것이다. 이 장에서 설명되는 내용들은, 세부적인 지시사항들이라기보다는 구축 프로세스에 대한 전체적인 틀로서 받아들여져야 할 것이다. BSC 개념이 성공을 거두어 온 이유 중의 하나는, 성과측정표의 구조 그 자체뿐만 아니라, 그 구축 프로세스 역시 기업의 마켓 포지션 및 내부적 조직의 실제 상황에 맞춰 잘 적응되어져 왔기 때문이다.

구축 과정의 마지막 단계는 성과측정표의 사용과 관련된 부분이다. 이 장에서 필자들은 이 '성과측정표의 사용 단계'를 '성과측정표의 실행(implementation)'이라고 칭하고, 성과측정표 구축의 마지막 단계로서 다룰 것이다. 그러나 이것은 그 자체가 광범위한 주제이므로, 제3부에서 더욱 자세히 설명할 예정이다.

필자들은 "성과측정표는 기업 전체를 장기적 사업 논리로 가득 채워 줄 것이다"라고 주장해 왔다. 그렇게 된다면 기업은 자기만의 독특한 역량을 창조할 수 있을 것이며, 궁극적으로는 시장에서 그 보상을 얻게 될 것이다.

　이러한 문제는 전략과 운영 모두에 관계된다. 이상적인 것은, 사업의 다양한 부분에서 성과측정표를 사용하여, 이런 역량들의 실제적 개발에 필요한 '설득력 있고 커뮤니케이션이 가능한 논리'를 개발하는 것이다. 성과측정표는 이처럼 전략적·운영적 관리 양면에 사용될 수 있다. 필자들은 이번 장에서도 역시 그러한 조화가 요구된다고 생각한다. 그러나 성과측정표는 어떠한 전략상의 변화도 고려되지 않을 때조차 사용될 수 있다. 이 책에 소개된 사례들 중에도 이런 경우가 몇 가지 있다. 즉, 이런 경우 기업은 '성과측정표의 수립' 단계로 곧바로 이동하게 되며, 그 성과측정표는 '전략상 중요한 사업특성들'에 초점이 맞추어지게 된다.

　그러나 일단 성과측정표 프로세스가 진행되면 기업의 전략을 재검토할 필요성이 대두되는 것이 일반적이므로, 필자들은 이런 점검절차를 이 장의 한 부분으로 포함시켜 놓았다. 또한 프로세스 전반에 관한 이해를 돕기 위해, 스웨덴의 소매의류 체인인 캐팔(KappAhl)사와 함께 한 필자들의 경험을 소개할 것이다.

BSC 프로세스 개요

　BSC는 종업원으로 하여금 기업의 상황을 이해할 수 있게 해준다. 이런 이해는, 기업이 장기적 경쟁력을 유지하기 위해 필요한 '역동적인 힘'을 얻는 데 필수적인 것이다. BSC는 또한 기업으로 하여금 목표와 비전을 가장 빠르게 달성할 수 있도록 이끌어 줄 관리 측정지표들을 지속적으로 개발해 주기 때문에 우리들에게 유용한 내용을 제공해 준다.

　그 결과, '기업의 장기적 방향'에 대해 공유된 견해를 바탕으로 모든 일상업무들이 이루어지게 된다. 이렇게 됨으로써 기업이 취해야 할 행동방향은 모든 사람들에게 실체적이고 이해 가능한 현실이 되는 것이다. 종업원들은 더욱 많은 것들을 이해하게 된다. 또한 활동영역에 따라 세분화된 성과측정표를 사용함으로써 각 조직단위들은 일상업무 관리가 전보다 더욱 적절하게 이루어지고 있음을 느끼게 될 것이다. 이렇게 되면 종업원들의 사려는 더욱 깊어지고, 동기부여가 되어 변화를 적극 수용하게 되므로 기업의 결정을 강력하게 추진해 나갈 수 있게 될 것이다. 또한 조직은 더 많은 것들을 학습함으로써 그 통찰력이 더욱 강화되고 그것을 바탕으로 역량을 끊임없이 개발해 나갈 수 있게 된다. 이러한 기능을 가진 BSC를 구축하고 실행하는 과정은 몇 개의 서로 다른 분야들에 관계된다. 〈그림 3-1〉은 그 프로세스의 범위 및 관련 분야들을 보여준다.

전략개발

　경영관리는 기업의 비전과 전략으로부터 출발하며, 성과측정표는 그 사업을 관리하는 방식이다. 그러나 필자들의 경험에 의하면, 성과측정표의 특징은 일반적으로 △기업의 비전에 관한 새로운 아이디어를 제공한다든지 △그 전략의 재검토를 가져오게 된다. 그러므로 필자들이 설명할 성과측정표 프로세스의 첫 단계는 전략의 개발 단계인데, 이것은 기업의 다른 프로세스에서 이미 행해졌을 수도 있다. 이 때에 성과측정표를 준비하는 것은 단순히 현재의 전략을 재확인하는 선에

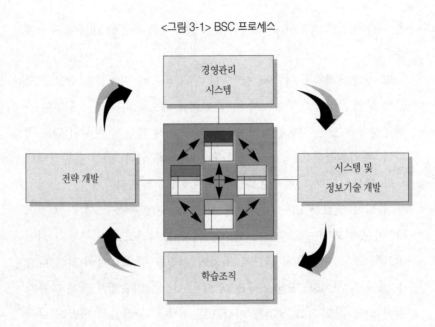

<그림 3-1> BSC 프로세스

서 그치게 되겠지만, 그런 경우에도 그 전략이 '목표와 핵심 성공요소'라는 더욱 실체적인 용어로 표시될 수 있다는 이점이 있다.

경영관리 시스템

제2장에서 필자들은 새로운 전략적 관리의 필요성과 이러한 필요성이 BSC와 기타 유사한 모델의 개발에 이르게 된 배경 등을 설명하였다. 이번 장에서 필자들은 △기업의 전략이 책임 관리자들을 위한 측정지표 및 목표들로 해석되는 과정 △성과측정표가 그 책임 관리자들에게 포괄적이고 균형잡힌 업무 명세서가 되는 과정, 이 두 가지에 특히 초점을 맞추고자 한다. 원칙적으로 이 프로세스는 기업의 모든 계층에서 반복되어, 모든 종업원들이 참여의식을 갖고 전반적인 전략적

구도 속에서 그들의 역할을 이해할 수 있도록 되어야 한다. 그러므로 이 프로세스에서 중요한 부분은 각 시각의 측정지표들과 각 사업단위 성과측정표상의 측정지표들을 서로 연결하는 것이다.

필자들은 제2장의 기업의 역량 개발에 대한 논의를 통해, 위의 사항에 대한 토대를 마련하였다. 기업은 역량을 개발함에 있어서, 자원을 몇 개의 엄선된 분야에 집중해야 한다. 이 프로세스를 성공적으로 이끌기 위해서는 많은 종업원들의 다양한 기여가 필요하다. 성과측정표는 그들의 노력을 올바른 방향으로 인도하고 그들이 어떻게 전사적인 노력에 기여하고 있는지를 알 수 있도록 충분히 명확해야만 한다. 이에 대해서는 제6장 및 7장에서 자세히 다룰 예정이다.

시스템 및 정보기술 개발

성과측정표가 전사적으로 실제적인 운영이 가능하도록 하기 위해서, 측정을 처리하는 절차는 알기 쉬워야 하며 지나치게 복잡해서는 안된다. 데이터는 기록되고 검증되어야만 하며 이용 가능해야 한다. 보통 성과측정표는 기업에서 이미 사용중인 데이터에 의지하게 되지만, 새로운 측정방법을 이용할 때도 있으며, 가끔 이들 중 일부는 특성상 상당히 비공식적인 성격을 띠게 된다.

전략적 관리를 위한 성과측정표를 설계할 때에는 데이터 수집 및 현 시스템의 실제적인 면을 고려해야 한다. 특히 도입 단계에서 기업의 성과측정표가 아직 확고한 형태로 자리잡기 전에는 더욱 그렇다. 그러나 임시방편적인 시스템조차도 측정 책임에 관련된 다수의 문제들에 대해 실제적인 해결책과 답변을 요구한다. 즉, △얼마나 자주 △어떤 관리시스템을 이용하며 △누가 책임자인가 등이 될 것이다. 필자들은 이 문제들을 제8장에서 다시 다룰 예정이다.

학습조직

성과측정표의 주된 기능은 기업의 운영을 관리하는 것이다. 이것은 기대 수준과 성과를 묘사할 언어를 제공함으로써 '각 개인이 기업의 비전을 달성하는 데 어떻게 기여할 수 있는가'에 대한 토론 기반을 제공한다. 예를 들어 고객 데이터베이스를 개발한다든지, 새로운 세분시장에서 고객을 확보한다든지 하는 노력들은 단기적으로는 이익이 되지 않을지 모르지만, 더 장기적인 기대 이익의 관점에서는 정당화될 수 있다. 성과측정표는 전반적 균형을 고려해서 그러한 노력에 합당한 무게를 결정하고, 그 무게를 경영전반에 커뮤니케이션시킬 수 있는 기반을 제공하게 된다.

그 외에도 많은 누적 효과들이 있다. 즉 '새로운 데이터베이스의 이용 상황' 또는 '새로운 세분고객시장의 판매 진행상황' 등에 관한 경험들이 축적됨에 따라 인과관계에 대해 세웠던 가설들이 맞는지, 또는 잘못 되었는지가 밝혀질 것이다. 이와 같이 BSC의 사용은 학습을 도와줄 수 있다. 즉, 기업 및 개인 모두가 '업무와 기업의 성공과의 관계'를 더 잘 이해할 수 있게 되는 것이다.

성과측정표를 실제로 사용하는 것은 물론 중요하다. 그러나 올바른 성과측정표 관행이 정착되기 위해서는 적당한 '인센티브 체계' 및 '정보 처리를 위한 현실적인 조치' 등이 필요하다. 제9장에서 이러한 문제들에 관해서 더욱 심도 있게 논의하도록 하겠다.

비전에서 행동 계획으로

BSC 구축 프로세스를 본격적으로 살펴보기에 앞서 그 전반적 절차를 〈그림 3-2〉를 통해 제시하였다.

- **비전** : 모델의 최상부에는 기업의 비전이 있다. 이때 비전이란 기업이 희망하는 미래 상황을 가리킨다. 비전은 '공유된 기업의 미래상'을 실현시키기 위해 전 조직을 이끌고 관리하며, 그에 대한 과제를 부여하는 역할을 한다.
- **시각** : 전반적인 비전은 세분되어 몇 개의 시각으로 묘사할 수 있다. 가장 흔히 사용되는 시각은 주주 및 재무적 시각, 고객 시각, 내부 비즈니스 프로세스 시각, 학습과 성장 시각 등이다. 일부기업들은 여기에 별도의 '종업원 또는 인적자원 시각'을 추가하기도 한다. 이 부분에 관한 자세한 내용은 제5장에서 다룰 것이다.
- **전략적 목표** : 비전은 몇 개의 더욱 구체적인 전략적 목표들로 표현할 수 있다. 이것들은 기업이 비전을 성취하는 데 '안내자' 역할을 한다.
- **핵심 성공요소** : 여기에서는 기업의 비전 성취에 있어 가장 핵심이 되는 요소들이 묘사된다.
- **전략적 측정지표** : 여기에는 측정지표 및 목표들이 묘사되어 지며, 이것들은 목표 달성에 가장 핵심이라고 간주되는 성공요소들을 기업에서 체계적으로 수행할 수 있게 해주는 역할을 한다(측정지표 및 그 측정방식 등에 대한 더 자세한 내용은 제8장에서 다룰 예정

이다).

■ 행동계획 : 마지막으로 성과측정표를 완성하기 위해서는 미래에
필요한 구체적인 행위 및 조치들을 묘사해 주어야만 한다.

적절한 조직단위의 선택

구축 초기 단계에서 기업의 규모와 상황에 따라 신중히 고려되어야
할 것들로서, △성과측정표에서 다루어질 활동의 범위 △BSC 개발 조
직단위 △BSC 도입 속도(pace) 등이 있다. 비교적 작은 기업에서는 기
업 전체 차원의 성과측정표를 만드는 것이 아마도 최선일 것이다. 그
러나 큰 기업이나 거대기업과 같은 경우에는, 한개 또는 두개의 '시험
적 프로젝트'로부터 출발하는 것이 더 적당할 것이다. 이 경우 적절한
조직단위를 선정하는 과정에서, 후속 작업시 초기단계의 경험을 최대
한 활용할 수 있도록 △프로젝트 참여 의향 정도 △프로젝트에 대한
적합성 등이 고려되어야 한다. 나아가 스태프 조직과 광범위한 외부적
접촉을 가지고 있는 조직단위 모두로부터 시험적 프로젝트 경험을 얻
는 것이 바람직하다.

고려해야 할 또 하나의 주요 요소는 그 당시 기업의 상황이다. 만약
기업이 급격한 변화의 와중에 있다면, 성과측정표 프로젝트 그 자체가
유용한 도구가 될 수 있다. 종업원들에게 BSC를 교육함으로써 △미래
전략 △전략 실행의 결과 발생될 변화 등에 대한 이해 및 합의를 도출
해 낼 수 있을 것이다. 또한 이런 경우에는 최상위 수준의 성과측정표
를 먼저 개발하고, 다음 단계에서 이것을 적절히 세분하는 것이 바람

<그림 3-2> BSC 구축 프로세스의 포괄적 구도

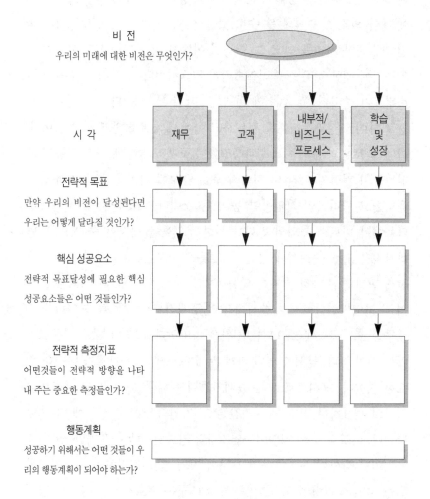

비 전
우리의 미래에 대한 비전은 무엇인가?

시 각

재무　고객　내부적/비즈니스 프로세스　학습 및 성장

전략적 목표
만약 우리의 비전이 달성된다면
우리는 어떻게 달라질 것인가?

핵심 성공요소
전략적 목표달성에 필요한 핵심
성공요소들은 어떤 것들인가?

전략적 측정지표
어떤것들이 전략적 방향을 나타
내 주는 중요한 측정들인가?

행동계획
성공하기 위해서는 어떤 것들이 우
리의 행동계획이 되어야 하는가?

▶ 자료원 : Adapted and reprinted by pemission of Harvard Business Review. Exhibit from "Putting the balanced scorecard to Work" by Robert S. Kaplan and David P. Norton, September~October 1993, p.139. ⓒ 1993 by the President and Fellows of Harvard College; all rights reserved

직하다. 또한 조직이 필요로 하는 변화를 위한 준비와 지원을 얻기 위해, 최고경영층은 최상위 수준의 성과측정표를 기업 내에 배포하여 그에 대한 의견을 수렴해 볼 수도 있다. 이때 그 배포의 목적은, 전반적 전략에 대한 지지를 얻고, 그 전략이 어떻게 더 효과적으로 실행될 수 있는지에 대한 토론을 불러일으키기 위해서이다. 최상위 수준의 성과측정표가 준비된 후, 첫 번째 할 일은, 각 부서 또는 다른 적절한 그룹들로 하여금 성과측정표를 검토하고 이에 대해 토론하게 하는 것이다. 이때 그 토론의 주제는 △성과측정표가 구체적 상황에 미칠 영향 △종업원들이 기업의 비전 및 전략적 목표 달성에 기여할 방안 △더욱 효율적이고 합리적인 작업방안 등이 될 것이다. 이러한 것들이 완료된 다음에야 비로소 기업의 변화를 위한 작업들을 시작할 수 있으며, 변화과정을 훨씬 수월하게 만들 수 있을 것이다. 즉 이러한 프로세스를 통해 변화는 추가적 지지를 얻을 수 있고, 성과측정표가 새로운 조직의 각 사업단위들에서 개발됨에 따라 구체적으로 실현될 수 있다.

구축 프로세스에 소요되는 시간은 다양하다. 그러나 너무 서두르지 않는 것이 좋다. 앞서 언급한 바와 같이 프로세스 그 자체가 대단히 중요한 것이다. 그러므로 모든 관계자들이 이해할 수 있을 만한 충분한 시간이 필요하다. 또한 소요기간은 그 기업의 규모와 상황에 따라 달라진다. 비교적 작은 기업이라면 6개월 정도면 충분하겠지만, 만약 그 조직이나 상황이 복잡하다면 그것이 기업 전체에 걸쳐 이루어지기까지는 수년이 걸릴 수도 있다. 특히 BSC 구축 프로세스는 특정 시점에 종료될 수 없는 것이라는 데 주목해야 한다. 옥스포드대학의 템플러튼 (Templeton) 단과대학에서의 한 연구(Ruddle & Feeny, 1998)는 몇 개 큰 기업들의 변환(transformation) 프로세스를 다루고 있는데, 이 연구

결과는 프로세스가 성공적이면 성공적일수록 그 성과측정표의 역할이 컸다는 것을 보여주고 있다. 일부 기업에서의 변화 프로세스는 4~6년의 기간에 걸쳐 진행되었다. 성과측정표의 효익들 중의 하나는 그것이 전략적 관리의 일부분이라는 점이다. 그러므로 이것은 살아있어야 하며, 끊임없이 기업의 상황과 조직의 변화에 적응해야만 한다.

어떻게 조직해야 하고 누가 참여해야 하는가?

많은 종업원들이 '기업의 현재상황 및 역량들'에 대한 토론 및 분석에 참여할 수 있다는 점에서 BSC 모델의 주요 강점은 구축 프로세스 그 자체에 있다. 비전에 대한 토론과 이해 외에도, 전략적 시각 및 성공요소들을 밝혀내기 위한 심층분석이 작업에 있어서 중요한 부분이 된다. 그렇기 때문에 가능한 한 많은 종업원들이 적극적으로 참여해야 하며, 어떤 형태로든 일정한 합의하에서 진행되어야 한다. 특히 토론으로부터 도출된 인과관계 및 우선 순위들은 잘 이해되고 폭넓은 지지를 얻을 수 있어야 한다. 만약 이러한 이해가 구해지지 않는다면, 구축 프로세스는 좌절감만 안겨주게 될 것이며 계획 자체가 무의미해질 위험에 빠지게 된다.

비전을 일상적인 운영업무와 성공적으로 연계시키기 위해서는 구축 프로세스가 두 가지 방향에서 진행되어야 한다. 초기 단계에서 최고경영진은 비전을 결정함에 있어 지극히 신중해야 하며, 일단 비전이 결정되면 그것을 조직 전체에 알려야 한다. 그 후에는 결정된 비전에 의해 영향을 받을 활동들, 비전의 성공을 위해 필요한 활동들 등에 대해 전사적으로 대화를 시작해야 한다. 이때 최고경영진들의 헌신과 동기부여는 아무리 강조해도 지나치지 않다. 대표이사는 전 프로젝트에 걸쳐 자기의 맡은 바 소임을 성실하게 수행해야 하며, 성과측정표 개발의 초기 단계에 있어서는 주도적 역할을 해야 한다. 그 이후에도 계속해서 그는 그 프로젝트에 대해 우선 순위를 부여하고, 그것이 전조직에 의해 지지될 수 있도록 모든 조치를 취해야 한다.

그렇다면 어떤 사람들이 프로세스에 참여해야 하는가? 앞에서 필자들이 강조한 대로 BSC 구축 프로세스 자체가 그것의 커다란 강점 중의 하나이다. 그러므로 누가 언제 참여해야 하는가에 대해 명확히 하는 것이 중요하다. 최고경영진의 프로세스 전반에 대한 적극 참여 및 관심 외에도, 초기 단계에서 가능한 한 많은 사내 '오피니언 리더'들을 참여시키는 것이 필수적이다. 이것은 그들에게 고도로 동기부여를 시켜서, 후속 작업시에 그들을 BSC 프로세스에 대한 일종의 '선교사'로 활용하기 위한 것이다. 이후 구축 프로세스가 조직 내의 나머지 다른 부분들에서 진행될 때에는, 정도의 차이는 있겠지만 대부분의 종업원들이 이에 참여해야 한다. 필자들의 경험에 의하면, '전반적인 목표들이 일상업무에 미칠 영향', 또는 '종업원 개인 또는 팀이 성공에 기여할 방안' 등에 대한 토론에 가능한 한 많은 사람들을 참여시킴으로써 몇 가지 주요한 이익들을 얻을 수 있다. 우선 이런 토론들은 가끔 그 참석자들로 하여금 전혀 새로운 관점에서 상황을 파악할 수 있도록 해준다.

기업의 규모 및 복잡성에 상관없이, 프로젝트 관리팀에게 구축 프로세스 전반에 대해 권한 및 책임을 주는 것이 좋다. 누구를 프로젝트 관리팀에 참여시킬 것인가는 성공에 중요한 요소로서, 그 팀이 기업 전체의 대표로서 보여질 수 있도록 하는 것이 중요하다. 프로젝트를 출발시키는 것은 대부분의 경우 관리부서 사람들이긴 하지만, 전 프로젝트 인원을 이들만으로 구성하는 것은 현명치 않은 판단이다. 성과측정표의 주요 이점 중의 하나는, 이해하기 어려운 전통적인 회계를 전 종업원에 의해 쉽게 받아들여질 수 있는 목표 및 측정지표들로 대체한다는 데 있다는 것을 상기해야 한다. 프로젝트 관리팀은 진행상황을 점검하고, 제안을 제공하며, 조정안들을 제시해 주어야 한다. 이러한 조정안들은 성과측정표의 일관성을 확보하고, 전반적인 프로세스에 대한 이해를 도와주는 역할을 하게 된다.

다음의 내용은 구축 프로세스의 다양한 단계들을 간단히 요약한 것이다. 이 모델은 단지 일반론적인 것이며, 실제 프로세스는 그 기업이 속한 산업, 기업의 규모 및 소유형태 등 다양한 특성들에 맞추어져야 함을 미리 밝힌다.

기본적인 전제 사항

최상위 수준의 성과측정표를 개발하기 위한 전제조건은, 관계된 모든 사람들이 기본적으로 그 산업과 기업의 특성에 대하여 동의를 해야 한다는 것이다. 그러므로 프로젝트에 관계된 모든 사람들이 타당한 의견을 형성할 수 있도록, 필요한 정보, 충분한 시간 및 자원 등이 제공되어야 한다.

필자들의 경험에 의하면, 경영자들은 흔히 참여자들이 기업 내·외부의 실제상황에 대해 더욱 폭넓은 이해를 가지게 됨으로써 얻어질 수 있는 이익들을 과소평가한다. 이것은 종종 이러한 정보들에 내재되

<그림 3-3> 변화중인 조직

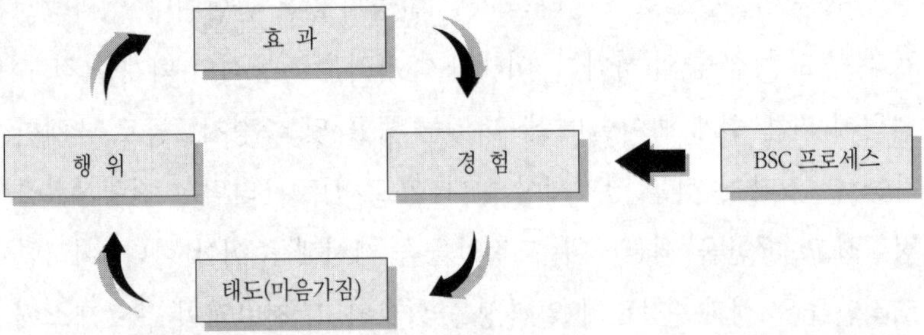

어 있는 일종의 '비밀성'에 기인한다. 경영자들은 일반적으로 이러한 정보들을 어디까지 비밀로 해야 되는지에 대한 기준을 가지고 있지 않다. 그래서 더욱 차별화된 대우를 원하는 고객의 요구에 최대한 신속하게 반응하고, 올바른 의사결정을 위해서 종업원들에게 이런 정보가 필요하다는 사실을 간과한다. 그러나 이 같은 정보의 공유는 종업원들이 그들의 행위를 개선시키는 데 매우 중요한 역할을 한다. 단순히 모든 사람들에게 지금부터 다르게 행동해야 한다고 말하는 것만으로는 부족하다. 우리의 행동은 가치관과 마음가짐에 의해 통제되며, 이것들은 다시 우리의 경험에 근거하고 있다(<그림 3-3> 참조). 필요한 변화를 가져오기 위해서는, 먼저 우리들의 마음가짐에, 그리고 더 나아가 우리들의 행위에 영향을 미칠 새로운 경험들이 전달될 수 있는 분위기를 조성해야만 한다. 아울러 새로운 경험을 창조하기 위해서는 종종 일정한 형태의 외부적 요인이 필요하다. BSC 프로세스의 한 가지 목적은 이런 역할을 할 수 있는 무언가를 발견하게끔 유도하는 것이다. 그리하여 조직이 그 후에 변화된 행위의 결과를 확인할 수 있다

면, 일종의 자생적인 프로세스가 확립되어진 것이 된다.

또한 필자들이 경험을 통해 확인한 한 가지 사실은, 참가자들이 적절한 자료를 가지고 그것에 대해 질문하고 그것을 발전시킬 수 있는 기회를 가질 수 있다면, 전체 프로세스 및 그 작업의 질이 괄목할 만큼 향상된다는 것이다. 그들은 필요한 정보 및 충분한 시간을 통해 사업의 전체상황을 이해할 수 있게 되며, 이것은 그들이 일상업무에 복귀한 후 해당 프로세스에 큰 '플러스 요인'으로서 작용하도록 해준다. 〈표 3-1〉은 BSC 구축 프로세스를 전반적으로 개관한 것으로서, 각 단계별 작업의 특성 및 소요 시간 등을 보여준다. 단, 앞서 밝힌 바와 같이 구체적 조치 및 소요 시간 등은 각 기업의 상황 및 특성 등에 맞추어져야 한다.

제1단계 : 산업에 대한 정의, 그리고 그 전개방향 및 기업의 역할 묘사

이 단계의 목표는 소속 산업의 특징과 필요 요건에 대한 합의를 도출하고, 산업 내 기업의 현재 포지션 및 역할을 명확히 규정하는 것이다. 또한 그 산업이 미래에 어떻게 전개되어 나갈지에 대한 합의에 도달해야 한다. 그렇게 되면 이것은 자연히 비전 및 미래 전략과 함께 향후 업무를 심화하는 데 필요한 기반을 구축하게 될 것이다. 이 작업을 위한 적절한 형태는 개별 인터뷰로서, 주로 최고경영진과 기업 내에 가장 영향력 있는 '오피니언 리더' 등이 그 대상이 된다. 인터뷰에서는 기업 및 그 특성에 대한 견해를 가능한 한 다양한 각도로부터 얻어내는 것이 중요하다. 이와 관련하여 다음에 제시될 몇 개의 모델들이 도움을 줄 수 있을 것이다. 또한 단순히 이런 모델의 기본 개념을 설명

<표 3-1> BSC 구축 프로세스의 각 단계

단계	과 제	절 차	일반적 소요시간
1	산업에 대한 정의, 그리고 그 전개방향 및 기업의 역할 묘사	가능한 한 많은 사람들에 대한 면접조사. 객관적 구도 파악을 위해 가능하다면 외부기관에 의해 이루어져야 함. 산업상황 및 추이에 대한 연구조사.	1~2개월
2	기업 비전의 수립/확인	최고경영진 및 오피니언 리더들이 참여하는 합동 세미나.	1~2차례의 회의 (각각 하루 반 코스)
3	시각의 확립	최고경영진, 프로젝트 팀, BSC 프로젝트 관련 경험 소유자 등이 참여하는 세미나.	1~2일
4	각 시각에 따라 비전의 세분 및 전반적 전략적 목표의 수립	제2단계와 동일한 그룹에 의한 합동세미나.	아래 참조
5	핵심 성공요소의 파악	위의 세미나에서 행해짐.	제4단계까지 포함하여 2~3일
6	측정지표의 개발/인과 관계 파악 및 균형 확립	가능하다면 위의 세미나에서 행해져야 하지만, 때로는 일정한 시간 간격을 두는 것이 더 좋을 수도 있음.	위 기간에 포함됨. 그렇지 않은 경우 : 1~2일
7	최상위 수준의 성과측 정표의 완성	최고경영진 및 프로젝트 팀에 의한 최종확정. 이 때 BSC 프로젝트 관련 경험 소유자들이 참여하면 더욱 좋음.	1~2일
8	성과측정표 및 측정지 표의 조직단위별 세분	프로세스를 적절한 조직단위로 나눈 후, 프로젝트 팀의 리더십하에 진행. 각 조직단위별 프로젝트 작업에는 관련된 모든 직원들이 참여하는 것이 좋음(적절한 작업 형식:세미나). 진행 상황보고 등을 통해 최고경영진과 긴밀한 공조체제 유지. 성공요소 및 측정지표들을 정렬시킬 때에는 숙련된 BSC 설계가로부터 도움을 받는 것이 특히 중요함.	2개월 이상. (각 지역별 세미나 : 최소한 반나절 또는 하루 코스)
9	목표의 수립	각 조직단위별 프로젝트 팀장에 의한 제안. 목표들에 대한 최고경영진의 최종 승인.	
10	행동계획의 개발	각 프로젝트 팀 별로 준비됨.	
11	성과측정표의 실행	최고경영진의 전반적 책임하에 계속적인 점검체계 수행.	

<그림 3-4> SWOT 분석

	긍정적	부정적
내부적	강 점	약 점
외부적	기 회	위 협

▶ 자료원 : Reprinted from K.R. Andrews, *The Concept of Corporate Strategy*, 3rd edn, Homewood, IL: Irwin (1987) by permission of McGraw-Hill

해 주는 것만으로도 토론의 활성화에 큰 도움이 될 수 있다. 즉 이러한 모델들은 토론에 필요한 기본틀을 제공해 준다. 이 책의 의도가 '전략적 환경분석' 또는 그 모델구축에 대한 심화학습에 있는 것은 아니지만, 독자들의 이해를 위해 이것들을 간략하게 소개하고자 한다.

전략적 경영에 있어서의 실무적 사고방식은 1970년대 초반에 개발된 SWOT(강점/약점, 기회/위협)모델, 앤드류스(Andrews, 1980)에 의해 많은 영향을 받아 왔다(〈그림 3-4〉 참조). 이 모델을 통하여 △기업은 현재 무엇을 할 수 있는가(그 조직의 강점과 약점), △외부적 환경과 관련하여 기업이 무엇을 할 것인가(외부적 기회와 위협)의 두 가지를 분석할 수 있다. 1980년대 초반에 포터(Porter, 1980)는 '다섯 가지 경쟁적 힘(competitive forces)' 모델을 소개하였는데, 이것에 의하면 기업의 수익성은 그 특정한 산업 내부의 구조적 힘들에 의해 영향을 받는다는 것이다(〈그림 3-5〉 참조). 이 접근법은 그 초점을 기업에서 그 산업 내의 경쟁상황으로 옮긴 것이다.

그러나 1980년대 말과 1990년대 초반의 자원기준 접근법과 함께 초

<그림 3-5> 산업의 수익성을 결정짓는 경쟁적 힘들

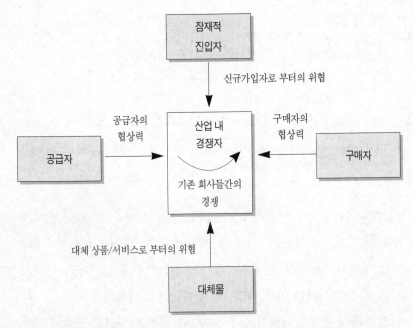

점은 다시 원래대로 '외부적 환경'에서 '개별적인 기업의 자원과 능력'으로 되돌아 왔다(<그림 3-6> 참조) (Wernerfelt, 1984, Barney, 1991, Collis & Montgomery, 1995). 이러한 관점을 SWOT 분석과 포터의 '다섯 가지 경쟁적인 힘' 모델의 중간적인 것이라고 보는 견해도 있다. 즉 외부적 환경을 다룸에 있어 기업은 내부적인 자원과 능력을 바탕으로 해서 그 경쟁력을 구축한다는 것이다. 1990년대 들어 하멜과 프랄래드(Hamel & Prahalad, 1994)를 중심으로 몇몇 학자들은 '핵심

<그림 3-6> 자원분석의 기본틀

제4단계 : 외부적 기회들과 비교해 봤을 때 기업의 능력을
          가장 잘 이용할 수 있는 전략 선택

제3단계 : 자원/능력에 대한 '초과이윤 발생 잠재력' 평
          가(경쟁우위의 창조, 지속, 활용에 대한 잠재력
          의 관점에서)

제2단계 : 기업능력의 판명(화사가 무엇을 할 수 있는가)

제1단계 : 기업의 자원, 그리고 경쟁자들과 비교한 강점
          및 약점 분야의 판명

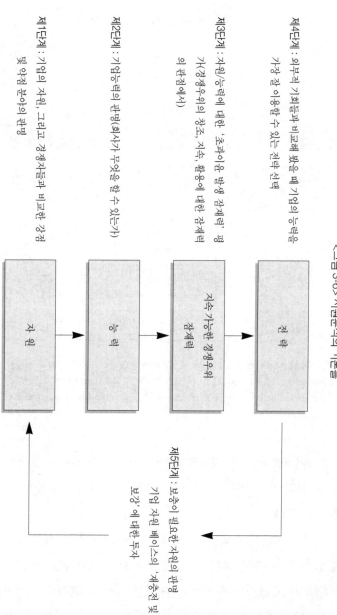

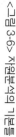

자 원 → 능 력 → 지속 가능한 경쟁우위 잠재력 → 전 략

제5단계 : 보충이 필요한 자원의 판명
          기업 자원 베이스의 '제충전 및
          보강'에 대한 투자

▶ 자료원 : Robert M. Grant, Contemporary Strategy Analysis, Blackwell Publishers (1993): 120. Reprinted by permission

<그림 3-7> 핵심역량과 생산물의 관계

역량은 핵심 생산물을 육성하고, 핵심 생산물은 사업단위들을 생성시키며,
그 사업단위들은 최종 생산물을 창출한다.

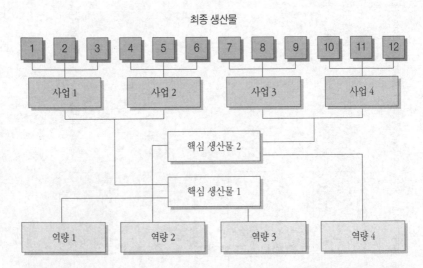

역량'이라는 용어를 사용하여 이러한 주제를 발전시켰다(〈그림 3-7〉 참조). 여러 가지 면에서 이런 발상들은 '자원기준 전략이론'에 기본을 두고 있다.

이 분야 이론들에 있어서 또 하나의 주된 관점은 '세부적 장기 전략 계획의 수립이 가능하다'라는 생각 자체를 포기하는 것이다. 그 대신 전략적 사고 전개를 촉진시킬 수 있는 기업 내 환경을 조성하는 것이 중요하다는 것이다. 그런 다음 전략적 사고들은 구체적 일상의 의사결

정 및 행위들을 안내해 줌으로써, 기업이 오늘날 기업 생존에 필요한
역동성과 결단력을 얻을 수 있도록 해주어야 한다.

이 다음 단계가 '미래에는 무엇이 중요하게 될 것인가'에 대한 합
의를 도출해 내기 위한 세미나이기 때문에, 면접조사 결과를 문서화하
여 그로부터 나온 의견들을 보고하는 것이 중요하다. 이때 중요한 쟁
점사안들에 대한 반대의견을 보고하는 것은 특히 중요하다. 또한 세미
나에 대한 준비로서 관련된 사람들이 미래에 어떤 일이 일어나리라고
생각하는지 알아내야 한다. 이 때에는 이해관계자들과 기업 내 다양한
계층 사람들과의 인터뷰 및 조사가 잘 조화되어야 한다. 참가자의 선
입견을 배제하고 그들의 미래상을 알아내기 위해서 단순히 "당신이
생각하기에 이 산업은 어떤 방향으로 전개될 것 같습니까"라고 물음
으로써 토론을 시작하는 것도 하나의 좋은 방법이다.

이 질문의 한 가지 목적은 그 그룹 내에서의 합의 정도를 확인하는
것이다. 그렇기 때문에 이때 '산업' 또는 '미래'에 대하여 구체적인
정의를 내려주는 것은 좋은 방법이 아니다. 일반론적인 수준을 유지함
으로써 얻을 수 있는 이점은, 사람들의 산업에 대한 개념 차이에 대한
여유공간을 남겨 놓아서 그 개념의 범위가 스스로 드러나도록 할 수
있다는 점이다. 이런 차이에 대한 정보는 이후에 미래 사업전개에 관
련된 문제들, 예를 들면 미래에 기업이 어떤 방식으로 고객들에게 가
치를 제공해야 될지, 그리고 이를 위해서는 어떤 종류의 네트워크 제
휴가 필요한지 등을 토론할 때 유용하게 쓰일 수 있다. 세미나에서 참
가자들이 생각하는 포괄적 모습이 요약되어 보고되며, 이것들은 그 세
미나뿐만 아니라 구축 프로세스의 후속 단계에 있어서도 훌륭한 토론
의 근거가 될 수 있다.

제2단계 : 기업 비전의 수립 · 확인

BSC 모델은 포괄적인 비전이 공유되었다는 것을 전제로 하기 때문에, 초기 단계에서 '모두가 함께 가지고 있는 비전이 사실상 존재하느냐'를 확인하는 것이 필수적이다. 성과측정표는 그 조직에게 전보다 훨씬 강력한 초점을 주게 되므로 잘못 설정된 비전은 극히 심각한 결과를 초래하게 될지도 모른다. 비전이 아직 수립되어 있지 않다면, 그것은 비전을 수립할 수 있는 좋은 기회가 된다.

앞서 설명한 바와 같이 비전을 개발하는 데 이용 가능한 수많은 모델과 방식들이 있다. 다만 이 책의 목적이 그런 것들을 설명하고 평가하는 데 있는 것이 아니기 때문에, 이 부분은 간단하게 다루고자 한다.

정의의 예들

- **비전** : 현재환경과 경쟁적 포지션을 훨씬 넘어선, 조직의 미래 역할 및 목표들에 관한 도전적이고 창의적인 청사진이다.
- **사명선언문** : 이해관계자의 가치 및 기대에 부합하기 위해 조직이 수행하고 있는, 또는 수행해야만 하는 사업영역을 규정한다.
- **전략** : 조직의 주요 목표들이 일정한 기간에 걸쳐 어떻게 달성될지를 보여주는 원칙들이다. 통상적으로 목표달성에 필요한 일반적인 논리에만 국한된다.
- **목표** : 사명선언문보다 더 정확하게 무엇이 미래에 달성되어야 하고 언제 그 결과가 성취될지를 설명한다.

이미 설명한 대로 공통의 비전이 개발되기 전에 기업의 내부적 · 외부적 상황에 대해 합리적인 견해가 공유되어 있어야 한다. 또한 비전을 수립하기 위해서는 몇 가지 요소들이 고려되어야 한다(〈그림 3-8〉 참조).

예를 들면, 주요 이슈들은 기업과 산업에 주요한 영향을 미치는 정보기술의 발전과 관련되어 있다. 즉 정보기술의 발달과 함께 고객의 제품 및 서비스에 대한 요구는 더 개인화되는 경향이 점점 뚜렷해지고 있다. 이러한 세분화 현상은 대부분의 기업들에 있어 새로운 기회가 될 수도 있지만, 가끔 어려움의 원인이 되기도 한다. 따라서 기업의 현 상황을 출발점으로 하여 미래가 어떻게 전개될지에 대한 윤곽을 잡은 후, 이것을 기초로 하여 고객들이 무엇을 높이 평가하고 어디에 가치를 두게 될지를 분석해야 한다. 이 때에는 오늘날 기업환경의 급격한 변화를 고려해서, 기 수립된 사실들이나 과거의 경험들에 대하여 신중하면서도 일정한 거리를 두는 자세가 필요하다. 특히 변화의 페이스를 고려해서, 가능한 한 조직의 많은 부분들을 진행중인 사업 개발에 관한 토론에 적극 참여시키는 것이 필수적이다. 또한 경영진은 이러한 토론과 논쟁을 위한 적절한 커뮤니케이션 수단을 찾으려고 노력해야 한다. 이것과 관련되어 흥미 있는 이론 중의 하나가 '시나리오 분석'인데, 뒤에 이것에 대해 좀더 자세히 다룰 예정이다(제7장 참조).

기 수립된 비전을 중요하게 고려한다고 해서 기업의 행위를 장기적 계획에 따라 미리 짜여진 틀에 묶어서는 안된다. 즉 기업이 성공하기 위해서는, 내 · 외부적 상황 및 핵심 성공요소에 관한 공유된 관점을 기반으로 '일반적인 발전방향(course of development)'에 초점을 맞추어야 한다는 것이 필자들의 생각이다. 이러한 초점은 기업에게 유연

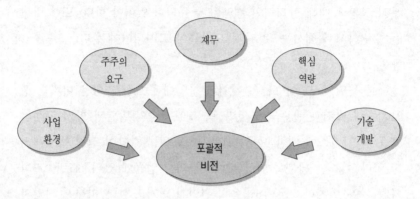

<그림 3-8> 비전수립의 토대로서 토론되어야 할 요소들

성을 주고 변화하는 사업환경에 끊임없이 적응할 수 있는 역동적인 힘을 갖추게 해 줄 것이다.

비전을 확립한 이후와 성과측정표 개발을 추진하기 전 사이에 마지막으로 각 참여자들의 비전에 대한 인식 차이를 확인하는 절차가 필요하다. 그 한 가지 방법은 참여자들로 하여금 비전이 달성되었을 때 기업이 어떻게 변모되어 있을 것이라고 생각하는지 설명하게 하는 것이다. 그렇게 되면 모든 사람들은 재무, 고객, 프로세스, 학습과 성장시각에서 나름대로 머리 속에 그려본 변모된 미래의 기업모습에 대해 설명할 것이다. 이 때에는 참가자들이 비전을 각각의 시각에서 해석하여 이것을 몇 개의 '핵심어'로 나타내게 하는 것이 중요하다. 그 후에는 이러한 '핵심어' 중에서 우선 순위를 결정짓는 결론적인 토론이 뒤따르게 된다. 만약에 어떤 의견 차이가 있었다면 이러한 과정을 통해 상당히 분명하게 드러나게 된다.

다음의 질문들은 비전이 결정적으로 채택되기 전의 최종 확인절차에 도움을 줄 수 있을 것이다.

- 비전이 우리에게 필요한 자신감을 주는가?
- 비전이 우리의 도전의식을 고취시키는가?
- 비전이 우리의 개인적인 목표들을 만족할 만큼 잘 수립할 수 있게 도와주는가?
- 비전의 의미가 가슴에 와 닿으며 그것이 '우리의 것'이라고 느낄 수 있는가?

캐팔사 : 제1, 2단계

서두에서 밝힌 대로 필자들의 생각을 설명하기 위해 필자들이 다수의 기업들과 가졌던 경험들을 소개하고자 한다. 이 장에서는 그 중 하나로서 스웨덴의 의류기업인 캐팔(KappAhl)사의 경우를 소개한다.

의류소매 체인인 캐팔사는 1954년에 출발하였으며 1950년대와 1960년대 스웨덴에서 가장 성공적인 기업 중의 하나였다. 그 이름으로부터 우리는 쉽게 그 기업의 이미지를 얻을 수 있다. 'Kapp'은 스웨덴어 'Kappa'로부터 온 것인데 그것은 단순히 '코트(coat)' 또는 '외투(여성용)'를 의미한다. 그러므로 제품 분류상 다소 기본적이고 그리 화려하지 않은 품목이다. 'Ahl'은 창립자의 이름에서 따온 것이다 (Per-Olof Ahl). 1990년경 기업이 외형적으로 상당히 성장하고, 창립주인 알(Ahl)의 사업이 번창하고 있을 때 캐팔사는 스웨덴의 도매협동조합(the Swedish Cooperative Wholesale Society)인 KF에 의해 인수되었다. 그러나 그후 한동안은 고전의 연속으로, 경영진의 연속된 교체에도 불구하고 과거의 수익성을 되찾기란 쉽지 않았다.

1995년 가을에 새로운 대표이사가 임명되었다. 그 당시 캐팔사는 스웨덴, 노르웨이, 핀란드 지역에 150개의 매장과 2,000여 명의 종업원들을 거느리고 있었다. 또한 20억 SEK(스웨덴의 통화 명칭) 이상의 매출액과 거의 5%에 가까운 시장점유율과 함께 북유럽에서 가장 큰 소매전문 체인 중 하나였다. 그러나 적자가 눈덩이처럼 불어나 급기야 1995년에 이르러서는 거의 1억5천 SEK에 달하게 되었다. 이에 새로운 경영진은 기업을 재구성하여, 본사 인원을 25% 감소시키고 본사 명칭도 '서비스 오피스(the service office)'로 변경하였다. 그러나 그것으로는 충분치 않았다.

기업 구조의 재구성과 연계하여 성과측정표 개발 작업이 1995년 말에서 1996년 초 사이에 착수되었다. 기업 내 다양한 직급의 직원들을 면접조사하기 위해 고용된 2명의 컨설턴트는 소규모의 여론조사를 실시하였는데, 이것은 주로 종업원들의 생각을 알아내기 위한 것이었다. 그후 몇 차례에 걸쳐 시행된 세미나들 중 최초의 세미나는 캐팔사의 비전을 확립하기 위한 것이었다. 새로 확장 개편된 최고 경영진들을 비롯하여 총 25명이 이에 참여하였다. 여기에서 △기업의 강점·약점 △사업환경 내에서의 기회 및 위협 등이 논의되었고 기업의 미래를 주제로 그룹 토론이 실시되었다. 이러한 토론은 매우 일반론적인 수준에 머무르기는 하였지만 여기에서 한 가지 합의가 도출되었다. 즉 캐팔사는 지금까지 다른 경쟁사들의 젊은 층을 대상으로 한 판매전략을 모방하는 데 급급했다는 비판과 함께, 캐팔사의 강점과 '혼(soul)'은 다른 곳, 즉 일반대중을 대상으로 하지만 최첨단의 이미지를 가진 서비스 기업에서 찾아야 한다는 것이었다.

1996년 여름 이후에 비전, 사명선언문, 주요 전략 등이 수정 또는 확인되었으며, 경영진은 프로젝트팀을 임명하였다. 그 프로젝트팀은 캐팔사의 영업개발이사, 핀란드 자회사의 전무이사, 본사 관리본부장, 구매부서의 관리책임자, 그리고 프로젝트 관리자로 구성되었다. 이 프로젝트 관리자는 기업의 다양한 직책에서 오랜 경험을 가지고 있었으며, 새로운 직책을 통해 전무이사에게 곧바로 보고할 수 있었다. 프로젝트팀의 임무는 BSC 구축 프로젝트를 지속적으로 관리해 나가는 것이었으며, 그 프로젝트의 목적은 다음과 같은 것들이었다.

- 분권화된 조직을 포괄적 비전으로 인도할 안내 지침을 제공한다.
- 방향과 속도를 나타낼 수 있는 도구를 제공한다.
- 목표를 달성하기 위한 방법은 현지에서 결정되어야 함을 알린다.
- 단순한 재무적 가치보다 더 넓은 초점을 보여준다.
- 전통적인 회계자료보다 더 조기에 경고 신호를 제공한다.

제3단계 : 시각의 확립

포괄적인 비전과 사업의 개념이 확정된 후에는 성과측정표 구축의 기반이 될 시각이 선택되어야 한다. 이미 설명했듯이 원래의 캐플런과 노튼의 모델은 네 가지의 시각, 즉 재무, 고객, 내부 비즈니스 프로세스, 학습과 성장시각 등으로 구성되어 있다. 그러나 어떤 기업들은 종업원 또는 인적자원 시각과 같은 다른 시각을 추가하기도 한다(세부내용은 제5장 참조). 시각의 선택은 주로 사업 논리를 바탕으로 이루어져야 하며, 각 시각들 사이에 명확한 상호 연관관계가 있어야 한다. 그러므로 학습과 성장 시각은 프로세스의 효율화 또는 고객가치의 증가를 위해 경영진이 어떻게 조직, 제품 및 서비스를 개발하는지를 보여주어야 한다. 그리고 그 효과들은 재무적 시각에서 관찰될 수 있어야 한다. 그러므로 부득이 시각 변경을 원한다면 그것은 이른바 이해관계자 모델이 아닌, '전략적 이유'에 근거해야만 된다는 것이 필자들의 견해이다. 그렇기 때문에 필자들은 개별적인 종업원 시각은 아주 특별한 경우를 제외하고는 그리 필요치 않다고 본다. 왜냐하면 종업원은 자원으로서 이미 프로세스 및 학습과 성장 시각에서 고려되어지고 있기 때문이다.

제4단계 : 각 시각에 따라 비전의 세분화 및 전반적인 전략적 목표의 수립

앞서 강조한 바와 같이 BSC는 기업의 전략을 수립하고 실행하는 도구이다. 즉, 추상적인 비전과 전략을 구체적인 측정지표 및 목표들로 해석해 내는 역할을 한다. 다시 말해서 잘 수립된 BSC는 기업 전략의 해설판인 것이다. 그러므로 이번 단계의 목표는 비전을 기 수립된 시각에서 실체적인 용어로 해석함으로써 전반적인 균형을 달성하는 것이다(이런 균형은 BSC 모델만의 독특한 특징이다). 이번 프로세스는 사업 발전의 실제 작업에 있어서 매우 중요한 부분이다. 아울러 이 단계에서 중요한 또 한 가지는 전반적 전략을 더욱 일반적인 용어로 정의하는 것이다.

전략의 실제적 개념을 구체적으로 정의하는 것은 쉽지 않다. 전략은 원래가 군사용어이다. 즉 각각의 전투는 궁극적인 전략적 목표인 전쟁의 승리에 기여해야 한다. 그렇기 때문에 전략은 '비전'과 매일 수행되어야 하는 '일상업무 수준의 운영계획'과의 관계를 통해 정의되어야 한다. 다시 말해서 전략은 기업이 현상황에서 미래의 희망상황, 즉 비전을 향해 전진하기 위하여 필요한 행동수칙, 이벤트, 의사결정 등을 묘사해야 한다.

보통 전략을 수립하는 실제 과정은 매우 복잡하며, 여기에는 상당한 자원들이 투입되어야 한다. 고려해야 할 여러 측면 및 변수들이 있기 때문이다. 다른 분야와 마찬가지로 전략수립을 위한 적정 절차에 대해서도 여러 의견들이 있다. 하지만 '기업이 어떻게 하면 경쟁자들에 대해서 경쟁우위를 확보하고 그것을 유지할 수 있는가'라는 대 명제가 그것의 중심과제가 되어야 한다는 점에 대해서는 이론의 여지가 없다. 필자들의 경험에 의하면 BSC 모델이 가지는 최고의 이점은 바로 이런 것에 있다. 즉, BSC는 비전을 세분하여 현실에 근거한 구체적인 전략으로 만들어 줌으로써 조직 내의 사람들이 이것을 이해하여 실제적으로 업무에 활용할 수 있게 해준다.

이 단계 진행을 위한 한 가지 방법은 참가자들로 하여금 '기업이 가장 쉽고 효과적으로 비전을 달성할 수 있는 일반적인 행동수칙'들이 무엇이라고 생각하는지 설명하게 하는 것이다. 이 설명은 네 가지 시각에서 어느 정도 수준까지 기술되어야 한다. 또한 이 때에도 기업이 미래에 어떻게 변모되어 있을지를 설명하는 것을 그 출발점으로 삼는 것이 좋다. 이런 과정을 통해 적절한 행동수칙 및 전략들이 몇 가지 관점에서 확인될 수 있다. 즉 △장·단기적 수익성 △가격, 배달 시간 등과 같은 기업의 경쟁방법 △조직의 형태와 기업 내부적으로 개발되고 이용 가능한 역량의 종류 등이 그것들이다. 또한 △제품 및 서비스 개발이 필요한 분야 △누가 그 개발에 대한 책임을 질 것인가 등과 관련해서도 전략이 수립되어야 한다. 이 단계의 종료 시점에 이르러서는 비전 달성을 위한 주요 전략들이 우선 순위에 근거하여 각 시각별로 나타내지게 된다.

당연한 논리의 귀결로서 그 전략들은 비전에 기반을 두게 될 것이다. 또한 비전은 더 구체화되어서 △그것이 실제 업무에서 갖게 될 의미 △일상적인 업무에 미칠 영향 등 관점에서 이해하기가 훨씬 쉬워지고 뚜렷해진다. 이로써 그 조직은 이제 스스로를 보다 잘 이해할 수 있게 된다. 다음은 각 시각별 전략개발에 관한 것이다.

재무적 시각

이 시각은 다른 시각들에서 채택된 전략의 결과로서, 몇 개의 장기적 목표와 동시에 나머지 시각들을 위한 일반적 행동수칙 및 전제요건을 수립해야 한다. 여기에서는 주주(owner)가 성장과 수익성의 측면에서 기업에 대해 갖고 있는 기대가 드러난다. 또한 어떠한 재정적 위험(예를 들어 '마이너스 현금 흐름'과 같은)이 수용되어질 수 있는지에 대해서도 묘사되는 것이 좋다. 그 외에 비용 및 투자전략, 신용 거래의 최대 허용가능 한도 등도 다루어질 수 있다. 다시 말해서 여기에는 다수의 전통적인 경영관리 도구들이 재무적 측정지표 및 핵심비율들의 형태로 나타내어진다. 캐플런과 노튼은 세 가지 전략적 논지들(themes)에 관해 언급하였는데, 이것들은 주로 △성장률 및 제품 믹스 △비용 절감 및 생산성 향상 △자산 활용률 및 투자전략 등과 관련된 것들이다. 필자들은 가끔 이 시각을 '주주 및 재무적 시각'이라고 표현하는 것이 유용할 때가 있음을 발견하였다. 이것은 두 가지 목적에 기여한다. 첫째, 주주들은 최고의 투자수익률이라는 다소 추상적인 것들 외에 더 구체적인 기대들을 가지고 있을 수도 있다. 또한 일부 경우 그들은 환경적 또는 사회적 효과와 관련된 구체적인 요구들을 가지고 있을 수도 있다. 둘째, 그룹 내부의 한 기업을 상정해 볼 때 모기업은 그것의 주주 및 재무적 시각에 자회사의 '특정 시장의 확장' 등과 같은 다른 전략적 목표들을 포함시킬 수도 있다.

고객 시각

이 시각에는 △고객가치가 어떻게 창조되는가 △이러한 고객가치를 어떻게 만족시킬 것인가 △고객들은 왜 그 가치에 대해 기꺼이 지불하고자 할 것인가 등이 나타나야 한다. 그러므로 내부적 프로세스와 기업의 학습과 성장 노력은 이 시각의 목표에 맞춰 이루어져야 하며, 이러한 부분이야말로 성과측정표의 심장부에 해당된다고 말할 수 있을 것이다. 기업이 장·단기적으로 좋은 제품 및 서비스를 통해 효율적인 비용으로 고객의 요구를 만족시키지 못한다면 이익은 창출되지 않을 것이고 그 사업은 더 이상 지속될 수 없다.

그렇기 때문에 많은 기업들은 고객 충성도를 확보하고 증가시킬 방법을 찾기 위해 부단히 노력하고 있다. 하지만 기업들은 무엇을 할 것인가를 결정하기에 앞서 우선 고객들의 구매 프로세스를 완전히 이해해야만 한다. 즉, 제품 또는 서비스가 그들에게 가지는 의미를 정확히 파악해야 한다. 만약 그들이 '기업 고객(industrial customer)'이라면 우리의 제품이 그들의 고객에게 부가가치를 창출함에 있어서 필수적 요소인지 아닌지를 물어보아야 한다. 또한 품질, 기능성, 배달시간, 이미지, 관계 등의 다른 가치들과 비교해 볼 때 가격이 고객에게 얼마나 중요한지도 생각해 보아야 한다. 이러한 것들에 대한 세부적인 답을 얻기 전까지는 고객 및 시장에 대한 기본 전략을 결정할 수 없으며, 더 나아가 다른 시각으로 진행되어질 수도 없다. 또한 이런 분석들은 가능한 한 고객들이 '실제로 느끼는 것'에 근거해야 하며, 흔히 하는 것처럼 '기업의 관습적 지혜'에 의지해서는 안된다.

선택된 전략은 이런 분석에 근거하여 전통적 방식대로 세분 고객시장별로 우선 순위를 매기고 경쟁수단을 파악해야 한다. 또한 각각 세분 고객시장 분야에 적용할 정책 및 규칙들을 명확히 해야 한다. 이러한 전략적 결정의 자연적인 산출물인 측정지표들은 고객 시각에서 포괄적 시야를 제공할 수 있어야 한다. 다음과 같은 것들에 대한 현재 정보가 이용 가능하면 더욱 좋다.

- 시장점유율
- 예를 들어 '새로운 구매의 빈도'와 같은 것들에 의해 측정된 고객 충성도
- 신규고객 수
- 제품 및 서비스에 대한 고객 만족도
- 고객별 수익성

한편 초기단계에서 고객의 선호 및 행동의 변화를 감지하는 것이 중요하다. 그 한 가지 방법은 적당한 시기에 면접조사를 실시하는 것인데, 이것의 목적은 고객 만족도 지수 항목에 반영되어 있는 고객가치의 변화를 알아내기 위한 것이다. 특히 품질, 배달 시간, 배달 능력, 반품 빈도수 등의 변화는 언제나 주시해야 한다. 그래야만 고객 충성도의 심각한 손실을 통해 재무적으로 큰 타격을 입기 전에 미리 대처

할 수 있다. 또한 현재의 고객과 제품에 지나치게 집착하는 것은 바람직하지 않다. 기업은 종업원의 역량을 통해 언제든 새로운 고객을 끌어들일 수 있고, 또 신제품을 제공할 수 있는 잠재력이 있다는 사실을 명심하라!(그러나 이러한 가능성들은 앞의 제2단계에서 검토되어야 할 것들이다)

내부 비즈니스 프로세스 시각

어떠한 프로세스가 올바른 형태의 고객가치를 창출하면서 주주의 기대에도 부응할 수 있는가? 여기에 대한 해답이 바로 시각에서 제시되어야 한다. 먼저 기업 프로세스에 대한 전반적인 점검이 이루어져야 한다. 이때 포터(Porter)의 이른바 '가치사슬' 모델이 유용하다(1985, p.36)(〈그림 3-9〉 참조).

이 모델은 소비자 욕구의 분석에서부터 제품 및 서비스의 배달에 이르기까지 모든 기업 내의 프로세스와 관련된다. 이 프로세스들은 그 후 더욱 세부적으로 분석된다. 이런 분석을 실시하는 목적은 직·간접적으로 고객가치 창조에 기여하지 않는 모든 프로세스들을 제거하기 위한 것이다. 여기서 살아남은 프로세스들은 다시 가격, 프로세스 타임, 품질보증 등의 관점에서 묘사되어야 한다. 그 결과는 이런 프로세스들을 측정할 수 있는 방법을 선택하는 데 기초를 제공해 줄 수 있게 된다.

△고객 베이스 확장과 관련된 프로세스 △직접적으로 고객 충성도에 영향을 주는 프로세스 등은 가장 중요한 프로세스이므로 심도 있게 묘사·분석되어야 한다. 후자 프로세스의 예로는 생산 및 배달 프로세스, 서비스 관련 프로세스 등을 들 수 있다. 뿐만 아니라 제품개발

<그림 3-9> 가치사슬

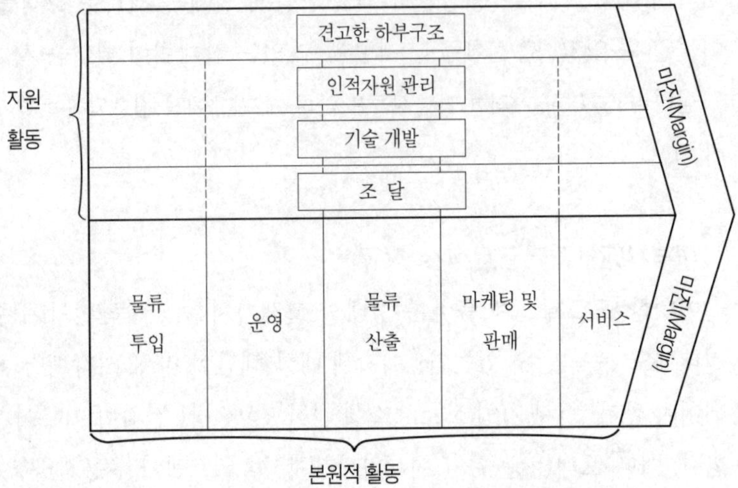

▶ 자료원 : Reprinted with the permission of The Free Press, a Division of Simon & Schuster, from *Competitive Advantage: Creating and Sustaining Superior Performance*, by Michael E. Porter. Copyright © 1985 by Michael E. Porter

및 고객 관계 관리 프로세스 역시 중요하다.

비즈니스 프로세스 시각은 주로 기업의 내부적 프로세스에 대한 분석이며, 기업이 한 단계 더 성장하기 위해 필요한 자원과 능력을 파악하는 것도 보통 이런 분석의 일부분이 된다(앞서 소개한 자원기준 전략이론 참조). 또한 기업의 내부 프로세스와 그 협력업체의 내부 프로세스와의 관계가 점점 더 밀접해지는 추세에 있으므로, 이런 점에 대한 고려 역시 필요하다. 여기에서 우리는 무엇을 고객 시각에, 그리고 무엇을 비즈니스 프로세스 시각에 포함시켜야 될지 '선택의 기로'에 서게 된다.

■ 우리가 여전히 고객 시각을 기업 제품 및 서비스의 '직접적 수혜
자'에게만 국한시킨다면, 이 때에는 비즈니스 프로세스 시각의
개념을 확장하여 예컨대 협력업체의 경우, △장기적인 관계를 지
속하고 있는 공급자 △아웃소싱 파트너 △더 나아가 컴퓨터 시
스템을 공유하고 있는 업체까지도 여기에 포함된다.

■ 이와는 달리, 고객 시각에 '외부적 초점'을 부여할 수도 있다. 이
러한 경우 고객 시각에 이러한 대외 관계와 관련된 전략을 묘사
하게 되고, 비즈니스 프로세스 시각은 순수하게 '내부적 초점'만
을 다룬다.

최근 전략에 관한 문헌들은 이러한 기업간 밀착현상을 다루고 있다.
노만과 래머레즈(Normann & Ramirez, 1993)는 '가치성운(value
constellations)'에 대해 언급하면서 포터의 프로세스 지향적인 관점
을 비판하였다. 즉, 이들의 주장에 의하면 포터의 관점은 고객 욕구 충
족 및 사업 성공을 위해서 다수의 서로 다른 상황들이 동시에 발생되
어야 한다는 사실을 간과하고 있다는 것이다. 이에 대한 최근의 예로
서 인터넷 산업을 들 수가 있다. 즉, 인터넷을 통한 프로그램의 판매가
성공적이려면 △교육수준 △텔레커뮤니케이션 △조세법규 △기술 시
스템에 대한 표준화(standards for technical systems) 등의 요소 모두
가 상황에 적합해야 한다. 이러한 상황은 '흐름(flows)'의 관점에서는
파악되기 어렵다. 이것은 어느 정도까지는 관련 참여 기업들간의 계획
된, 또는 '장기적인 공동노력'의 결과를 통해서만이 달성될 수 있다
(그러나 여기에서 '시장'이라는 요인도 무시되어서는 안될 요소이다).
특정한 제품이나 서비스가 이용 가능해지기 위해 여러 참여 기업들

간에 더욱 밀접한 형태의 공동노력이 필요한 경우, 이러한 형태를 '가상조직(virtual organization)' 이라고 표현한다. 공급자들은 그것이 법적 구속력을 갖든 안 갖든 제휴의 형태로 협력하며, 그 결과 소비자들은 마치 한개의 기업을 상대하고 있는 것처럼 느끼게 된다. 헤드버그(Hedberg et al, 1997)는 이러한 상황은 경영에 있어 또 하나의 새로운 요구를 낳게 하였다고 강조하면서, 주도권을 지닌 기업의 '상상력'에 기초한 가상적인 조직에 대해 언급하였다.

이것은 최상위 수준의 성과측정표 개발과 관련하여 시사하는 바가 크다. 만약 기업이 그 합작 제휴사, 또는 사업환경 내의 다른 기업에게 의지하기로 결정하였다면, 분명히 그 기업 자신의 프로세스에 대한 전략만으로는 충분하지 않다. 이런 경우에 기업은 고객가치 창조를 위한 공동노력에 있어 여러 가지 형태의 관계를 개발해야 하며, 이러한 필요성은 성과측정표에 반영되어야 한다. 즉, 그 성과측정표는 이런 관계의 관리를 위한 측정지표 및 목표들을 포함해야 한다. 한편, 공동의 노력이 매우 밀접한 경우에는 성과측정표의 측정지표들은 엄밀한 의미에서 기업 외부의 상황에 적용될 수도 있다. 그러나 그때에도 '가상적인 조직'의 범위를 벗어나서는 안된다. 이것은 또한 다음의 학습과 성장 시각과도 관련이 있다.

학습과 성장 시각

학습과 성장 시각은 기업의 장기적인 생존을 위한 필수 전제조건인 장기적 재생(renewal)기능을 보장해 준다. 이 시각에서는 △고객 욕구를 이해하고 충족시키기 위한 노하우를 개발하고, 이것을 지속시키기 위해 무엇을 할 것인가 △현재 고객 가치를 창출하는 프로세스들의 효율성 및 생산성을 어떻게 유지할 것인가 등이 고려되어야 한다. 노하우는 가면 갈수록 폐기되는 일용품처럼 수명이 짧아지는 추세에 있기 때문에, 미래 발전을 위한 기반으로서 특정 분야의 핵심역량(Hamel & Prahalad, 1994)을 개발하는 일이 점점 더 중요해지고 있다. 이러한 전략적 의사결정의 결과로서 기업은 또한 '여전히 필요하기는 하나 핵심역량으로는 개발하지 않기로 결정한 분야에서의 노하우'를 어떻게 획득할 것인지를 결정해야 한다.

이른바 '역량 대차대조표'(〈그림 3-10〉 참조)는 이런 종류의 전략적 의사결정을 내리는 데 유용한 도구가 될 수 있다. 이 모델의 기본적인 논리전개는 다음과 같다. "기업을 평가하는 전통적인 방식은 그것의 대차대조표를 분석하는 것이다. 이러한 분석은 주로 미세한 조정을 거쳐 원칙적으로 기업의 가치로 받아들여지는 '주주 지분의 규모'에 초점을 맞추게 된다. 또한 거기에는 기업의 재무적 레버리지 비율의 척도인 '총자산에 대한 주주 지분의 비율'도 나타나게 된다. 만약 기업 레버리지 비율이 너무 높다면 그 기업은 시장동요(fluctuation)의 위험에 대해 충분한 완충장치를 가지고 있지 못한 것으로 생각된다. 그러나 레버리지 비율이 너무 낮아서도 안된다. 만약 기업의 자기자본비율이 너무 높다면 평균보다 높은 이익을 올려야 할 것이며, 그것 때문에 기업은 시장의 확장속도를 따라가지 못하게 될지도 모른다. 그러므로 실제에 있어서 완전히 자기자본만으로 운영되는 기업은 거의 없다."

이러한 논리를 역량 및 역량 개발에 도입하면 이른바 '역량 대차대조표'를 준비할 수 있게 된다(〈그림 3-10〉 참조). 자산 부분은 성공을 위해 필요한 능력과 역량들을 보여주며, 부채 부분은 능력과 역량이 어떻게 조달되는지, 즉 누가 공급하고 있는지를 보여준다. 전통적인 조

<그림 3-10> 역량 대차대조표

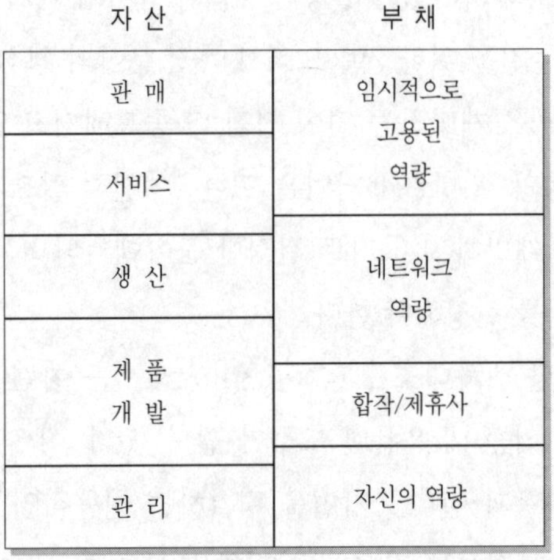

자 산	부 채
판 매	임시적으로 고용된 역량
서비스	
생 산	네트워크 역량
제 품 개 발	합작/제휴사
관 리	자신의 역량

직은 그들 자신의 노하우를 100% 자급자족해 왔다. 하지만 노하우는 점차 일회용품화되어 가고 있기 때문에 그런 전략이 과연 옳은지 의심스럽다. 전통적 의미에서의 자기자본 조달의 경우처럼, 역량에 관해서도 그러한 전략은 기업의 성장을 저해할지도 모른다. 그러므로 기업은 어떤 종류의 지식과 능력을 핵심역량에 포함시킬지를 결정하기 위해 '자산 부분'에 대한 분석을 실시한 후에, 이것들 중 어떤 것을 '합작 제휴사의 도움' 또는 '외부 역량의 임시 활용' 등을 통해 외부로부터 조달할지에 대한 전략적 결정을 내려야 한다.

올바른 역량 전략은 '내부로부터 역량을 개발, 투자해야 할 분야'와 '외부로부터의 합작·제휴, 접촉 등에 의존해야 할 분야'를 명시할 수 있어야 한다. 다음의 질문들은 그것들을 결정하는 데 도움이 될 수 있을 것이다.

<그림 3-11> 하멜과 프랄래드의 역량 매트릭스('핵심역량 의제의 수립')

	시장	
	기존	신규
신규 핵심 역량	현 시장에서의 프랜차이즈를 고수, 확장하기 위해서는 어떤 새로운 핵심역량을 구축해야 하는가?	미래에 가장 유망할 시장에 참여하기 위해서는 어떤 새로운 핵심역량을 구축해야 하는가?
기존	기존의 역량을 더 잘 활용함으로써, 기존시장에서의 기업 포지션을 개선할 수 있는 가능성들은 어떤 것들인가?	현재의 역량을 적절하게 재배치, 또는 재조합함으로써, 기업이 창출할 수 있는 새로운 제품/서비스들은 어떤 것들인가?

▶ 자료원 : Adapted and reprinted by permission of Harvard Business School Press. From *Competing for the Future* by Gary Hamel & C.K. Prahalad. Boston, MA 1994, p.227. Copyright © 1994 by the President and Fellows of Harvard College: all rights reserved

- 어떠한 역량이 필요한가?
- 역량은 무엇을 위해 사용되어야 하는가?
- 역량은 고객가치에 어떤 영향을 미치는가?
- 역량은 얼마나 전문화가 필요한가?
- 역량은 일정한 기간에 걸쳐 어떻게 변화하나?
- 역량은 얼마나 자주 사용되나?
- 역량은 정보기술에 의해 어떤 영향을 받는가?

역량 전략 개발에 유용한 또 하나의 모델은 하멜과 프랄래드(Hamel & Prahalad, 1994)의 '역량 매트릭스(competence matrix)'이다(〈그림 3-11〉 참조).

이상에서 논의한 역량 전략을 개발하는 것 외에도, 정보 전달을 위한 '내부 인프라' 및 '의사결정 프로세스'를 일반적인 용어로 묘사해야 한다. 다시 말해서 마켓 포지션의 지속적인 방어를 하기 위해 필요한 '학습조직'에 적합한 구조 및 조건들, 즉 고도의 동기부여 및 공동의 미션에 적절한 초점을 창출하고 유지할 수 있도록 도움을 주는 구조를 묘사해야 한다.

제5단계 : 핵심 성공요소의 파악

이번 단계에서는 앞에서 기술된 내용과 전략들을 기초로 하여 △비전이 달성되기 위해서는 무엇이 요구되며 △어떠한 요소들이 결과에 가장 커다란 영향을 미칠 것인가를 다루게 된다. 즉 기업은 무엇이 가장 성공에 필요한 요소인지를 결정하고 그것들을 우선 순위에 따라 정렬해야 한다. 이를 위해 가장 적절한 방법은 토론 그룹을 형성하여, 예를 들어 '기 수립된 전략적 목표들을 달성하기 위한 가장 중요한 다섯 가지 요소는 무엇인가' 등과 같은 주제에 대해 결론을 내리게 하는 것이다. 그후, 이어지는 합동회의에서 그 토론을 요약·발전시켜 나가게 되면 현실성 있는 핵심 성공요소의 모음(set)에 대해 합의에 도달할 수 있게 된다. 이러한 요소들의 리스트는 후에 핵심 측정지표들을 개발하는 데 토대가 된다.

성공 요소들의 종적·횡적 정렬

측정지표들을 개발하기에 앞서 성과측정표를 종적·횡적으로 정렬시키는 것이 필요하다. 다시 말해서 성과측정표가 내부적으로 합리적이며 일관성을 유지하고 있는지를 점검해 보아야 한다. 종적(vertical) 정렬은 다소 자동적이다. 왜냐하면 핵심 성공요소들이 파악되었고 각각에 대한 우선 순위가 이미 부여되어 있기 때문이다. 그 요소들을 횡적으로 배열하는 가장 쉬운 방법은 성과측정표의 밑그림을 플로우 차트(flow chart)의 형태로 준비하여(〈그림 3-12〉 참조), 각각의 시각들이 서로 자연스럽게 연결되어 있는지를 검토해 보는 것이다. 이때 특정 성공요소의 좋은 성과가 다른 성공요소의 희생 위에서 달성되지 않도록 주의해야 한다. 이 원칙은 또한 이후 개발될 측정지표들 사이에 있어서 더욱 강조되어야 한다.

캐팔사 : 3~5단계

1996년 가을 동안 프로젝트팀은 최상위 수준의 성과측정표 개발 작업을 진행하였다. 구성원들은 일에 집중할 수 있도록 집을 떠나 며칠 동안을 회의 속에서 보냈다. 그 결과 완성된 성과측정표는 그후 세미나를 통해 더 많은 사람들에게 설명된 후 재검토되고 조정되었으며, 이런 과정은 진행중이던 리스트럭처링에 직접적인 영향을 미쳤다.

캐팔사의 성과측정표는 결국 일반적인 다섯 가지 시각으로 구성되었으며 그 각각에 대해서 전략들이 수립되었다. 그후 아래와 같은 전략적 목표들이 확인되었다.

- 재무적 시각 : 높고 고른 이익
- 고객 시각 : 증가된 점유율 및 만족한 고객
- 종업원 시각 : 만족한 종업원들

- 프로세스 시각 : 시간 준수 및 짧은 프로세스 타임
- 발전 시각 : 혁신 능력 및 학습하는 조직

좀더 면밀히 살펴본 결과 필자들은 각각의 요소들이 몇 개의 쟁점 사안들과 관련되어 있음을 발견하였다. 먼저 재무적 시각과 관련하여, 캐팔사는 거대 그룹으로서 상당한 기간 동안 재무적 어려움을 견딜 수 있었지만 몇 개의 조직단위들에서 동시 다발적으로 수익성 문제가 대두되자 곤경에 빠지게 되었다. 이런 상황하에서 △재무적 측면에서 주주의 기대를 반영한 방안 △재무적 어려움의 극복을 위해 캐팔사에 게 남아 있는 시간 △전체 그룹적인 측면에서 캐팔사가 가지고 있는 역할 등이 고려되었다. 고객 시각에서는, '고객을 일반적인 측면에서 만족시키는 것으로 충분한가' 또는 '특정한 세분고객시장에 집중해 야 하는가'가 고려되었으며, 이 시점에서 '원래의 고객으로 되돌아가 자'는 생각이 자리를 잡기 시작했다.

또한 프로세스 시각의 성공요소들은 구매자(the buyer)와 매장과의 관계에 연계되었다. 그리고 발전 계획에 있어서는 '캐팔사가 경쟁우 위를 가질 수 있는 분야가 어떤 곳인가'가 고려되었으며, 뉴 웨이브 (new wave) 추세의 최신 패션분야에서는 경쟁우위를 가질 수 없다는 결론에 도달하였다. 또한 '더 좋은 비즈니스 프로세스'라는 관점에서 '기술적 혁신'의 잠재적 효익도 고려되었다.

이러한 식의 논리전개에 의해서 각 시각에 대한 3~4개씩의 성공요소 들이 파악되었다. 예를 들어 기대 수준의 이익과 현금흐름을 얻기 위한 세 가지 중요 요소로는 △더 작은 계절적 변동성(variations) △가격할 인 축소 △보다 '비즈니스적'인 접근법 등이었다. 고객 만족을 위한

성공요소는 '고객의 기대수준을 충족시키는 서비스'로 결정되었다. 즉, 기업은 고객의 관점에 더욱 주의를 기울여야 한다는 것이다. 이때 단순히 '고객이 구입하는 상품'이 아니라 '서비스'라는 단어를 사용했다는 데 주목할 필요가 있다.

제6단계 : 측정지표의 개발 / 인과관계 파악 및 균형 확립

이 단계에서는 후속 작업에 사용할 적절한 핵심 측정지표들을 개발하게 된다. 다른 단계에서와 마찬가지로 일종의 '브레인 스토밍'과 함께 출발해야 한다. 여기에서는 어떠한 생각도 거부당하지 않으며 모든 생각이 이 과정에서 이용된다. 마지막 국면에 가서야 측정지표들을 명확히 하고 그것들에게 우선 순위를 매긴다. 이때 그 측정지표들은 가장 관련성이 높아야 하며, 모니터될 수 있고 실제적인 측정이 가능한 것들이어야 한다(측정지표의 개발과정에 대한 자세한 내용은 제7장 참조).

가장 중요한 과제는 다른 시각의 서로 다른 측정지표들간에 명백한 인과관계를 밝혀내서 균형을 달성하는 것이다. 그러므로 단기적 성과 향상이 장기적 목표들과 상충되지 않도록 '서로 다른 측정지표들간에 균형이 달성될 수 있는가'에 관한 토론을 실시해야 한다. 각 시각의 측정지표들은 '부분 최적화'에 이르러서는 안되며, 포괄적인 비전 및 전반적 전략에 맞추어지고 그것들을 지원할 수 있어야 한다. 〈그림 3-12〉는 전략적 이니시어티브와 선택된 측정지표들 사이의 인과관계가 어떻게 분석되고 '차트화'되는지에 대한 예를 보여 준다. 필자들은 이러한 과정을 한 단계로 처리하기로 결정하였는데 실제에 있어서는 이 부분을 두 단계로 나누는 것이 더 좋은 경우가 종종 있다. 즉, 먼저 측정지표들이 제안되고 그 후에 △실제적인 측정이 가능한지 △그 구조가 논리적인 일관성을 갖추고 있는지 등이 검토되어진다(〈그림 3-12〉 참조). 또한 여기에서는 이른바 '측정 가능한 인과관계'가 사용된다.

제7단계 : 최상위 수준의 성과측정표의 완성

이상의 단계들이 완료되면 최상위 수준의 성과측정표가 만들어지게 된다. 이제 이를 관계자들에게 설명하고 동의를 추구해야 한다. 이때, BSC의 실행을 용이하게 하기 위해서는 조직의 모든 사람들에게 어떤 식으로든 성과측정표 개발 과정과 개발시 고려되었던 사고(thinking)에 대해 간략한 설명을 하는 것이 중요하다. 참가자들의 이해를 돕기 위해 간단한 브리핑 자료를 준비한다면 더욱 좋다. 그 자료에는 △프로세스에 대한 설명 △접근방법 △이후에 이어지게 될 하위 수준의 성과측정표 개발 작업을 용이하게 하기 위한 제안 등이 포함되어야 한다.

제8단계 : 성과측정표 및 측정지표의 조직단위별 세분화

기업의 규모에 따라 최상위 수준의 성과측정표와 측정지표들은 일반적으로 세분화되어 하위 조직단위에 적용되게 된다. 〈그림 3-13〉의 예를 보면 한 기업조직 내에 5개의 계층이 있다. 즉 기업, 사업부, 부서, 팀, 개인 등이 그것이다. 성과측정표의 목표 중 하나는 종업원들로

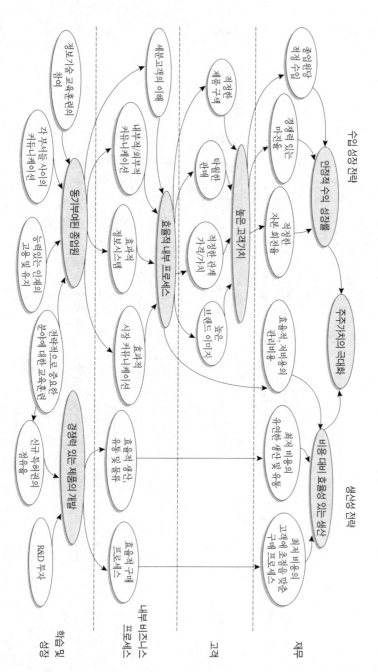

<그림 3-12> 전략적 이니시에티브 및 측정지표들 사이의 인과관계

<그림 3-13> 최상위 수준의 측정지표(고객 만족)의 세분화 예

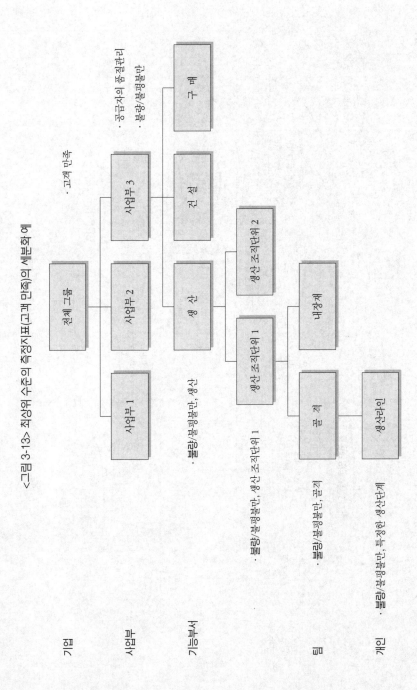

기업

사업부

기능부서
· 불량/불평불만, 생산

팀
· 불량/불평불만, 생산 조직단위 1

개인
· 불량/불평불만, 특정한 생산단계

하여금 기업의 비전 및 전반적 목표들이 그들의 일상업무에 어떤 식으로 영향을 주는지를 알 수 있게 하는 것이므로, 이것을 위해 성과측정표를 구체적이고 이해 가능한 수준까지 충분히 세분화하는 것이 필요하다.

만약 조직이 횡적이고 작아서 모든 사람들이 최상위 수준의 성과측정표가 그들의 업무에 미치는 영향을 알 수 있다면 더 이상의 세분화는 필요치 않을 것이다. 그러나 필자들의 경험에 의하면 그런 경우는 매우 드물다. 따라서 BSC 방식의 잠재력 및 파워를 경험하길 원한다면 성과측정표는 충분히 세분화되어야 한다. 단, 이 세분화 작업은 기업이 이전 단계에서 내·외부적 자원 및 과거 경험을 가장 완벽하게 활용할 수 있는 적절한 조직의 형태를 결정했다는 것을 전제로 한다.

특정지표의 성과달성 수준은 조직의 다양한 계층에서의, 다양한 조직단위들에 의한, 많은 다양한 행위들의 결과이다. 가급적 많은 종업원들이 그들의 업무와 최상위 수준 성과측정표상의 측정지표들과의 관계를 알 수 있으려면, 성과측정표는 가능한 한 세밀한 단위 수준까지 세분화되어야 한다. 그러므로 각 측정지표들의 '집합체로서의 유용성'이 중요해진다. 즉 '각 측정지표들이 어떻게 각 부서, 사업부, 개인별로 세분화될 수 있느냐'가 중요한 것이다.

필자들은 종종 "성과측정표의 세분화 작업은 어떤 계층에서부터 출발해야 하느냐?"라는 질문을 받는다. 또한 "중간 계층으로부터, 예를 들어 기능적 조직단위들로부터 출발해서 자신들의 비전 및 성과측정표를 개발하는 것이 가능하냐?", "성과측정표는 언제나 기업의 전반적인 전략 및 목표에 근거해야 하느냐?" 등의 질문도 받는다. 다른 문제들과 마찬가지로 그 대답은 경우에 따라 다르다. 즉, 기업이 '시장'

의 관점에서 봤을 때 서로 다른 몇 개의 독립된 사업단위들로 구성되어 있는 경우에는 일반적으로 최상위 수준의 성과측정표와 하위 수준의 성과측정표와의 사이에는 관계가 거의 없다. 이런 경우에는 각각의 조직단위 또는 자회사가 그 자신의 최상위 수준의 성과측정표를 독자적으로 개발하는 것이 더 적절하다. 그렇지 않은 경우, 즉 각 기업의 부문들이 밀접하게 연관되어 있는 경우에는 포괄적인 비전 및 전반적인 전략적 목표들을 공유하는 편이 더 바람직하다. 이 때에는 각 조직단위들은 '그들이 어떻게 기업의 최상위 수준의 성공요소들에 대해 기여할 수 있나'라는 질문에 대해서 대답할 수 있어야 한다. 그리고 만약 필요하다면 그들만의 독특한 성공요소들을 최상위 수준의 성과측정표에 첨가해야 한다.

필자들은 후속작업을 원활하게 하기 위한 가이드라인을 설정할 것을 추천한다. 이때 이 가이드라인에는 최상위 수준의 성과측정표에 대한 해석 방식으로부터 각 개인이 해야 할 일에 이르기까지의 모든 사항들을 담아야 한다. 또한 불필요한 오해를 피하기 위해 단어 및 개념들에 대한 간단한 목록을 준비하는 것이 좋다.

캐팔사 : 6~8단계

프로젝트팀은 25명의 임직원들에게 '그들의 사고(thinking)의 산물인 캐팔사의 최상위 수준의 성과측정표를 소개하였다. 여기에는 성공요소, 측정지표, 목표 등이 담겨 있었다. 그러나 행동계획은 이 시점에서 의도적으로 피해졌으며, 그것은 일단 최상위 수준의 성과측정표가 경영진에 의해 승인된 후, 책임 조직단위들에 의해 준비될 예정이었다. 〈그림 3-14〉는 이 성과측정표에 담겨진 일부 요소들을 보여준다.

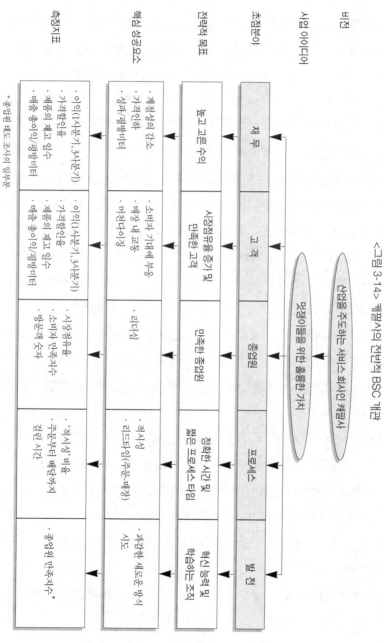

<그림 3-14> 케팔사의 전반적 BSC 개관

산업을 주도하는 서비스 회사인 케팔사

맷젬이들을 위한 출중한 가치

초점분야	재무	고객	종업원	프로세스	발전
전략적 목표	높고 고른 수익	시장점유율 증가 및 만족한 고객	만족한 종업원	정확한 시간 및 짧은 프로세스 타임	혁신 능력 및 학습하는 조직
핵심 성공요소	· 계절 성의 감소 · 가격인하 · 성과/명성마팅	· 소비자 기대에 부응 · 배정 내 교통 · 마켓마이징	· 리더십	· 정시성 · 리드타임(주문-배정)	· 과감한 새로운 방식 시도
측정지표	· 이익(1사분기,3사분기) · 가격할인율 · 제품의 재고 일수 · 매출 총이익/영방마팅	· 이익(1사분기,3사분기) · 가격할인율 · 제품의 재고 일수 · 매출 총이익/영방마팅	· 시장점유율 · 소비자 만족지수 · 방문객 숫자	· '정시성' 비율 · 주문부터 배달까지 걸린 시간	· 종업원 만족지수*

* 종업원 태도 조사의 일부분

실제적으로 채택된 측정지표들은 전략 및 성공요소들의 모든 점들을 반영하고 있는 것은 아니었지만 실체적이고 명확하다는 이점을 가지고 있었다. 예를 들어, 재무적 초점에서 사용된 측정지표는 △이익 △가격할인율 △평방미터 당 매출 총이익 등이었다. 또한 각각의 측정지표에 대해 요구되는 데이터가 사실상 이용될 수 없는 경우를 피하기 위해 측정의 수단이 명시되었다. 캐팔사의 성과측정표에서 관심을 끄는 부분은 만약 어떤 측정지표가 '전사적으로 중요한 요소'에 대한 주요 성과동인이라고 생각되면 그 측정지표가 설사 기업의 하부 조직단위의 것이라 할지라도 전사적인 성과측정표에 포함되었다는 것이다. 예를 들어 기업의 전반적 '적시성'을 나타내는 측정지표가 없는 대신, '적시성'에 가장 많은 영향을 미치는 조직단위의 관련 임무수행을 나타내는 측정지표가 전사적 성과측정표에 포함되었다.

이런 자료들은 총 15개의 기업 공식조직을 대표하는 각각의 프로젝트팀들에게 넘겨졌다. 또한 이 시점에서 고도로 분권화되고 '흐름(flow) 지향적인' 새로운 조직이 구성되었다. 각각의 조직단위들은 그 자신의 성과측정표를 준비하도록 요구되었으며 이제 그들은 '최상위 수준의 성과측정표의 비전을 달성하는 데 기여할 방법'을 결정해야 했다. 그러나 이 때까지는 구축 프로세스가 기업 각 부문의 대표격인 고덴버그(Gothenberg)의 '서비스 오피스(전에는 '본사'로 불려졌음)'에서만 국한되어 시행되었다. 각 조직단위들은 그들의 성과측정표를 각각의 사업요구에 맞게 만들었다. 모든 '서비스 오피스'의 인원들은 이 프로세스에 관여하였으며, 2~3회에 걸쳐 반나절 또는 하루 동안의 그룹토론에 참석하였다. 1996년 가을 이 작업이 진행되는 동안 프로젝트팀은 일종의 '상담역'으로서의 역할을 수행하였다.

예를 들어, 제품구색(product assortment)을 담당한 책임자들은 고객 초점에서의 성공요소로서 '정확도'를 들었다. 그리고 이때 '정확도'는 '구매된 의상이 주문된 의상과 일치하는 정도'라고 정의되었다. 그들은 또한 프로세스 초점에 있어서는 그 핵심 성공요소로서 '새로운 정보기술 지원의 개발'을, 이에 대한 측정지표로는 '주문처리 시간의 단축'을 각각 들었다. 측정지표 개발에 있어 캐팔사는 모든 계층에서 동일한 측정지표를 추구하지는 않았다. 그보다 중요하게 고려되었던 것은 각 계층 측정지표들 사이의 '논리적 일관성'이었다. 기업의 중대한 고비 시점에서 BSC 개발 프로젝트는 종업원들로 하여금 '어떻게 우리 부서가 기업의 전반적인 노력에 기여할 수 있을까'라는 질문에 대해 생각을 명확히 정리할 수 있도록 하는 강력한 계기가 되었다. 향상을 위한 수많은 제안들이 있었으며 항상 더 나은 방법을 찾기 위해 노력했으므로 그에 따른 불만족도 있었다. 그러나 그러한 제안들이 전반적인 측면에서 실제로 사업에 좋은 결과를 가져오게 될 것인지를 알아낸다는 것은 불가능하였다. 이제 모든 사람들은 상황의 복잡성을 깨닫게 되었고 필요한 변화를 위해서는 인내와 끈기가 요구된다는 것을 인식하게 되었다.

이 프로세스를 통해 깨달은 또 하나의 사실은, 모든 사람들이 전반적인 전략적 목표 및 성공 요소들을 이해할 필요는 없으며 그들이 직접적으로 영향을 줄 수 있는 몇 가지에 집중해야 한다는 것이었다(하지만 이와 동시에 전반적인 구도를 이해한다는 것은 중요하며 성과측정표는 이런 목적에 기여할 수 있는 가치 있는 방식이다).

캐팔사는 먼저 기업의 각 조직단위들에 대한 대표라 할 수 있는 '서비스 오피스'에서 후속 단계 작업들을 진행한 후, 6개월 뒤에는 각지의 매장들에까지 이 프로세스를 확대하였다. 각 매장의 상황은 서로 비슷했기 때문에 3개 국가에서 한 매장씩을 선정하여 먼저 시험적인 성과측정표를 준비하게 한 후 프로젝트팀이 이것들을 검토하였다. 그렇기 때문에 이 프로젝트가 시작된 지 2년 이상이 지난 1997년 가을까지도 대부분의 매장들은 이 프로젝트에 관여되지 않았다.

제9단계 : 목표의 수립

모든 측정지표들에 대하여 목표가 설정되어야 하며, 그 진행상황을 지속적으로 점검하고 적시에 적절한 보완조치를 취할 수 있기 위해서는 단기적 · 장기적 목표 모두가 필요하다(〈그림 3-15〉참조). 앞서 밝힌 대로 이런 목표들은 포괄적인 비전 및 전반적 전략과 모순되지 않고 목표들끼리 서로 상충되지 않아야 한다. 그러므로 목표들은 종적 · 횡적으로 정렬되어야 한다. 또한 목표 설정 및 성과 측정에 대한 책임을 명시할 수 있는 프로세스를 새롭게 만드는 것이 중요하다. 즉, 이 프로세스는 다음의 질문들에 대하여 답을 줄 수 있어야 한다. △어떤 식으로? △어떤 조직단위에 대해서? △얼마나 자주? 그리고 특히 △누구에 의해서?(측정지표 및 그 측정에 관해서는 제8장 참조)

제10단계 : 행동 계획의 개발

마지막으로 성과측정표를 완료하기 위해서는 기 수립된 목표들과

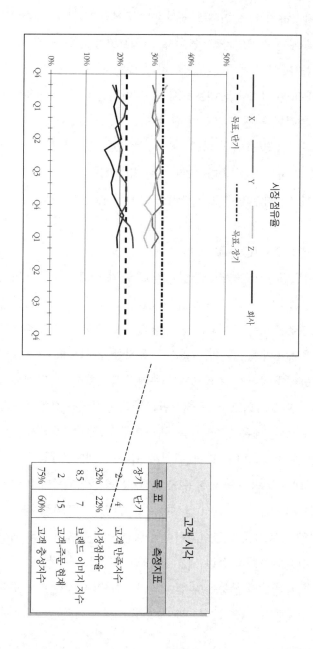

<그림 3-15> 시장점유율 측정지표에 대한 목표, 결과의 예

비전을 달성하기 위해 취해질 조치들을 구체적으로 명시해야 한다. 이 행동 계획에는 △책임자 △중간 및 최종보고를 위한 일정 등이 포함되어야 한다. 이런 계획들은 방대하고 매우 의욕적인 경향이 있어서 은연중에 많은 기대감을 내포하게 되고, 이것은 나중에 조직을 파괴할 수 있는 좌절과 분쟁의 근원이 될 소지가 있으므로, 이를 피하기 위해 그 조직단위들로 하여금 미리 '우선 순위 리스트 및 일정'에 대해서 동의하도록 하는 것이 좋다. 또한 이런 리스트는 개발된 측정지표들과 더불어 최고경영진의 주요한 관리도구가 된다.

캐팔사 : 9~10단계

프로젝트팀은 15개의 조직단위가 그들의 성과측정표를 개발하는 동안 그들과 지속적인 접촉을 유지하였는데, 그 목적은 △경험을 전수하고 △프로세스가 원래의 추진력을 잃지 않도록 하며 △최상위 수준의 성과측정표의 목표들과 일관성을 유지할 수 있도록 하는 것이었다. 또한 그들에게 문서화된 피드백을 주기로 결정했다. 이 단계에서는 측정지표가 잘 정의되고 목표들이 합리적인 수준에서 설정되도록 하는 것이 중요했다. 예를 들어, 제품개념 구상에서부터 고객까지의 '리드 타임'을 줄여야 된다고 말하는 것은 쉽다. 하지만 '제품개념 구상의 시점'에 대한 동의가 구해질 수 있을까? 만약 동의되었다 하더라도 그러한 결정이 측정 근거로서 받아들여질 수 있을까? 이런 경우에는 더욱 단순한 측정지표가 선택되어야 한다. 즉 '주문에서부터 매장에 그 품목이 전시되기까지 걸린 시간' 정도면 적당할 것이다.

또한 목표들끼리 상충될 위험이 잠재되어 있지는 않은지 주의 깊게 살펴보아야 한다. 예를 들어, '판매 성공률'의 극대화는 '평균 판매량'

의 극대화와 상충되는 것으로 밝혀졌다. 즉, 망설이는 고객을 '설득'을 통해 구매하게 하도록 하는 경우, 일반적으로 그 구매량은 제한될 것이며, 그 결과 '평균 판매량'은 감소하게 된다. 이런 경우에는 △우선순위를 확실히 해 주거나 △두 측정지표들 모두 상위 수준의 동일한 목표에 기여함을 설명해 주는 것이 중요하다.

홍미로운 것은, 얼마 후 캐팔사는 일반적인 네개의 시각 외에 다섯 번째의 종업원 시각을 도입하기로 결정하였다는 것이다. 또한 캐팔사는 가치사슬 모델(〈그림 3-9〉 참조)과 인과관계 분석(〈그림 3-12〉 참조)을 결합하여 조직의 다양한 부문의 측정지표들이 어떻게 기업의 전반적인 사업과 관련되는지를 밝혀내고자 하였다(〈그림 3-16〉 참조).

제11단계 : 성과측정표의 실행

성과측정표에 대한 관심을 계속 유지시키기 위해서는 필요한 때마다 적절한 조치를 취해서 그것이 경영의 역동적인 도구로서의 기능을 발휘할 수 있도록 해야 한다. 이것을 위해서는 적절한 '정보기술 해결책들'을 통해서 보고 및 데이터 수집이 원활히 되도록 해야 한다(제9장 참조).

성과측정표가 전사적으로 일상적인 경영측면에서 사용되는 것 역시 중요하다. 그 결과 만약 성과측정표가 각 조직단위의 일상적 업무 계획수립의 근거가 된다면, 그것이 일상업무에 대해 갖는 영향력을 통해 현행의 보고 및 관리 체계에 있어서 자연스런 기능을 갖게 될 것이다. 그러므로 실행 계획에는 '균형된 성과관리'가 일상업무의 일부분

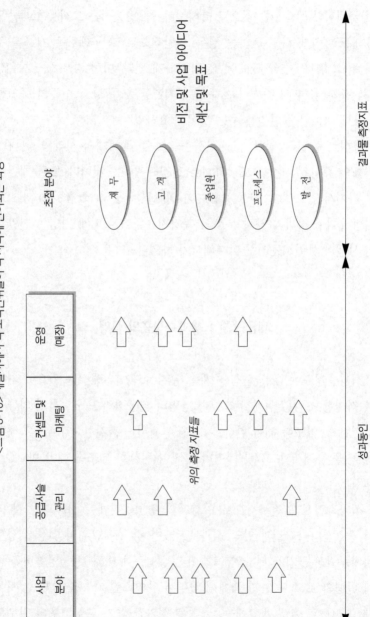

<그림 3-16> 개괄사례에서 각 조직단위들이 각 시각에 관여되는 과정

이 되도록 보장해 줄 수 있는 내규 및 구체적 방안 등이 포함되어야 한다. 마지막으로, 선택된 측정지표들은 끊임없이 그 타당성이 검토되어야 하며 필요한 경우 더 적절한 측정지표들로 대체되어야 한다.

이상 언급한 것들은 너무나도 중요한 프로세스이므로 도입단계의 단순한 한 단계로 여겨서는 안된다. 즉, 성과측정표가 역동적이고 기능적인 '기업 일상업무의 한 부분'이 되기 전까지는 그 도입과정이 완료되었다고 볼 수 없다. 나아가 성과측정표가 경영관리의 도구로서 기능하기 위해서는 이보다 훨씬 더 많은 것들이 요구된다. 이에 관해서는 제8장 및 9장에서 자세히 다루고 있다.

캐팔사 : 제11단계

캐팔사는 1997년과 1998년 사이 겨울 동안 성과측정표 프로세스를 전 매장에 확대 실시하기 전까지, 공식적인 보고 절차를 도입하지 않았다. '서비스 오피스'에서 이 새로운 개념(BSC)은 쉽게 수용되었다. 성과측정표의 개념이 알려지지 않은 상태에서, TQM 및 기타 다른 변화를 위한 처방들이 큰 성과를 보지 못한 후 경영진은 회의에 빠져 있었으며, 그것으로 인해 성과측정표에 대한 기대감도 그리 크지 않았다. 그러나 기업의 중대한 위기상황에서 새로운 경영진과 함께 모든 사람들은 성과측정표의 사고방식을 기꺼이 받아들였으며, 공식적인 모니터 시스템이 갖추어 지지 않은 상태임에도 불구하고, 캐팔사의 각 조직단위별 성과측정표들은 기업을 위기에서 구하는 데 있어 중요한 역할을 하였음이 밝혀졌다. 이것은 대단히 성공적이었으며 캐팔사는 1997년에 벌써 1억 SEK 이상의 이익을 올렸다.

성과측정표 프로세스 성공의 '일등 공신'은 전무이사였다. 그와 그를 대표했던 프로젝트팀의 혼신의 노력으로 그 프로세스는 모든 사람들에게 확연히 이해될 수 있었다. 또한 빠뜨릴 수 없는 핵심 성공요소 중 하나는 그 프로젝트팀의 '인적 구성'이었다. 즉 프로젝트팀이 그들의 직책 및 개인적 성격상 성과측정표 프로세스의 '긴급성'을 알리기에 적합한 인물들로 구성되었다는 점이다. 또한 이때 회계 스태프들이 참석하기는 했지만 그 프로세스를 지배하지는 않았다는 사실에 주목해야 한다. 예를 들어, 프로젝트팀 관리자 자신도 회계적 배경을 지닌 인물이 아니었다. 물론 궁극적인 목표는 재무적인 것이었지만, 모든 사람들의 생각은 '종업원 및 고객들과 관련된 상황을 묘사하기 위해 나머지 다른 측정지표들을 이용할 수 있는 방법'에 맞추어져 있었다.

게다가 이 프로세스는 그 당시에 같이 도입되었던 '작업흐름 지향적인' 조직의 개념과 자연스럽게 조화될 수 있었다. 신규사업 개시, 계획수립, 월간 점검들은 각 조직단위들의 성과측정표에 근거하였다. 그러나 그에 대한 논의가 있기는 하였지만 성과측정표는 보상시스템에 연계되지 않고 있다.

성과측정표 프로젝트에 착수한 지 2년 여가 지난 1998년 중반에 이르러, 성과측정표는 주요한 관리 프로세스로서 기능할 수 있는 단계로 접어들었다. 전략적 목표들은 그때 막 수정되었으며, 측정지표들은 '흐름(flow)'의 개념에 근거한 조직의 다양한 부분에까지 세분화되었다. 또한 새로운 POS(point of sales : 컴퓨터를 이용하여 판매시점에서 판매활동을 관리하는 시스템) 및 데이터 웨어하우스 시스템(data warehouse systems)과 함께 새로운 측정 시스템이 도입되는 중이며, 경영진은 새로운 방식으로 원인과 결과를 분석하기 시작했다.

요 약

BSC 개념이 언제나 성공적인 전략 및 비전을 보장해 주는 '보증수표'와 같은 것은 아니다. 그러나 그 성과측정표 프로세스 자체가 조직에게 큰 이로움을 가져다 줄 수 있다. 즉, 그 프로세스를 통해 기업의 전략 및 비전을 실체화하고 이에 대한 전사적인 지원을 이끌어 낼 수 있다. 또한 서로 다른 시각 및 시간 차원에 입각해서 기업을 보게 함으로써 그 사업전반에 대한 독특한 이해를 가져다 주는 효과도 있다. 그리고 토론을 위한 공통 언어 및 기반이 전사적으로 확립된다. 이를 통해 종업원들은 전체구도 안에서 그들의 역할을 파악할 수 있게 되는데, 이것은 기업이 전반적 목표들 및 포괄적 비전을 달성하기 위해서는 필수적인 것이다.

4

다양한 산업에서의 몇 가지 사례들

최근 들어 많은 기업들이 BSC를 도입하기 시작하였다. 그들은 BSC에 대한 그들 나름대로의 디자인이나 명칭들을 개발해 왔으며, 때로는 그것의 일부분만을 도입하기도 한다. 필자들이 제3장에서 소개한 캐팔사의 경우는 다소 전형적인 경우라 생각된다. 즉, 캐팔사가 속한 의류소매업에서는 가치가 주로 고객관계 및 프로세스 능력에 있게 된다. 물론 이것들이 전통적인 재무적 경영관리에는 포함되지 않던 것들이긴 하지만, 그 사업자체는 일반적으로 '지적자본'과 같은 개념을 쉽게 떠올릴 수 있는 그런 종류의 것은 결코 아니다. 그러므로 만약 성과측정표가 캐팔사에게 유익했다면 다른 사업에 있어서는 더욱 유익하리라고 쉽게 추론할 수 있다. 제조업에 있어서는 고객관계, 혁신적 능력, 프로세스, 노하우 등에 대한 의존도는 가면 갈수록 커지고, 상대적으로 물리적인 시설에 대한 의존도는 감소되고 있다. 서비스 산업이나 정부조직과 같은 경우에는 그러한 경향이 더욱 두드러진다.

필자들은 이 장을 통해 성과측정표를 사용하거나 기타 이와 유사한 다른 모델들을 사용하고 있는 몇몇 조직들의 예를 소개하고자 한다. 필자들의 관점에서 볼 때 그들 모두는 한 가지 공통점을 가지고 있다. 즉, 그들의 업무운영은 전통적인 재무적 용어로는 설명되기 힘들다는 것이다. 전통적 경영관리는 기업 고위 경영진들이 장기적으로 중요하다고 생각되는 가치들 즉, △마켓 포지션, 노하우, 정보기술 및 정보시스템 등과 같은 비재무적 자원들의 경제적 이용 △종업원들의 경험 활용 △미래 예상 시나리오에 적합한 사업영역의 지속적 개발 등을 고려하지 않았다.

필자들은 논점을 명확히 하기 위해 이러한 사례들을 이번 장에서뿐만 아니라 다음 장들에서도 계속 사용할 예정이며, 또한 필요한 경우에는 다른 사례들도 추가적으로 소개할 예정이다.

ABB사

ABB사는 전기공학 산업의 다국적 거대기업으로서 1997년도 총수입이 3천1백만 달러에 이른다. 퍼시 바너빅(Percy Barnevic)의 지휘하에, ABB사는 1989년과 1990년에 걸쳐 '고객 초점 프로그램'에 착수하였다. 이것은 △시간기준 관리(Time-based management) △전사적 품질관리(TQM) △공급자 관리 등의 3가지 주요 초점분야에 집중되었다. 퍼시 바너빅의 경영철학은 언제나 분권화에 근거해 왔다. 이른바 하부 조직에 책임을 위임하는 것이다. 이러한 철학은 ABB사의 조직구조에 명확하게 반영되어, 약 1,000여 개의 기업들로 구성되어 있다.

ABB 스웨덴사에서 ABB 본사의 '고객 초점 프로그램'은 'T50'이라는 슬로건하에서 도입되었다. 이때 'T'는 '시간(time)', '50'은 '시간을 50% 단축한다'는 것을 의미했으며, 그 궁극적인 목표는 'ABB사 고객 가치의 증가'였다. 처리시간을 반으로 단축하는 것이 그 구체적인 목표였는데, 이것을 위해서는 공급자들과의 협력뿐만 아니라 전사적 품질의 향상이 요구되었다. 즉 '고품질의 프로세스' 및 '공급자들과의 긴밀한 협력'이 이 목표 달성에 필수적이었다.

T50 프로젝트는 ABB 스웨덴사에서 매우 잘 받아들여졌다. 그러나 부사장인 피터 펠리니우스(Peter Fallenius)는 무언가가 결여되어 있다고 생각하였는데, 그것은 '전략적 관리'에 근거하고 단지 수입과 비용만이 아닌 '기업의 성과에 영향을 주는 모든 요소'들을 고려할 수 있는 경영관리 시스템이었다. 이에 따라 기업의 프로세스 및 고객의 욕구 모두에 초점이 맞춰진 경영관리 시스템이 긴급히 요구되었다. T50을 통해 ABB사는 많은 측정지표들을 개발하였지만, 이들 측정지표에는 △체계화 △구조화 △초점의 세 가지가 결여되어 있었던 것이다. 결국 이러한 이유로 1994년 봄에 프로젝트팀이 구성되었다.

이 프로젝트팀은 한 명의 프로젝트 관리자와 5명의 멤버로 구성되었는데, 각자는 한개의 ABB사 기업을 대표하였다. 이 프로젝트의 목표는, 모든 계층에서 재무적·전략적 관리 목적을 위해 사용될, '조직화된 전략적·운영적 정보들에 대한 원칙 및 정보구조'를 개발하는 것이었다. 그들은 T50의 기본정신에 근거한 '전략적 관리' 개념 개발을 위해 일주일에 한 번씩 합동회의를 가졌다.

1994년 6월에 프로젝트팀은 그 개념에 대한 안을 제시하였는데, 이것의 구조는 캐플런과 노튼의 BSC 모델로부터 상당한 영향을 받은 것이었다. 이 프로젝트는 'EVITA'라고 칭해졌는데, 이것은 T50 정신에

입각한 재무적 · 전략적 관리라는 스웨덴어의 머리글자들을 조합한
것이다. EVITA는 ABB 스웨덴사에 의해 주로 스웨덴에서 사용될 목적
으로 개발되었으며 그 주요 목표들은 다음과 같다.

- 기업을 몇 개의 시각 또는 초점분야로부터 파악할 수 있도록 한다.
- 각 조직단위의 행동들을 위한 지원 및 관리 시스템을 제공한다.
- 기업의 비전 및 전반적 전략에 근거한 시스템을 제공한다.
- '조종실(a cockpit)' 과 같은 구조를 가진 프레젠테이션 시스템을
  창조한다.
- 정보기술에 근거한 프레젠테이션 지원시스템을 창조한다.

ABB사에 따르면, EVITA는 원래 사전에 정의된 목표들을 가진 조직
단위들의 수평적 프로세스들을 관리하는 수단으로 도입되었으나, 경
영의 도구로서도 기능할 수 있도록 설계되었다.

EVITA의 주요 목표는 T50의 목표달성을 도울 수 있는 재무 및 경영
관리 시스템을 창조하는 것이었다. 고객과 종업원은 이 철학의 두 '주
춧돌' 이었다. 이것들을 기반으로 해서 ABB사는 △고객 △프로세스/
공급자 △종업원 △혁신/발전 △재무 등 총 다섯 개의 시각을 선택하
였다. 여섯 번째의 시각으로 '환경' 이 고려되었으나 이것은 자연스럽
게 다른 시각들에서 흡수될 수 있으리라고 판단되었다.

EVITA의 기본개념 중 하나는, 사전에 정의된 목표들을 가진 각 조
직단위들은 각각의 시각에서 그들의 업무를 적절하게 묘사할 수 있는
관리 측정지표들을 개발해야 한다는 것이다. 이를 원활히 하기 위해
프로젝트팀은 캐플런과 노튼의 모델을 수정 · 발전시켰다(〈그림 4-1〉

참조). 여기에서 기업의 전반적 비전과 전략은 각 조직단위들의 비전과 전략에 대한 기반을 제공한다. 비전 및 핵심 성공요소, 그리고 그 성공요소들을 충족시키기 위해 필요한 행동들 등에 관한 몇 가지 질문들이 제기되었으며, 그후 관리를 위한 핵심 측정지표들이 작성되었다. ABB사에 의하면, 각 조직단위들은 모든 시각들을 다 합쳐서 총 10여 개의 측정지표들에 초점을 맞추고, 각 시각당 최소 1개에서 최대 5개까지의 측정지표들을 사용하는 것이 이상적이라고 추천한다. 또한 대부분의 측정지표들은 한 달에 한 번 측정되어야 한다고 생각한다. 그러나 고객, 이익, 인적자원 등과 관련된 측정지표들은 1년에 단지 1~2회만 점검되었다. 이는 지표들의 성격상 측정을 자주 실시한다는 것이 어려웠기 때문이다.

한편, EVITA 도입을 위한 회의가 몇 차례에 걸쳐 실시되었다. 1994년 10월에 실시된 첫 번째 회의에는 ABB 스웨덴사 조직단위들의 모든 관리자들이 참석하였다. 그룹단위로 작업하는 과정에서 참가자들은 EVITA의 기본개념에 대해 알게 되었으며 이것을 받아들였다. 자회사들인 'AB 컨트롤사' 및 'ABB 코일텍사'가 '시험적(pilot) 기업'으로 선정되는 데 관심을 나타냈다. 이 두 기업은 비슷한 점도 있었지만 다른 점들도 많았다. AB 컨트롤사는 약 500명의 종업원 및 5억 SEK의 판매량을 가진 전기부품 제조업체였다. ABB 코일텍사는 AB 컨트롤사의 반 정도의 규모였다. 두 기업의 제조공정도 달랐다. 즉, ABB 코일텍사 제품들의 대부분은 용접과 금속작업에 관련되어 있었다.

필자들은 대부분의 ABB사 계열 기업들이 결국 EVITA 개념에 의한 운영을 선택하게 될 것이라고 생각한다. 최근 EVITA와 관련된 개념 즉, 세계 수준의 개념이 스웨덴에 있는 ABB 본사 경영진에 의해 도입

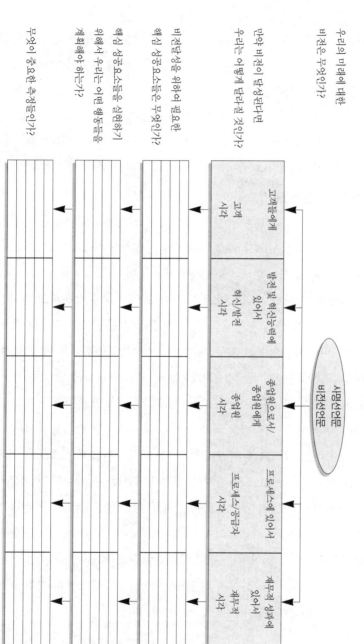

<그림 4-1> ABBA의 새로운 측정구조

되었다. 이에 따라 1997년 초부터 각 조직단위들은 EVITA 시각상의 '세계 수준' 타깃들을 스웨덴의 본사 경영진에게 보고하기 시작하였다. 각 조직단위들은 스스로 △자신의 조직단위에 있어서 중요한 측정대상 △그 측정에 대한 '세계 수준' 타깃 등을 결정하며, 이때 EVITA 모델을 사용하는 것이 장려된다. 보고서는 각 분기별로 제출되며, 모든 측정지표들은 1년에 한 번씩 그것들이 여전히 기업 비전 및 전략의 관점에서 적절한지 검토된다. ABB사는 EVITA가 각 조직단위들의 역할 및 행동방향 등을 명확히 보여줄 수 있으리라 믿는다.

스웨덴 소재의 ABB사 계열 기업들은 대부분 이미 EVITA 개념을 도입하였다. 그러나 이들 중 많은 기업들이 그들 자신의 '각색판(version)'을 실행하고 있으며, 각자의 모델 명칭들을 사용하고 있다.

EVITA는 개방적인 경영방식 및 의사결정의 분권화를 요구하며 또한 그쪽으로 인도한다. ABB사의 경험에 의하면, 특히 젊은 계층 및 비회계업무 종사자들이 새로운 EVITA식 사고를 더욱 쉽게 받아들였다.

ABB사는 EVITA에 있어서 가장 중요한 것은 그 기본 개념이라고 강조한다. 비전이 각 시각별로 나누어지고 각 시각들별로 목표들이 수립되는 구축 프로세스가 특히 중요하다. 각 조직단위들은 스스로가 어떻게 '말'들을 '행동'으로 옮길지를 결정해야만 한다. 왜냐하면 세부적인 행동계획은 성공의 필수요소이기 때문이다. 물론 EVITA 개념이 기업의 모든 계층에서 사용되어야 하겠지만, 특히 운영적이고 '타깃 지향적'인 부서들에 있어서는 가히 필수적이라고 할 수 있다. 즉 EVITA는 '전사적인 비전 및 전략적 타깃'을 '운영적 계층에서의 변화를 위한 행동'과 연결시키는 탁월한 도구인 것이다.

핼리팩스사

핼리팩스(Halifax)사는 영국에 기반을 둔 기업으로서, △소매 금융 업무 △고객 신용대부 업무 △개인보험 업무 △장기저축 업무 △금고 업무 등 5가지 부문의 핵심사업을 가지고 있다. 소매 금융업무에는 저당권, 유동성 저축, 일반 은행업무 등이 포함된다. 1995년 가을에 핼리 팩스사는 LPBS(Leeds Permanent Building Society)사와 합병하였는 데, 그 목적은 PLC(Public Limited Company) 자격을 획득하기 위한 것이었으며 1997년 6월에 이 목표를 달성하였다. 바로 그 당시, 핼리 팩스사는 29억 5천7백만 파운드의 총 수입과 약 27,300여 명의 종업원을 거느리고 있었다. 또한 이 기업은 1,000여 개 지점의 네트워크와 함께 1천 8백여 만의 고객들에 대한 서비스가 가능하였다.

1993년 핼리팩스사의 경영진 중 한 명이 미국 하버드 대학교에서 수학한 후 돌아왔는데 그는 BSC의 열렬한 지지자였다. 그의 열성은 대표이사를 포함한 핼리팩스사 다른 임원들과 일치되었다. 그런데 당시 성과측정 시스템은 주로 판매 타깃 및 재무적 목표들에 중점을 두고 있었으며, 프로세스나 절차 등에 대해서는 상당한 편견을 가지고 있었다. 즉, 이 시스템들은 각 지점들을 실적순위들에 따라 순위를 매기는 데 그쳤을 뿐, 성과를 관리하고 향상시키기 위해 건설적으로 사용되지 못하고 있었던 것이다. 게다가 이런 시스템들은 기존의 기업문화를 더욱 강화시키는 역할을 하고 있었다.

결국 핼리팩스사는 1994년 초 BSC 접근법에 입각하여 새로운 '성과관리 시스템'을 개발하기로 결정하였다. 새로운 시스템의 주된 목표는 다음과 같았다.

- 기존의 고객을 유지, 그들과의 거래 확대
- 새로운 고객 확보
- 적극적 문화의 고양
- 경영 및 지점(branch) 성과 향상
- 고객 및 서비스 목표의 강조
- 종업원 역량개발 장려
- 서류작업의 간소화

첫 BSC 개발 조직단위는 FO(Field Operations)사였는데 이곳은 지점(branch) 영업을 대표할 수 있는 가장 전형적인 곳이었다. 이 조직단위가 선정된 이유는 △이들의 핵심사업이 일반 고객업무였고 △다른 조직단위들에 대해 상당한 영향력을 갖고 있었기 때문이었다. 그 프로젝트의 후원자인 FO사의 대표이사에 의해 취해진 첫 번째 조치는 그 프로젝트 관리자를 선임하는 것이었다.

이 프로젝트 관리자는 초기 단계로부터 실행 단계에 이르기까지 2년 간 줄곧 그 프로젝트를 전담하였다. 그 과정에서 그는 프로젝트 그룹의 지원을 받았다. 핵심 그룹은 FO사의 다양한 부문들로부터 온 13명으로 구성되었으며, 그들 대부분은 조직의 일상적 업무 부서 출신들이었다. 또한 여러 지원 그룹들이 있어서 각 단계의 특정한 분야에서 특별한 역량이 요구될 때마다 도움을 제공하였다.

다른 기업들과는 달리 핼리팩스사는 BSC를 전략적 도구가 아닌 운영적 관리 시스템으로 이용하고자 하였다. 그러므로 주요 목표는 지역별, 분야별, 지점별 관리자들을 위한 운영적 도구, 즉 그들의 일상업무를 관리하는 데 도움을 줄 수 있는 지원시스템을 개발하는 것이었다. 다시 말해서 핼리팩스사는 위에서 아래로의 접근보다는 아래에서 위로의 접근을 시도하고자 한 것이다. 사실 그 당시 포괄적인 전략 재검토 프로세스는 적합하지 않은 상황이었다. 왜냐하면 불과 얼마 전에 기업의 비전 및 사명선언문이 이사회에 의해 수정되었기 때문이다. 일선 업무에 종사하는 종업원들도 더 나은 운영시스템의 필요성을 절실히 깨닫고 있었기 때문에, 위에서 아래로 접근했을 경우보다 BSC의 효과는 훨씬 컸다. 핼리팩스사가 운영적 수준에서 BSC 작업에 착수한 지 4년 후인 1998년부터, 그들은 이 운영적 도구를 전략적 목표에도 맞추기 위해 사업계획 수립 프로세스를 BSC 개념에 적합하도록 개선하는 작업을 하고 있다.

신임 대표이사의 추진하에 위에서 설명한 대로 이사회는 비전 및 사명선언문을 수정하였다. 이것은 프로젝트팀에게 전달되어 BSC의 토대가 되었다. 일단 비전 및 사명이 확정되자 프로젝트팀은 핵심 성공요소 및 네 가지 시각들에 대한 측정지표들을 수립하기 시작하였다. 이때 네 가지 시각은 △재무 및 비즈니스 시각 △고객 시각 △내부 프로세스 시각 △직원개발 및 향상 시각이었다(〈그림 4-2〉 참조). 캐플런과 노튼의 원래 제안과는 달리, 핼리팩스사는 '학습 및 발전 시각'은 전략적 계획수립을 위한 것이 아닌 '운영적 관리도구'로서의 성과측정표에는 적합치 않다고 생각했고 그 대신 '직원 개발 및 향상 시각'을 가지는 것이 더욱 적절하다고 생각했다. 예를 들어 FO사의 한 핵심 성과지표는 '직원의 서비스 제공능력'을 중시하고 있다.

전반적인 성과측정표 개발에는 약 6~9개월이 소요되었다. 핼리팩

스사는 이 개발 단계가 전체 프로세스에서 가장 중요한 부분이라고
생각했다. 왜냐하면 이 단계의 결과가 뒤따르는 실행단계에 대단히 큰
영향을 미치게 될 것이기 때문이었다. 그러므로 프로젝트팀은 그들의
생각 및 발견사항들을 FO사의 대표이사 및 이사회에 끊임없이 보고
하였다.

그 개발 단계가 완료되었을 때 핼리팩스사는 핵심 성공요소들 및 네
가지 시각별 측정지표들을 가진 전반적 성과측정표를 갖게 되었다(〈그
림 4-2〉 참조). 처음에는 약 75%의 측정지표들이 기존의 경영정보 원천
들로부터 추출되었다. 그리고 1998년에도 출발 당시의 모든 측정지표
들이 여전히 사용되고 있다. 그러한 측정지표들의 개발단계에 있어서
는 다음과 같은 몇 가지의 필요조건들이 일반적으로 적용되었다. 즉,
△측정지표와 역할 및 책임과의 관련성 △'정렬화(cascade)' 접근법의
일관된 이용 △타깃의 개발 △지원적인 분석을 제공할 수 있는 2차적
측정지표 또는 관리정보 △역사적/추세 정보의 적용가능성 등이다. 그
리고 다음과 같은 기준을 가지고 바람직한 측정지표를 선택하였다.

- 데이터의 정확도 및 이용 가능성
- 핵심 성공요소와의 관련성
- 측정지표의 우선 순위 및 중요도
- 행위에 대한 긍정적 효과
- 측정결과를 관리하고 그것에 영향을 줄 수 있는 사용자의 능력

현재 핼리팩스사는 각 시각당 2~5개의 측정지표들을 가지고 있으
며, 총 측정지표는 16개이다. 이사회는 그것들 중 10~12개의 측정지표

〈그림 4-2〉 전반적 BSC 개발의 각 단계(헬리팩스사)

우리의 미래에 대한 비전은 무엇인가?

만약 우리의 비전이 달성된다면 우리는 어떻게 달라질 것인가?

우리의 비전을 달성하기 위한 핵심 성공요소들은 무엇인가?

어떤 것들이 주요한 측정들인가?

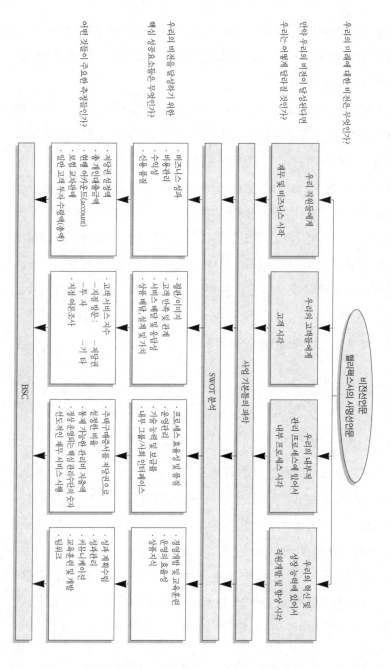

비전선언문
헬리팩스사의 사명선언문

우리 직원들에게
재무 및 비즈니스 시각

- 비즈니스 성과
- 비용관리
- 수익성
- 신용 품질

우리의 고객들에게
고객 시각

- 명성/이미지
- 고객 만족 및 관계
- 서비스 배달 및 관리
- 상품 배달, 설계 및 가치

우리의 내부적
관리 프로세스에 있어서
내부 프로세스 시각

- 프로세스 효율성 및 품질
- 운영의 관리
- 기술능력 및 보급률
- 내부 그룹/사회 인터페이스

우리의 혁신적
성장 능력에 있어서
직원개발 및 향상 시각

- 경영개발 및 교육훈련
- 운영의 효율성
- 상품지식

사업 기본틀의 파악

SWOT 분석

- 계단권 설정에
- 총 개인대출금에
- 현행 아카운트(account)
- 보험 교차판매
- 일반 고객 투자 수량에(총액)

- 고객 서비스 지수
- 계점 방문: ─계단권
              ─투 자
              ─기 타
- 지점 여론조사

- 구탁구매중개를 지방권으로
  설정하면 비용
- 통제 가능한 단비 지출에
- 경정 운영되는 핵심 관리수준의 순차
- 신도적인 재무 서비스 시행

- 성과 계발수련
- 성과관리
- 지무네레이션
- 교육훈련 및 개발
- 팀워크

BSC

들을 모니터한다. 또한 판매량을 비롯한 대부분의 측정지표들은 매일 매일 점검된다. 하지만 그렇지 않은 것들도 있다. 예를 들어 고객관련 측정지표들은 1년에 2회 점검된다.

일부 측정지표들은 연간 '사업계획 수립 프로세스'에서 수정되는데 이들은 주로 비재무적인 것들이다. 재무적인 측정지표들은 예산 프로세스에서 수정된다. 각 측정지표에 대한 목표들은 일년에 한 번 설정되지만 분기별로 점검된다. 또한 모든 측정지표에는 '주관부서(owner)'가 있는데, 측정지표에 대한 계획, 관리, 기록 및 향상 등의 책임을 지게 된다. 핼리팩스사에서는 BSC가 예산 프로세스를 대체하지는 않았다. 왜냐하면 핼리팩스사에 있어서 예산 프로세스는 사업을 경영함에 있어 중추적인 역할을 하기 때문이었다. 핼리팩스사는 BSC를 통해 예전의 단순한 '성과측정 시스템'을 더 넓은 '성과관리'라는 맥락에서 운영할 수 있게 되었다.

스칸디아사

스웨덴의 보험회사인 스칸디아(Skandia)사는 BSC 작업을 통해 널리 알려진 기업이다. 특히 지적자본의 개념과 관련된 이들의 작업은 스웨텐 외부에서조차 상당한 관심을 끌었다(Kaplan & Norton 1996a , Edvinsson & Malone 1997 등에 소개됨).

여기에는 두 가지 이유가 있다. 첫째, 스칸디아사가 상당히 일찍이 BSC 작업에 착수함으로써 그 작업을 '스칸디아사의 지적자본'과 관련된 더욱 광범위한 프로세스 안으로 통합시킬 수 있었기 때문이다.

둘째, 경영진이 간행물 또는 회의 등을 통해 이러한 노력을 의도적으로 부각시키기로 결정하였기 때문이다. 또한 경영진은 성과측정표라는 단어가 너무 과거 지향적이라고 생각했기 때문에 성과측정표 자체보다는 '관리 프로세스'에 대한 초점을 부각시키기 위해 그들의 모델에 대해 '네비게이터(Navigator)'라는 명칭을 사용하였다(제2장 참조).

스칸디아사는 약 9,000명의 종업원이 있다. 그러나 스칸디아사의 지적자본에 대한 관심은 이 기업의 '가상 조직적'인 특성 즉, 최근 몇 년동안에 합작제휴사들과의 활발한 네트워크를 통해 이루어진 스칸디아사의 '범세계적 확장'에 크게 기인하고 있다(Hedburg et al, 1997, pp.2ff 참조).

몇 년간의 시험적인 작업 끝에 1994년 '스칸디아사의 지적자본에 관한 연구'가 연간보고서의 부록으로서 간행되었다. 부록은 그 후에도 연간 및 반기별 보고서와 함께 6개월 단위로 계속 출판되어 오고 있으며 이에 대한 두개의 CD롬도 있다. 간행물들에는(영역판도 있음) 스칸디아사의 각 조직단위들에 대한 통계자료가 성과측정표의 형태로 제시되어 있다. 이것들은 총체적으로 '스칸디아 네비게이터'라고 불리며, 여기에는 캐플런과 노튼의 원래 네 가지 초점 외에 다섯 번째의 '인적자원' 초점이 포함되어 있다(〈그림 4-3〉 참조).

스칸디아사가 별도의 '인적자원' 초점을 선택한 것은 이 시각과 그 나머지 시각들간의 상호작용을 강조하기 위한 것이었다. 예를 들어 인적자원 초점과 프로세스 초점 사이의 관계는 '증식적인(multiplicative)' 관계라고 묘사되었다. 즉, 결과는 역량을 가진 종업원에 의해서 창출될 수 있다는 것이다.

그러므로 스칸디아사에 있어서 BSC 개념은 '내부적 경영관리의 도

<그림 4-3> 스칸디아 내비게이터의 예(미국 스칸디아사)

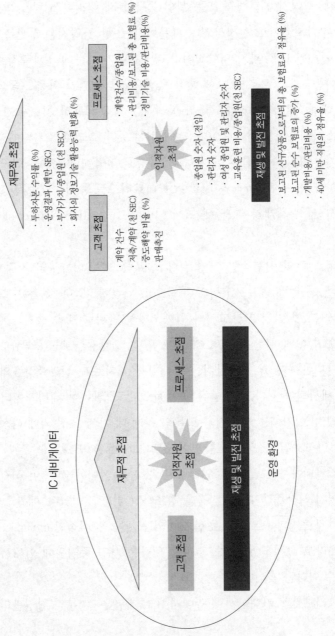

재무적 초점
· 투하자본 수익률 (%)
· 운영결과 (백만 SEC)
· 부가가치/종업원 (천 SEC)
· 회사의 정보기술 활용능력 변화 (%)

고객 초점
· 계약 건수
· 저축계약 (천 SEC)
· 중도해약 비율 (%)
· 판매촉진

프로세스 초점
· 계약건수/종업원
· 관리비용/보고된 총 보험료 (%)
· 정비기술 비용/관리비용(%)

인적자원 초점

· 종업원 숫자 (전임)
· 관리자 숫자
· 여성 종업원 및 관리자 숫자
· 교육훈련 비용/종업원(천 SEC)

재생 및 발전 초점
· 보고된 신규 상품으로부터의 총 보험료의 점유율 (%)
· 보고된 순수 보험료의 증가 (%)
· 개발비용/관리비용 (%)
· 40세 미만 직원의 점유율 (%)

IC 내비게이터

재무적 초점
고객 초점
프로세스 초점
인적자원 초점
재생 및 발전 초점
운영 환경

▲ 자료원 : "Customer Value", supplement to Skandia's 1996 annual report. Reprinted by permission

<그림 4-4> 지적자본 가치도, 기업 시장가치의 한 요소로서의 지적자본(스칸디아사)

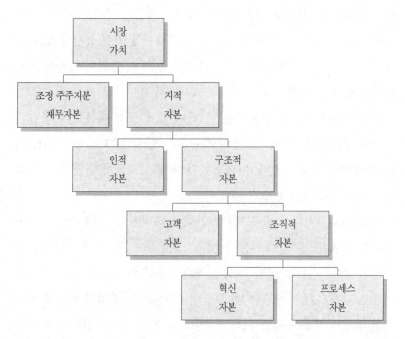

▶ 자료원 : "Value Creating Processes", supplement to the 1995 annual report. Reprinted by permission

구'임과 동시에 '외부 이해관계자들에 대한 재무적 보고를 위한 보충 자료'이기도 하다. 기업의 대차대조표는 그 기업의 가치를 충분히 설명해 주지 못한다. 특히 그 가치가 주로 무형자산들로 구성되어 있는 경우에는 더욱 그렇다.

시장가치는 일반적으로 5가지 종류의 자본으로 구성되어지는데, 이것은 스칸디아사의 성과측정표인 네비게이터의 5가지 시각과 일치한다(〈그림 4-4〉 참조). 스칸디아사의 목적은 스칸디아사 주식의 가치를 화폐적 관점에서 결정하기 위한, 즉 '영업권' 가치에 대한 산정 근거를 이해시키기 위한 것처럼 보인다. 서비스 기업의 매각가치는 자산가치의 조정 이후에도 대차대조표상의 순수가치를 훨씬 능가할 수도 있다. 몇 년에 걸친 스칸디아사의 많은 부록들은 이 기업의 다양한 사업단위들에 대한 각각의 측정지표군(set)들을 보여주고 있는데, 이것들은 모두 '다섯 가지 초점분야별'로 되어 있다. 또한 대부분의 경우 각 사업에 대해 다른 측정지표들이 사용되고 있지만 그들 중 일부는 가끔 중복되는 경우도 있다. 어찌되었건 이제 이것들에 대한 평가는 그것을 보는 사람들에게 달려 있다.

필자들의 견지에서 봤을 때 '스칸디아 네비게이터'의 주된 용도는 내부적 경영관리(스칸디아사는 이것을 'navigation', 즉 '항해'라고 칭한다)이다. 1995년 가을부터 몇 개의 조직단위들이 이 새로운 도구를 시험적으로 사용하기 시작했을 때부터 네비게이터는 기업의 내부적 사업계획 수립에 사용되어 왔다. 네비게이터를 통해 조직단위들은 주요 측정지표에 대한 계획 예상치(estimates)를 설정한다. 이런 식으로 해서 전통적으로 재무적 가치에 편중된 예산수립 관행을 바로 잡기를 희망하고 있다. 각 조직단위는 그들의 핵심 성공요소를 기초로 하여 적절한 측정지표를 결정한다. 지금까지는 모든 조직단위들이 네비게이터를 사용하고 있지는 않지만 프로세스는 계속 지속될 전망이다.

한편, 스칸디아사는 기업을 '지적자본 관리'로 이끄는 6단계에 대해 언급하였다(Edvinsson & Malone , 1997, p.54). 그 6단계는 다음과 같으며 기업 각 부문별로 그 진행 정도는 다양하다.

1. 개념의 전파(missionary)

2. 측정(Measurement)

3. 리더십(Leadership)

4. 정보기술(IT)

5. 자본화(Capitalizing)

6. 미래화(Futurizing)

마지막 단계에 대한 초기적 시도가 일부 조직단위에서 행해지고 있지만, 아직까지 모든 조직단위들이 이러한 단계에 연관되지는 않고 있다. 그 이유는 경영진이 '인위적 강제'보다는 '자발적 참여'를 희망하고 있기 때문이다. 역할 모델(role model) 및 교육 등을 통해 네비게이터의 다양한 '변형(variant)'들이 나타나게 되었고, 예산과 보고 체계는 이 형식에 의거하여 재설계되고 있다. 또한 미국 스칸디아사에서는 보너스시스템을 도입하였는데, 여기에서 다섯개의 초점분야들은 각 20%씩을 차지하고 있다.

많은 '스칸디아 미래센터'들이 참여중인 더 광범위한 프로젝트의 일환으로서, 스칸디아사는 일부 선정된 조직단위들의 '네비게이터의 가치'를 연간보고서에 대한 부록의 형태로 보고하기 시작하였다. 이것들 또한 지적자본 모델을 쉽게 이해할 수 있는 좋은 자료들이 된다.

스칸디아사의 대표이사인 라스-에릭 피터슨(Lars-Eric Peterson)은 네비게이터가 주로 내부적 사용을 위해 도입되었음을 강조한다. 따라서 그는 네비게이터의 외부적 효과를 '기업의 주식가격을 올리기 위한 의도적인 전술'이 아닌 일종의 부가효과로서 보고 있다. 이러한 스칸디아사의 일련의 작업들은 지적자본을 개발하고자 하는 그들의 내부적 노력을 시장에 널리 알리게 되는 결과를 가져왔지만, 그 주된 목표는 '내부적 효과들' 그 자체에 있었으며 또한 거기에 대해 만족할 만한 결과를 얻게 되었다. 현재 진행중인 프로세스의 한 가지 목표는 기업이 '두 가지 언어'를 자유롭게 사용할 수 있도록 하는 것이다. 즉 모든 관리자들은 기업의 '전략적 언어' 및 '운영적 언어' 두 가지에 다 능통해야 한다는 것인데, 이 목표는 네비게이터 프로세스로부터 많은 도움을 받고 있다. 대표이사인 피터슨에 의하면, 네비게이터를 도입한 스칸디아사의 조직단위들은 그들의 전략적 언어 및 그 인식을 향상함에 있어서 최고의 진전을 봄으로써 그 의도된 효과를 확실히 성취했다고 한다. 즉 △더 높은 수준의 역량에 대한 필요성 △혁신, 확장된 고객 베이스 등의 중요성 등에 대한 인식이 날로 높아지고 있다는 것이다.

스칸디아사는 1997년과 1998년의 예산 수립에 있어서 '네비게이터 전문용어'를 도입함으로써 네비게이터를 계속 발전시켰다. 스칸디아사에 있어서 네비게이터는 사업단위들에 있어서는 물론, 개개인의 수준에 이르기까지 그 도구로써 사용되고 있다.

이미 밝힌 대로, 스칸디아사는 지적자본의 요소를 재무적 관점에서 평가하려고 시도하고 있다. 또한 특정한 과업(task) 관리 시스템의 유용성 여부를 평가하는 목적으로 지적자본의 요소를 사용하고 있다(Dahlgren et al, 1997). 그러나 가능한 사용범위는 대단히 넓은 것으로 입증되었다. 이러한 결과들에도 불구하고 스칸디아사의 주된 목표는 여전히 기업의 시장가치를 네비게이터의 측정지표들에게 연계시킬 수 있는 적절한 방법을 찾는 것이다. 앞서 언급한대로 네비게이터를 통해서 본 다양한 스칸디아사 조직단위들의 모습은 〈그림 4-3〉에서 보여지는 지적자본의 다양한 요소들과 일치된다. 이 모델에 의하면,

이런 요소들간의 상호작용은 그 기업의 시장가치 평가에 대한 정당한 근거가 될 수 있다. 또한 최근 스칸디아사의 간행물들은 다양한 측정지표들이 '전반적인 하나의 지수'로 통합되어질 수 있음을 언급하고 있다(Roos et al, 1997 참조). 예를 들어, 최근 보고서상의 한 그래프는 미국 스칸디아사에 있어서의 △전반적인 지적자본 지수(필자들은 뒤에 이 지수에 대한 필자들의 견해를 밝힐 예정이다). △네비게이터 각 다섯 가지 초점분야들의 지난 몇 년간 추이 등을 보여주고 있다.

일렉트로럭스사

일렉트로럭스(Electrolux)사는 세계적인 가전제품 제조업체 중 하나이다. 현재 이 기업은 전세계적으로 60여 개 이상의 나라에서 약 10만6천여 명의 종업원을 거느리고 있다. 다른 기업들과 마찬가지로 일렉트로럭스사도 고객과 그들의 요구에 적응하는 것이 점점 더 중요해지고 있는 '변화하는 세계적 사업환경' 속에서 치열한 경쟁상황에 처해 있다. 이러한 필요성에 의해 이 기업은 1993년에 비전, 전략, 품질 등을 총망라하는 광범위한 프로젝트에 착수하였다. 이 프로젝트로부터 일렉트로럭스사는 과거의 사실에 대한 데이터보다는 '전략적 정보'가 필요하다는 것을 알게 되었다. 그 당시 일렉트로럭스사의 측정지표들은 재무적인 것들뿐으로 △품질 및 소비자 만족 △제품개발 △종업원 동기부여 등에 관련된 측정지표들을 가지고 있지 않았다.

1994년에는 또 다른 프로젝트가 착수되었다. 이것은 뒤에 'GIMS 프로젝트'라고 명명되었는데, 이때 GIMS는 'global integrated measurement system(범세계적 통합측정 시스템)'의 약어이다. GIMS는 '백색 가전제품(white goods)' 부문의 주요 전략 점검을 위해 구상된 시험적 프로젝트였다. 새로운 아이디어를 찾기 위해 본사 경영진은 소규모의 그룹을 미국에 보내, 존슨 앤 존슨(Johnson & Johnson), 페더럴 익스프레스(Federal Express), 제록스(Xerox) 등과 같은 기업들을 견학하게 하였다. 이들이 견학한 내용들은 1995년 3월 백색 가전제품(white goods)에 대한 전략자료인 '백서(The white book)'에 담겨졌다. 일렉트로럭스사가 GIMS를 통해 얻은 주된 이익은 비전, 전략, 단기 계획수립 사이의 상호관계들을 명확히 알 수 있었다는 것이다.

GIMS 개념은 많은 것들을 포함하고 있지만, 특히 다음의 기본 개념들에 근거하고 있다.

- 기업의 전략과 함께 전진
- 비즈니스 프로세스 개발 지원
- 조직의 통합
- 전략과 사업계획의 연계

그러나 최근 들어 GIMS는 수정되었으며 명칭도 DBM(Dynamic Business Measurement : 역동적 사업측정 시스템)으로 변경되었다(〈그림 4-5〉 참조). 출발 당시 GIMS는 백색 가전제품 사업부문에 초점을 두었으나, 지금은 다른 부문들에서도 몇 개의 DBM 프로젝트들이 시작되었다. 다른 기업들과는 달리 일렉트로럭스사는 상당히 이질적인 사업부문을 가지고 있다. 즉, 각 사업부문들이 각각 서로 다른 유통채널 및 소비자들을 가지고 있기 때문에 똑같은 측정지표들을 모든 계열기

<그림 4-5> 일렉트로럭스사의 역동적 비즈니스 측정시스템 (DBM)

분 야	측 정 지 표	점 검
고 객	· 전략적 어카운트(account) · 소매 태도지수 · 고객 만족지수 · 4개 중 2개 안으로 선호되는 브랜드 · 녹색제품 % 전체 범위	· 연 간 · 분기별 · 연 간 · 연 간 · 분기별
운 영	· 판매장 · 시장점유율 · 개인당 생산성 · 주문 이행비율 · 서비스 요청률	· 월 별 · 분기별 · 분기별 · 월 별 · 분기별
문 화	· 종업원 태도 조사 · 자가진단 프로필	· 1년에 3회 · 연 간
재 무	· 누적 영업이익 III (%) · 영업이익 II (%) · 합병 및 인수 비용 (%) · 총 이익률 (%)	· 분기별 · 월 별 · 월 별 · 월 별

업들에게 획일적으로 적용하기는 어렵다.

일렉트로럭스사의 경영진은 DBM을 "변화하는 시대에 끊임없이 자신을 맞추어 가는 역동적인 시스템"이라고 소개한다. 그러므로 전략과 비전은 언제나 토론에 개방되어 있다. 또한 DBM의 측정지표들은 고정되어 있지만 그것들의 초점은 경쟁상황 및 사업환경의 변화에 따라 달라진다.

현재 DBM은 16개의 핵심비율에 집중하고 있으며 그 중 12개는 비재무적이다. 또한 이것들 사이의 우선 순위는 여섯개의 부문별로 다르며, 단지 소수의 측정지표들만이 본격적으로 활용되고 있다. 일렉트로럭스사 경영진에 따르면, DBM은 일종의 '메뉴'와 같은 것으로, 조직 단위 및 시기별 필요성에 따라 적절한 핵심비율들을 선정하여 사용하고 있다. 하지만 전체 조직의 복잡성으로 인해서 이런 핵심비율들을 모든 부문에 걸쳐 모니터한다는 것은 불가능하다.

일렉트로럭스사는 일년에 약 5천5백만 개의 제품들을 생산하고 판매한다. 하지만 대부분의 제품들이 유통업자들을 통해 판매되므로 최종소비자를 알 수는 없다. 최종소비자와 직접적인 접촉이 없기 때문에 기업은 그들의 요구와 직접소매상들의 요구를 구분해야 한다. 이러한 목적을 위해 그들은 두개의 독립적인 지수를 개발했는데, 그 중 한개는 '소비자 만족지수'이며 나머지 한개는 '소매상의 태도'에 관한 것이다. 현상황에서 경영진은 전사적인 소비자 만족 측정지표를 개발할 의도가 없으며, 그 대신 사업 각 부문에 대한 한개의 통합 측정지표를 결정할 수 있기를 희망하고 있다.

96년부터 일렉트로럭스사는 기존의 1년 단위 예산수립 프로세스의 사용을 중단하였으며, 현재의 계획수립 프로세스는 다음의 세 가지 단계로 구성되어 있다.

1. 전략적 계획수립 : 전략적 목표 및 행동 계획에 더 많은 초점을 부여한다.

2. 연간 계획수립 : 전략적 계획에 따라 후속적인 조치를 취하며 또

한 전통적인 재무적 핵심비율들을 사용한다.

3. 분기별 변동예산(rolling - budget) 계획수립 : 조직으로 하여금 '추이'를 조기에 파악할 수 있게 해준다(다양한 비재무적 측정규준들에 대해 신뢰할 만하고 적절한 측정방식들이 발견되어 이것들이 분기별 계획수립 프로세스에 도입되었다).

일렉트로럭스사에 의하면 '예산'이라는 용어를 사용하느냐, 또는 '계획'이라는 용어를 사용하느냐는 단지 '의미론'적인 문제일 뿐이다. 그러나 '적절한 계획수립'과 '그것에 대해 단지 추측만이 난무하는 문제들'과는 서로 구별되어야 한다.

GIMS 및 DBM 경험을 통해 밝혀진 또 한 가지 사실은, '종업원들에게는 아무리 많은 교육을 시켜도 지나치지 않다'는 것이다. 종업원들에게는 끊임없이 정보가 전달되어야 한다. 그들은 전통적인 재무적 핵심비율에 익숙해 있다. 그러므로 그들에게 새로운 시스템의 의미를 전달하는 것은 매우 중요하다.

예를 들어, 20명 정도의 소규모 그룹에게는 제공된 정보가 잘 받아들여진다. 그러나 전 조직에게 그 개념을 납득시키려면 하부조직을 향한 매우 조직적인 접근이 필요하다. 가장 중요한 과업은, 조직 내 모든 종업원들로 하여금 그들이 전사적인 목표달성에 어떻게 기여하고 있는지를 알 수 있게 하는 것이다. 또한 종업원들이 'DBM이 이번 달의 일시적인 주제가 아니고 이전부터 계속되어온 상당한 사고(thinking)의 산물'이라는 사실을 깨달을 수 있어야 한다.

일렉트로럭스사 경영진은 "사람들이 진정으로 그 개념을 이해할 수 있도록 하고 그리고 전사적으로 알리기 전에 그것을 적절하게 수정할 수 있도록 하기 위해서는, 그 개념을 실행하기 전에 충분한 시간을 갖는 것이 좋다"라고 말한다. 종업원과 고객의 태도는 쉴새없이 변하기 때문에 측정지표는 역동적이어야만 한다. 조직은 '살아 있는 유기체'이지 '정적인 제품'이 아닌 것이다.

일렉트로럭스사는 또한 앞으로 종업원들에 대한 정보전달을 위해 TV를 사용할 수 있기를 희망하고 있다. 이렇게 된다면 조직의 다른 분야에 개별 사업에 대한 구체적인 정보를 제공할 수 있게 될 것이다. 이처럼 조직 내의 '모든 사람들'과 커뮤니케이션하는 것은 매우 중요하다. 예를 들어, '권한위양'과 '직권위임'의 본질은 각 종업원들로 하여금 그들의 제품 또는 서비스에 대해 책임감을 갖도록 하는 데 있다. 최종결론은 '고객 만족'이다. 고객이 만족하지 못하면 '미래'는 없다.

영국항공사

영국항공사(British Airways)는 세계에서 가장 큰 국제 여객운송 항공사이다. 1994년에만 약 2천4백만 명의 사람들이 해외여행을 위해 이 항공사를 찾았다. 1994년 당시 이 기업은 또한 세계 7위의 국제 화물수송 항공사이기도 했다.

1997년 2월 이 기업은 민영화 10주년을 맞이했다. 미래를 위한 방향설정을 위해 영국항공사는 '세계 여행업계에서 명실상부한 선두주자가 되자'라는 새로운 사명을 도입하였다. 이것의 목적은 △확실한 우위 유지 △타 사업자들이 따르게 될 표준 설정 △산업을 주도하기 위한 도전의식의 지속적인 유지 등이었다.

이 사명을 달성하기 위해 전사적 목표 및 가치들도 역시 수정했다. 새로운 목표들은 △고객이 선택하는 기업 △동기가 부여된 직원들 △높은 수익성 △진정한 세계화 등이었다. 또한 새로운 가치들은 △안전하고 확실하게 △정직과 책임 △혁신 및 공동체 의식 △세계화 및 관심 △좋은 이웃 등이었다.

영국항공사는 기본적으로 △전략 △상업성(commercial) △운영의 세 가지 차원에서 조직되었다. 이러한 조직 형태에서는 전략은 장기적, 상업성은 중기적(medium-term), 운영은 단기적이라는 개념이 바탕에 깔려 있다. 영국항공사는 전사적인 수준에서 성과측정표를 사용하지는 않고 있으며, 조직 내의 네개의 단위만이 그들 자신의 계획하에 BSC의 관점에서 사업을 운영하고 있다. 그러나 이 회사는 최근 들어 월간 보고서의 형식이 너무 지나칠 정도로 재무적 수치에만 편중되어 있다는 비난을 받는 데다가, 재무 부서에서도 타 조직에서 도입한 BSC가 성공적이며 좋은 평판을 받고 있는 사업 운영방식임을 알게 되었다.

BSC 개념을 도입한 곳 중의 한 예는 세계에서 가장 큰 국제공항인 런던 히스로 공항의 영국항공 지사이다. 이곳에서 영국항공사의 영업은 증가추세에 있으며, 1996년에 운송점유율 41%, 운항점유율 46%를 각각 기록하였다. 1998년의 총비용 예산은 2억5천만 파운드이며, 직원들은 약 7,000여 명이다. 히스로 공항에서의 주요 업무는 고객 서비스 및 운영 업무이다. 영국항공사에서 이러한 업무분야는 매우 운영적인 것으로, 사업에서 가장 힘든 분야 중의 하나이다. 여기에서 사람들은 많은 것들을 '심사숙고'하려고 하지 않는다. 단지 문제가 해결되기를 바랄 뿐이며 하나가 해결되면 그 다음 문제로 곧바로 넘어간다.

1997년 초에 히스로 공항에서의 운영은 어려움에 부딪히게 되었다. 즉, 운영은 통제가 불가능한 상황이었으며, 업무수행 결과에 많은 문제점들이 나타나기 시작했다. 이때 새로운 지사장이 임명되었다. 그의 최우선 순위는 새로운 성과측정 시스템을 만드는 것이었다. 가능한 한 빨리 '정말로 중요한 것'에 초점을 맞출 수 있게 되는 것이 최우선 과제였다. 히스로 공항에 부임하기 전, 그는 '화물 운송' 부문 BSC 개발 책임자였다. 거기에서 BSC 개념은 잘 받아들여졌다. 왜냐하면 그 곳에서 '한 번에 한 가지씩' 초점을 맞추었기 때문이다. 예를 들어 '한 해는 가격에, 다음 해에는 고객 및 직원들에게'와 같은 식이었는데, 이러한 분야들은 그때까지의 비용 프로그램들이 등한시해 왔던 분야들이었다.

히스로 공항에서도 BSC에 관해서 관리자들을 설득시키는 것은 그리 어렵지 않았다. 앞에서 언급한 대로 그 당시 업무들이 엉망으로 수행되고 있었기 때문이었다. 목표 달성은 불가능한 상태였으며, 경영진은 그 조직단위의 존폐 여부를 고려하고 있었다. 이러한 요소들과 신임지사장의 적극적인 성과측정 경험이 조화를 이뤄서 BSC 구축 제안은 쉽게 수용되었다.

히스로 공항에서의 BSC 구축작업은 1997년 초가을에 시작되었다. 이 성과측정표의 기반은 전사적 목표들이었는데, 이 목표들은 우연히도 화물부문에서 선택되었던 수행분야들과 잘 맞아떨어졌다. 신임지사장은 화물 운송부문에 근무할 당시 이미 그 수행 분야에 있어서 사명을 전략적 목표들로 세분화하는 작업을 완료한 경험이 있었기 때문에 히스로 공항에서의 작업은 △사명 △수행분야 △전략적 목표 등이 이미 주어진 상태에서 출발할 수 있었다. 이때 한 가지 예외가 있었다.

즉 히스로 공항에서 '진정한 세계화'를 추구하는 데에는 한계가 있었기 때문에, 이 목표는 '내부적 프로세스의 정립'으로 재규정되었다.

이 프로젝트를 위한 전반적 목표들은 이른바 '전략 계단(strategic staircase)'을 통해 수립되었다. 즉 첫해의 목표는 '기본사항의 정립', 둘째 해의 목표는 '경쟁적 수행능력 확립', 셋째 해의 목표는 '시장주도'로 결정되었다.

히스로 공항에서의 조직은 △운영 성과 △승객 서비스 △항공기 서비스 △운영 프로세스 △기획 및 사업관리 등으로 나누어진다. 구축 프로세스의 첫 단계로서, 모든 라인의 관리자들은 '비즈니스 BSC'가 확립될 때까지 매주 워크숍(두 달 반 동안 총 5일)을 가졌다. 그리하여 히스로 공항의 전 조직에 대한 '비즈니스 BSC'를 구축하는 데는 약 4개월이 소요되었다.

처음 1년 간 히스로 공항의 운영은 각 시각에서 단지 한 가지씩의 목표에만 집중될 예정이다. 그들은 조직 내의 모든 사람들이 이해할 수 있도록 가능한 한 목표들이 단순하기를 원했다. 각 분야 별 목표들은 △고객 분야 : 고객들이 '시간 엄수' 및 '수하물' 두 분야에 있어서의 향상을 느낄 수 있도록 한다. △내부적 프로세스 분야 : 성과지향 작업환경 △인적 분야 : 이것이 인간을 다루는 사업임을 인식한다. △재무 분야 : 효과적이고 자연스런 경영 △변화 분야 : 각 부서별 한 가지 목표 설정 등이다.

이런 목표들 각각에 대해서는 개인적인 책임자들이 임명되었는데, 이는 사람들로 하여금 자기 부서에서 목표들을 그들의 성과측정표상의 측정지표들로 세분화하도록 하기 위한 것이었다. 또한 모든 관리자들은 목표에 대한 진행상황을 나타내 줄 수 있는 '산출물 측정지표'

를 찾아야만 했다. 그 결과 이 프로세스가 종료될 즈음 모든 부서들은 그 자신의 성과측정표를 갖게 되었다.

히스로 공항에서의 성과측정표는 △다양한 부서들로부터 집합된 측정지표들과 △이러한 위기상황에서 조명해 볼 만한 가치가 있다고 판단된 측정지표들의 '혼합물'이었다. 즉, 그것들은 △시간 엄수 △탑승수속 만족도 △승객당 비용 △수하물당 비용 △총비용 △수하물 인도 실패 횟수 △수하물이 수속장에서 비행기에 실려지기까지 걸린 시간 △원인이 확인되지 않은 안전사고 횟수 △사고 횟수 △비행기 손상 △질병 등 총 11개였다. 또한 모든 부서의 성과측정표는 단지 10개의 핵심 측정지표만 존재하였다.

한 달에 한 번씩 지사장은 모든 관리자들과 1시간 동안 사업을 검토한다. 여기에서 각 관리자들은 지난 한 달 동안 진행된 것들에 대한 보고서류들을 검토하고 각 측정지표의 진행상황에 대해 논의한다. 그후 △성과측정표 △보고서류 △논평 등이 '비즈니스 BSC 보고서'에 취합·수록된다(〈그림 4-6〉 참조). 그리고 한 달에 한 번 그들의 성과측정표는 다시 영국항공 본사의 '고객 서비스 및 업무운영' 이사에게 보고된다(하지만 그는 그 부문의 모든 곳에서 BSC를 사용하지는 않는다).

스웨덴 코카콜라사

코카콜라사는 원래 스웨덴 제1의 주조 기업인 프리프스(Pripps)사와의 제휴협정을 통해 스웨덴 시장에 제품을 공급해 왔다. 이 협정이 1996년 봄에 만기, 종료된 이후 코카콜라사는 스웨덴 시장을 위한 새

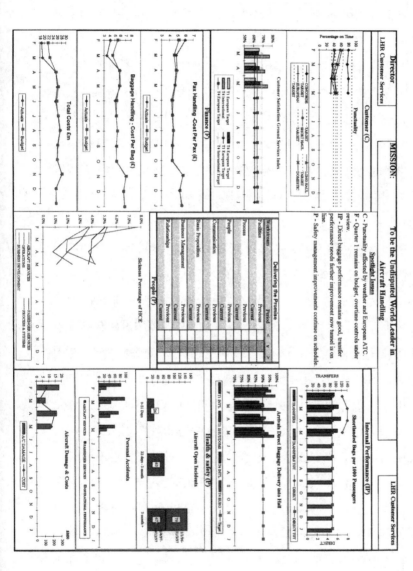

<그림 4-6> 히스로 공항에서의 비즈니스 BSC(영국항공사)

로운 생산 및 유통능력을 구축하기 시작했다. 1997년 봄, 코카콜라사의 새로운 조직이 판매 및 유통책임을 맡게 되었고, 1998년 초 이후에는 생산 또한 책임지게 되었다.

새로운 사업을 구축함에 있어서 코카콜라사는 그의 전세계적인 경험을 이용하고자 하였다. 구축 프로세스의 일부로서 CCBS(Coca-Cola Beverages Sweden, 코카콜라 음료 스웨덴)사는 성장하고 있는 자사의 조직단위에 BSC 개념을 실행하고 있는 중이다. 또한 최근 몇년 전부터 코카콜라사의 다른 조직단위들도 이것을 실행해 오고 있다. 하지만 모든 조직단위들이 그 보고와 관리를 위해 이 모델을 사용해야 한다는 '사내 규정' 같은 것은 없다.

CCBS사가 BSC를 사용하는 목적은 △포괄적인 전략적 초점 △운영의 관리 및 점검 △믿음과 책임감의 창출 등을 통한 전사적 공동목표 달성이다. 즉 책임분권화를 위한 모델을 창조하고 조직 내 모든 사람들의 역할을 명확히 하기 위한 것이다. CCBS사의 경영진은 BSC가 전략에 대한 구체적인 설명서가 되기를 희망한다. 그 전략은 최고경영진에 의해 '소유'되며 '위에서부터 아래로'의 프로세스에 의해 조직의 나머지 부분으로 커뮤니케이션 된다. 그러므로 CCBS의 BSC는 주로 '전략수립 과정'상 하나의 도구라고 말할 수는 없다.

CCBS사에서 BSC 프로젝트가 출발될 당시 기업에는 단지 40명의 종업원들밖에 없었다. 또한 단지 한 명의 프로젝트 관리자만 임명했을 뿐 특정한 프로젝트팀은 없었다. 프로젝트의 초기단계에 조그만 CCBS사에서 BSC 개념은 경영의 도구로서 쉽게 수용되었다. 그 이후 기업이 성장함에 따라 BSC는 자연스런 관리의 수단으로 자리잡게 되었으며, 이로써 프로젝트의 주요 목표들 중 하나는 달성되었다. 불과

1년 후에는 종업원들의 숫자가 40명에서 900여 명으로 대폭 늘어날 예정이어서, 이제 CCBS사는 '권한위양' 및 '학습하는 조직의 개발'을 위한 전략적 틀에 대한 필요성을 절실히 느끼게 되었다.

CCBS사는 캐플런과 노튼의 제안을 그대로 받아들여서 기업의 전략적 행위들을 △재무 △소비자 및 고객 △내부 프로세스 △조직의 학습 등 네 가지 시각들로부터 측정해 오고 있다. BSC 개념 실행을 위한 그 첫 단계로서 CCBS사의 최고경영진은 3일 간 회동을 가졌다. 여기에서는 기업의 전반적인 사업계획이 논의되었으며, 그 기간 동안 각 임원진들은 다음 단계들을 수행하였다.

- 비전의 규정
- 장기적 목표설정(대략 3년 기준)
- 현상황 묘사
- 취해져야 할 전략적 이니시어티브 묘사
- 다양한 측정규준 및 측정절차들의 수립

CCBS 조직은 이제 방금 만들어진 상태였기 때문에 토론 결과, 많은 측정지표들의 개발 필요성이 제기되었다. 조직이 성장 단계에 있었으므로 경영진은 기업문화와 모든 주요 지표를 측정할 모니터링 시스템을 개발하기로 결정했다. 그리고 그후 각 계층에서의 초점은 전략적 이니시어티브와 관련해서 가장 중요한 측정지표들에 맞출 예정이었다.

한편, 기업의 BSC를 구축함에 있어서 최고경영진은 각 시각들 사이의 균형을 달성하기 위해 노력했다. 이를 위해 그들이 사용한 방법은 점진적인 접근법이었다. 즉, 그 첫 단계는 전략적 이니시어티브와 관련된 재무적 측정지표들을 수립하는 것이었다. 그후 이러한 측정지표들을 근거로 해서 재무적 목표들이 설정되었고, 목표들을 달성하기 위한 적절한 행위들이 결정되었다. 그 두 번째 단계로서, 똑같은 프로세스가 고객 및 소비자(Consumer) 시각에 대해서도 반복되었다. 거기에서 출발점이 되는 질문은 '재무적 목표들을 달성하려면 우리들이 고객들에게 어떻게 보여져야 하는가?' 였다. 그 세 번째 단계로서, CCBS사는 고객 및 소비자들에 대한 가치 전달을 위해 필요한 '내부적 프로세스'를 명확히 하였다. 그후 CCBS사의 경영진은 "우리는 기업을 적절하게 발전시킬 만큼 충분히 혁신적이며, 그것을 위해 변화할 준비가 되어 있는가?"라는 질문을 자문해 보았다. 이러한 프로세스를 통해 CCBS사는 △각 시각들 사이의 균형 유지 △모든 지표 및 행위들의 동일한 방향 지향 등을 보장할 수 있었다. 그러나 CCBS사는 올바른 균형이 얻어지기 위해서는 이러한 단계들이 몇 번에 걸쳐 반복될 필요가 있다고 믿고 있다(〈그림 4-7〉 참조).

CCBS사는 이제 그 BSC 개념을 개인적 수준에까지 세분화하기 시작했다. CCBS에서 중요시하는 것은 '개인은 오직 그가 영향을 줄 수 있는 측정지표에 의해서만 평가되어야 한다' 는 것이다. 그러므로 이러한 세분화 작업의 목적은, 각 개인들이 그의 특정한 업무와 관련된 '제한된 숫자의 가중치가 부여된 타깃들' 을 얼마나 잘 달성하였는가를 평가하기 위한 것이다. 이러한 '가중 타깃'에 대한 평점을 기준으로 하는 보너스시스템을 통해, 기업은 다양한 전략적 이니시어티브들에 초점을 맞추어 그것들을 관리할 수 있다. 전략적 목표들은 기업 전체 수준 및 지역적 수준 모두에서 설정되고 동의되었다. 최고경영진은 현재 최상위 수준의 성과측정표를 월간단위로 점검하려고 하고 있으

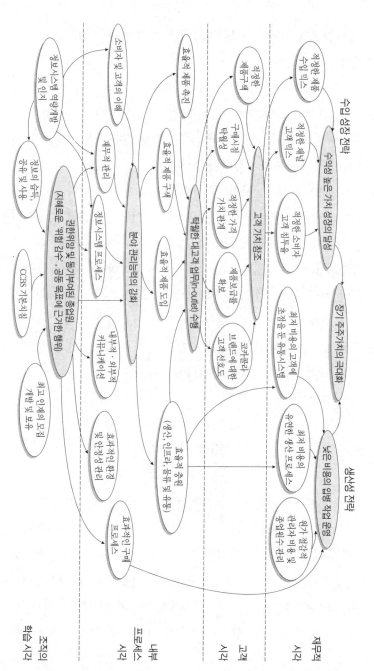

＜그림 4-7＞ 전략적 이니셔티브와 측정지표를 사이의 인과관계 예(스웨덴 코퍼클라시)

며, 그 결과를 사보 또는 지역별 회의 등을 통해 모든 종업원들에게 알릴 예정이다.

또한 CCBS사는 종업원들의 성과를 월별로 모니터함과 동시에, 그들과 6개월 단위로 경력개발 면담을 가질 예정이다. 만일 특정한 타깃이 충족되지 않고 있을 경우 그 책임자는 그에 대한 이유 설명과 함께 처방적인 행동 계획을 제시해야만 한다.

아울러 CCBS사에서는 사업계획, 예산, BSC 등이 언제나 고정되어 있어서는 안된다는 점을 강조한다. 오히려 이것들은 고도로 역동적이며 연간 지속적으로 점검 · 수정된다. 그러나 CCBS사는 BSC 실행에 있어 가장 중요한 과제들로서 △각 시각상의 다양한 측정지표들간의 올바른 균형 발견 △사후 모니터링을 위한 모든 정보시스템의 정비 등의 두 가지를 꼽는다. 또한 개인들이 모든 정보를 적시에 제출하는 것도 성공에 필수적인 요소이다. 그러므로 이러한 정보 제출 관점에서의 개인의 업무수행 성과 역시 측정되어야 한다.

SKF사

SKF사는 세계에서 가장 큰 압연베어링 제조업체로서 세계적으로 약 4만4천여 명의 종업원들을 거느리고 있다. 이 기업은 크게 세 가지 사업분야로 나뉘며, 총 9개의 사업부 및 그들의 자회사들로 구성되어 있다. 1995년 초 경영진은 기업의 경영관리 시스템을 바꿔야 한다는 결론에 이르게 되었다. 여기에는 크게 두 가지의 이유가 있는데, 첫째는 '달력에 근거한 예산'에 대한 불만족이었다. 이것은 실제에 있어서 너무 제한된 '시간적 틀'을 가진 도구였기 때문이다. 또한 예산은 계획수립의 도구로서는 비효율적인 것이라고 생각되었다. 즉, 이것은 △시간 낭비 △고비용 △기업 내 '정치적 책략' 유발 등의 단점을 가지고 있었다. 그래서 경영진은, 예산에 의한 관리를 대체할 수 있을 뿐만 아니라 오늘날의 급변하는 사업환경에 대해서 기업을 더욱 신속하게 적응시켜 나갈 수 있는 '측정 및 관리 도구'를 찾는 중이었다.

그 두 번째 이유는 기업의 내부적 상황 변화였다. 즉, 새로운 대표이사가 1995년 봄에 취임한 이후 SKF사의 전략은 재검토되고 기업조직은 재편되었다. 경영진은 기업 및 그 시장 상황에 대한 세부적인 분석을 실시하였으며, 그 결과 새로운 전사적 비전 및 전략이 결정되었다. 이 비전 및 전략의 핵심은 한 마디로 '제품에 초점을 덜 두고 고객에 초점을 더 두어야 한다는 것'이었다. 또한 안정적 성장을 위해 종업원의 역량 개발에 대한 필요성도 제기되었다. 이제 필요한 것은 새로운 비전 및 전략에 연계될 경영관리 시스템의 개발이었다.

1995년 9월 SKF사의 몇몇 고위 임원진들은 BSC 개념에 관한 논문들을 읽고 나서 BSC 프로젝트 착수를 결정했다. 몇몇 스태프 조직 및 사업부들과 함께 재무부서가 그 프로세스에 대한 임무를 맡게 되었다. 구체적으로 프로젝트팀은 다양한 스태프 조직 및 사업부들로부터 온 6명의 관리자들로 구성되었다. 프로젝트팀의 초기 목표는 기업 상황에 적합한 BSC 개념을 개발하고 그것을 조직 내에서 실행하는 것이었다. 또한 이 새로운 개념은 예산 대신 사용될 예정이었다. 예산은 타깃설정 및 그 독려 수단으로서 긍정적인 면도 가지고 있었으나, 그보다는 부정적인 효과가 더 크다고 생각되었기 때문이다.

SKF사는 몇 년 전부터 TQM과 같은 개념들을 도입하여 활용해 오던 중이었다. 이런 개념들을 새롭게 수립한 전략에 집약시킨 후 SKF 사는 △주주 △종업원 △프로세스 △고객 등 네 가지 시각들을 선택 하였다(〈그림 4-8〉 참조).

BSC 구축 프로세스 자체는 캐플런과 노튼의 모델에 의해 큰 영향을 받았다. 그러나 SKF사에서는 거기에 또 하나의 단계를 첨가했다. 즉, '전략적 측정지표' 및 '운영적 측정지표'의 두 가지가 동시에 개발된 것이다. 측정규준들이 확정된 후 SKF사는 각각의 목표들에 대한 행동 계획들을 준비하였다. 타깃 설정 및 거기에 대한 행동지침의 준비는 성과측정표를 통해 상당히 쉬워진다. 왜냐하면 성과측정표를 통해 기 업은 제한된 숫자의 사안들에게 초점을 맞출 수 있기 때문이다. 또한 이 때에는 흔히 실체적인 향상을 겨냥한 '확장 타깃(stretch target)'들 이 설정된다. 성과측정표에 대한 △지표의 선택 △타깃의 설정 △행위 의 구체화 등의 프로세스들은 '반복적'인 성격을 가진 것으로서, 이를 위해서는 많은 '양보 및 타협(give and take)'이 필요하다. 또한 이러 한 단계들은 성공적인 전략의 실행에 있어 중요하다.

SKF사는 BSC와 같은 개념을 실행하는 데는 오랜 시간이 걸린다는 것을 강조한다. 기업이 조직 및 그 조직원의 행위 모두를 변화시키는 데에는 많은 노력과 자원이 필요하다.

이때 중요한 것은 단순히 '조직 내에 새로운 것을 도입한다는 것' 이 아니라 '기존 제도와 절차의 관행을 깨뜨릴 수 있느냐, 없느냐'이 다. 일부 사업부들은 실행 단계에 있어서 '정보기술에 근거한 성과측 정 시스템'의 미비를 지적하였다. '낡은 시스템'을 사용하여 '새로운 철학'을 적용시킨다는 것이 어려웠던 것이다. 결론적으로, 최고경영 진이 'BSC 개념과 일관되는 정보 및 보고서들을 항상 요구하는 것'은

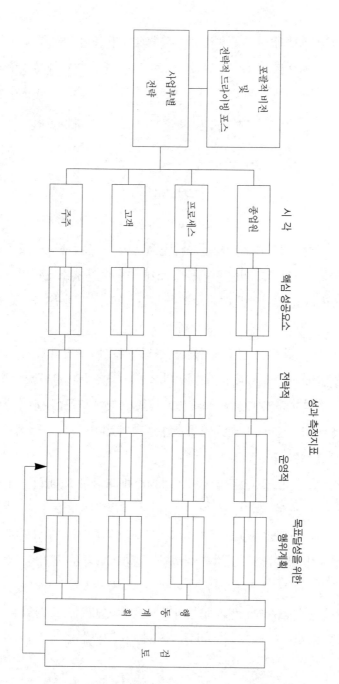

<그림 4-8> SKF사 BSC 프로세스의 포괄적 모델

새로운 시스템의 정착을 위해서는 필수적이다. 또한 BSC 구축 프로젝트를 성공적으로 수행하기 위해 중요한 것은, 중요한 변화가 진행중인 상황에서 동시에 너무 많은 다른 프로젝트들을 추진하지 말아야 한다는 것이다. 성공을 위해서는 '가장 좋은 순간'의 포착이 중요하다.

결 론

이 장에서 필자들은 다양한 산업들에 있어서 성과측정표 프로세스가 실제로 도입되고 있는 사례들을 소개했다. 여기에 소개된 기업들은 모두 규모가 큰 기업들이다. 그러나 일부 기업들의 경우에는 몇 개의 지역적 조직단위들로부터 프로세스가 시작되었다(ABB, 코카콜라사, 영국항공사). 또한 일부 경우에서는 한 사업부로부터 출발하였지만 그 목표는 점진적인 '전사적 도입'이었다(스칸디아사, 일렉트로럭스사, 핼리팩스사). 그리고 SKF사 경우에서는 그 목표가 전체 그룹에 대한 새로운 '전반적 경영관리 시스템'을 창조하는 것이었다(이 다음 장들에서 이런 경우가 몇 가지 더 소개된다).

또한 공통적으로 성과측정표 프로세스에 상당히 오랜 시간이 걸린다는 것을 보여주었다. 필자들이 만나본 몇몇 사람들은 "성과측정표는 새로운 사고방식을 도입하는 것이므로 이것은 지극히 당연하며 또한 필요한 것"이라는 의견을 밝혔다. '강제'는 좋지 않지만 '적극적 설득' 및 '교육'은 필요하다.

대부분의 경우 캐플런과 노튼의 모델을 그 출발점으로 삼았다. 일부 기업들은 원래의 네 가지 시각들 이외에 다섯 번째 시각(인적 시각 또는 직원 시각)을 추가하였다. 일렉트로럭스사는 특히 '품질운동'과 관련해 자신의 다른 '측정관련 프로젝트'들로부터 얻은 경험들을 광범위하게 활용하였을 뿐만 아니라 다른 기업들의 경험 또한 참고하였다(이 다음 장들에서 이런 경우가 몇 가지 더 소개된다).

5

BSC 구축 프로세스의 주요 쟁점사안

필자들은 이미 포괄적인 성과측정표의 구축 프로세스에 대해 설명하였다. 그러나 실제에 있어서는 이런 프로세스에 대한 다양한 '변형'들이 가능하다. 이 장에서 필자들은 '결정되어야 할 몇 가지 쟁점사안들'을 다루어 보고자 한다. 이런 쟁점사안들은 다수의 사례연구들을 통해 BSC 구축 프로세스와 밀접한 관련을 가지고 있음이 밝혀졌다. 이 장에서 소개될 모든 기업들이 그들의 방식을 'BSC'라고 칭하고 있지는 않지만, 그들의 경험은 성공적인 BSC 구축 프로세스를 위해 필요한 '선택들'의 본질을 잘 보여주고 있다는 것이 필자들의 생각이다.

이러한 선택들에 따라 성과측정표 구축 프로세스는 크게 달라질 수 있다. 다음은 이 장에서 필자들이 다룰 주요 쟁점사안들이다.

- 특히 성과측정표의 세분화 과정에서 어떻게 작업을 조직해야 하는가?
- 어떤 기업은 '시각(perspective)'이라 하고 어떤 기업은 '초점

(focus)'이라 한다. 과연 이 둘 사이에는 차이점이 있는 것인가? 캐플런과 노튼의 네 가지 시각을 고수해야 하는가, 아니면 각자 자신의 시각을 자유롭게 선택할 수 있는가?

■ 측정지표란 과연 무엇인가? 얼마나 많이 가져야 하며 또 누가 그 것을 결정하는가?

■ 조직의 어느 계층에까지 성과측정표가 필요한가(개인적 수준까지 필요한 것인가)? 모든 측정지표들은 목표설정을 위해 사용되어야 하는가?

어떻게 작업을 조직해야 하는가?

필자들은 이미 BSC 구축 프로세스를 진행시키기 위해서는 충분한 시간과 정열을 가진 프로젝트팀이 중요하다는 사실을 언급했다. 그 팀 은 조직 내에서 상당한 무게를 가져야 하겠지만, 동시에 그 프로세스 자체는 공정해야 하고 모든 분야로부터의 다양한 의견에 대해 개방되 어 있어야 한다. 이런 요구들을 적절히 조화시키는 것은 어려울지도 모른다. 대부분의 임원들은 바쁜 일정들을 가지고 있다. 그래서 그들 역시 프로젝트에 관여한 모든 사람들에게 하고 싶은 말을 다 하기는 어려울 수 있다.

이런 경우에는 한 관리자 또는 컨설턴트로 하여금 그 프로젝트에서 '상당한 영향력'을 행사할 수 있게끔 해주는 것이 훌륭한 해결책이 될 수 있다. 물론 이것에 따른 부작용도 있을 수 있다. 만약 그가 회계 부문의 경력자라면 '그에게 가장 익숙한 측정지표들'에만 집착할 수도 있고, 또한 조직 내의 사람들은 '그가 듣기 원하는 소리'들만을 내놓을 수도 있다.

그러므로 이런 부작용을 방지하기 위해서는, 어떤 한 사람이 혼자서 모든 측정지표들을 만들도록 해서는 안된다. 그보다도 그의 역할은 '프로세스를 이끄는 것'이 되어야 한다. 또한 프로젝트팀은 자주 접촉을 가져야 하며, 여기에는 관계된 사업단위의 최고경영진들을 대표하는 사람들이 참석해야 한다.

작업이 어떤식으로 조직되느냐는 결과의 성패여부와 직결되는 것이다. 그 기업의 경영진을 포함하여 조직 내에서 영향력을 가진 사람들은 BSC 작업의 '선교사' 역할을 해야 하며, 그들의 관심을 몸소 보여주어야만 한다. 동시에 종업원들의 생각과 지식을 프로세스에 반영할 수 있는 '전반적인 분위기와 체계'가 갖추어져야 한다. 이 점은 특히 BSC 방식이 갖는 독특한 특징이기도 하다. 또한 측정지표와 같은 새로운 개념을 도입할 때에는 이미 해결책을 만들어 놓고 이것을 강제하는 식이어서는 안되며, 시험적인 차원에서 새로운 방식을 제안하는 형식으로 접근해야 한다.

핼리팩스사

핼리팩스사의 경영진에 따르면, 실행 프로세스는 프로젝트가 착수된 때부터 시작되었다고 한다. 조직의 모든 사람들은 프로젝트, BSC, 새로운 시스템이 그들에게 미칠 영향 등에 관한 정보들을 끊임없이 제공받았다.

프로젝트팀은 그들이 수행한 결과를 지속적으로 기업 내 다양한 부서들에게 '보고'하였는데, 이러한 절차는 이 프로세스에 있어서 일종의 '학습고리' 역할을 했다.

핼리팩스사에 따르면, '경영진의 지원'이 BSC 프로젝트의 성공에 필수적 요소라고 한다. 만약 대표이사 및 인사관리 담당 이사가 그 프로젝트를 지원하지 않았다면 그들은 아무런 결과도 얻지 못했을 것이라는 사실이다. 핼리팩스사의 경영진은 자신들의 지원 없이도 행해질 수 있는 몇 가지 것들이 있음을 인정하면서도, "최소한 BSC 실행에 있어서 만큼은 그 지원이 꼭 필요하다"라고 강조한다.

시각과 초점

그들의 첫 번째 논문에서 캐플런과 노튼은 시각에 대해 논의하였다. 즉, '고객이 우리를 어떻게 보느냐', '우리의 사업이 프로세스 시각에서는 어떻게 보이느냐' 등이었다.

후에 일부기업들은 '초점'이라는 용어를 사용하기 시작하였다. 이두 용어는 언제나 같은 의미를 가지는 것은 아니다. 즉, 고객 시각은 △배달지연이 거의 없음 △좋은 제품 또는 생산라인에 대한 즐거운 감정 등과 같이 '고객이 보는 대로의 기업(the company as the customer see us)'에 관한 것이다. 반면 고객 초점은 △각 연령대 또는 산업별 자사 제품의 시장점유율 △고객수의 증가 추이 △제한된 숫자의 주요 고객 판매에 있어 자사 기업의 취약성 여부 등과 같이 '기업이 보는 대로의 고객(the customers as we see them)'에 관한 것이다.

이러한 차이점에도 불구하고 '시각'과 '초점'은 상호 교환 가능한 개념으로서 계속 사용될 것이다. 실제로 필자들이 방문했던 기업들은 두 용어를 모두 사용하고 있었다.

당연히 우리는 '고객이 우리를 어떻게 보느냐'와 '우리가 고객을 어떻게 보는가' 양자를 모두 고려할 필요가 있다. 즉 리드타임과 품질은 '우리 자신의 기준'에 맞아야 함과 동시에 '경쟁의 요구'에도 부응해야 한다. 어느 정도면 충분히 좋은 것인가? 물론 여기에 대한 기준은 '소비자의 판단' 또는 '경쟁자와의 비교 결과'가 될 것이다. 그러나 우리가 새로운 제품이나 개념에 투자하는 경우에는 그러한 기준들을 이용할 수 없을지도 모른다. 즉, △어떤 특정한 수요를 예상하여 그 사업을 구축하기로 결정했다거나 △전에는 없었던 전혀 새로운 방식으로 비즈니스 프로세스를 개선하기로 결정한 것 같은 경우들이다. 그 좋은 예가 "기업들이 인터넷상에서 사업을 운영하는 방식"이다.

좋은 성과측정표란 몇 가지 관점에서 '균형'되어야 한다는 것이 필자들의 견해이다. 그 한 가지는 물론 네 가지 시각 사이의 균형이다. 다시 말해서 기업은 하부 조직과 장기적 측정분야들을 더욱 충분히 고려해야 하며, '좋은 단기적 재무성과' 하나에 만족해서는 안된다는 것이다. 그러나 그 외의 다른 몇 가지 것들에 대한 균형도 고려해야 한다. 그 중 하나는 '다른 사람들이 우리를 어떻게 보고 있나(각 시각들)'와 '우리가 우리 자신을 어떻게 보고 있나(각 초점들)' 사이의 균형이다.

또한 성과측정표가 갖추어야 할 세 번째 형태의 균형은 '정(static)'과 '동(dynamic)' 사이의 균형이다. 즉, '한 시점에서의 상황'과 '일정한 기간에 걸치는 변화' 사이의 균형이 그것이다. 일반적인 재무회계가 대차대조표와 손익계산서 모두를 포함하는 것과 마찬가지로 측정지표도 '저량(stocks)'과 '유량(flow)' 모두를 나타내주어야 한다. 예를 들어 '현재 고객수' 및 '고객의 증감 추이'를 모두, 또는 '현재

의 데이터베이스 상황' 및 '일정한 기간에 걸친 데이터베이스의 증가
량'의 모두를 보여주는 측정지표들이 필요하다. 앞서 필자들은 지적
자본에 대해 논의했다. 그때 이 자본의 양은 '한 시점에서 본 상황'이
었다. 그러나 '일정한 시간에 걸친 변화 추이'에 관련된 측정지표 역
시 분명 필요하다. 이때 성과측정표는 이런 정적 · 동적 사이의 균형을
통해 '근시안적 접근'을 피할 수 있도록 도와주게 된다. 즉, 성과측정
표가 없다면 미래에 대한 많은 투자들은 먼 훗날 그것들이 결실을 보
기 전까지는, 단지 '지출'로서만 보여질 것이다. 만약 이런 투자들을
충분히 가시적으로 만들 수 있다면 그것들에 대한 관심을 끌어낼 수
있고 그것은 더 높이 평가될 수 있을 것이다. 그 결과 그것들은 더욱
잘 관리될 것이며 거기에 대한 더 많은 투자 유도가 가능해질 것이다.

ABB사

ABB사에서 각 사업의 전개 상황은 '선정된 5가지 시각 모두'로부
터 점검되어야 한다고 생각되었다. 또한 각 시각들간의 관계에 대한
이해가 필요했다. 즉, 프로세스, 종업원, 혁신 시각 등은 '궁극적으로
이익에 영향을 줄 고객가치'에 대한 기반을 창출하고 제공한다는 점
이다. 여기에 대한 추론이 〈그림 5-1〉에 제시되어 있다.

볼보 자동차사[1]

볼보사(Volvo Car Corporation)에서 주된 과제로 생각되었던 것은, 상
대적으로 잘 확립되어 있는 재무적 측정지표들과 동등한 무게를 비재무
적 측정지표들에도 부여하는 것이었다. 재무적 측정지표들은 언제든지
경영관리에 이용될 수 있지만 비재무적 측정지표들은 언제나 그런 것은

<그림 5-1> EVITA 시각들 사이의 관계

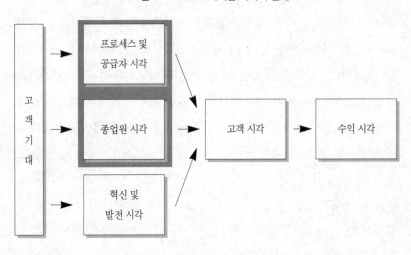

아니다. 볼보사는 다양한 측정지표들간의 상관관계를 보는 것은 필요하지만, 모든 측정지표들 사이에 균형을 추구하고 각각을 최적화하는 것이 사실상 불가능함을 깨달았다. 특히 볼보 자동차사와 같이 크고 복잡한 조직에서는 더욱 그랬다. '월간 VCC(Volvo Car Corporation) 성과 보고서'의 주요 목적은, 각 조직단위들이 '기업의 발전 및 전반적 성과에 얼마만큼 기여하고 있는가'에 대해 몇 개의 측정규준들에 의해 그들이 측정 받고 있다는 사실을 알리기 위한 것이다. 그러므로 기업의 각 조직단위들은 언제나 다음의 질문들을 자문해 보아야 한다. 즉 "우리는 잘 나아가고 있는가?", "우리는 어디로 향하고 있는가?"

오늘날의 격변하는 사업환경 속에서 소수의 주요 측정지표들에게 집중하는 것이 중요하게 되었다. VCC 성과 보고서를 통해서 볼보사는 전에는 없었던 '경영관리의 운영적인 도구'를 발견하게 되었다. 그러나 이 보고서는 전적으로 기업의 '장기적 전략'에 근거한다. 왜냐하면 볼보사는 '한 순간에는 사업의 단기적 운영측면에 초점을 두었다가 곧바로 미래의 약간 먼 시점의 전략적 포인트로 이동하는 것'이 어렵다고 생각하고 있기 때문이다.

항상 동일한 시각들만을 고수해야 하는가?

캐플런과 노튼의 원래 모델은 4개의 시각들로 구성되어 있다. 스칸디아사, ABB에 이어 캐팔사도 최근에 5번째의 '인적자원' 초점을 선택하였다. 또한 볼보사는 그들 자신의 성과측정표에 대해 '균형잡힌 (balanced)'이라는 표현을 쓰지 않았으며, 그들만의 독자적인 디자인을 채택하였다. 뿐만 아니라 기업에 따라 각 시각들이 가졌던 주요 기능들도 각각 달랐다.

종업원 및 정보기술과 관련된 특별한 측정지표들의 사용에 관해 살펴보자. 즉, 이것들은 원래의 네 가지 초점분야들에 포함되어야 하는가? 아니면 경우에 따라서는 그것들 자신만의 시각이 주어질 수도 있는가? 필자들이 보기에 성과측정표의 목적은 사업의 '전략적 방향'에 영향을 주는 것이다. 만약 우리가 종업원 또는 정보기술에 초점을 맞추고자 한다면 특정한 측정규준들이 이 분야에 있는 것이 바람직할 것이다. 우리는 부서, 자회사, 또는 기업 전체의 전반적인 사업에 관해 더 일반적으로 묘사를 원한다. 물론 종업원 또는 정보기술의 측정규준들은 이러한 수준에 포함되어야 한다. 결국 우리들은 고객관계의 관점에서 뿐만 아니라 '프로세스 및 혁신·발전에 있어 그것들의 역할'

측면에서 종업원과 정보기술을 묘사할 필요가 있는 것이다.

필자들의 주장처럼 성과측정표가 그 사업의 충실한 안내자 역할을 할 수 있게 하기 위해서라면, 기업은 '시각 또는 초점분야의 일부 변경'을 고려해 볼 수 있다. 스칸디아사는 그들의 5개의 초점분야들을 지적자본의 개념에 연계시킴에 있어 명확한 논리를 가지고 있다(〈그림 2-5〉 참조). 또한 스칸디아사에서 인적자원 자본은 프로세스 및 발전 자본에 대해서 '승수효과(a multiplier effect)'를 가진다고 생각되었다. 그러므로 전자가 없다면 후자들의 가치는 급속히 감소되게 된다. 이상의 사실들을 인정하긴 하지만, 필자들은 원래의 네 가지 시각을 유지하는 것이 더 이익이 된다는 입장이다. 만약 필요하다면 시각변경 대신 다른 보완책들을 찾을 수 있을 것이다.

캐플런과 노튼의 원래 모델은 '간결성'이라는 이점을 가지고 있다. 즉 그것의 주요 목표 중 하나는 '제한된 숫자의 전략적 쟁점사안'에 정확히 집중하는 것이다. △상위 시각과 '과거'의 연계 △중간 시각들과 '현재'의 연계 △하위 시각과 '미래'의 연계 등을 통해 전체 성과 측정표를 쉽게 조망할 수 있으며, 그 주된 메시지인 '장기와 단기의 균형'을 강조하는 것은 쉬워진다. 이 때 재무적 측정지표들은 '과거의 성과'에 대한 간결한 조망을 제공해 주게 되는데, 이것은 일반적인 재무적 회계용어로 표현되므로 쉽게 이해할 수 있다. 고객 및 프로세스 시각은 오늘날 사업의 내부적·외부적 측면 사이의 균형을 반영해 준다. 마지막으로 맨 밑에 있는 미래의 시각 역시 내부 및 외부적 측면들로 분리될 수 있다. 그러나 대부분의 경우 이것은 기업 자신만이 계획하고 실행할 수 있는 문제들이므로 주로 '내부적 행동'에 관련되게 된다.

'사람'은 네 가지 시각에서 모두 중요하게 고려되어야 한다. 별도의 '인적자원 시각'을 가지고 있는 기업들에서는 때때로 아래쪽의 '재생(renewal) 및 발전 시각'을 적절하게 채우기가 어렵다는 것이 밝혀졌다. 특히 하부 조직 수준에 있어서 발전 노력을 위해 가장 집중해야 할 분야는 '종업원의 역량 강화'이다. 또 하나의 중요한 균형 중 하나는 종업원의 '업무시간 할당'과 관계된다. 즉, 그들은 그들의 시간을 △내일을 위한 준비 △고객관리 △프로세스 관리 등의 사이에서 적절하게 배분해야 한다. 만약 별개의 인적자원 초점이 있다면 이러한 시간 할당들이 불분명하게 된다.

그 외의 다른 초점분야들도 역시 제안되어 왔는데, 그 중 특별한 한 예가 '환경' 초점이다. 또한 그들 자신을 '가상기업'이라고 생각하는 기업들은 '합작·제휴' 초점을 원할지도 모른다. 그렇게 되면 '네트워크의 개발'은 '고객 관계'와 동일한 선상에 놓이게 된다. 그러나 필자들의 견해에 의하면 성과측정표를 이해관계자 모델로 전환시키는 것은 옳지 않다고 본다. 즉, '환경' 또는 '합작·제휴사'들이 기업의 성공에 중요한 요소라면, 원래의 초점분야들을 조금 더 넓게 해석하는 편이 더 나으리라는 것이 필자들의 생각이다. 그렇지 않으면 성과측정표는 '포괄적인 조망'으로서 그 가치의 일부분을 잃을 우려가 있다.

고객 시각을 채우는 것은 비교적 쉬운 일일 수도 있다. 그렇다면 기업 네트워크상의 다른 행위자들 즉, △공급자들 △합작·제휴사들 △사업에 중요한 분야에서 결정을 내리고, 기업과 지속적인 관계를 유지해 온 '공공이해 관계자의 대표자들' 등은 어느 시각에 있는가?

어떤 사람들은 이런 요소들을 '프로세스 시각'에 놓으면서 그런 관계들에 대한 능력은 내부적 프로세스에 대한 핵심 성공요소라고 할지

도 모른다. 그것들이 기업의 사업운영에 중요한 영향력을 갖고 있다는
것은 부인할 수 없는 사실이다. 예를 들어, '배달시간'에 대한 적절한
측정을 위해서는 '공급사슬'에 있어서 몇 개의 연결고리들을 모두 고
려해야 할 것이다. 이 '고리'들은 엄격한 의미에서는 기업의 일부가 아
니라 할지라도 '실제 배달시간'에 큰 영향을 미칠 수 있는 요소들이다.

필자들은 '내부적 효율성' 및 '외부적 효율성' 모두에 더 명확한
초점을 맞출 필요가 있다고 생각한다. 그리고 성과측정표의 중간에
있는 2개의 시각들은 이러한 필요성을 상기시켜 주어야만 한다. 기업
이 그 환경을 관리한다는 것은 단순히 마케팅 및 적절한 고객관리의
문제가 아니다. 그것은 이른바 '가상기업'으로 불려지는 '네트워크
의 개발'을 포함해야 한다(Hedberg et al, 1997). 예를 들어, 앞서 논의
한 '역량 대차대조표'와 연관해서 생각해 보자. 거기에서 필자들은,
기업은 일정한 분야의 역량공급을 위해 외부의 다른 이들에게 의지해
야 될지도 모른다는 점을 설명하였다. 오늘날 사업전략에 접근함에
있어서는, 이러한 형태의 관계들을 관리하는 것이 내부적 프로세스의
효율성을 향상시키는 것에 대한 확실한 대안이 될 수도 있다는 사실
을 명심해야 한다. 그러므로 '외부 하청'을 고려중인 기업의 성과측
정표는 '필요한 외부적 관계들을 배양할 능력'을 적절히 반영하고 있
어야 한다.

측정지표는 '묘사'이다

BSC상에는 사업에 중요한 다양한 상황 및 조건들과 관련된 측정지

표들이 나타나게 된다. 필자들은 그 측정지표들 자체가 중요한 것이 아니라는 것을 이미 지적하였다. 단지 종이 위에 몇 개의 측정지표들을 기재했다고 해서 기업이 BSC를 가지게 되는 것은 아니다. 성과측정표의 본질은 그 측정지표와 관련된 '전 단계, 본 단계, 후속 단계'들에 대한 프로세스 및 토론에 있다.

그렇지만 측정지표는 프로세스 전반에 있어 '구심점' 적인 역할을 가지게 된다. 성과측정표와 관련된 토론을 계속 진행하기에 앞서, 먼저 전통적인 관리회계가 충분히 명확하게 보여주지 못했던 몇 개의 중요한 요소들에 대해서 최대한 구체적인 지표들을 개발하는 것이 중요하다. 그러나 여기에는 한 가지 딜레마가 있다. 즉, 사용 가능한 측정지표들이 △불완전하고 △중요한 현상들을 완전히 파악하지 못할 수도 있으며 △또는 조작될 수도 있기 때문에, 그 '측정지표들의 가치'는 의심받게 된다. 그러나 필자들은 그것이 그리 큰 문제가 된다고는 생각하지 않는다. 좋은 해결책들이 '완벽'을 추구하는 와중에 거절당하는 경우가 상당히 많다. 물론 가능한 한 최고의 측정지표를 찾아야겠지만 단지 사용 가능한 것들이 완벽하지 않다고 해서 그 측정지표들을 선택하는 데 주저해서는 안된다.

측정지표의 일반적인 정의는 '숫자 또는 말로 요약된, 관찰에 대한 간결한 묘사' 이다. 이러한 관찰들은 '개인의 건강' 또는 '기업의 수익성' 처럼 특정한 주제에 관한 것일 수도 있고, '특정한 산업의 기업들' 처럼 다소 비슷한 몇 개의 주제들에 대한 요약된 관찰일 수도 있다. 측정지표들은 관계된 주제들의 일정한 속성들을 요약하게 된다. 보통 이 묘사들은 '이익' 에서처럼 '숫자' 로 표시된다. 그러나 때로는 학생이 '최우수' 와 같은 평가를 받았을 때처럼 말로 표현될 수도 있다.

　측정지표를 정의한다는 것은 서로에게 무언가를 묘사하기 위해 사용되는 '언어'를 창조하는 것이다. 그렇기 때문에 사용자들은 그 언어로 표현된 것들의 의미에 대해서 어느 정도 동의해야 한다. 예를 들어, 측정지표는 종종 그것들의 표면적인 뜻 이외의 '함축된 의미'를 가질 수도 있다. 또한 사람들은 그 측정지표를 본 다른 사람들도 그 '함축된 의미'에 동의할 것이라고 기대한다. 예를 들어, '기업'이 손익계산서나 대차대조표상에서 어떤 식으로 묘사되는지, 혹은 '컴퓨터'나 '집'이 신문광고에서 어떤 식으로 묘사되는지를 한 번 생각해 보라. 좋은 언어는 그 정보의 이용자로 하여금 그가 그 묘사를 해석한 후, 묘사된 것에 대해 '진실되고도 공정한 모습²⁾(true and fair view)'을 제공받았다는 상당한 확신을 갖게끔 해주어야 한다.

　그러므로 사용자의 '의도 및 필요성'이 그 언어(측정지표)의 적절성 여부를 결정하게 된다. 의도된 사용 범위가 넓으면 넓을수록 그 목표에 부합하는 측정지표를 선택하고 정의하는 것은 더욱 어려워진다.

　'오해'는 종종 사용자가 그 언어를 충분히 알지 못했을 때 발생한다. 예를 들어, 컴퓨터 용량에 관한 다양한 측정지표들의 의미를 모를 수도 있고 '리드타임'의 정의를 모를 수도 있다. '오해'는 또한 그 측정지표가 '사용자가 알아야 할 것'을 제대로 묘사하지 못했을 때에도 발생된다. 그 예로 인적자본에 대한 논쟁(제2장)은 연간보고서가 과연, 고객 데이터베이스 또는 정보시스템 경험 등에 의해 미래가 결정되는 기업의 모습을 진실되고 공정하게 보여주고 있는가에 대한 의문점을 시사하고 있다.

　측정지표는 측정대상의 '특정한 속성'을 강조하여 우리가 그 속성의 중요성을 인식할 수 있게 해준다. 측정지표라는 언어는 일단 객관적인 것처럼 보인다. 측정은 물론 '데이터'이며 흔히 '실제적인 관찰'과 동일시된다. 그러나 측정지표의 선택 및 규정 뒤에는 언제나 일정한 목표가 있다. 즉, 측정지표는 '사용자의 필요성'에 의해 선택되어지기도 하지만, 가끔 그 선택의 뒤에는 사용자의 관심을 일정한 방향으로 유도하려는 의도가 깔려 있을 수도 있다. 예를 들어, 기업들은 경영관리의 목적을 위해 오랫동안 재무적인 측정지표들을 사용해 왔으며, 이 때 이익에 대한 내부적인 측정지표들이 일정한 '의도된 행위'를 촉발시킬 수 있도록 노력해 왔다. 만약 보너스 또는 다른 보상들이 측정지표들에 연계되어진다면 그 효과는 더욱 커질 것이다.

그러나 우리가 무언가를 서로에게 설명하고자 할 때에는 '측정지표의 정의'만이 중요한 것은 아니다. 즉, 한 개인이 측정된 관찰을 통해 그의 인상을 요약하려고 할 때, 그는 무의식적으로 '기존의 관행'에 의해 영향을 받게 된다. 예를 들어, 의사는 다양한 기존의 테스트들을 통해 환자의 건강을 진단한다. 사실상 그가 발견할 결과는 애초에 '테스트의 선택' 그 자체로부터 영향 받고 있는 것이다. 마찬가지로 어떤 선생님, 또는 교직원 전체는 어떤 문제가 출제되어야 하고 어떤 답들이 옳은 것인지에 대해 일정한 '관습'을 가지고 있을 수도 있다. 또한 조깅하는 사람이 자신의 기록을 체크할 때 그 코스의 어느 '일정 구간'에서만 시간을 재는 습관을 가지고 있을 수도 있다.

이 시점에서 △데이터 △정보 △지식 등의 개념들에 대해서 '체계학적인 분류법'의 도움을 받는 것이 좋을 듯 하다. '측정치'는 데이터이다. 그러나 '덜 구조화된 관찰' 역시 데이터가 될 수 있다. 선생님이 학생들에게 평점을 부여함으로써 한 학기동안 학생들의 성적에 대한 인상을 요약하려 할 때, 그 목적은 그 성적을 다른 누군가에게 묘사하기 위한 것이다. 그러나 그 수치화된 등급은 그것을 전달받은 사람이 그것으로 인해 무언가를 이해했을 때에만 '정보'가 된다. 선생님 또는 학교의 기준을 전혀 모르는 상태에서 그 점수 자체는 별의미가 없다. 예를 들어, 그 성적을 보는 사람은 과연 '1'이라는 숫자가 그 스케일 에서 가장 높은지 또는 가장 낮은지조차 알 수 없을 지도 모른다. 또한 다른 점수들의 '상대적인 빈도'에 대해서 전혀 모를 수도 있다. '새로 운 지식'이란 오직 데이터가 그것을 받은 사람에게 '새로운 정보'를 성립시켰을 때에만 추가되는 것이다. 그러나 전에 그러리라고 믿어지 기는 했지만 확실하지는 않았던 것을 확실히 했다면, 그것도 새로운 정보가 될 수 있다. 왜냐하면 그것은 '불확실성의 감소'라는 효과를 가져왔기 때문이다. 일반적으로 정보 또는 데이터의 가치는 부분적으 로는 '사용자의 정보에 대한 심리적 반응'에 의해, 또 부분적으로는 '후속 행동들에 대해 정보가 미친 효과'에 의해 결정된다.

예를 들어, 구직 신청의 경우를 생각해 보자. 한 지원자는 3.4의 평 점을 가지고 있다. 그 숫자 자체는 명확하지만 그것이 줄 수 있는 정 보는 어떤 것일까? 그 숫자에는 물론 그 '업무의 성격'도 관계되어 있 겠지만, 지원자의 학교 기준도 역시 관련되어 있다. 그 점수가 지식을 성립시키고 일정한 가치를 갖기 위해서는 그것은 어떤 식으로든 '선 발 책임자'의 행동에 영향을 주어야 한다. 만약 그가 그 지원자를 이 전에 인턴사원근무 등을 통해 잘 알고 있다면, 물론 그의 점수가 흥미 로운 것이긴 하겠지만, 그 지원자를 전혀 모르는 경우에 비해서 해석 의 여지는 더 적게 되며, 그 결과 그 점수는 '더 적은 지식'을 제공하 게 된다.

이런 점은 성과측정표에 사용될 측정지표들을 설계할 때 중요하다.

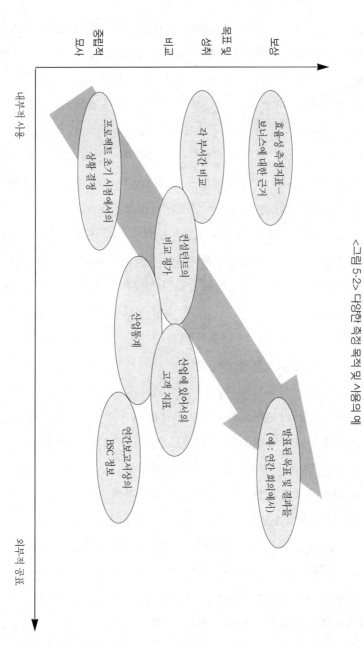

<그림 5-2> 다양한 측정목적 및 사용의 예

내부적 사용 ──────────────────── 외부적 공표

보상
목표 및 성취
비교
종합적 묘사

흘러성 측정지표 –
보너스에 대한 근거

각 부서간 비교

프로젝트 초기 시점에서의 상황 결정

컨설턴트의 비교 평가

산업통계

산업에 있어서의 고객 지표

벤치마크서상의 BSC 정보

발표된 목표 및 결과들
(예 : 연간 회의에서)

▶ 자료원 : Modified after Olve & Westin(1996)

그 작업은 그것이 많은 사람들에게 배포된다든지 연간보고서로 공표될 목적일 때보다 '설계자와 비슷한 배경을 가진 사람들'에 의해 읽혀질 목적일 때 더욱 손쉬울 것이다. 그러나 성과측정표로부터 얻을 수 있는 한 가지 특별한 이득은, 그 측정지표의 의미에 관해서 '내부적인 토론'을 촉발시킨다는 사실 그 자체이다. 정보를 제공한 자와 받는 자 모두 많은 종류의 정보들이 삭제되었고, '준거기준'이 제공된 정보를 이해하는 데 있어 매우 중요하다는 사실을 쉽게 망각한다.

그러므로 '의도된 사용처' 및 '각 측정지표들의 목적' 등을 고려하는 것이 필요하다. 필자들은 〈그림 5-2〉가 이때 도움을 줄 수 있으리라고 생각한다. 여기에서 일부 측정지표들은 아무런 가치 판단이 개입되지 않은 채 '가장 중립적인 묘사'를 통해 설계된다. 그렇지 않은 경우에 있어서 그 목적은 △특정한 비교 △목표설정 및 진행상황 점검 등이 된다. 기업 내부적 사용을 위한 측정지표들의 경우에는 일반적으로 그 목적이 후자일 경우가 더 많다.

이 때에는 사용자의 범위가 제한되어 있으므로 '전후상황에 대한 상당한 지식'이 요구되는 측정지표들을 사용하는 것도 가능하다. 이에 반해, 연간보고서에 성과측정표를 게재하는 것처럼 '일반적인 출판'을 위한 경우에는 그것이 오역되지 않도록 많은 주의를 기울여야 한다. 특히 〈그림 5-2〉 위쪽에 위치한 등급부여 기능(grading function) 관점의 측정지표들의 경우에는 더욱 신중한 자세가 필요하다.

〈그림 5-2〉를 통해 필자들은 측정지표들의 다양한 목적들의 예를 제시했다. 이들 중 일부는 성과측정표가 사용되는 상황일 수도 있다. 필자들이 이 그림을 제시한 목적은 측정지표에 요구되는 것이 다양하다는 것을 보여주기 위해서이다. '내부적 사용'과 '외부적 공표'의 중

간적인 성격을 가진 측정지표들은 범위는 넓지만 비교적 '배경 지식이 충분한 집단의 사람들'에 의해 사용된다. 무역 협회가 한 산업의 현황을 그 회원들에게 설명한다든지, 또는 연구기관이 그 후원자들을 위해서 정보를 제공하는 경우 등이 될 것이다. 이런 사용자들은 더 일반적으로 공표되었더라면 오히려 오해의 소지가 있었을지도 모를 측정지표들도 자연스럽게 이해할 수 있다. 그러나 오직 기업 내부적 사용만을 위한 측정의 경우에는 그 설계에 있어 최소한의 주의만이 요구된다. 왜냐하면 이 경우 사용자들은(물론 그들은 인식조차 못할지도 모르지만) 그것을 이해함에 있어 '전후상황에 대한 지식'의 도움을 받을 수 있기 때문이다.

〈그림 5-2〉 윗부분의 측정지표들에 대한 기준은 또 다른 이유로 인해 더 엄격해진다. 만약 부적절한 측정지표들이 목표로서 사용되고 그것이 그대로 받아들여진다면, 그 결과로 '부분 최적화'라는 불행이 발생할 수 있다. 또한 만약 측정지표들이 연간회의 또는 계약 조항에서와 같이 '외부에 대한 약속의 근거'로서 사용될 것이라면, 그것들이 '진실되고 공정한 모습'을 제공해야 한다는 것은 더욱 절실해진다. 이런 요소들 때문에 〈그림 5-2〉에서 오른쪽으로 이동함에 따라 그 측정지표들에 대해서 점점 더 세심한 주의가 필요하게 된다.

고려 대상의 측정지표들은 다른 목적에 따라 다양할 수 있으며, 여기에서 몇 가지 기본적인 문제들이 제기된다. 즉, 얼마나 자주 측정해야 하는가? 어떤 방법을 사용해야 하는가? 알고자 하는 바를 직접적으로 측정하는 것이 가능한가?, 또는 실제 기술을 측정하는 것 대신에 거기에 대한 교육적 배경을 가진 사람들의 숫자를 측정하는 것처럼 '대리 측정지표'들을 사용해야만 하는가? 〈그림 5-2〉에서 좌표의 원점에 가까운 곳에서는 다소 '제한된' 측정지표들로도 별무리 없이 통과될 수 있다. 즉 자주 측정하지 않아도 될 뿐만 아니라 더 작은 표본 집단을 사용한 조사, 실제적 측정지표를 대신하는 '대리 측정지표'의 사용 등이 가능하게 된다. 이러한 접근법들은 가격이 덜 들면서도 그 목적에 충분히 기여할 수 있다.

성과측정표의 측정지표들은 △조직 내의 다양한 행위자들에 의해 소유된 정보 △밖으로 드러나지 않은 지식 등이 더욱 잘 이용될 수 있게 해줄 것이라는 것이 필자들의 믿음이다. 또한 사람들의 '직관(intuition)'들이 서로 '교감'할 수 있기를 희망한다. 만약 필자들이 앞에서 설명한 것처럼, '보내는 자'와 '받는 자'가 똑같은 인식을 공유할 수 있게 된다면 이러한 목표는 아마 상당한 정도까지 가능할 것이다.

SKF사

SKF사는 다양한 측정지표들에 대해 '공통적인 정의'를 내리는 것이 얼마나 중요한 것인지를 깨달았다. 그래서 SKF사의 한 스태프 팀이 다양한 정의들을 수집하여 그들 모두에 대한 리스트를 마련하였다. 약 70여 개의 측정지표들이 리스트에 올랐으며, 그 리스트에는 그 정의 및 그것을 위해 접촉해야 할 사람들의 명단이 포함되었다.

SKF사의 또 다른 문제는 관련된 모든 것들을 다 측정할 수 없다는 것이었다. 그래서 올바른 측정규준들을 선택하여 다양한 행위들을 그것들에게 연계시키는 것이 중요했다. 행위들은 시간적으로 측정되었으며 각 측정규준들에 대해서 한 사람씩의 책임자가 지정되었다. 그것은 그 행위들과 측정규준들 사이에 '일정한 관계'가 존재하는지를 알기 위한 것이었다.

일렉트로럭스사

일렉트로럭스사의 측정시스템인 DBM(역동적 사업측정 시스템)은 급변하는 시대에 발맞추어 나갈 수 있도록 역동적으로 설계되었다. GIMS와 비교해 볼 때, DBM 측정지표들의 약 50% 정도는 수정되거나 새로 도입된 것들이다. 현재 DBM은 16개의 핵심 측정지표들에 초점을 맞추고 있으며 그 중 12개가 비재무적인 지표들이다. 조직 내 모든 측정지표들을 완벽하게 이용하는 것은 불가능하다. 왜냐하면 일렉트로럭스사는 20개에 달하는 생산라인을 가지고 있기 때문이다. 단지 소수의 측정지표들만이 완벽하게 이용될 수 있으며, DBM은 핵심 측정지표들의 메뉴판과 같은 것으로 그것으로부터 그때그때 특정한 부문에 대해서 적절한 것들이 선택 · 사용된다. 모든 부문에 대해서 모든 핵심 측정지표들을 동시에 모니터한다는 것은 불가능한 일일 것이다.

누가 측정지표들을 선택하는가?

측정지표들은 물론 필자들이 앞서 설명했던 프로세스에 의해 선정된다. 거기에서 비전 및 전사적인 성과측정표가 조직단위별로 세분화되는 프로세스에 대해 설명했었다. 또한 이러한 프로세스가 지나친 '중앙집권식 경영'처럼 보이지 않도록, 거기에는 '밑으로의 정렬' 뿐만 아니라 '위로의 정렬'도 포함되어야 한다는 것을 지적하였다.

조직의 각 계층에서 동일한 측정지표들을 사용해야 하는가에 대해서는 의견이 분분하다. 성과측정표는 적절하고 구체적인 것으로 보여져야 한다. 바로 이러한 점을 고려해서 측정지표의 선택을 전적으로 지역적 조직단위들에게 일임하는 것이지만, 이렇게 되면 '비교가 어렵다는 것'이 문제이다. 예를 들어, 스칸디아사는 출발 당시에는 각 조직단위들에 대한 성과측정표를 개발하는 것이 목적이었으므로 극도로 분권화된 절차로 시작했었지만, 후에 관리자들이 비교를 원했을 때 그들은 이를 위해 측정지표들을 개조하기 시작하였다. 그러나 대부분의 경우 측정지표의 '전사적 통일'을 가장 원하는 것은 최고경영진들이다.

필자들이 중요하다고 생각하는 것은, 똑같은 측정지표들이 조직 내의 다양한 단위들에서 사용될 때, 그것들이 통일되게 정의되고 적용되어야 한다는 것이다. 그러므로 성과측정표 구축 프로젝트는 측정에 대한 경험의 교환을 가능하게 해주고, 일종의 '정의된 측정지표들의 자료실'을 만들어서 각 조직단위들이 그 중에서 필요에 따라 골라 쓸 수 있게 해주어야 한다. 그 후에 최고경영진은 그 중 일정한 측정지표들의 사용을 요구할지도 모른다. 이것은 마치 전통적 회계에 있어서 일정한 정도의 자유를 허용하는 반면, 손익계산서의 표준 포맷과 같은 '강제적인 요소'를 포함하는 것과 같은 이치이다.

각 성과측정표 및 시각별 측정지표들의 숫자

필자들은 성과측정표 및 시각들에 대해서 각각 몇 개의 측정지표들이 사용되어야 하느냐는 질문을 자주 받는다. 거기에 대한 대답은 어떤 계층에서 그 측정지표들이 사용되느냐에 따라 달라질 수 있다. 다시 말해 측정지표들의 숫자는 그 성과측정표 또는 시각의 수준에 따라 다양하다.

필자들의 경험에 의하면, 전사적 또는 사업단위 수준에서는 보통 성과측정표당 15~25개의 측정지표들이 사용되며, 그에 반해 사업부 또는 부서 수준에서는 단지 10~15개 정도의 측정지표들만이 주요 측정지표로서 사용된다. 팀 또는 개인수준에서는 훨씬 더 적어져서 보통 5~10개 정도면 충분하다.

왜 주요 측정지표들의 숫자는 조직의 하부로 내려갈수록 줄어들게 되는가? 거기에 대한 설명은 '한 조직단위 또는 개인이 어느 정도 영향을 줄 수 있는 측정지표가 과연 몇 개나 되는가'라는 문제와 관련된다. 즉, 부서나 개인이 '그들이 영향을 줄 수 없는 변수들'에 근거하여 측정되어서는 안된다는 것이다.

또한 필자들은 어떤 조직단위의 성과에 대해 각 초점의 측정지표들을 한개의 전반적 '평점' 또는 '지수'로 통합하는 경우를 자주 보았다. 그 결과 측정지표들의 숫자는 '단 한개'로 줄어들게 된다. 필자들은 제7장에서 이 문제를 다시 다룰 예정이며, 여기에서는 필자들이 연구했던 일부기업들에서 얼마나 많은 측정지표들이 사용되었는지를 먼저 살펴보기로 하자.

ABB사

ABB사는 각 시각에 대해 최소 1개에서 최대 5개, 한 조직단위에 대해서는 모든 시각을 합해 총 10개 정도의 측정지표들에 초점을 맞추는 것이 이상적이라고 한다. 또한 ABB사는 대부분의 측정지표들이 한 달에 한 번 점검되어야 한다고 생각한다. 그러나 고객, 이익, 인적자원 등과 관련된 일부 측정지표들에 대한 성과는 1년에 단지 1번 또는 2번 검토된다. 왜냐하면 그것들의 특성상 더 이상 자주 적절한 측정을 한다는 것이 어렵기 때문이다.

제록스사

1990년 제록스사는 '높은 품질기준을 달성하기 위해서 내부의 품질향상 노력에 대해 포괄적인 점검을 실시하였다. 이 작업은 볼드리지(Baldrige), 데밍(Deming), 제록스 그린북(Xerox Green Book), ISO, EFQM 등과 같은 개념들의 도움으로 하나의 경영모델로 귀착되었다. '사업탁월성 인증서(The Business Excellence certification)' 라고 명명된 이 모델은 최고경영진이 총 42개의 구체적 측정지표들에게 초점을 맞추도록 도와주었다. 이 모델은 현재 더욱 발전되어 'XMM(Xerox Management Model)' 로 개칭되었다. XMM은 6가지 분야에서 31개의 구체적 측정지표들에 초점을 맞춘다(〈그림 5-3〉 참조). 이 모델은 전세계적으로 동일한 포맷을 가지고 있어서 각 조직단위들 간의 비교 평가가 가능하며, 그 결과 '학습 및 발전' 을 단순화시키는 효과를 가져온다. 이 모델은 또한 조직단위들이 1년에 한 번씩 평가될 때 그 '기본틀' 을 제공해 준다. 그 측정지표 및 분야들은 매 분기별로 검토되며, 그 결과는 '자기진단서' 를 통해 공표된다.

모든 측정지표들은 각각의 '기대수준(desired state)' 을 가지고 있다. 일년에 한 번씩 각 측정지표들에 대해 세 가지 차원(결과, 접근, 확산)에서 목표들이 설정된다. 그 차원들의 가중치는 각 측정지표별로 다르다. 목표들은 다른 기업들의 성과와 비교한 자가 진단 및 조정 프로세스 등을 거쳐 설정된다. 이 때에는 7등급 척도 평가 스케일을 사용하는데, 이때 '7등급' 은 비교 평가에 의해 획득된 '세계 수준' 을 나타낸다. 이 평가 스케일은 전사적으로 통일되어 있으므로 각 조직단위들

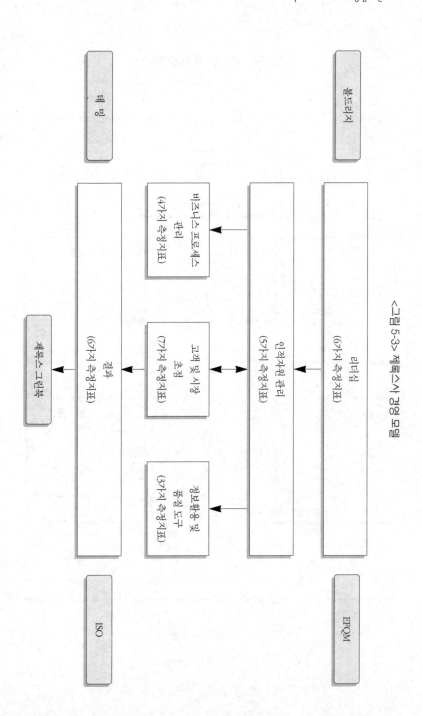

<그림 5-3> 제록스사 경영 모델

<그림 5-4> 측정지표의 점검(제록스사)

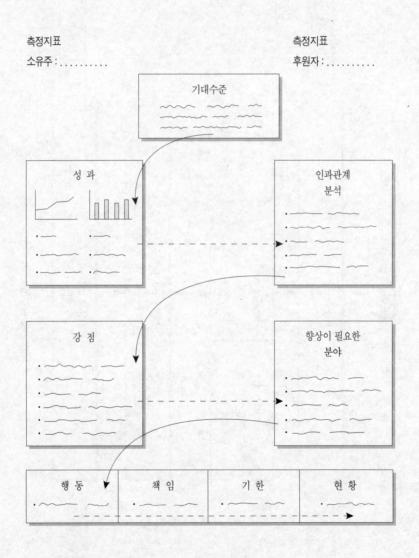

은 목표 달성에 있어 그들의 경험들을 나눠 가질 수 있다.

모든 분야 및 측정지표들에게는 '주관부서(owner)' 와 '후원자 (sponsor, 언제나 이사회의 구성원이어야 함)' 가 있다. 주관부서는 다음의 사항들에 대한 책임이 있다. 즉, △분기별 측정지표 추이분석 △그 추이에 대한 이유 명시(인과관계 분석) △만족하게 운영되고 있는 분야(강점) △향상이 필요한 분야 △언제, 누구에 의해 어떤 행동이 취해져야 하는가(책임) △현재 상황 등이다(〈그림 5-4〉 참조).

SKF사

SKF사에서 각 시각의 측정 규준들은 최고 경영층에서부터 조직 하부에 이르기까지의 '각 계층별 자유 토론' 에 의해 선정되었다. 이 프로세스 결과 전체 9개의 사업부들에 의해 공통으로 사용될 5개의 측정지표들이 확정되었다. 이 5개의 측정지표들은 △투하자본 수익률 △현금 흐름 △1개의 프로세스 측정지표 △1개의 직원 측정지표 △1개의 고객만족 측정지표 등이다. 사업부들은 이 모델을 통하여 경영되며 본사에 '예산 제출의 의무' 가 없다. 각 목표들에 대한 '시간적인 시각' 은 각 산업의 상황에 따라 사업부별로 달랐다. 또한 BSC를 각 사업부별로 알맞게 수정, 적용시키는 것을 원활히 하기 위해 경영진은 각 사업부들이 그들 자신의 필수 측정지표를 10~15개까지 늘리는 것을 허락하였다.

경영진이 얼마나 알아야 하며 또한 어느 정도의 해석능력을 갖추어야 하는가에 대해서는 기업에 따라 그 의견들이 다르다. 많은 지표들이 단지 '지표의 결과값이 수용 가능한 범위 내에 있는지의 여부(그렇지 않은 경우보다 훨씬 더 많은 측정지표들을 처리해 낼 수 있음)'를 보기 위해 점검되어야 하는가에 대해서도 역시 의견들이 다르다. 그러나 그러한 측정지표들이 각 보고서에 모두 포함될 필요가 있는가는 의문이다. 만약 기업이 소수의 핵심 성공요소에 일정기간 초점을 맞춘 후 상당 시간에 걸쳐 점진적으로 그 측정지표들을 바꾸어 나간다면, 측정지표의 숫자는 제한된 수준에 머무를 수 있으리라는 것이 필자들의 생각이다. 캐플런과 노튼은, 기업은 보통 성과측정표상에 속하지 않는 많은 핵심비율들을 가지고 있다는 사실을 강조하였다.

최고경영진이 수많은 조직단위들의 성과측정표들을 점검하는 일은 중요하다. 이 과정에서 수많은 전개상황들을 이해, 점검하고 많은 목표들의 의미들을 기억해야 한다면, 그것은 아마 십중팔구 '잘못된 해석' 또는 '흥미의 상실'이라는 결과에 귀착될 것이며, 이로 인해 BSC로부터 얻을 수 있는 효익은 감소될 것이다. 그렇기 때문에 필자들은 각 초점에 대해 많아야 3~5개 정도의 '소규모의 표준화된 측정지표'들을 갖는 것이 바람직하다고 믿는다.

측정지표의 세분화

필자들은 하부 조직의 지표 사용과 관련하여 측정지표들의 세분화 단계를 이미 설명하였다. 그러나 일부기업들에서는 이와는 반대로 성과측정표 구축 프로세스를 그들의 하부조직들로부터 시작했다. 이런 경우 위에 상응하는 단계는 측정지표들을 '윗쪽으로 정렬'시키는 것이 될 것이다. 그러나 '포괄적인 비전'과 함께 출발하는 것이 중요하기 때문에, 이 경우에도 기업의 비전이 하위계층에서 채택된 측정지표들의 근거가 되어야 한다(이때 계층이란 예를 들어 전사, 사업 단위, 부서/기능, 팀, 개인 등을 의미한다).

물론 각 계층에서 똑같은 측정지표들이 사용된다면 이해도는 증진할 것이다. 이러한 특징은 전통적 재무 측정지표들의 주된 이점이다. 왜냐하면 이것들은 각 조직단위들의 조직 전체에 대한 기여도를 묘사하기 위해 똑같은 용어들을 사용하기 때문이다. 그러나 비재무적 측정지표들의 경우에는 설사 동일한 측정단위들이 사용된다고 해도 실제적으로 이러한 통일성을 획득하기란 쉽지 않다.

예를 들어 리드타임은 많은 기업이나 부서들에서 흥미로운 측정지표가 될 수 있겠지만, '비교'가 의미 있기 위해서는 그것에 대한 신중한 정의가 필요하다. 그리고 상위와 하위 계층의 측정지표들을 어떻게 서로 연결시킬 수 있을까? 예를 들어, 기업이 전반적인 리드타임을 줄이고자 하는 경우 어떻게 이것을 각 조직단위들의 타깃 및 측정규준들로 번역할 수 있을까? 모든 조직단위들에 대해서 '동일한 타깃'을 설정하지는 않을 것이다. 오히려 '출발시점과의 비교'라든지 더 나아가 '다른 기업들과의 비교' 등을 통해서 타깃을 설정해야 할 것이다. '신제품의 판매점유율'은 많은 조직단위들에게 있어 적절한 측정지표가 될 수 있지만, 그 조직단위 수준까지 세분화하기 어려운 측정지표들 중의 하나이다. 기업에 대한 '산술적 평균'을 계산해 낸다는 것은 그 자체로서 별문제가 없다. 그러나 신제품의 판매점유율 증가가 그 목표라면 신제품의 개념 정의에 대한 보다 깊은 주의가 필요할 것이다.

측정지표 세분화의 구체적인 예를 하나 들어보면, '특정 기간동안 적어도 3명의 신규 고객과 계약을 맺은 판매원의 비율'과 같은 최상위 수준의 측정지표를 규정하고, 거기에 관계된 판매원들로 하여금 '신규 고객의 숫자'를 개인적 수준에서의 측정지표로 채택하게 하는 경우가 있을 수 있다. 중요한 것은 △다양한 계층에 있는 측정지표들을 연계시키고 △관계된 사람들이 생각하기에 복잡하지 않고, 의미 있고, 실체적인 측정지표들을 발견하는 것이다.

이런 측정지표들은 또한 목표 설정에 이용될 수도 있다. 이 때 그 목표들은 언제나 '최상의 결과물'일 필요는 없다. 그저 '합리적인 범위 이내'라면 충분하다.

흔히 더 운영적인 계층일수록 그 측정지표는 더 구체적이다(예 : 하자 설치 건수). 그에 반해, 이에 상응하는 상위 계층의 측정지표는 더 일반적이다(예 : 최종 잔금이 수령된 완료 설치계약 건수). 만약 어떤 측정지표에 대한 '인과관계'가 확인될 수 있다면, 종업원들에게 '그 측정지표에 대해 충실할 수 있도록' 동기를 부여하는 데 훨씬 더 쉬워질 것이다. 예를 들어 과거에 얼마나 빨리 하자가 보수되었는 지를 보여주는 측정지표는 '동일한 고객에 의한 재구매의 정도'를 보여주는 측정지표와 연계될 수 있다. 그 측정지표는 또한 고객에 대한 '생산 고장 시간의 최소화'로부터 얻어지는 재무적 이익과 연계될 수도 있다. 이러한 관계들을 보여줌으로써 종업원들에게 '그 측정지표들에 의해 묘사된 성공요소들이 중요한 이유'를 잘 이해시킬 수 있게 된다.

측정지표들간의 관계를 논하다 보면 종종 그 '타이밍'의 문제가 떠오른다. 즉, 언제쯤이면 그 측정지표가 후행지표에 영향을 미치게 될 것인가? 캐플런과 노튼은 '선행과 후행' 사이를 구분했다. 즉, 조기 경보를 제공하는 측정지표인 '성과동인'과 사후의 효과를 나타내는 '결과물 측정지표' 사이의 구분이다. 그 차이점은 상당히 의미 있는 것이며 필자들은 물론 '선행지표'를 선호한다. 수익성이 좋은 기업의 BSC 상의 모든 아래 부분들은 '미래 수익성에 대한 선행지표'로서 간주될 수 있다. 그러나 조기 경보를 주는 측정지표들은 불가피하게 미래의 효과에 대해서 '불명확한 메시지'를 제공할 수밖에 없다. 그러므로 언제나 '조기 경보의 이익'과 '그것에 따르는 불확실성' 사이의 경중을 재볼 필요가 있다.

ABB사

ABB사의 EVITA 시스템에서, 서로 다른 조직단위들의 관리 측정지표들을 서로 연결시킨다는 것은 말 그대로 불가능하다. 왜냐하면 각 기업들이 독자적으로 그들 각각의 적절한 측정지표들을 결정하기 때문이다. 그래서 ABB는 캐플런과 노튼의 원래 제안과는 달리 전사적인 측정지표들을 사용하지 않기로 결정하였다.

볼보 자동차사

볼보사의 일부 시장 및 조직단위들에서는 측정지표들의 각 계층별 세분화 작업이 상당한 수준까지 진척되었다. 그러나 본사는 그 측정지표들을 개인 수준까지 세분화하는 것을 요구하지는 않는다. 왜냐하면 그것은 각 조직단위들이 각자 판단할 문제라고 생각하기 때문이다. 즉, 그것이 종업원들의 '사업이해도 향상'에 도움이 된다고 판단되면 각 조직단위는 독자적 책임하에 세분화 작업을 진행시켜 나갈 수 있다. 본사는 상황 파악을 위해 각 조직단위들에게 어떤 지표를 사용해야 할지만 지시할 수 있다. 한 예로 영국의 마케팅 담당기업은 성과지표들을 세분화한 그들 자신의 모델을 상당한 정도까지 진척시켰다.

SKF사

1995년 가을부터 SKF사의 BSC 실행은 발전 국면으로 접어들었다. 이 작업의 목표는 전반적인 비전 및 전략으로부터 시작하여 전 조직에 성과측정표를 실행하는 것이었다. 1997년 12월 경 성과측정표는 일선 업무 및 관리 단위 모두에 도입되어 사실상 예산을 대체하였다. 그 한 예로 스페리컬 압연 베어링(SRB, Spherical Rolling Bearings)이라는 조직단위가 있다. SRB사는 압연 베어링을 제조하는 곳으로 1996년의 총 판매량은 7억5천만 SEK였다. SRB사의 제품들은 압연기, 종이 제분를 위한 압착 롤러, 담석 분쇄기, 기차 등과 같은 기계 및 장비 분야에서 사용된다.

SRB사의 BSC 작업은 처음에는 PFU(스웨덴어로 계획수립, 하달, 추적을 뜻하는 단어들의 이니셜임)라고 불리었다. 'BSC'란 용어는 도구 그 자체를 가리킨다고 생각되었기 때문에 PFU는 BSC의 '사용 프로세스'에 많은 비중을 두었다(〈그림 5-5〉 참조). SKB사에 있어 '계획 수립'은 핵심 성공요소들을 SKF사의 비전 및 전략에 나타난 새로운 목표들과 다음해의 구체적 목표들과 연계시킨다. 그 다음 '하달' 과정은 목표들이 조직 내의 모든 계층에서 받아들여질 수 있도록 그것들을 세분화하고, 커뮤니케이션하고, 토론하는 과정들을 관리자들이 점검하는 것을 가리킨다. 마지막으로 '추적'이란 그 표현 자체의 의미대로, 구체적인 목표들을 점검하고 그것들이 달성될 수 있도록 필요한 보완 조치들을 취하는 것을 의미한다.

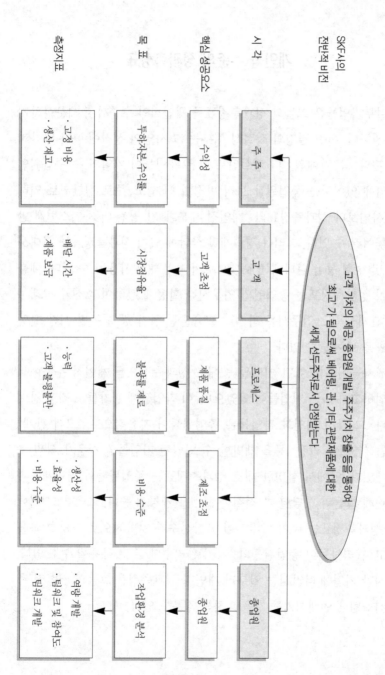

<그림 5-5> 스페리컬 인역 베어링사의 BSC 개관

SKF사의 전반적 비전	고객 가치의 제고, 종업원 개발, 주주가치 창출 등을 통하여 '최고'가 됨으로써, 베어링, 판, 기타 관련제품에 대한 세계 선두주자로서 인정받는다
시 각	주 주 → 고 객 → 프로세스 → 종업원
핵심 성공요소	수익성 → 고객 충성 → 불만족 제도 → 종업원
목 표	투하자본 수익률 → 시장점유율 → 품질을 제도 → 직업환경 분석
측정지표	· 고정 비용 / · 생산 재고 → · 배달 시간 / · 제품 보관 → · 능력 / · 고객 불평불만 → · 생산성 / · 효율성 / · 비용 수준 → · 역량 개발 / · 팀워크 및 참여도 / · 팀워크 개발

개인적 수준의 성과측정표

일부기업들은 그들의 성과측정표를 개인적인 수준까지 세분화하기를 원한다. 이런 결정의 적절성 여부는 그 사업의 성격에 따라 달라지게 된다. 즉, 판매원이나 컨설턴트 같은 개인들이 기업의 주 수입원인 사업에 있어서는 종업원간 보직 변경이 더 쉽고, 주로 팀단위로 일하는 사업보다 성과측정표의 '개인적 세분화'가 훨씬 더 자연스럽게 받아들여질 수 있다. 그러나 경력개발 상담에 있어 성과측정표는 기대사항 및 성취 등을 나타내는 포맷으로서 유용하게 사용될 수 있다. 예를 들어 성과측정표는 종업원의 업무시간 활용에 관하여 △신규 고객과의 관계구축 △업무서류 작성 △교육훈련 참가 등 항목별 시간 할당 상황을 보여줄 수 있다.

필자들이 연구했던 기업들 중에도 성과측정표를 개인적 수준에서 도입하고자 하는 기업들이 있었으며, 이 작업들에 필자들도 직접 참여했다. 그 당시 개인화 작업들은 종업원들이 자율적으로 '고객 관계' 또는 '특별한 역량' 등을 개발할 수 있었던 기업들의 경우가 훨씬 수월했었다. 앞에서 설명한 대로 성과측정표는 종업원들의 경력개발과 관련해 그들과 상담할 때 적절한 포맷을 제공해 준다. 그러나 그 외에도 성과측정표는 마치 아마추어 육상선수가 자발적으로 그의 기록을 재고, 관리하듯이 종업원들의 '자기 관리수단'으로 사용될 수도 있다. 하지만 기업에 따라서는 일부러 개인적 성과측정을 그들의 전반적 측정시스템에 연계시키는 것을 피하는 경우도 있다.

일렉트로럭스사

일렉트로럭스사에서는 기업 조직의 '설계'가 '목표들이 세분화될 수 있는 범위'를 제한한다고 생각하였다. 그래서 4개의 주요 사업분야를 가진 중간적인 계층이라 할 수 있는 사업부 수준에서 세분화 한계가 그어졌다. 그러나 '백색 가전제품(white goods)'과 같은 사업분야의 경영진들은, 목표들이 그 선을 넘어서 '판매 및 생산 자회사' 수준까지 세분화되기를 원하였다. 일렉트로럭스사는 유럽에서만 25개의 백색 가전제품 공장과 3개의 진공청소기 공장을 가지고 있을 정도로 대규모로 제품을 생산해 내는 기업이다. 그래서 각 조직단위별로 목표들을 세분하여 그 성과를 모니터하기는 어려웠다.

만약 종업원들이 '개인적 수준의 성과측정표'를 가지고 있다면, 그 성과측정표상에 보고된 측정결과들이 개인적 보너스 책정의 기본 자료로 활용되어야 할 것인가? 여기에는 사실상 2개의 쟁점사안들이 관계되어 있다. 즉 △개인별 보너스를 지급한다는 것 자체가 적절한 것인가 △만약 그것이 적절하다면 그것들은 재무적인 것 이외의 측정지표들과 연계되어야 하는가 등의 문제들이 바로 그것이다. 예를 들어, 판매원이 유망한 고객 관계를 개발했을 때 그 즉시 보상되어야 하는가? 또는 그 거래관계의 종료시점 내지는 배달이 확인되고 그 고객이 지불할 때까지 그 보상이 유보되어야 하는가? 특히 수출입상사 또는 건설기업 등과 같은 경우에는 이런 문제들에 대해 어떤 입장을 취하느냐에 따라 상당히 큰 차이를 가져올 수 있다.

일반적으로 성과측정표를 도입하는 것은 '장기적인 노력'을 가시화하기 위해서이다. 그러므로 유망한 판매노력은 그 '출발시점'에서 보상하는 것이 논리에 맞다. 그러나 물론 그렇게 되면 기대 이익의 일부를 미리 지불하는 것이 되므로, 완료시점에서의 보너스 금액은 그만큼 줄어들게 된다. 기업을 조만간 떠나게 될 종업원에게 있어 이러한 조처는 '매혹적'이고도 논리적인 것이 될 것이다. 그러나 얼마나 많은 기업들이 그러한 초기 단계에서 감히 그 거래가 '가치를 창출'했다고 확신할 수 있을까?

흔히 경영진은 팀단위 노력을 촉진시키고자 한다. 이때에 그 보너스는 개인적 수준이 아닌 더욱 상위 조직단위들의 성과에 근거하게 된다. 그러나 이 경우에도 성과측정표상의 비재무적 측정지표들을 통한 '개인의 팀에 대한 공헌도 평가'에 의해서 개인적 수준에서의 보너스 책정이 가능해 질 수 있다.

보너스 제도에 관한 한, 선택된 측정지표들은 특히 신중히 고려되어야 한다. 예를 들어, 한 분야의 목표 달성이 '여태껏 측정된 적이 없는 어떤 다른 분야'의 희생의 대가일 수도 있다. 물론 이런 점은 그 성과측정표가 얼마나 잘 설계되었는지 평가할 수 있는 기준이 될 수 있을 것이다. 하지만 성과측정표를 통해 종업원들로 하여금 '사업상황'에 대하여 더욱 많은 관심을 가지게 할 수만 있다면, 그것만으로도 기업에 이익을 가져오는 데 충분하리라는 것이 필자들의 생각이다. 그러므로 필자들은 보너스 모델들이 BSC 구축 프로젝트에 있어서 중요한 요소가 되어야 한다는 주장에는 동의할 수 없다.

넷웨스트 라이프사

넷웨스트 라이프(NWL)사에 있어서 '측정'은 그들의 발전계획 성공 여부를 결정짓는 중요한 요소이다. 이 기업에서는 '범기능적'인 리더십 네트워킹과 양성을 지원하기 위해 '리더십 성과측정표'가 사용되고 있는데, 이것은 관리 능력에 대한 자가진단 및 객관적 측정에 기여한다. NWL사에는 이른바 '좋은 지도자가 갖춰야 할 능력 10가지'에 대한 리스트가 있으며, 이것에 근거한 평가시스템을 가지고 있다. 관리자들은 각 항목별로 자기자신을 평가하며 그의 직원들도 이런 기준에 근거하여 그를 평가한다. 또한 이런 평가는 한 달에 한 번씩 실시되므로 일정한 기간에 걸쳐 그의 평점이 어떻게 변화되는지 알 수 있다.

목표로서의 측정지표

앞에서 필자들은 각 측정지표들에 대한 단기적 · 장기적 목표들이 모두 중요함을 강조하였다. 성과측정표 구축 프로세스의 결과인 행동계획은 △책임자 △각 측정지표들의 목표달성 기간 △각 측정지표에 상응하는 목표들 등을 명시해야 한다.

성과측정표상의 측정지표들에 대한 '측정치'들은 다양하게 변화하기 때문에, 새로운 데이터를 제공한다는 것이 어떤 사람에게는 의미있을지 몰라도 어떤 사람에게는 별의미가 없을 수도 있다. 예를 들어, 종업원이나 고객의 태도를 조사한다는 것은 비용이 많이 들뿐만 아니라 어려운 작업이다. 물론 대상 집단의 규모가 충분히 커서 '무작위 추출'에 의한 후속 측정이 가능한 경우라면 그렇지 않겠지만 말이다. 또한 그것이 특정한 이벤트와 관련된 경우를 제외하고는 '의견의 끊임없는 변화'를 조사한다는 것이 과연 그만한 가치가 있는 것인지도 의문시된다(예를 들어 선거, 여론 조사의 경우와 비교해 보라).

물론 측정시기가 다가옴에 따라, 업무 책임자가 그 측정지표들을 '전술적으로 조작'할 위험성이 있다. 그러나 각 회계연도의 끝 무렵에 재무적 측정지표들에 있어서도 이와 똑같은 현상이 발생한다. 사실상 이러한 위험성은 BSC를 통해 감소될 수 있다고 필자들은 생각한다. 약간 '기대 섞인 희망'이긴 하지만, 모든 사람들이 미래의 행동 방향에 대한 토론 및 의사결정의 근거를 얻기 위해, 실제적인 사업구도 파악에 전념하게 될 것이기 때문이다. 성과측정표가 더욱 포괄적인 사업구도를 보여주면 줄수록, 측정지표를 조작하여 그 자신 또는 다른 사람들을 속이는 일은 그 만큼 더 어려워지게 된다.

필자들은 다음과 같은 몇 가지 기업들의 사례를 소개함으로써 '목표로서의 측정지표의 사용'에 대한 설명을 대신하고자 한다. 그리고 최근 일부에서 제안되고 있는 것처럼 이런 관행이 예산을 대체할 수 있을지에 대해서는 뒤에서 다시 논의할 예정이다.

제록스사

'경영방침 하달(policy deployment)'은 제록스사의 포괄적 비전과 전반적 전략적 목표들이 개인적인 수준까지 세분화되는 프로세스의 명칭이다(〈그림 5-6〉 참조). 이 프로세스는 일년 중 10월의 어느 시점에 시작된다. 12월 중순에 모든 종업원들은 '필수적 행동들(Vital Few Actions)'의 리스트를 제출한다. 이것은 '블루북(Blue Book)'에 대한 기초자료가 된다. 1월말까지 모든 종업원들은 그들의 부서장들에 의해 결재된 자기 자신의 '블루북'을 가지게 된다. 그리고 이 블루북의 목표들은 보너스 및 기타 미래 보상들의 근거가 된다.

모든 사람들이 매년 이러한 검토·분석 프로세스를 거치게 되므로

〈그림 5-6〉 제록스사의 경영방침 하달

프로세스 (전략적 의도를 연간 비즈니스 계획에 반영)		우선 순위 분야
1. 가이드라인 설정 :	비전, 임무 및 우선 순위 영역 3~5개의 목표 및 세부 달성 전략 연간 타깃 및 '필수적 행동' (최대 5개)	1. 고객 만족 2. 종업원 만족 3. 시장점유율
2. 전 개 :	목표 및 동의된 '필수적 행동' 의 직렬화	4. ROA
3. 관리 프로세스 :	정기적 검토 (월별, 분기별) 연간 검토 및 진단	

이것은 다음해 장·단기 목표 설정에 대한 출발점이 된다. 제록스사에서는 일단 한 가지 목표가 설정되면 그것은 전혀 바뀌지 않는다. 즉, 그해 동안은 목표에 대한 재수정이 불가능하다는 것이다. 이런 점에서 이 프로세스는 예산수립과 비슷한 면이 있지만, '연성(soft)' 변수들을 고려한다는 점에서 그것과는 다르다.

모든 종업원들은 최고 5개까지의 '필수적 행동' 을 선정할 수 있으며, 이때 그 중 1개는 '단기적 효과' 를 가져야 하며, 그 나머지들은 수립된 목표들에 대한 연간 진척상황들을 보여주어야 한다. 또한 각 필수적 행동들에 대해서 종업원들은 △기대 결과물 △측정 및 타깃 설정 방식 △타깃의 '소유주' △달성 기한 등을 명시해야 한다.

SKF사

최고경영진 및 각 사업부별 책임자들은 분기별 회의를 갖고, 사업부별 성과측정표상의 목표들과 대비하여 각 사업부들의 성과를 검토한

다. 각 사업부들은 일년에 한 번 이상 모니터하기 어려운 일부 비재무
적 측정지표들을 제외한 대부분의 측정지표들을 한 달에 한 번씩 점
검한다. 만약 설정된 목표들이 달성되지 않고 있다면 행동계획은 재검
토된다. 이렇게 해서 경영진은 '좋지 않은 전개상황'에 대한 원인들을
가능한 한 빨리 찾아내려 하고 있다. SKF사에서 일상 업무적 목표들
은 평균 6~18개월 동안 유효하며, 이 기간의 어느 시점에서 재검토되
고 수정된다.

넷웨스트 라이프사

넷웨스트 라이프(NWL)사의 비전은 모두 △모집 △교육훈련 △개
인 및 팀별 개발 프로그램 등에 집약되어 있다. 모든 신입사원들은
'NWL의 비전과 당신(The NWL Vision and You)'이라는 하루 코스의
오리엔테이션에 참가한다. 기업에 입사하자마자 모든 신입사원들은
△기본강령 △관리자의 기대사항 △종업원의 의무 등이 담긴 소책자
를 지급 받는다.

NWL사에서는 모든 종업원들이 일종의 업무명세서인 '역할 프로
필'을 가지고 있다. 이 프로필에는 업무의 목표 및 주요 의무사항 등
이 포함되어 있다. 또한 모든 종업원들은 '그해의 목표들'을 가지며,
이것들은 연간 계획수립 프로세스에서 설정된다. 이때 이 목표들은 기
업의 포괄적 비즈니스 BSC상의 전반적 목표들을 반영해야 한다. 매
분기별로 종업원들은 그들의 부서장들과 '성과검토'의 시간을 갖는
다. 또한 각 업무에 대해서 보통 약 15개 정도의 역량들이 있다(그 예로
는 커뮤니케이션, 협동심, 분석적 사고력 등이 있다). 이 중에는 만족할만한
수준의 업무수행을 위해 개인들에게 필수적인 '다섯 가지 핵심역량'

들이 포함되어 있다. 이런 역량들은 매년 평가되며, 만약 교육훈련이 필요하다고 판명될 경우 그 개인에 대해서는 일정한 교육프로그램이 결정되게 된다. 이런 식으로 해서 계획수립 프로세스 및 비즈니스 BSC상의 기업 타깃들은 개인적 목표들로 해석되게 된다.

요 약

이 장에서는 앞선 BSC 구축단계 설명에서 이미 다루었던 몇 개의 쟁점사안들을 좀더 자세하게 논의해 보았다.

용어로서 '초점'을 사용할지, 또는 '시각'을 사용할지의 단순한 선택조차도 측정지표의 설정에 영향을 줄 수 있다. 이 점은 시각의 선택 시, 특히 '경영진이 어떤 종류의 토론을 활성화시키기 원하느냐'는 관점에서 고려되어야 한다. 또한 필자들은 서로 다른 '시간 틀' 사이에서의 균형을 비롯한 몇 가지 균형들에 대한 필요성을 강조하였으며, 초점분야의 숫자에 관해서는 캐플런과 노튼의 원래 제안대로 네개면 충분하다는 입장을 밝혔다.

그 후 측정지표의 의미에 관한 논의에서, 필자들은 그것들을 '관찰에 대한 간략한 묘사'라고 정의하였으며, BSC상의 측정지표들을 설계하고 선정함에 있어서는 특히 '기업 내부 커뮤니케이션의 활성화'를 염두에 두어야 함을 강조했다. 또한 필자들은 그 측정지표를 사용할 사람들의 가치관 및 사전지식 등을 시작단계에서부터 고려하는 것이 중요함을 지적했다. 한 초점당 측정지표들의 숫자에 관해서는, 필자들의 경험에 비추어 5~10개 정도가 적절하다는 의견을 밝혔다. 그렇지 않으면 기업이 '정말로 중요한 성공요소'에 초점을 맞추지 못할 위험성이 있기 때문이다.

필자들은 또한 몇 가지 프로세스 쟁점 사안들에 대해 언급하였다. 즉, 각 측정지표들은 그것에 직접 관계된 사람들이 그 측정지표가 그들의 업무에 관한 것임을 인식할 수 있게끔 선정되어야 한다. 사용될 측정지표들의 숫자를 줄이라는 요구는 기업 내의 종적·횡적 비교를 돕기 위한 것이다. 또한 각 측정지표들에 대한 책임자가 명확히 지정되어야 하며, 측정지표들은 세분화될 수 있거나 또는 최소한 조직 내의 상위계층과 연결될 수 있어야 한다. 뿐만 아니라, 측정지표들은 목표 설정을 위해 사용될 수 있어야 한다.

· 주(註) ─────────────

1) 볼보사의 성과측정표에 대해서는 제6장에 자세히 소개되어 있다.

2) '진실되고도 공정한 모습'이란 EU(European Union)의 연간보고서 관련 규칙 제정시 사용된 공식적 영어 표현이다. 즉, 대차대조표 및 손익계산서가 '진실되고도 공정한 모습'을 제공하지 못했을 때에는 '주석'에 의한 보완이 요구된다.

6

경영관리 시스템으로서의 성과측정표

BSC가 출현하기 전 여러 가지 측면에서 BSC와 유사한 다수의 개념들이 있어 왔다. 이 장에서는 필자들의 성과측정표 경험들을 이러한 개념들과 연결시킬 예정이며, 그 주요 대상은 특히 △품질관리 방식 △작업흐름 접근법 △사업계획 수립 등이다. 이미 TQM 및 기타 이와 유사한 방식들을 사용하는 많은 회사들의 경우 고도로 잘 조화된 형태의 경영관리 시스템을 수립하는 것은 더욱 용이하며, BSC는 이러한 경영관리 시스템의 일부분이 되어야 한다. 일부에서는 이런 형태의 관리를 예산수립에 대한 '대체물'로 간주하지만, 필자들은 이것을 '예산수립을 더 적절하게 해주는 하나의 방법'으로 보고 싶다. 〈그림 6-1〉은 제3장의 도입부에 이어서 다시 등장한 것으로, 성과측정표 프로세스의 각 측면들을 보여준다. 아직까지는 '전략 개발' 측면만 설명되었으며, 이 장과 다음 장에서는 '경영관리 시스템'으로서의 성과측정표가 강조될 예정이다. 그리고 그 나머지 측면들 역시 뒤에 하나하나 설명될 것이다.

<그림 6-1> BSC 프로세스

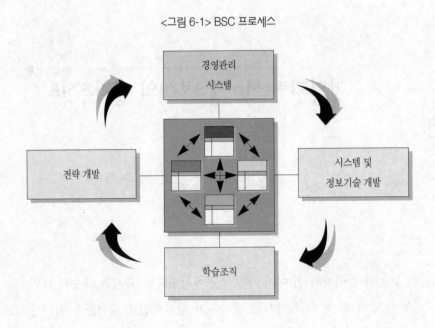

무엇이 새롭다는 것인가?

근래 들어 회계사들은 '비재무적 측정지표'들에 대해서 관심을 보이기 시작했는데, 이것은 단지 '다른 사람들이 이미 오랫동안 해오던 것'에 대한 '뒤늦은 깨우침'에 불과하다고 보면 틀림없을 것이다. 사람들은 이미 20년 전부터 '품질'의 중요성을 인식하고, '처리 시간(throughput time)' 및 '불량률' 등과 같은 측정지표들에 정확히 초점을 맞추어 오고 있다. 또한 마케팅 분야의 사람들은 언제나 '고객의 태도' 및 '시장점유율' 등에 주목해 왔으며, 특히 최근 들어서는 '고객 만족지수'를 도입하였다. 뿐만 아니라, 인사관리 담당 이사들은 종업원들의 생각을 알아내기 위해 여론조사 기관들을 이용해 왔다. 결론적으로 말해서 개선된 성과 측정지표들은 이미 오래 전부터 △생산관리 △시장조사 △인적자원관리 분야의 새로운 개념들 중에 주요한 측면으로서 부각되어 온 것이다. 재무적 관리에 사용되는 측정지표들 역시 새로운 요구들에 맞게 세련되어져 왔다. 더욱이 그것들 중 일부는 적절하게 개조되어 기업의 모든 계층에서 사용되어 오고 있으며, 관리자와 감독자들은 공식적인 보고시스템과는 별도의 '비공식적' 참고자료들을 손수 관리해 왔다.

필자들이 보는 바로는, 새로운 것은 '균형'이자 '포괄적인 관점'이며, 또한 '미래에 대한 접근'이다. 물론 일시적으로 특정한 측정지표들에 집중함으로써, '제품 대기시간 감소' 또는 '품질 불량률 감소' 등의 효과를 가져올 수 있는 것은 사실이다. 그러나 오늘날 기업에 있어서는 '전반적 구도(picture)' 역시 중요하다. 장기적으로 무엇이 올바른 방향인가에 대한 결정은 한 사람의 임원에게만 맡겨져서는 안되며 토론을 통해 이루어져야 한다. 이를 위해서는 상당히 많은 수의 사람들에게 도움이 될 만큼 충분히 명확한 방식으로 사업을 묘사할 수 있어야 한다. 이때 BSC 개념은 다음과 같은 것들을 보여줌으로써 큰 도움을 줄 수 있다.

- 재무 및 기타 다른 자산들의 관리 방법
- 다른 사람들이 본 우리의 모습 및 우리가 본 우리 자신의 모습
- 저량(stocks) 및 유량(flows)
- 장기 및 단기

포괄적인 관점은 위의 두 가지들 사이의 '양자 균형관계(trade-offs)'를 보여 준다. BSC의 가치는 핵심지표 그 자체에 있는 것이 아니라 그 방식이 수반하는 토론에 있다. 일부 최고 경영진들은 그들이, 위에서 언급된 '양자 균형관계'를 이해하고 있다고 생각할지도 모르지만, 오늘날에는 단지 그들 소수만이 이해하는 것만으로는 충분하지 않다. 기업의 다른 많은 사람들도 사업의 '현재상황' 및 '미래의 기대상황'에 대해 토론해야 하며, 이때 BSC는 훌륭한 도구가 된다. 많은 사람들을 여기에 관련시키는 이유는, 그들의 업무가 기업의 전략에 있어서 결과적으로 '중요한 것'으로 판명될 수도 있기 때문이다.

BSC와 측정지표들을 사용하는 다른 관리방식

필자들은 BSC를 통해 서로 다른 측정지표들을 전체 사업에 대한 하나의 '포괄적 구도' 안으로 집약시킬 수 있음을 강조하였다. 이런 구도 안에 경영진이 실제적으로 초점을 맞추려는 내용들을 묘사하는 것이 중요하다. 필자들의 경험에 의하면, 이런 기능을 가진 성과측정표를 개발하여 그것을 기존의 경영관리 시스템의 일부로서 사용하게 되면, 그것은 훌륭한 '전략적 관리도구'가 된다.

몇 개의 다른 측정지표들을 한가지 요약된 서식에 의거하며 간결하게 나타낸다는 것은 전혀 새로운 발상이 아니며, 또한 필자들은 BSC 개념이 기존의 핵심비율 분석 보고서 및 품질 측정지표 등과 같은 이전의 접근법들과 크게 다르다고 말하고 싶지는 않다. '측정'이라는 것은 △전사적 품질관리(TQM) △비즈니스 프로세스 관리(BPM) △유럽 품질 대상(European Quality Award, EQA) △ISO 인증서 등과 같은 최근에 등장한 많은 개념들에 있어서 핵심요소가 되어 왔다. 또한 인사 및 마케팅 부서들은 전보다 더 많이 측정지표들을 활용하고 있으며, 특히 컨설팅 기업들은 '종업원들의 태도', '고객 만족지수' 등을 측정하는 데 도움을 제공하고 있다(제7장 참조). '측정지표의 개발'을 연구중인 독자에게 이런 TQM, 비즈니스 프로세스 재설계(BPR) 등에 관한 문헌들은 많은 참조가 될 것이다.

이런 이론들은 BSC 개념과 마찬가지로 '기업의 달라진 경영환경'에 대한 이해로부터 출발하고 있으며, 이들 중 일부는 사업경영을 위한 '포괄적인 모델'을 제시하고 있다. 만약 누군가가 이런 모델들을 도입하여 이미 좋은 결과들을 얻고 있다면, 그들은 "과연 BSC가 더 이상의 무슨 이익을 가져다 줄 수 있느냐"라고 물어 올 것이다. 필자들의 경험은 감히 일반론적인, 또는 최종적인 평가를 내리기에는 아직 충분치 않다. 다만 필자들이 함께 작업하였거나 인터뷰를 한 기업들 중 일부에서는 BSC 개념이 가치가 있다는 것을 발견하였지만, TQM 또는 기타 이와 유사한 모델들을 함께 사용하고 있었다.

제록스사

제록스사는 2차 대전 이후 가장 빠른 성장률을 보여주고 있는 미국 기업 중 하나이다. 이 기업의 사업은 보통 종이에 복사할 수 있는 '전자 사진술'에 근거하고 있다. 이 기술은 스웨덴계 이민 태생의 체스터 칼슨(Chester Carlson)에 의해 개발되었으며, '제록스'라는 이름은 '건조 필법'을 뜻하는 그리스어에서 유래되었다.

초창기에 제록스사는 독점적인 지위를 누렸으며, 그 결과 무려

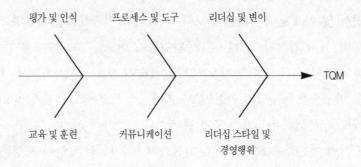

<그림 6-2> 제록스사의 6가지 전략적 주요 분야

25~30%의 ROA(자산 수익률)가 가능하였다. 그러나 1970년대 말엽에
특허권 만료와 함께 일본 기업들이 시장에 진입하였다. 그리고 1979년
그들은 미국시장에 최초의 복사기를 소개하였다. 제록스사는 그 당시
그들의 마켓 포지션을 감안해 볼 때 일본 제품들이 그들에게 큰 위협
이 되지는 않으리라고 생각했던 것이다. 그러나 그들은 곧 일본 제품
들이 단지 제록스사의 '제조원가'에 해당하는 가격대에서 팔리고 있
음을 알게 되었고, 게다가 일본 제품들의 품질 역시 제록스사 제품들
보다 우월하다는 것을 깨닫게 되었다. 그 결과 제록스사의 ROA는 급
격히 떨어지기 시작하여 1983년에는 급기야 4%선까지 곤두박질쳤다.

1970년대 중반에 제록스사가 일본 후지 제록스사의 50% 지분을 확
보한 것은 행운이었다. 그 기업은 1980년에 일본 최고의 품질 인증서
인 '데밍 상'을 수상하였다.

1979년부터 1983년까지 제록스사가 깊은 수렁에 빠져 있을 때 경영
진은 '품질제일주의'를 표방하기 시작했다. 제록스사는 그 당시에 후

지 제록스사와의 비교 평가를 통해 품질향상 노력을 기울인 결과, 수익률을 현재의 18% 수준으로 끌어올릴 수 있게 되었다. 제록스사에 따르면, 그들의 노력이 성공할 수 있었던 것은 경영진이 1983년 설정된 가이드라인을 고수하였기 때문이라고 한다. 그 결과 ROA가 향상되었을 뿐만 아니라, '말콤볼드리지 상'(1989)과 'EFQM 상'(1992)을 수상하는 영예도 안게 되었다.

'품질제일주의' 표방과 함께 경영진은 곧 변화를 위한 전략 수립의 필요성을 인식하게 되었다. 이를 위한 전략적 가이드라인을 개발하기 위해 세계 곳곳의 제록스사 인원들로 몇 개의 팀을 구성하였다. 그들은 전략이 수립되어야 할 '6가지 핵심분야'들을 선택했으며, 후에 그들의 작업은 제록스사의 '그린 북(Green Book)'에 수록되었다(〈그림 6-2〉 참조). 여기에서 더 나아가 제록스사는 △고객만족 △종업원 동기부여 △시장점유율 △ROA의 네 가지 우선 순위 분야를 확정했다.

제록스사가 최근 점점 더 관심을 가지는 분야는 '환경'이다. 매년 이 분야에 대한 진행상황이 보고서를 통해 모든 주주들에게 전달된다.

제록스사 경영진은 '경영방침 하달(policy deployment)'을 실행하려던 시도는 실수였다고 회고한다. 모든 사람들이 단지 1년만에 '블루북'[1]을 갖도록 계획했다. 하지만 후에 밝혀진 바로는, 모든 사람들이 '경영방침 하달'의 의미를 파악하는 데에만 무려 2년 이상의 세월이 소요되었다고 한다. 이런 경험이 있은 후, 제록스사는 다른 기업들에게 자주 다음과 같은 충고를 한다. 즉, △첫 번째 해에는 모든 변화 노력들을 '최고경영진 바로 아래' 조직 수준 정도로 국한하고 △'경영방침 하달'을 광범위한 관리수단으로 활용하기보다는 주로 고위 경영진의 관리도구로 취급해야 한다는 것이다.

실제에 있어서 BSC 개념 및 기타 다른 방식들은 그 사용자의 필요에 따라 알맞게 수정되어야 한다. 그러므로 그 방식 자체들을 '절대 평가' 한다는 것은 불가능하다. 그러나 필자들이 보는 바로는, 나머지 다른 접근법들은 '범위'에 있어서 더욱 제한적이라고 생각된다. EQA(또는 이에 해당하는 국가적 품질대상)의 선정을 위한 평가 시스템은 '서비스의 공급' 및 '공공부문'에서도 적절한 기준이 될 수 있다고 말해지고 있기는 하지만, 아직까지는 주로 '공학제품 산업(engineering products industry)'에서만 널리 사용되고 있다. 이와 마찬가지로 '고객태도 측정지표'들은 사업을 묘사하는 다른 방식들과 잘 통합되지 않는다. 이 장에서 일부 접근법들이 제한된 기업들 범위 이외에서 채택되지 못하고 있는 이유를 설명해 줄 수 있을 것이다. BSC 개념의 도입을 고려중인 기업들에게 한 가지 교훈이 있다. 즉, 누군가 한 사람이 측정지표들을 하나의 성과측정표상에 모아놓은 것만으로는 충분치 않으며, 그것으로부터 어떤 효과가 나타나기 위해서는 그 성과측정표에 관련된 '토론'이 수반되어야 한다는 것이다.

1960년대에 이미 핵심 성공요소(critical success factors)들을 밝혀내고 그것들을 핵심 성과지표라는 형식으로 나타낼 수 있다는 이론이 존재했었다. 더욱이 제너럴 일렉트릭사(General Electric)와 같은 일부 기업들로 말하자면, 이러한 것은 족히 몇십 년은 더 거슬러 올라가야 할 것이다. 그 후 1970년대의 핵심비율에 대한 연구들은 훗날 '벤치마킹(benchmarking)'이라고 불리게 될 방식에 관해 논의하기 시작했다. 이것은 자기 기업의 핵심지표들을 다른 기업의 것과 비교하는 것으로서, 일부 산업에서는 협회들의 노력으로 이런 관행이 이미 잘 확립되어 있다. 이와 비슷한 것으로 후에 PIMS(profit impact of market strategy : 시장전략이 이익에 미치는 영향)가 출현하였다. 이것은 '수익성'과 '시장 투자 등을 묘사하는 다양한 측정결과들'과의 관계에 대한 각 산업들간의 상호비교를 목적으로 사업성과 측정지표들을 모아놓은 것이었다.

　각 방식의 제안자들은 그들의 방식들이 사업성과 향상을 위해 측정지표들을 활용하는 기본구조를 제공해주고 있다고 주장한다. 예를 들어, '스웨덴 품질대상 매뉴얼(Helling, 1995)'은 기업의 최고 임원진들이 직접 그들의 사업에 대한 자료를 모으고 분석하는 데 참여해야 하며, 이를 스스로의 역량을 개발하는 기회로 삼아야 한다고 강조한다. 그리고 수상자 선정을 위한 측정수단은 △관여도 △참여도 △장기적 접근 △지속적 향상 등과 같은 기본적 가치들에 근거한 질문들로 구성되어 있다. TQM의 출발점도 이와 비슷한데, 1970년대 들어 서구세계에 알려지기 시작한 '일본식 리더십'에 의해 많은 영향을 받았다.

　다양한 방식들에서 제공된 각각의 모델들은 보는 사람의 기질, 상황 등에 따라 가치 있는 도구로 보일 수도 있고, 또는 다소 독창적이지 못한 것으로 보일 수도 있다. 하지만 필자들은 여기서 다시 한번 강조하고자 한다. 가장 중요한 것은 자기 자신의 기업에 가장 알맞은 방식을 발견하는 것이다. 필자들은 일부기업들에 있어 '품질기준의 도입'이 원래의 의도와는 다른 방향으로 사용되는 예가 있다는 보도를 접한 적이 있다. 즉, 그것들이 경영진들에 의해, 실제로 달라진 것이 별로 없는데도 그들이 '무언가 하고 있음'을 보여주기 위한 방편으로 쓰이고 있다는 것이다. 그러나 물론 이 프로그램이 다른 기업에서는 좋은 효과를 거둘 수도 있다. 바로 이 시점에서 아주 어려운 원칙적인 질문 하나가 떠오른다. 'ISO 9000'은 몇몇 다른 기준들(예를 들어, 군사작전 등을 위한 기준)과 상당히 유사하다. 즉, 다른 기준들과 마찬가지로 'ISO 9000'도 △서류화 △과업 규정 △운영요원에 대한 구체적 자격기준 △일정한 절차 및 그것의 준수 등을 요구한다. 하지만 이런 기준들의 충족 여부에만 너무 집착하다 보면, '기준 충족이 실제로 기대된 결과를 가져올 것인지'에 대해서는 전혀 생각조차 하지 않는 '단순한 일상적 점검절차'로 전락할 수도 있다. 이것은 또한 창조적 사고와 새로운 작업방식의 개발을 저해할 수도 있다. 그렇다면 오히려 책임자에게 완벽한 자유를 허락한 채로 '마지막 결과(결과물)'만을 측정하는 것이 더 낫지 않을까? 그렇지는 않다. 이 선택 역시 그리 여의치 않다. 이 책에서 지금까지 필자들이 논의해 온 것들을 한마디로 요약하면, △마지막 결과가 명확해지기 훨씬 이전에 그 사업상황이 보고되어야 하며 △잘못하면 '기업의 운영'과 '기업의 성공' 사이의 관계를 영영 밝혀내지 못하게 될지도 모른다는 것이다.

그러므로 기존의 '품질보증방식' 중 하나를 도입하여 기업의 경영관리 시스템을 수립하기 시작하는 것은 분명 필요하다. 그러나 ISO 9000은 주로 생산관련 기준들이고 관리지원 시스템을 위한 기준들은 가지고 있지 않다. 필자들은 앞에서 특히 잘 관리될 필요가 있음을 강조했던 많은 것들에 대한 정보가 전혀 없다. 이런 점을 보완하기 위해서 TQM, EQA 등의 방식을 살펴볼 필요가 있다. 물론 이런 방식들은 그것들이 '승인'과 관련된다는 점에서 'ISO 인증서'와 유사한 점이 있지만, 이것들에는 △사업의 다른 측면들을 고려하며 △그 결과를 평가한다는 특성 등이 첨가되어 있다. 그러나 이것들은 필자들이 이 책에서 주장해 왔던 것들, 즉 경영진이 역량 또는 고객서비스 등과 같은 가치들에 대해 야심찬 목표수준을 설정해야 한다는 것에 대한 필요성

을 잘 반영하지 못한 아쉬움이 있다. 이런 결정은 선택된 전략을 반영
해야 하므로 '품질' 이라는 단어를 어떻게 해석할 것인지가 문제가 된
다. 이것은 절대적인 것인가, 아니면 상대적인 개념인가? 그리고 그 판
단은 누가 하는 것인가?

　　모든 '품질 대상(award for quality)' 들은 다양한 사업성과 측정지
표들을 조합한 일종의 '지수' 에 근거한다. 다른 지수들과 마찬가지
로, 이것도 몇 개의 측정지표들을 1개의 '파생 측정지표' 로 요약해서
'일정한 시점들' , 또는 '서로 다른 객체들' 사이에 비교할 수 있도록
한 것이다. 그 지수가 근거한 측정지표들은 비교 가능한 것들이어야
하며, 모든 사람들이 그것들을 '상대적 가중치' 에 따라 조합하기 위
한 한 가지 모델에 동의해야 한다. 그 한 예가 소비자 물가지수이다.
그러나 이것 역시 의견불일치의 가능성을 보여주고 있다. 즉 일부 경
제학자들은, 1% 정도의 연간 물가 상승률을 기록한다는 것은 소비자
물가 지수가 일정한 기간에 걸친 품질향상에 대한 상호비교를 교정할
수 없음을 보여주고 있다고 주장한다. 그래서 현재에는 소비자 물가
지수에 대한 다양한 대안들이 논의되고 있는 실정이다. 사실상 모든
조합된 측정지표들은 인과관계에 관한 일정한 가설에 근거하게 된다.
필자들은 이것이 BSC 프로세스 토론의 주요 주제임을 여러 번 강조하
였으며, 제7장에서는 이것을 더욱 자세히 다룰 예정이다.

　　이상 언급된 품질 인증을 위한 모델들에 있어서는, 기본적으로 서로
다른 많은 측정지표들을 '인증된' 한 가지 측정지표로 통합시키게 된
다. 종종 다수의 기준들이 충족되어야 할 경우 그 절차는 일종의 '체
크리스트' 와 같은 것이 된다. 그러나 이것은 '지수적 가중 평균' 의 일
정한 특성을 포함할 수도 있다. 예를 들어, '전사적 품질관리 유럽모델

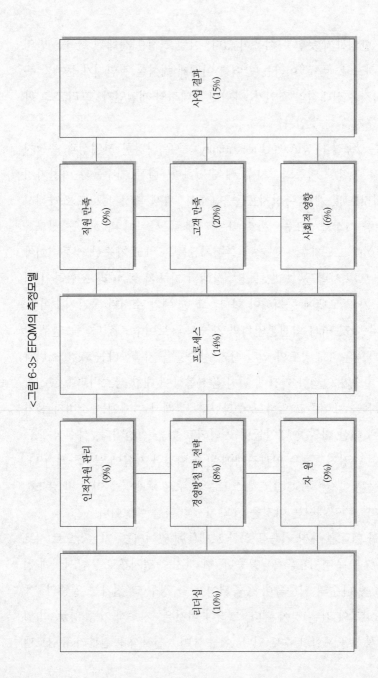

<그림 6-3> EFQM의 측정모델

자료원 : Adapted and reprinted with permission from *EFQM Self-assessment Guidelines*, European Foundation for Quality Management (1998)

(1998년 유럽 품질관리 협회, 즉 EFQM에 의해 출간됨)'의 경우 총 100%의 전체 비중을 〈그림 6-3〉에서 보듯이 몇 개의 평점요소들 간에 할당하고 있다.

EFQM에 따르면, 이 모델은 전유럽에 걸친 광범위한 협의를 거쳐 수립되었으며 해마다 수정되고 있다고 한다. 좀더 구체적으로 설명하자면, 이 절차는 △언어적 묘사에서 출발하여 △숫자적 등급이 매겨지며 △그 후 가중 평균값으로 조합되어 진다. 이때 측정지표들은 주로 '자가 진단' 시 사용된다.

EQA의 첫 번째 수상자는 1992년 제록스사이다. 이 기업의 EQA 지원 서류를 보면 자기 기업의 측정 결과 및 비즈니스 프로세스들이 포괄적으로 묘사되어 있다. EFQM이 출간한 자료에는 기재양식, 세미나 등을 비롯한 절차에 필요한 다양한 방식들이 설명되어 있다. 그러므로 실제에 있어 기업들은 다양한 분야에서 그들의 목표 수준을 선택할 수 있다. 그러나 EFQM과 필자들의 생각과 다른 점 한 가지는, 기업들이 프로세스 개발 또는 환경 분야에 현재의 가중치 비율보다 더 많은 가중치를 주려고 한다는 사실을 EFQM 관계자 중 아무도 명백히 인식하지 못했다는 것이다. 이러한 관행은 필자들이 희망하는 BSC 개념의 적용방식과는 뚜렷한 차이를 보인다.

자, 이제 요약해 보자. BSC 개념의 '측정지표들에 대한 토론 강조'는 지난 20여 년간 출현, 발전되어 온 다수의 품질관련 이론들을 상기시킬지도 모른다. 필자들은 이것들과 BSC가 서로 반목할 이유는 전혀 없다고 본다. 그러나 양자가 모두 사용되어지고 있는 기업에서는 두 방식 간의 관계를 명확히 하는 것이 중요하다.

- BSC는 사업전략의 요점이 나타날 수 있게 설계되어야 한다. 일부 품질관련 프로젝트들의 경우, 주로 '지역적 상황' 및 '해당 사업단위가 중요시하는 것'에 기초하는 경향이 있다(동시에 일부 기업들에서는 TQM과 관련해서 새로운 사고를 촉진하려는 시도를 하고 있으며, 때로는 BPR과 같은 '파격적'인 발상까지 수용해 보려고 노력하고 있다).

- ISO 인증서 방식은 '고객에 대한 제품, 또는 서비스 제공'과 같은 비즈니스 프로세스에 초점을 맞춘 접근법이다. 기업 내 다른 프로세스들을 측정하고 향상시킬 수 있는 방식의 보완이 절실하다.

이런 방식들이 사용될 때, 특히 품질에 관해 논하고자 할 때 언제나 부딪치는 딜레마가 있다. 즉, 좋은 사업은 어떻게 알아낼 수 있을까? 특히, 그 결정에 영향을 미치려는 사람들이 여러 명 있는 경우에 어떻게 합의에 도달할 수 있을까? 물론 합리적인 선택에 기초한 논리적 추론을 통해 별문제 없이 바람직한 전략을 발견해 낼 수도 있겠지만, 대부분의 경우 최종적인 결론을 내리기 전에 다양한 대안들에 대해 생각해 볼 시간이 필요하다. 비단 사업전략 개발에 있어서 뿐 아니라, 우리들의 개인적 생활(구매, 직업선택 등)에 있어서도 마찬가지이다. 하지만 전자의 경우에는 다수의 사람들이 참여하는 토론이 필요하다는 점이 다르다. 이것을 위해서는 가능한 많은 '사업구상'들을 구체적이고 명백할 필요가 있으며, 필자들이 이상 언급한 모든 방식들은 기업이 그 자신에게 알맞은 모델을 설계하려 할 때 도움이 될 수 있다.

넷웨스트 라이프사

넷웨스트 라이프(National Westminster Life Assurance, NWL)사는 생긴지 얼마 안된 기업이다. 1991년 9월에 넷웨스트 그룹(NWG)은 NWL사의 설립을 발표하였으며, 1993년 1월 신생 기업에 대한 주식 거래가 개시되었다. NWL사는 영국에서 생명보험, 연금, 장기투자 상품 등을 취급한다. 처음 4년간 NWL사는 2억 파운드 이상의 '주주 유보이익(retained earnings for shareholders)'을 창출했으며, 1997년 당시 종업원의 수는 약 500여 명이었다. NWL사는 인증된 '인적 투자 기업(Investor in People)'이며, 1996년, 1997년 연속 유럽 및 영국 품질 대상 모두에서 최종 결선에 올랐다.

초기전략은 1991년 NWL사의 창립 후 경영진을 돕기 위해 넷웨스트 그룹이 개발한 사업 운영방안에 기초하였다. 이 운영방안은 1992년에 이사진에 의해 준비되었으며, 그 해에 다음과 같은 기업의 전략적 의도가 천명되었다. 즉, '우리는 산업 전반의 수준을 끌어올리는 방식으로 1990년대를 주도해 나가는 생명보험사를 구축하겠다' 일단 NWL사의 방향이 확정되자 1992년 8월에는 비전선언문이 입안되었다. 이것은 NWL사가 '직원의 고용' 및 '기업 운영방식'이라는 두 가지 측면에서 탁월한 사업을 구축하기 위한 기반을 다지기 위함이었다. 그 첫 번째 비전은 이해관계자들에 대한 일련의 '충실서약'들로 시작한다. 이 충실서약들은 다음과 같이 요약될 수 있다. '우리는 우리가 선택한 금융서비스 부문의 선두주자가 되겠다. 뛰어난 서비스, 정직한 상품, 우월한 투자이익 등을 통하여 고객의 전인생에 걸쳐 첫 번째로 선택받는 기업이 되겠다'

1996년 그들의 기업 변신 프로그램의 일환으로 이사진은 연간 직원

의식조사 결과를 참고로 하여 지속적으로 비전선언문과 기본지침의
적정성을 검토하였다. 이와 같은 작업은 '첫 번째 선택(First Choice
for Life)'이라는 한 마디의 '비전요약'에 귀결되었다. 이 새로운 '비
전요약'은 다음 세 가지 목적에 기여한다.

- 직원들의 의견에 귀기울이며 즉각적이고 실제적인 응답을 한다.
- NWL사의 성공은 고객과 NWL사 직원 사이의 장기적 관계에 의
  존함을 인식한다.
- NWL사 사업의 특성을 반영한다.

기업 변신 프로그램의 일환으로 기본지침 역시 재검토되었다. NWL
사의 철학에 기초하여, 기본지침은 △핵심업무 운영방침 지원 △의사
결정 가이드 △직원들이 함께 일하고 싶어하는 기업 창조 등을 위해
개발되었다. 또한 9가지의 각 기본지침들에 대해서는 '기대 및 의무'
가 설정되어 있다.

처음부터 NWL사는 기업이 TQM의 기본 개념에 근거해야 한다고
생각했으며, 경영진은 기업운영 모든 면에서의 품질 성과가 경쟁우위
확보의 근원이 된다고 생각했다. 이념, 그리고 그것과 일치된 전략을
바탕으로 1992년 NWL사는 주식 거래가 시작되기 이전에 EFQM 멤버
자격을 획득하였으며, 1994년에는 '영국 품질협회(British Quality
Foundation)'의 창립 멤버가 되었다.

처음부터 NWL사는 앞서 나가는 조직들이 일반적으로 △재무 및 사
업성과라는 '경성(hard)' 측정지표 △적절한 기업문화 창조 및 유지
와 같은 '연성(soft)'의 발전적 사안 양자 모두에 초점을 두고 있다는

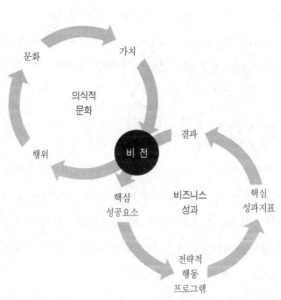

<그림 6-4> NWL사의 효과적 순환

것을 잘 인식하였다. 이러한 인식의 결과, NWL사는 '효과적 순환 (virtuous circles, 〈그림 6-4〉)'이라는 모델을 개발하였다. 이 모델의 목적은 조직으로 하여금 이러한 '균형된 시각'을 유지할 수 있도록 하기 위한 것이었다.

1992년 이래로 NWL사는 비즈니스 BSC를 사용해 왔으며, 이것은 넷웨스트 그룹 내에서 성과관리의 기본구조 역할을 했다. 비즈니스 BSC의 개발 당시 프로젝트팀이 구성되었는데, 그 구성원들은 고위관리자 및 이사회의 멤버들이었다(총 8명). 이 프로젝트팀은 '비전의 실천'이라고 불린 워크숍을 통해 △재무 △고객 △내부적 품질 △조직의 발전 등 네 가지 시각을 결정했다. 비전은 '핵심 성공요소(사업은 장기적으로 어느 분야에서 성공을 해야 하는가)'들로 세분되었으며, 핵심 성 과지표 및 실제적 측정지표들이 판명되었다(사업이 장기적으로 성공하 려면 단기적으로 어떤 것들을 측정해야 하나). 이 워크숍을 통해 조직 발전 의 핵심 사항들이 서류화되었으며, 이로써 NWL사는 기업의 발전을 측정하고 점검하기 위한 기본 방침들을 수립할 수 있게 되었다.

또한 NWL사는 그 당시 넷웨스트 그룹 내에서 '비즈니스 BSC'의 관점에서 보고를 시작한 첫 번째 주요 사업단위였다. 1991년과 1992 년 동안 넷웨스트 그룹은 단지 그들의 성과관리 체계를 BSC 개념에 맞추기 위한 몇 가지 '실험적 프로젝트'들만을 수행했을 뿐이었다. 초 기 단계에서 비즈니스 BSC는 주로 △사업의 이해 △네 가지 시각별 정보의 분류 △사업의 조직 가이드 등의 목적으로 사용되었다.

그후 1992년 이사진은 '사업탁월성 모델(business excellence model)'에 매혹되었다. 그 이유는 이것이 사업성과측정을 위한 객관 적 방식을 제공해 줄 뿐만 아니라 산업에 관계없이 영국 및 유럽 지역 다른 기업들의 최상의 관행들과 대비해 그들 자신의 성과를 비교 평 가할 수 있게 해준다고 생각되었기 때문이다. 그리하여 이사진은 명실 공히 '세계수준 사업'의 창조를 목적으로, 비즈니스 BSC뿐만 아니라 사업탁월성 모델도 함께 사용하기로 결정했다. NWL사는 비즈니스 BSC와 사업탁월성 모델과의 관계를 다음과 같이 설명한다.

(재무적 시각)　　　　　　　　(고객 시각)
· 재무적 결과　　　　　　　　· 고객 만족
　　　　　　　　　　　　　　· 사회적 영향

(내부적 품질)

· 자원

· 프로세스

· 비재무적 사업결과

(조직 발전)

· 리더십

· 경영방침 및 전략

· 인적자원 관리

· 직원 만족

　NWL사에서는 비전 및 기본지침이 공존했으며, 성과관리 프로세스를 통해 지속적으로 검토되었다. 연간 계획수립 과정의 일환으로, 이사진은 비즈니스 BSC의 '측정지표' 및 '사업탁월성 모델로의 연결고리들'의 두 가지를 검토 · 조정한다. 또한 직원들이 목표들을 확실히 알 수 있도록 매년 모든 직원들이 참석하는 '대화식 토론회'를 개최한다.

　비즈니스 BSC는 모든 핵심 성과지표들을 세밀히 묘사한다. 또한 '기업 행동'에 초점을 두고, 그 달성 여부를 측정하기 위한 방식으로서 이용된다. 전략 및 계획수립 프로세스에서 빠뜨릴 수 없는 부분은, 그것들과 핵심 성과지표들과의 정렬을 확인하는 것이다. 또한 NWL사는 '전략적 비즈니스 BSC'와 '운영적 비즈니스 BSC'를 동시에 사용함으로써(후자는 전자의 핵심 논지들을 반영하며, 더욱 세부적인 운영적 측정지표들을 포함한다) 단기 · 중기 · 장기 목표들 간의 균형을 확보한다.

　NWL사는 그들의 접근법이 '체계적일 뿐만 아니라 집약적'이라고 한다. 이유는, 그것이 비전 및 기본지침과 대비되어 검토될 뿐만 아니라, 그 완전성에 관해서는 비즈니스 BSC 및 사업탁월성 모델과 대비하여 검사되기 때문이다(〈그림 6-5〉 참조). NWL사는 '임원 위원회' 및 '경영관리 위원회' 양자를 모두 가지고 있다. 임원 위원회는 주로 전

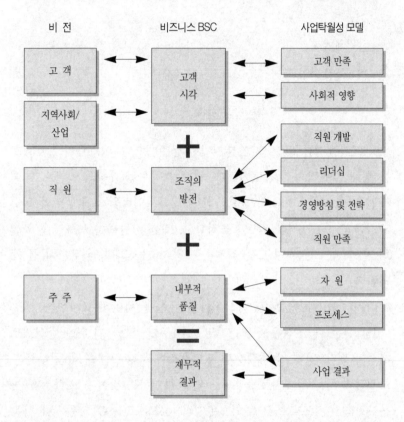

<그림 6-5> NWL사가 본 '비전, 비즈니스 BSC, 사업탁월성 모델' 사이의 연결고리들

비 전　　　　　비즈니스 BSC　　　　　사업탁월성 모델

략적 사안들에 집중하며, 경영관리 위원회는 △비즈니스 BSC의 KPI(핵심 성과지표)들의 측정 및 분석 △행동 계획의 개발 추진 △일상업무 관리 등을 다룬다. '월간 경영관리 위원회 보고서'는 이러한 내용들을 점검할 뿐만 아니라 기업 전략에 관련된 쟁점사안들도 조명하며, 그 결과는 다시 임원 위원회에 회부된다. 그러면 임원 위원회는 전략적 우선 순위들이 적절한지, 그룹 전체의 목표들과 잘 조화되는지의 사항을 검토한다. 일단 그것들이 여기서 재가되면 그 세부 사항들은 간행물들을 통해 전종업원들에게 커뮤니케이션된다. NWL사는 '커뮤니케이션'이란 그것이 효과적으로 사용됐을 때에는 매우 가치 있는 도구가 될 수 있다고 생각한다. 경영진에 의하면, 이 기업은 출발 당시부터 강한 '커뮤니케이션 문화'를 가져 왔다. 즉, NWL사의 커뮤니케이션은 '3차원적'이다. 이것은 '위로', '아래로', 그리고 '옆으로(동료 대 동료)'의 개념을 가지고 있다.

상부로의 커뮤니케이션은 다양한 채널들을 통해 달성되는데 여기에는 개인적 성과관리 검토, 정기적 팀단위 회의, 만족도 조사, '목마넘기' 회의(서로 다른 직급들간의 정기적 회의) 등이 있다. 하부로의 커뮤니케이션도 이와 똑같은 채널들을 통해 이루어지며, 그 외에도 연간 직원 회의, 사보, 월간 팀-브리핑 회의, E-메일 등을 통할 수도 있다. 이런 프로세스들은 직원들의 의견을 참작하여 개선되어 왔다. 또한 직원들은 중요한 정보 입수 수단으로서 일대일 면담, 팀-브리핑 등을 선호한다.

NWL사에서는 비즈니스 BSC가 '독보적'인 관리도구인 것은 아니다. 다른 한편으로 NWL사에서는 '사업탁월성 모델'을 사용하고 있는데 이 모델은 낮은 직급의 직원들에게는 약간 복잡하게 느껴질 수 있음을 인식하였다. 그래서 NWL사에서는 목적에 따라 각각 다른 모델들이 사용되고 있다. 예를 들어 비즈니스 BSC는 더욱 단순하기 때문에 '보상금 체계' 등을 묘사하고 커뮤니케이션 하는 수단으로 쓰여지는 반면, 사업탁월성 모델은 경영진들의 '경성(hard)' 행동계획 수립에 사용된다.

브리티쉬 텔레콤사

"1984년 민영화된 국영 기업체 BT사만큼 완벽하게 재창조된
기업은 드물다.
민영화 이후 이 기업은 비용절감, 느린 관료주의적 방식 타파 등
을 통해 전세계 통신 산업에 있어서 '압도적인 지위'를 구가하
고 있다."　　　　　　　　　　　　　　　　　　　　　(뉴욕 타임즈)

　　BT(British Telecom)사는 유선 및 무선 통신 서비스 공급자 중 하나
로서 전세계 시장을 주도해 나가고 있다. 이 기업은 영국에서 △약 2
천 7백만의 고객라인 △무선 통신 네트워크 업체인 '셀네트사(Cellnet,
BT사가 지분의 60%를 소유하고 있음)'를 통해 약 3백만의 무선 선로 등을
제공하고 있다. 이 기업의 주요 서비스는 △지역, 전국, 국제통화(전세
계 230여 개국에 직접 통화 방식)서비스 △일반 가정 및 기업에 대한 전화
선로, 장비 및 사적 회로 등의 공급 등 크게 두 가지로 나뉜다. BT사는
그 자신이 '데이터와 쌍방향 멀티미디어의 솔루션 및 미래 기술'의
개발과 마케팅에 있어 선두주자임을 잘 인식하고 있다. 또한 이 기업
은 영국에서 가장 큰 인터넷 공급자이기도 하며, 1년에 100% 이상의
성장률을 보이고 있다. 멀티미디어 역시 급성장 중이어서 영국에서만
하루에 1천만 통의 E-메일을 취급하고 있다.
　　이 기업의 조직은 크게 세개의 사업부로 구성되어 있는데, 이것들은
모두 직접적으로 고객과 거래하며, 업무별로 △개인 고객 사업부 : 일
반가정 고객 상대 △기업 사업부 : 영국 내 기업 상대 △국제 사업부 :
다국적 기업 상대 등으로 나뉘어진다. 이외에 네트워크를 운영하고 관

리하는 '네트워크 앤 시스템즈(Network and Systems)' 라는 대규모 지원 사업부가 있다.

BT사는 1984년 민영화 이후 많은 변화를 겪었다.

- 매출액이 2배 이상 증가하였다 : 69억 파운드(1983/4) → 156억 파운드(1997/8)
- 세전 이익은 3배 이상 증가하였다 : 10억 파운드 → 32억 파운드 (163)
- 종업원 숫자는 같은 기간 동안 거의 반으로 줄었다 : 24만1천 명 → 12만5천 명

BT사는 민영화 이후의 변신에 대해 사업 탁월성을 확립하기 위한 장기적인 의지(commitment)의 약속으로 바라본다. BT사는 '유럽 품질관리 협회' 창립 멤버 중 하나이며, 이 협회의 출범이후 '사업탁월성 모델' 을 적극적으로 사용해 왔다(〈그림 6-3〉 참고). BT사는 1996년과 1997년 2년 연속 유럽 품질대상을 수상하였는데, 지금까지 이 상을 수상한 기업 중 가장 큰 기업이기도 하다. 또한 1997년에는 2개의 사업부가 영국 품질대상을 수상하기도 했다.

BT사가 세계 통신시장의 치열한 경쟁 속에서도 지속적인 성공을 유지할 수 있었던 것은 '전세계에서 가장 성공적인 통신 그룹이 되자' 라는 그들의 비전 달성에 대해 초지 일관된 초점을 유지해 왔기 때문이다. 이 비전은 BT사의 전략에 있어서 궁극적인 목표로서 받아들여지고 있으며, 이 기업의 대표이사인 피터 본필드 경(Sir Peter Bonfield)은 이에 대해 다음과 같이 말한다.

의외로 쉽게 세계 통신 시장에서 성장할 수 있는 기회를 잡게 되었는데 (중략) 그것은 말하자면, 영국에서의 증가하는 수요, 유럽 여타 지역 등과 같이 새로이 성장하는 시장으로의 진입, 그리고 다국적 기업들의 수요 충족에 있어 세계적 선두주자로서의 기존 마켓 포지션을 유지하는 것 등을 의미하는 것입니다. 우리는 이동 통신, 데이터, 멀티미디어, 인터넷 등과 같은 선진 서비스에서의 폭발적인 성장세를 최대한 활용할 예정입니다.

BT사는 그 방대한 조직규모 및 급변하는 세계 통신시장의 기술적, 경쟁적 상황에도 불구하고 '명확하게 규정된 사업목표'에 초점을 맞추고, 진정으로 뛰어난 비즈니스 프로세스를 조직 내에 정착시킴으로써 하나로 뭉쳐질 수 있었다. 또한 BT사는 기업의 전략이 전사적으로 커뮤니케이션되고, 이해되고, 실행되어질 수 있도록 최첨단의 '전략적 계획 수립 및 관리 시스템'을 창조하였으며, '미국 생산성 및 품질 센터(American Productivity & Quality Center)' 및 '유럽 품질 협회'는 이 시스템의 혁신성과 탁월성을 공동 인증하였다.

1995년 BT사는 SPAM(strategic planning and management : 전략적 계획수립 및 관리 시스템)을 도입하였다. SPAM은 '돌파(Breakout)'라고 불리는 '비즈니스 프로세스 재설계 프로젝트'로부터 기인하였다. BT사의 최고 경영진들은 전략, 계획수립, 예산수립 프로세스 사이의 '연계'를 향상시켜야 한다고 강조한다(〈그림 6-6〉 참조).

그들은 또한 전략적 계획수립에 있어서의 핵심과제 하나를 밝혀 냈는데, 그것은 개인, 팀, 전반적 사업목표들 사이를 이어주는 명확한 '연결 고리'를 개발·지속시켜 나가야 한다는 것이다. SPAM 프로세

<그림 6-6> BT사에서 사용된 SPAM 시스템의 요소들

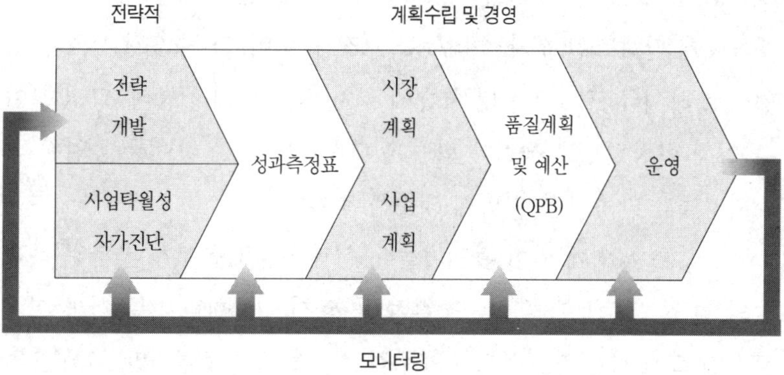

전략적　　　　　　　　계획수립 및 경영

전략
개발

사업탁월성
자가진단

성과측정표

시장
계획

사업
계획

품질계획
및 예산
(QPB)

운영

모니터링

스는 정확히 이것을 염두에 두고 개발되어진 것이다.

　BT사의 규모만큼이나 SPAM 시스템에의 투입물량 또한 어마어마하다. 즉 BT그룹, 사업부 및 부서 단위들의 전략개발 전문가들, 사업탁월성 모델로부터의 피드백, BSC, 사업계획, 마케팅계획, 예산수립 및 운영 등 모든 것들이 이 시스템에 투입된다. SPAM 시스템은 개별적인 하부 프로세스들의 투입물 및 산출물들을 조정하고 집약시킬 수 있는 '기본틀'을 제공한다.

　SPAM 시스템의 목표는, '기업의 전략'이 조직 내에서 목표설정, 계획수립, 예산수립, 일상업무 등 모든 것들을 이끌고 나가는 원동력인지를 확인하는 것이다. 비즈니스 BSC는 '전략'을 '행동'과 연계시켜 주는 기본틀을 제공하는 역할을 통해, SPAM 시스템 내의 핵심요소로 떠오르게 되었다. 성과측정표는 현재 기업 전체, 사업부, 부서 단위별로 개발되어 △주주 및 재무 △고객 및 핵심 이해관계자 △내부 프로세스 △조직의 학습의 네 가지 분야에서 우선 순위를 설정해 주는 기능을 하고 있다. 이들 네 가지 분야들은 향상을 위한 '효과적 순환 (virtuous circle)'을 창조한다. 즉, 만족한 고객은 이익을 창출하고 주주들에게 만족스런 투자 수익률을 보장해 주며, 그 증가된 이익은 기업으로 하여금 프로세스 및 학습에 투자할 수 있게 해준다. 그리고 이로 인해 향상된 프로세스와 학습은 다시 기업으로 하여금 종업원 및 소비자들을 만족시킬 수 있게 해주는 것이다.

일상업무 운영에 있어 관리자들은 성과측정표를 부서별 단위 목표들의 설정 및 검토를 위한 '조직적 틀'로서 사용한다. 기존의 방식대로라면 그 초점은 압도적으로 재무적인 것들에 맞추었지만, 이제는 업무수행에 대한 폭넓은 시야가 강조된다. 또한 성과측정표는 주요 비재무적 측정지표들의 중요성을 부각시킴으로써, 성과 동인들을 이해하고자 하는 노력을 촉진시켰다. 예를 들어 '고객 만족도'에 대한 타깃 설정은 시장 조사를 통해 소비자 만족, 또는 불만족의 핵심 동인이 무엇인지를 알아내고자 하는 노력들을 유발시켰다. 다시 이런 노력들은 프로세스의 향상을 가져왔다. 마찬가지로 '종업원 만족도'에 대한 타깃 설정도 이와 동일한 효과를 가져올 수 있었다.

부서 단위별, 사업부별 그리고 전사적인 성과측정표는 사업흐름의 전후관계를 명확하게 해주어, 관리자들이 그것들을 기초로 개인 및 팀별 목표들을 설정할 수 있게 해준다. 즉, 일상 업무적 행동들과 전사적 목표와의 일관성을 보장해 주어 이른바 '엘리베이터 테스트'를 통과할 수 있게 해주는 것이다(만약 종업원들이 엘리베이터 안에서 한 얘기와 경영진의 의도가 서로 다르다면, 그것은 조직의 진정한 목표 및 커뮤니케이션 체계에 문제가 있음을 시사하는 것이다).

앞서 밝힌 대로 BT사는 EFQM의 창립 멤버이며, 그 출범 이후 사업탁월성 모델을 적극적으로 활용해 왔다. 이 모델은 '개인적 추측'이 아닌 '사실'에 근거한 엄격하고도 구조적인 자가진단을 가능케 해주는 강력한 도구로서 간주되며, 사업향상에 대한 강점과 약점을 판명해 내기 위해 전사적으로 널리 이용되고 있다. 처음 도입 당시 이 모델과 성과측정표는 서로 중복되는 것처럼 보여져, 왜 이 두 가지 접근법들이 모두 필요한가에 대해서 의문이 제기되기도 하였다. 그러나 시간이 경과함에 따라 두 가지를 모두 사용함으로써 BT사는 상당한 이익을 얻었으며, 두 모델은 '시너지 효과'를 가지고 있는 것으로 밝혀졌다. BT사는 사업탁월성 모델을 통해 전체 사업을 검토할 수 있다고 생각한다. 이 때 이것은 이른바 '백미러'의 역할을 한다. 즉, △어디로부터 왔는가 △현재 어디에 있는가 등을 보여주는 것이다. 이 모델에서 요구되는 '엄격성'은, 성과측정표 프로세스에서 타깃을 설정할 때 기본 데이터로 사용되는 '핵심 성과지표들의 비교평가 데이터 및 그것들의 추세' 등을 확실히 파악할 수 있게 해준다. 이에 반해 성과측정표는 앞을 내다보는 기능을 가진다. 즉, 기업이 성공적이려면 정확히 무엇을 성취해야 하는가를 보여주는 것이다. 두 모델간의 관계가 아래에 제시되어 있는데, 이것을 보면 성과측정표상의 각 초점분야들은 'EFQM 사업탁월성 모델'의 1~4개 정도의 기준들과 연관되어 있음을 알 수 있다.

(주주 및 재무)

· 사업결과

(고객 및 핵심 이해관계자)

· 고객 만족

· 사회적 영향

· 직원 만족

(내부 프로세스)   (조직의 학습)

· 프로세스   · 리더십

                                  · 경영방침 및 전략

                                  · 인적자원 관리

                                  · 자원

　BT사는 1995년 이후 전사적, 사업부별, 부서 단위별 성과측정표들을 개발해 왔다. 이것들은 맨 먼저 전사적 성과측정표, 사업부별 성과측정표, 마지막으로 부서단위별 성과측정표로 '위에서 아래로'의 방식으로 개발되었다. 이 모든 과정은 소규모의 팀에 의해 관리되었는데, 초기 단계에서 이 팀은 외부 컨설턴트들과 BT사의 핵심인물들로 구성되었다. 컨설턴트들과의 공동 작업(shadowing)을 통해, BT사 사람들은 차츰 '숙련된 실행자'로 변모되었다. 기업 내에서 다른 조직단위들로 기법을 전수할 때에도 이와 동일한 프로세스가 사용되었다. 또한 '지식 관리'라는 관점에서 볼 때, 이런 기법의 전수는 '학문적 조사 연구' 또는 '자체적 업무 수행(do it yourself)' 등과 같은 형태만 가지고는 이루어 질 수 없다는 것이 판명되었다. 즉, 어느 정도 선까지는 성과측정표 전문가들이 그 방향을 잡아주어야 한다는 것이었다.

　〈그림 6-7〉은 성과측과표 도입의 주요단계들을 보여준다. 전사적 성과측정표와 사업부별 성과측정표에 있어서 프로세스의 주요 구성요소들은 전반적으로 비슷하다. 그러나 각 구성요소들은 각 상황에 관여된 임원들의 요구를 충족할 수 있도록 맞추어 설계된다.

　또한 팀 및 하부조직들의 성과측정표 개발을 위한 '속성 절차(fast track options)'들도 개발되었다. 이런 속성절차들은 '하루 정도의 위

<그림 6-7> 성과측정표의 구축 : 정식 프로세스

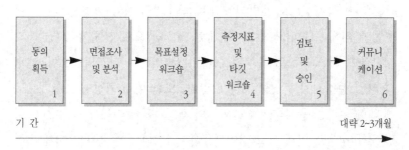

| 동의
획득
1 | 면접조사
및 분석
2 | 목표설정
워크숍
3 | 측정지표
및
타깃
워크숍
4 | 검토
및
승인
5 | 커뮤니
케이션
6 |

기 간   대략 2~3개월

크숍에 의한 것'에서부터 '주요 성과측정표 구축 프로세스의 요약판'
에 이르기까지 다양했다. 전사 프로젝트팀은 이런 다양한 접근법들을
가지고 성과측정표 도입작업을 진행시키는 동안 많은 사람들과 조직
단위들을 '성과측정표 경험'에 합류시킬 수 있었다.

또한 '정식 프로세스'를 사용하는 것이 '속성 절차'를 이용하는 것
보다 더 많은 이점이 있는 것으로 판명되었다. 그 이유로는, 첫째 동의
된 목표, 측정지표, 타깃 등에 대한 '헌신 및 합의' 정도가 훨씬 컸다.
둘째, 많은 사람들이 관여되었기 때문에 성과측정표의 커뮤니케이션
이 훨씬 쉽고 효과적이었다. 셋째, 성과측정표 타깃들과 관련된 프로
그램 및 계획 등의 창조 및 점검 역시 더욱 조직적으로 실행되었다. 반
면, 많은 시간 및 자원이 소요된다는 것이 그 단점으로 지적되었다.

BT사는 긴 성과관리의 역사를 가지고 있다. 말 그대로 수백 개의 측
정지표들이 다양한 시스템에 따라 검토되어 왔다. 물론 이것은 기업의
규모 및 운영의 기술적 본질(technological nature) 등을 감안해 볼 때
그리 놀랄만한 일도 아니다. 이런 역사는 곧 성과측정표상의 네 가지
시각들에 대한 많은 측정지표들이 이미 기업 내에 존재해 왔다는 것

을 의미한다. 그러나 이 네 가지 시각에 대한 측정 시스템들은 각각 다른 시기에 독자적으로 개발되었기 때문에 기업 내의 각 운영적 조직단위들에 의해 소유되고 있는 '별개의 시스템' 으로 간주되어 왔다. 각 시각들에 대한 최상위 측정지표들은 개별적으로 점검되었으며, 흔히 그 타깃 설정시기도 연중 각각 달랐다. 또한 이런 최상위 측정지표들에 대한 성과는 운영적 조직단위들의 책임자들에 의해 관리되었다. 이런 모든 점들로 인해 최고 경영진들은 '기업의 성과에 대한 전체적 구도' 그리고 '그 동인 및 결과들' 을 명확히 파악할 수 없었다. 그러나 성과측정표의 도입과 함께 다음과 같은 세 가지 이점을 얻게 되었다.

- 성과 분석이 전체적, 다각적 시각에서 이루어진다.
- 임원들은 제한된 숫자의 목표, 측정지표, 타깃들에 집중할 수 있다.
- 임원들이 특히 지적자본 분야를 비롯한 '비재무적 측정지표' 들의 관리에 대한 중요성을 깨닫게 되었다.

오늘날 성과측정표는 BT사의 기업 경영에 있어 빠뜨릴 수 없는 필수적 요소가 되었다. 그러나 BT사는 '끊임없는 향상' 이라는 정신에 입각하여 성과측정표의 도입으로부터 얻은 이점들을 충분히 활용하기 위해 계속 실험·학습중이다.

일부 과거 이론들 : '몇 개의 목표들' 을 통한 경영관리

BSC 개념처럼 측정지표들을 경영관리에 이용한다는 발상은 별로 참신할 것도 없는 것이다. 또한 사업의 사명을 몇 개의 목표들로 표현한다는 것 역시 전혀 새로운 것이 아니며, 이미 많은 기업들이 이것을 행해 왔다. 그 좋은 예가 '스웨덴 우체국'으로서, 이들은 1980년대 이후 △수익성 △만족한 고객 △업무를 즐기는 종업원이라는 3대 목표를 천명해 왔다. 이런 중에 가끔 '수익성' 대신 '적정한 수익성'이라는 표현이 사용되면서 전체 세 가지 목표들간의 균형 문제가 대두되게 되었다. 즉, '이익의 극대화'에 즉각적인 우선 순위가 주어지는 것보다는 '고객의 만족 극대화'와 조화된 '적정한 단기적 수익성'이 장기적으로는 더 높은 이익을 올릴 수 있는 방법이라는 것이었다.

고객 만족도를 측정하기 위해 스웨덴 우체국은 1989년에 이른바 '스웨덴 고객지표'를 개발하였다(이것에 대해서는 제7장에서 자세히 다룰 예정이다). 미국 미시건 대학교 교수인 클래즈 포넬(Claes Forenell) 박사에 의해 설계된 이 모델은 현재 '미국 고객 만족지수(ACSI)'로 발전되어 190여개 기업들에 의해 이용되고 있다(포춘지 : Fortune, 1998년 2월 16일자, pp.83~88). 스웨덴 우체국에서는 다른 일반 기업들에서처럼 '종업원 태도'를 측정하기 위해 다양한 도구들이 이용되어 왔다. 또한 세 가지 목표 각각에 관련된 단순한 측정지표들이 개발되어 전조직에 걸쳐 사용되는 중이며, 이 세 가지 목표 모두에 주의를 기울이는 것은 경영 책임의 일부분이 되었다.

'짜여진 시간표'에 의거하여 운영되는 사업에서 가장 중요한 성공요소는 아마도 '그 서비스의 질'일 것이다. 일선 업무 책임을 지고 있는 종업원들에게 있어서는 재무적 초점(비용)과 프로세스 초점(고객 관계에 미칠 영향에 따라 가중치가 각각 부여된 시간 엄수 및 다른 요소들) 등이 중요한 책임분야가 된다. 이런 식으로 해서 중요한 성공요소들이 판명되고 우선 순위가 부여될 수 있다. 또한 성과측정표를 완성하기 위해 '혁신 및 성장 측정지표'들을 첨가하는 것은 그리 어렵지 않을 것이다.

이와 유사한 개념들로서 이것보다 훨씬 더 앞선 것들도 있다. 일부 독일어와 영어 계통의 문헌들을 보면 일찍이 1950년대부터 Kenzahlen 및 핵심비율의 많은 예들이 등장하는 것을 볼 수 있다(그 예로는 Mossberg, 1977 등이 있음). 이런 것들의 목적은 경영관리를 위해 조직적이고 간결한 정보를 주는 것이다. 이런 문헌들에서 강조된 두 가지는, 첫째 측정지표의 선정은 경험, 중요성에 대한 가설 등에 근거해야 하며, 둘째 정보를 전달받은 사람은 그것을 사용할 수 있을 만큼 충분히 그 정보를 이해할 수 있어야 한다는 것이다. 이때 그 정보에 대한 이해는 다음의 세 가지 중 하나의 방식으로 와닿게 된다.

- 더욱 면밀한 조사의 필요성을 제기할 수 있는 '경보'로서
- 그런 조사에 포함될 수 있는 '진단'으로서
- 측정지표들의 일반적 가치들을 구성하는 것에 대한 '경험의 축적'으로서, 이것은 미래에 적절한 조치를 취할 수 있는 더 좋은 근거를 제공하게 된다(Mossberg, 1977, pp.40ff).

이런 모델들은 곧바로 1960년대와 1970년대의 '수단과 목적의 계층체계'에 대한 논의로 이어졌다. 즉, 한 계층의 수단이 그 다음 계층의 목적이 된다는 것이다. 그러나 기업의 인과관계를 이러한 '계층적 모델'을 통해 파악하는 것은 언제나 가능하지도 않을 뿐더러 올바른 접근법일 수도 없다. 물론 제3장에 소개한 필자들의 모델에 있어서도 바

로 이런 식의 접근을 했었으며, 만약 그것이 성공적일 경우 그것이 기업의 노력에 초점을 줄 수 있다는 것은 사실이다. 그러나 이 책에 소개된 사례들만 보더라도 이런 단순한 계층적 모델로는 전반적 목표들에 연계될 수 있는 측정지표들을 찾기가 불가능한 경우들이 많이 있다.

'몇 개의 목표들'을 통한 경영관리 이론은 1980년대 들어 소멸되었다. 하지만 이것은 이상에서 언급된 문제점들 때문은 아니다. 그보다는 경영자들이 기업의 인과관계를 나타낼 수 있는 더욱 손쉬운 방법을 찾고 있었기 때문이었다. 즉, 이익 중심점 및 기업 조직단위들을 '자회사' 형태로 변환시킴으로써 기업 내부에서 일종의 '시장관계'를 확립하려고 했던 것이다. 하지만 필자들은 이런 1970년대의 이론들 중 일부는 오늘날 재조명해 볼만한 가치를 가지고 있다고 생각한다.

BSC 개념과 다른 계획수립 이론

많은 계획수립 이론들에서 '비전 − 성공요소 − 행동계획 − 측정 가능한 목표'의 순서로 이어지는 논리적 전후관계가 밝혀졌으며, 이것은 최소한 1960년대 이후의 기업들에게 있어서는 '정설'로서 받아들여지고 있다. 1960년대 들어 '전략적 계획수립'의 개념이 사업 세계에 등장하여, 사람들은 오래 전에 군사용으로 개발된 이론들을 사업에 적용하기 시작하였다.

일부 이러한 이론들은 환경적 분석에서 출발하여 고객의 욕구를 파악하고, 이러한 분석으로 부터 전략수립을 위한 논리적 결론들을 도출한다. BSC 개념은 이러한 과거의 이론들과는 다음의 두 가지 점에서 다르다. 첫째, BSC는 '성과측정표가 어떤 특정한 방식으로 설계되어야 한다'라는 제안으로부터 출발한다는 점이다. 사용자는 네 가지 시각을 통해 성과측정표를 쉽게 이해할 수 있다. 이런 것은 사소한 문제처럼 보일지도 모른다. 그러나 실제에 있어 성과측정표는 이러한 간결성에도 불구하고 필수적인 측정지표들을 치밀하게 묘사해줌으로써 사업에 대한 효과적인 토론을 촉진시킬 수 있다는 사실이 판명되었다.

둘째, 인과관계에 관한 명확한 전략적 가설들을 강조한다는 점이다. 앞서 필자들이 수차례에 걸쳐 강조한 대로, 성과측정표의 하부에 있는 시각들은 '장기적으로 중요한 행위'들을 부각시켜 줄 수 있다. 이것들은 사람들로 하여금 '사업의 현 상황' 뿐만 아니라 '미래의 바람직한 상황'에 대해서도 생각하고 토론할 수 있게 해주는 역할을 한다. 물론 다른 계획수립 이론들이 실행될 때에도 이와 같은 주제의 토론이 열릴 수 있을 것이라고 생각할 수도 있다. 그러나 이런 이론들은 대개 현재의 소비자들 및 그들의 상황에만 근거하고 있다. 능력을 배양하고, 미래에 도달하고자 하는 세계를 위해 사업을 맞추어 나가려는 노력들은 이런 식의 추론으로는 '정당화' 되기 어렵다. 즉, 이 때 필요한 것은 필자들이 제2장에서 설명한 것과 같은 '전략적 위험감수'인 것이다.

예산의 대체물로서의 BSC

최근 들어 적어도 회의석상에서는 가끔 BSC가 예산의 대체물로 제시되고 있으며, 그에 반해 예산은 엄격하고 관료주의적인 낡은 경영관리 형태로서 인식되고 있다. 만약 예산을 "많은 계정들의 지출한계에

대해서 사전에 절대 변경할 수 없는 결정을 내리는 것"이라고 정의한
다면, 이런 견해들은 타당성을 가지게 된다. 그러나 오늘날의 예산은
다른 식으로 설계될 수도 있다. 1973년에 벌써 이 분야의 이론가들은
예산에 대해서 "재무적인 용어로 표현된, 명확한 전제 및 가정에 근거
한 행동 프로그램이며 꼭 금액으로 나타내어질 필요는 없다"라고 정
의하였다. 단지 우리가 변화하는 세계 속에서 유연성을 유지하고 다양
한 선택의 가능성을 가지고 있어야 한다고 해서 '어떠한 형식의 행동
프로그램도 필요 없음'을 의미하는 것은 아니다. BSC도 예산의 적절
한 형식이 될 수 있다.

　많은 사람들이 실제적으로 '예산'에 대해 갖고 있는 개념은, 앞선
정의보다는 훨씬 더 많이 '특정계정에 연관'되며 더욱 많은 '경직성'
을 함축한다. 그들은 아마 '사업계획'과 같은 것을 선호하며 예산이라
는 단어 자체를 아예 피하려 들지도 모른다. 물론 단어의 선택이 그리
중요한 것은 아니다. 중요한 것은 기업이 해야할 일을 결정하기 앞서
'의사결정 및 계획수립이 필요한 분야'를 먼저 파악하는 것이다. 제2
장에서 필자들은 역량 및 고객 베이스와 관련된 많은 행위들에 대해
서 이런 종류의 의사결정이 필요하다고 주장하였다. 이런 행위들은 흔
히 비재무적 용어에 의해 나타나지만, 그것들에 대해서도 역시 금전적
인, 또는 다른 자원 형태의 '비용'이 발생된다. 즉, 일정한 형태의 계획
또는 예산이 필요한 것이다.

　예산에 대해 회의적인 사람들은 일년에 한 번 예산을 준비한다는
것이 '단순한 일상적 요식 행위'로 흐를 위험성이 있음을 지적한다.
물론, 다른 '시간 간격'이 사업의 자연적 리듬과 더 잘 어울릴 수도 있
고, 어떤 경우에는 사업환경의 변화로 인해 달력보다는 그때그때 필요

에 의해 계획을 수립하는 것이 더 적절할 수도 있다. 하지만 BSC 개념에 있어서도 역시 일정한 '프로세스 사이클'이 필요하다. 예를 들어, 캐플런과 노튼은 예산과 비슷한 연간 사이클을 추천하였다. 일년에 한 번 이상 철저하게 그들의 사업전략을 검토할 수 있는 기업도 별로 없는 반면, 그보다 더 적은 빈도로 사업을 운영해 나갈 수 있는 기업도 거의 없다는 것이 필자들의 생각이다. 이런 문제는 각 기업들이 스스로 가장 잘 결정할 수 있는 실제적인 사안들인 것이다.

만약 BSC와 지적자본을 재무 회계의 손익계산서 및 대차대조표에 대한 '보완물'로 간주한다면, 〈그림 6-8〉과 같은 도해를 그려볼 수 있다. 이 그림의 화살표들은, 기업의 프로세스 및 고객 베이스 등의 개발에 든 비용들이 장기적으로 수입 및 이익에 좋은 영향을 미침으로써 기업의 '비실체적' 또는 '지적자본' 가치를 증가시키리라는 기대가 있는 경우, 손익계산서상에 계상되는 과정의 전후관계들을 보여준다.

〈그림 6-8〉에서 필자들은 수면(water)의 이미지를 이용하였다. 즉, 전통적 회계는 수면 위의 '가시적인 것'들을 보여주며, BSC 및 지적자본은 '수면 밑에 숨겨진 것들' 중 일부를 파악해 내려는 시도가 된다.

실제에 있어서 기업의 BSC는 성과측정지표들 외에 '지적자본'에 대한 측정지표들도 포함하게 된다. 그러므로 BSC는 손익계산서뿐만 아니라 대차대조표도 되는 셈이다. 이때 자산은 측정기간 동안의 단순한 변화가 아닌 △시장점유율 △역량과 관계된 현 상황 △개발중인 제품의 저량 △그 외 기타 항목들 등을 포함하게 된다.

이 그림이 보여주는 시각은 중요한 것이다. 전통적 재무 회계로는 현실을 정확히 나타낼 수 없다. 예를 들어 R&D, 교육훈련, 프로그램의 구입 등 미래를 위한 준비에 지출된 것들은 여기에서 비용으로 보고

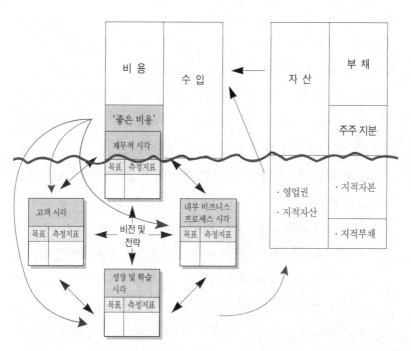

<그림 6-8> BSC와 전통적 회계

된다. 몇 년 뒤 계획대로 일이 잘 진행된다면 그 조치들은 손익계산서 상에 좋은 영향을 미치게 될 것이다. 그때까지 그것들은 보고되지 않는다. 그러므로 의미 있는 자산들이 그것들이 마땅히 받아야 할 '관심 및 존중'을 받지 못하게 되는 것이다.

　이런 지출들은, 만약 그것들이 기업에게 '장기적 가치를 가진 자산'을 발생시켰다고 인정될 수 있다면, 비용이 아닌 투자로서 보고되어야 할 것이다. 제10장에서 필자들은 이런 관행이 재무제표로까지 확대될 수 있을지를 다룰 예정이다. 비록 그것들을 재무제표상에 자산으로 보고하지 않는다고 하더라도, 경영관리의 목적을 위해 '투자'로 처리할 수도 있을 것이다. 그러나 많은 기업들은 과거에 수립된 관행을 변경하는 것을 좋아하지 않는데, 그 중 한 가지 이유는 재무 및 관리 회계 원칙들은 서로 일관되어야 한다는 생각 때문이다. 또 한 가지는, '비실체적인 무형자본', 즉 필자들이 2장에서 논의한 개념을 빌리자면 '본질상 지적인 자본'을 위해 소비해 버린 비용들을 자산으로 보고한다면 비용관리가 위험해지리라는 염려 때문이다.

하지만 이런 이유들이 꼭 정당한 것만은 아니다. 만약 지적자본을 자산으로 보고했다면 물론 그 다음해에 그것을 추적하여 그 효과를 조사하고, 사람들에게 그것에 대한 관리 책임을 물어야 한다. 이런 식으로 개선된 재무적 측정지표들은 기업이 미래에 대한 준비를 관리함에 있어 주요한 수단이 될 수 있을 것이다. 이렇게까지 하지는 않더라도 최소한 이런 지출들을 일종의 '좋은 비용(good costs)'으로 별도 처리하여, 언제나 감소시키고 피하기 위해 노력하는 '운영상의 비용'과 구분할 필요는 있다. '자원의 효과적인 이용'이라는 측면은 '좋은 비용'의 경우에도 물론 중요하다. 하지만 단기적 이익 향상을 위해 그것들을 없애려는 유혹에 굴복해서는 안 된다. 그 대신 각각의 비용 구성인자들을 고객, 프로세스, 발전 시각 등에서 그것들이 가져온 효과들과 연계시킴으로써, 그 투자로부터 얻은 것이 무엇인지를 보여주기 위해 노력해야 한다. 이것이 바로 필자들이 〈그림 6-8〉의 화살표들을 통해 이루고자 하는 목표이다.

볼보 자동차사

1993년 르노(Renault)사와의 합병계획이 무산된 후 볼보 그룹은 큰 변화를 겪었다. 무엇보다도, 볼보 그룹의 각 자회사들에 대한 비전 및 전략을 수립하기 위해 상당한 자원과 시간을 투자하였다. 1995년 초 볼보 자동차사(VCC, Volvo Car Corporation)는 '세계에서 가장 선호하는 성공적인 전문 자동차 브랜드'라는 새로운 비전을 천명하였다. 이 비전에 근거하여 기업 각 부문에 대해 세부적인 전략들을 수립했다.

전략 수립 프로세스가 진행되는 동안, 본사 경영진은 볼보 그룹의 예산 및 계획수립 시스템이 신뢰성 있는 예측을 제공할 수 없다는 사실을 깨닫게 되었다. 당시의 경영관리 시스템은 볼보사가 시장 내에서 경쟁력을 갖추기 위해 필요한 기술, 제품, 프로세스 등을 적절히 고려하지 못하고 있었다. 볼보사는 예상 시나리오를 시뮬레이션할 수 있고 사업변화에 신속히 대처할 수 있는 유연한 경영관리 수단이 필요했다. 볼보사는 이를 위해 이른바 '신계획 수립 프로세스'를 도입하였다. 이 신계획 수립 프로세스는 일종의 보고 및 관리시스템으로서, 이것을 통해 기업은 목표 및 당면한 운영계획에 초점을 맞추며, 일년에 최소한 4번 장기 및 단기 예측들을 준비한다. 이 신계획 수립 프로세스는 예산을 중시하지 않아서, '예산수립 필요 없음'이란 메시지를 전사적으로 하달하기까지 했다. 볼보사의 경영진에 따르면, 예산수립은 효과적인 사업관리를 방해하는 '형식적인 연중행사'에 불과하게 되었다고 한다.

이 신계획 수립 프로세스를 통해 볼보사는 '세부 사항'에 맞춰졌던 기존의 초점을 '목표 개념'으로 옮기려는 시도를 했다. 볼보사는 의사결정이 가능한 한 고객과 가장 가까운 곳에 내려져야 한다고 믿었다. 이런 '권한위임'을 위해서는 조기경보를 제공할 수 있는 경영관리 시스템이 필수적이다. 현실이 기대와 빗나가기 시작하자마자 기 수립된 목표를 향해 기업을 재조정할 수 있도록 사전 행동적인 결정이 내려져 야만 하기 때문이다.

VCC사의 경영관리는, 성과측정상에 그래프로 나타난 성과지표들에 근거하여 각 조직단위들을 측정함으로써 이루어진다(〈그림 6-9〉참조). 이때 성과지표들은 관련성이 있고, 측정이 용이해야 하며, 재무적·비재무적 지표들로 구성되어야 한다. 더 나아가 이것들은 장기·단기 양면에 걸쳐, 직·간접적으로 '재무적 성과' 또는 '투하 자본' 둘 중 하나에 연계되어야만 한다.

각 성과지표들에 대해 목표들이 설정되는데, 이 목표설정 프로세스는 그 조직단위의 '기대 포지션'에 대한 명확한 규정과 함께 출발한다. 종종 이 단계는 사업개발 및 전략 수립 프로세스 등을 통해 이미 완료된 상태인 경우도 있다. 이 다음 단계는 그 조직단위들을 기대 포지션으로 가져다 줄 성공요소들을 규정하는 단계이다. 이 핵심 성공요소들은 그 후 측정 가능한 목표들로 전환된다. 이때 이 목표들은 △달성 가능해야 하며 △쉽게 이해될 수 있고 △종속적인 목표들로 세분될 수 있고 △각 조직계층에 적응될 수 있어야 한다. 또한 각 목표별로 완료 일정이 설정되며, 그 진행상황에 대한 장·단기 예측이 가능해야 한다.

예측은 매 분기별로 행해지는데 단기예측은 그 해와 그 다음해에 대해 월별로 행해지며, 장기예측은 향후 2년간에 대해 행해진다. 그 결과 과거 2년간을 포함하여 총 5년의 기간이 초점 안으로 들어오게 된다. 이런 식으로 해서 볼보사 경영진들은 언제나 추이를 파악할 수 있으며, 사전 행동적인 결정을 내릴 수 있게 된다. 성과는 연중에 진행상황에 근거해 모니터되며 각 성과지표들에 대해 예측, 관리, 미래 추이 등이 지속적으로 토론된다.

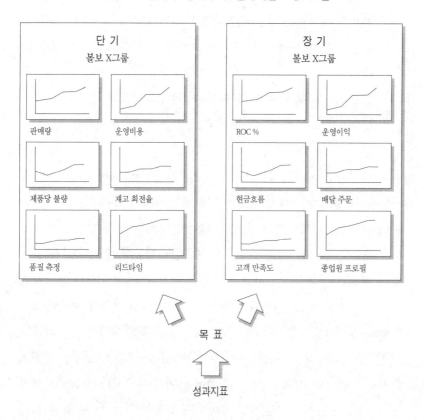

<그림 6-9> 단기적 · 장기적 지표들에 대한 그래프 표현

그 후 각 측정지표들의 추이가 몇 개의 서류들로 제시된다.

■ 사업계획 : 사업계획은 4년 기간에 걸쳐 진행되며 1년에 2회 경
  신된다. 측정지표들의 추이들은 1년에 1회 또는 2회 제출되고 분
  석된다. 이 보고서 측정지표들의 대부분은 비재무적이다.
■ VCC 성과보고서 : 이 보고서는 사업자체에 초점을 맞춘다. 또한

이 보고서는 2년의 기간에 걸쳐지며 1년에 11회 경신된다. 측정
지표의 추이들은 매월 제출되고 분석된다. 이 보고서의 측정지표
들은 주로 재무적이며, 추이는 그래프 또는 도표의 형태로 나타
내진다.

■ 프로젝트 목록 : 프로젝트 목록은 결정되었거나 진행중인 프로
젝트들의 진행상황들을 보여주며, 일년에 6회 경신된다.

이상 언급한 서류들 외에도 다소 표준화된 자료로서 '사업상황 요
약'이라는 보고서가 매월 경영진에게 제출된다. 여기에서는 기업의 상
황이 5개의 재무적 측정지표 및 5개의 '긴급사안'들의 형태로 요약된
다. 이때 '긴급사안'이란 관련추이 및 미래 행동의 중요성 등을 감안
하여 경영진이 특히 강조하는 사안들을 말한다. 이런 식으로 볼보사는
'재무 및 비재무적 측정지표', '장기 및 단기'간의 균형을 추구한다.

VCC 성과보고서는 VCC의 각 조직단위들로부터 제출된 보고서들로
구성되어 있다. 각 조직단위들은 성과측정표상의 성과지표들(VCC 관리
책임자에 의하여 사전에 결정된 지표들)에 근거하여 모니터된다. 성과측정
표와 함께 △추이 △목표와의 차이 △주목할 만한 사항 등에 대한 의
견들이 포함되며, 이때 목표와 차이가 있는 부분에 대해서는 행동계획
이 수반되어야 한다. 이런 보고는 서류상으로 뿐만 아니라 대표이사가
소집하는 월간 검토회의에서 구두로도 행해진다. VCC 성과 보고서를
통해 다수의 성과지표들이 볼보 그룹의 경영진들에게 보고되며, 이것
들은 이익, 고객 만족, 품질, 원가, 운영자본 등에 관한 것들이다.

실제 성과결과들을 예측과 대비해 지속적으로 측정함으로써 기업
은 기 수립된 목표들을 달성하기 위한 행동 계획들을 언제나 준비할

수 있다. 볼보사에 따르면, 이런 점이 '성과보고'와 '연간 예산수립' 사이의 주된 차이점이라고 한다. 그러나 예측은 상황변화에 따라 계속 수정되지만 장·단기적 목표들이 언제나 고정되어 있어야 하는 분야들을 위해서 '확대목표(extended objective) 설정 프로세스'가 있다. 그럼으로써 처방적 행동계획들이 얼마나 효과적인지를 알 수 있다.

볼보사는 VCC 성과보고서를 '관리'라기보다는 '경영 수단'으로 생각한다. 즉, 성과측정표에 따라 성과지표들을 측정함으로써 경영진은 사실적인 자료를 얻을 수 있고, 이것에 근거하여 처방적 행동 프로그램들을 준비함으로써 효과적인 후속 조치들을 취할 수 있게 되는 것이다. 이러한 전과정을 통해 각 관리자들은 '행해져야 하는 것'에 대비해서 '실제로 행해지고 있는 것'을 파악할 수 있게 되는데, 이것이야말로 실제적인 경영의 본질이라고 할 수 있다.

VCC 성과보고서의 앞부분에 VCC사의 포괄적 현황이 제시되기 때문에 약 15분 정도면 그 개관이 가능하며, 그 나머지 부분들은 더욱 완벽하게 기업의 현황을 알고자 하는 사람을 위한 것이다.

이상의 VCC사에 대한 설명들은 필자들이 직접 경영진들과 인터뷰한 내용들을 요약한 것이다. 물론 지역적 조직단위들에 있어서는 경영시스템의 변화가 다르게 보여질지도 모른다. 일부 조직단위들은 기존의 품질관련 측정지표들을 '새로운 계획수립 시스템 내에서' 사용하기로 결정하였으며, 그 결과 당연히 전과 크게 달라졌다고 느끼지 않을 것이다. 또한 '예산수립 필요 없음'이라는 메시지가 하달되었다 하더라도 지역적인 조직단위들은 예를 들어 '표준원가' 등을 산출해내기 위해 여전히 예산에 대한 필요성을 느낄지도 모른다. 그러나 이 같은 경우에도 주요한 차이점이 있다고 보아야 한다. 즉, '성과측정표적 사고'는 기업 각 계층들간 상호작용을 강조하는 반면, 예산은 그 조직 단위 수준으로 한정된다.

그룹 회사의 경우 한가지 중요한 문제는, 성과측정표상의 다양한 사업상황 중 '어느 수준까지 관심을 가져야만 하고, 또한 가질 수 있는가'라는 문제이다. 그룹들은 자회사들을 단순한 '재무적 투자'로서 간주하고, 그것들을 통해 얻는 투자수입에만 관심을 갖는 경우가 많다. 그에 반해 일종의 '시너지 효과'를 찾는 것이 전체 그룹 전략의 일부분이라면 경영진은 당연히 다른 많은 측정지표들에 대해 관심을 갖게 되고 미래 전략에 대한 토론에서도 주도적인 역할을 하게 될 것이다. 이런 시각 차이는 측정지표의 선택뿐만 아니라 전체 경영관리 시스템에까지 영향을 미칠 수 있다.[2] 그러나 거대 그룹의 경영진들조차도, 비재무적 측정지표들이 미래 이익과 관련해 조기경보를 제공함으로써 그룹의 부문들이 너무 단기적인 것에만 집착하지 않도록 조정해주는 가치를 지니고 있다는 사실을 발견할 수 있을 것이다.

성과측정표의 종적·횡적 이용

예산은 원칙적으로 사업에 대한 '종적 관점'에 근거한다. 즉, 예산은 더 상위의 조직단위에게 승인을 얻기 위해 제출하게 된다. 이 경우 성과측정표는 전통적 재무제표들에 대한 보충자료로서, 사업단위가 고위 관리자들에게 지적자본 개발에 대한 지출 승인을 요구할 때 제출하는 일종의 '보완 서류'가 된다.

이에 반해 ABB사 같은 경우에는 경영관리 프로세스에 대한 '횡적 접근'의 일환으로 그들의 BSC 모델을 사용하고 있다. 거기에서 각 조직단위들은 동일한 가치창조의 흐름에 관계된 다른 조직단위들과 협의하여 그들의 업무에 가장 적합한 설계를 발견하게 된다.

어떤 접근법이 옳으냐에 대해서는 의견이 일치되지 않지만, 접근법에 따라 성과측정표는 약간 다른 형태로 나타나게 된다. 즉, 종적이고 예산과 비슷한 프로세스는 좀더 장기적으로 사업의 범위를 규정해 주고 초점을 주는 데 기여하게 될 것이다. 이익에 대한 요구는 이른바 '좋은 비용'의 규모와 '조화'되어야 한다. 왜냐하면 '좋은 비용'은 미래 사업에 필요한 역량들을 개발하는 데 쓰여지기 때문이다. 이런 '조화'는 또한 사업의 위치, 매장 또는 사무실의 숫자 등과 같은 문제들을 결정하는 경우에도 항상 필요하다.

이에 반해 횡적 접근은 다른 목적들을 가지고 있다. 가치창조의 흐름을 따라 △고객서비스 목표수준 같은 문제들에 동의하고 △다양한 프로세스들에 대한 소요시간을 조정하며 △기업 내 사용자들에 의해 요구되는 역량들을 개발하는 것 등은 중요하다. 이 경우에는 종적인 접근의 경우보다 단기적 관점에 근거하게 된다.

때때로 횡적 시각은 더 확대되어 다른 기업들을 포함하게 될 수도 있다. 필자들은 성과측정표가 공급자들과의 '공동목표 설정 작업'에 있어 큰 도움을 줄 수 있으리라고 믿는다. 그리고 더 나아가 그 협력관계를 더욱 긴밀하게 해주어 궁극적으로는 '가상조직'의 실현으로 이끌어 줄 수 있을 것이다. 필자들은 아직까지 이런 종적·횡적 균형의 문제를 완전히 해결한 기업을 보지 못했다. 이것은 매트릭스 조직의 기본적인 문제점 때문이다. 하지만 당면과제는 적절한 균형을 찾아 성과측정표와 프로세스를 각 차원의 실제적 중요성들에 맞추는 것이다.

이를 위해서는 '조직단위의 성과측정표를 통해 보여주고자 하는 것이 무엇인가?'라는 질문을 그 출발점으로 삼는 것이 좋다. 전통적 성과측정지표 및 예산관련 측정지표들의 좁고, 단기적인 초점으로 말미암아 기업이 방향감각을 상실할지도 모르는 경우에는 성과측정표의 도움이 필요하다. 한 조직단위가 계층적 구조(종적) 및 프로세스(횡적) 양자에 의한 요구사항들을 모두 충족시켜야 하는 경우를 생각해 보자. 우선 이런 상황은 '공학적 생산품군'에서 흔히 볼 수 있다. 이런 산업 분야에서 반제품의 생산자들은 다음 단계의 기업들에게 그들의 제품을 보낸다. 또한 그곳에서의 시간과 품질 등은 멀리 떨어진 최종 고객들의 반응에 영향을 미치게 된다. 또한 공항의 수하물 서비스에서도 그런 상황을 볼 수 있다. 거기에서 여행자가 어떤 인상을 받느냐는 도착시 또는 출발시의 일련의 절차들에 따라 달라지게 된다(이 경우 법적으로 독립된 여러 기업들이 한가지 '동일한 프로세스'를 위해 일한다).

이러한 상황들에서 성과측정표가 필요한 주된 이유들은 다음과 같다.

1. 조직 내 다른 조직단위들의 성공에 기여(횡적) : 시간과 품질 목표들을 충족시키는 것은 종종 자기 조직단위의 재무적 목표들과 상충된다. 보상과 벌칙을 가진 고도로 세련된 조직에서조차 전반적인 이익에 해로운 '부분 최적화'라는 결과를 종종 가져오게 된다. 이때 필요한 것은 '전체 프로세스의 성공'에 대한 초점을 창조하여 그것을 가치창조의 흐름에 따라 관리하는 것이다. 성과측정표는 '전체 흐름의 성공'에 대한 측정지표들을 포함할 수 있다. 여기에서는 '횡적 성과'에 대한 책임이 '종적 이익목표'들을 보완하게 되며, 경우에 따라서는 아예 그것들을 대체할 수도 있다.

2. 재무제표상에 투자로 보고되지 않는 '미래에의 투자'(주로 종적) : 사업에 성공하려면 조직단위는 그것의 역량, 물리적 자산, 구조적 자본 등을 적절하게 관리해야 한다. 이런 목적을 가진 지출이 '좋은 비용'임은 앞서 여러 차례 언급한 바 있다. 이런 종류의 장기적 자산을 배양하는 것은 주주들의 관심을 끈다. 그러므로 전통적인 계층구조에 의한 경영관리를 보완하기 위한 측정지표들의 사용이 필요하다.

3. 일선 업무들의 고객 태도, 데이터베이스 등에 대해 미치는 부대 효과들(collateral effects, 횡적 · 종적 모두) : 모든 종업원들이 그들이 얻은 정보들을 서류화하고, 향상 방안을 제출하고, 흐름 내에서 전에 저지른 실수들을 교정하고, 고객들을 만족시키며, 좋은 근무환경 조성에 기여할 수 있는 것 등에 시간을 투입하는 것은 중요하다. 이렇게 함으로써 기본적 제품 및 서비스 외에 '부대 이익'들이 발생되게 된다. 그러나 성과측정지표들은 이런 이익들을 적절하게 나타낼 수 없다. 하지만 만약 이런 부분들이 소홀히 된다면 그 피해는 조만간 현실로 나타나게 된다.

이런 일선업무 조직단위들의 행위들로부터 발생되는 3가지 부대 효과들은, '매트릭스적'인 상황에서 성과측정표상의 측정지표들이 계층 구조 내에서 위쪽으로(종적으로) 뿐만 아니라, 가치창조의 흐름을 따라 바깥쪽으로도(횡적으로도) 정보를 보낼 수 있다는 것을 보여준다. 고객 시각의 일부 품질측정지표들을 포함한 '프로세스 측정지표'들은 주로 흐름을 따라 '횡적인 협동'에 관계된다. 그에 반해 재무적 측정지표들과 일부 역량 및 구조에 관한 측정지표들은 주로 '종적인 책임'과 관계된다. 이런 이분법은 많은 기업들에 있어서 종적 차원(자원의 생산 및 배양)과 횡적 차원(자원의 활용 및 요구사항의 제공) 사이에서 발견되는 '2원성(dualism)'의 결과이다. 성과측정표는 이 두 가지 사이의 균형을 찾는 것을 도와줄 수 있다.

일반적 경영관리 개념으로서의 성과측정표

성과측정표는 일종의 언어로서의 기능을 가진다. 즉, 사업의 사명 및 진행상황을 묘사하는 간결한 방법인 것이다. 그러므로 제3장에서 필자들이 제시한 구축 프로세스는 기업 자신의 '고유한 언어'의 개발 및 사용에 관한 것이었다고 볼 수도 있다. 그 공유된 언어는 사업전략에 대한 공유된 관점을 개발하기 위한 도구가 된다. 이런 과정을 통해 사명들이 각 조직단위, 더 나아가 이론적으로는 개인적 수준에 이르기까지 규정이 되며, 또한 비용, 수익성, 장기적 윤곽 등에 관해 많은 문제들이 제기된다. 필자들이 앞서 예산과 성과측정표를 비교해 본 것도 이러한 맥락에서였다. 이 프로세스는 '많은 기업들에서 이미 경영관리를 위해 사용중인' 다수의 도구와 방식들에 관련되게 된다.

필자들이 작업했던 일부 기업들에서는 이미 '작업흐름 접근법'에 근거한 프로젝트들, 또는 새로운 형태의 관리 등이 진행중이었으며, 이때 문제는 'BSC를 이러한 프로젝트들과 어떻게 연계시키느냐'였다. 또한 필자들은 때때로 TQM, BPR, ABC 등을 이미 시도했던 곳에서 '세개의 철자로 된 약어 명칭 모델'에 대한 총체적 불신임 현상을 발견했다. 그러므로 필자들은 지금부터 성과측정표가 경영관리에 있

어서 어떻게 일반적인 개념으로서 기능할 수 있는가에 대해 설명하고
자 한다.

이를 위해서는 먼저 경영관리 시스템의 다양한 부분들이 어떻게 상
호 작용하고 있는지 알아보는 것이 좋을 것이다.

- 흐름 및 행위를 상세히 나타내는 것(프로세스 지향주의)은 측정대
  상을 찾고 사업을 묘사함에 있어 좋은 출발점이 된다.
- ABC(활동기준 원가계산)는 '행해진 것'에 대한 원가 및 '원가동
  인', 즉 '그 근저에 있는 인과 관계' 등을 파악한다.
- 자본 예산수립 절차는 현재와 미래 사이의 균형적인 관리를 위
  해 중요하다. 기업은 언제나 미래 현금흐름에 대한 투자의 모든
  결과들을 낱낱이 파악하기를 희망한다. 그래서 많은 기업들은 새
  로운 장비가 설치되었을 때, 자문비용과 같은 간접비용, 그들 자
  신의 업무시간 등에 대한 효과를 조사한다. 그러나 명확한 물리
  적 자산이 포함되지 않는 '비실체적 투자들'은 자본예산 편성 ·
  검토시 잘 밝혀지지 않는다.
- 일부 간접비용들은 오늘날의 제품 및 고객들에게 연관시키기 힘
  들다. 많은 지원부문 작업들이 이에 속한다. 이런 항목들의 크기
  를 나타내는 전통적 절차가 예산 프로세스이다. ABC의 목적이 이
  런 종류의 간접 비용들에 대한 '동인'들을 판명해내기 위한 것이
  긴 하지만, 언제나 예산을 통해 관리되어야 하는 나머지 항목들이
  있게 마련이다. 이런 항목들은 가끔 '재량 지출(discretionary
  spending)'이라고 불려진다.
- 책임회계, 비용관리 및 현금흐름은 신속한 보고를 요구하며, 이

때 그 보고가 일정한 성과측정표상의 측정지표들에 의해 보완된 것이라면 더욱 좋다. 일반적으로 '전통적 예산 검토작업'에서는 예산기간을 엄격히 적용하며, 예산대비 실적비교에서 발견된 차이내역들에 대한 세부적 설명들로 일관하게 된다. 그러나 근래에 들어 그 대신 △예측 △지속적인 회계 정보의 경신 △조기경보 등을 강조할 수 있는 방향으로 재무보고체계를 개선하는 경향이 널리 퍼지고 있다.

현재 몇몇 큰 기업들은 원가동인을 잘 파악하는 한편 그들의 사업에 '프로세스 접근법'을 적용할 수 있는 방법을 모색중이다. 또한 일부기업들은 전사적 수준에서[3] 'ABC 모델에 근거한 원가동인 조사'와 '프로세스의 도식화'를 조화시키려는 시도를 하고 있다.

필자들은 앞에서 많은 기업들이 미래에 대한 준비로서 그들의 역량 배양을 위해 많은 자원들을 투자해온 것에 대해 설명했다. 하지만 그들이 자신들의 비즈니스 프로세스를 검토하고 그 프로세스들을 자원소비와 연계시키기 위해 ABC를 사용했을 때, 그 행위 및 원가들 중 많은 부분들이 '현재의 제품 및 고객들'에게 연관될 수 없으리라는 것이 필자들의 생각이다. 현재 비용의 주요 부분들은 '미래 행위능력' 또는 '단기적 윤곽 창조'에 대한 '투자' 쪽에 가깝다. 즉, '좋은 비용'인 것이다. 다시 말해서 그것들은 필자들이 앞에서 언급했던 성과측정표의 중요 분야와 관계된다. 이런 문제들에 대해 적절한 의사결정을 내리기 위해서, 기업은 긴급히 요구되는 다양한 노력들을 어떤 차원에서 규정할 것이며, 그것들 사이의 균형을 어떤 식으로 찾을 것인가를 토론해 보아야 한다. 필자들의 입장에서 볼 때 성과측정표는 이런 문제들을 묘사할 수 있는 좋은 형식이 된다. 즉, 성과측정표는 '성취된 것'과 '거기에 투입된 비용'을 나타내 줄 수 있다. 또한 이런 노력들이 결정되고 평가될 때에는 '투자적'인 시각이 필요하다. 즉, 장기적인 기대이익과 단기적 희생을 비교해 보아야 한다.

캐플런과 쿠퍼(1998, pp.311~312)도 이런 상호작용을 비슷한 시각에서 보았던 것처럼 보인다. 하지만 그들은 이것을 더 이상 전개시키지는 않았다. 그들은 활동기준 예산수립이 제품, 서비스, 고객 등으로부터의 요구에 의해 촉발된 행위들에 대해 잘 적용될 수 있음에 주목하였다. "또한 예산팀은 다음해에 대한 '재량 지출'의 규모를 예측해 봐야 한다. 이런 지출들은 전형적으로 더 높은 계층에서의 지출 외에 제품 및 고객 유지비용의 요소들을 나타내는 경향이 있다."

그들은 또한 "BSC는 우선 순위 설정 및 전략적 성공에 가장 중요한 프로세스들을 판명해 내기 위한 '기본틀'의 역할을 할 수 있다"라고 언급하였다(Kaplan & Cooper, 1998, p.155).

이런 작업에는 물론 세심한 주의가 필요하다. '프로세스 도식화' 및 'ABC 프로젝트'는 부분적으로는 모두 효율성을 향상시키기 위한 노력으로 보여질지도 모른다. 다음의 상황을 한 번 생각해 보자. 즉, 한 사업 또는 전체 기업에 관련된 행위들과 비용을 검토하는 과정에서 상당한 규모의 비용들이 제품 또는 고객유지와 곧바로 연결되지 않는 것을 발견했다. 이때, 관련된 사업의 책임자들은 '이런 비용들은 기업의 지적자본 개발에 쓰여졌으므로' 미래에 대한 투자로서 처리되어야 한다고 주장한다. 이런 투자들은 성과측정표상의 다양한 측정지표들에 의해, 예를 들어 고객의 기업인지, 제품범위, 배달시간, 데이터베이스 등의 관점에서 이미 효과를 보고 있는 중이라고까지 보일 수 있다.

이때 만약 단기적 이익목표도 역시 충족되어야 한다면 경영진은 과연 어떻게 해야 할 것인가?

이 질문에 대해서는 다음과 같은 몇 가지 방안들이 있을 수 있다.

- 만약 경영진이 이러한 투자들이 합리적이며 그 대가가 있을 것이라고 확신한다면, 그들은 주주들과 자본시장이 그들과 동일한 견해를 가질 수 있도록 설득하여 그 자본 조달을 용이하게 하는 작업을 해야할 것이다. 정보기술 산업에서 이와 같은 많은 예들을 찾아 볼 수 있다. 즉, 그들은 수년간의 지속적인 손실에도 불구하고 자본을 조달하는 데 아무런 어려움도 겪지 않았다. 또한 경영진의 의도를 묘사하고 그것이 과연 '비용의 가치'가 있는 것인지 결정할 수 있도록, 적어도 내부적으로 성과측정표를 사용할 수 있어야 한다.
- 만약 경영진이 완전한 확신을 가질 수 없다든지 주주들을 설득할 수 없는 경우에는 각 목표들 사이에서 우선 순위를 설정해야 (균형을 찾아야) 할 것이다. 이때 만약 기업이 미래의 각 투자 분야들에 대한 비용을 산정하기 위해 '프로세스 조사' 및 ABC 등을 사용하여 왔다면, 그것들로부터 많은 도움을 받을 수 있을 것이다. 또한 이런 비용들을 그것들의 영향을 받는 성과측정표상의 측정지표들에게 연계시키는 것이 가능해야 한다. 이렇게 되면 적정한 목표들이 설정되고 후에 그에 대한 후속조치들이 취해질 수 있게 된다.
- 재량적 지출을 검토한 결과 일부 투자들이 잘 조정되지 못하고 있을 뿐만 아니라 '임계 총량(critical mass)'을 달성하는 데 못

미치며, 조직의 다른 부분에서 어떠한 조치가 필요한 것으로 나타날 수도 있다. 이런 경우는 '좋은 비용'이라고 주장되었던 것들이 별의미 없는 '자원의 낭비'에 불과한 것으로 판명될 수도 있다. BSC 접근법은 이런 종류의 '재량 지출'에 대한 검토를 가능하게 해줄 뿐만 아니라 이것에 더 많은 초점을 주어서 이것을 이용 가능한 자원의 범위 내로 유지시켜 준다.

이와 비슷한 추론들이 사업단위들의 관리자와 전사차원의 상부계층 간의 토론에서도 적용될 수 있다.

그래서 필자들은 경영관리의 다양한 측면들을 조정할 수 있는 다음의 처방들을 제시한다.

- 프로세스 도식화 : 맨 먼저 필요한 것은 그 사업에 대한 분석이다. 이미 수중에 있는 프로세스 기술서들을 이용할 수도 있으며, 그렇지 않을 경우 간략하고 명확한 '흐름 및 행위들에 대한 개요'를 준비할 수도 있다. 이런 '개요'에는 △비용할당 △다양한 활동에 투하된 자원 △원가동인 등에 관한 개괄적인 내용들이 보충적으로 포함될 수도 있다. 이런 정보들은 이전의 ABC 프로젝트들에 의해 제공될 수 있으며, 이런 관행은 점점 늘어가는 추세에 있다.
- 사업계획 및 예산 : 보통 연간 단위의 계획, 또는 예산을 수립할 때에는 △효율성 향상 가능성 △제품과 고객에 의해 발생된 비용을 삭감할 가능성 등이 논의되게 된다. 물론 이때에는 '고객만족', '자기 학습' 등과 같은 관점에서 본 부대효과들에 대한

검토가 이루어져야 한다. 앞서 필자들이 지적한 대로 성과측정표는 이런 것들을 보여줄 수 있어야 한다. 그러나 이런 맥락에서의 BSC의 주된 역할은 유형·무형 자산에의 투자 및 이런 투자들의 의도된 효과 등을 묘사하는 것이며, 또한 이러한 투자들을 위해 소비될 다양한 물리적 자산 및 자원들의 양을 나타내 주는 것이다. 적어도 일년에 한 번 '성취된 것' 과 '미래에 대한 목표' 에 대해 상당히 철저한 점검이 이루어져야 한다.

- 해당연도중 보고 : 해당연도 동안 비용과 효율성에 대한 좋은 정보를 포착하고 관리하는 것이 중요하다. 이를 위해서는 △명확한 책임의 한계 △행위 및 흐름과 관계된 신속한 보고 등이 필요하다. 성과측정표상의 측정지표들의 보고 주기는 △실제적인 측정의 가능 빈도 △변화추이 파악의 중요도 등에 따라 달라진다. 또한 앞서 언급한 대로 이런 점검들은 조직단위의 종적·횡적 책임 모두에 관련된다.

- 지속적인 예측의 경신 : 재무적 흐름, 외환 포지션, 자금조달 등을 미리 내다보기 위해서는 '지속적인 경신' 이 가능한 예측 시스템이 필요하다. 일부 기업들은 이런 예측들을 그들의 사업계획수립 및 책임회계와는 별도로 준비하기 시작했다. 이것은 '전술적 조작' 을 피하고 최대한 공평한 진단을 얻기 위한 것이다. 성과측정표의 사용은 이러한 기능들을 분리시키려는 경향을 더욱 가속시키는 결과를 가져오리라는 것이 필자들의 생각이다.

이상의 논의들은 〈그림 6-10〉을 통해 요약될 수 있다.

경영관리의 효율성과 관련된 핵심적인 질문은 서로 다른 요소들이

<그림 6-10> 경영관리의 구축 블록

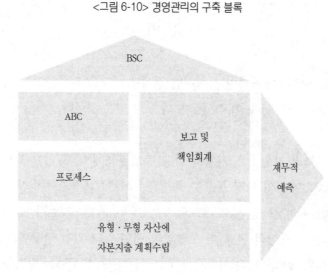

잘 기능하는 하나의 전반적 시스템 내에서 조화롭게 운용되고 있는가이다. 필자들은 제9장을 통해 보상시스템을 성과측정표상의 측정지표들과 연계시키는 문제를 다시 다룰 예정이다. 〈그림 6-10〉을 통해 필자들은 현금흐름 및 외환 포지션의 계획을 위한 '재무적 예측'이 제시하는 방향과 '성과측정표상의 측정지표'들이 제시하는 방향이 서로 다를 수도 있다는 사실을 보여주고자 했다. 이런 경우에는 인센티브 및 보상시스템 등을 통해 '성과측정표상에 반영된 각각의 의도'들에게 우선 순위를 부여하는 것이 중요하다. 물론 이때에도 '현금흐름'이 고려되겠지만, 이것은 주로 기업발전에 대한 '구속 요소'로서 고려될 것이다.

요 약

BSC 개념은 매력적인 것이지만 실제로 이것을 적용하기는 쉽지 않다. 다음의 제안들은 이 작업을 도와줄 수 있을 것이다.

■ 전략적 자원들은 기업의 많은 종업원들에 의해 영향을 받는다. BSC 개념의 가장 중요한 특징은, 그것이 사업의 방향설정시 상반된 의견들을 서로 비교할 수 있게 해준다는 것이다. 만약 경영진이 '최상의 선택'이 무엇인지 이미 알고 있는 상황이라면, 이때의 BSC는 많은 사람들에게 그 이유를 이해시키는 방법의 역할을 하게 된다. 그러나 경영진들이 언제나 그것을 알고 있는 것은 아니다.

■ 일단 성과측정표가 만들어졌으면 그것을 경영관리를 위해 사용할 수 있어야 한다. 목표들이 설정되어야 하며 후속조치들이 뒤따라야 한다. 또한 그때까지 '주장하기만 했던 것들'을 '증명'해야 한다. 단순히 모든 측정지표들이 중요하다고 말하는 것만으로는 충분하지 않으며, 균형을 위해 각 측정지표들의 중요도를 각각 설정해야 한다. 필자들은 영원한 '상충관계(trade-offs)' 또는 '경중비교(weighting)'에 대해 논의를 하고 있는 것은 아니다. 만약 그렇게 된다면 경영관리는 단순한 '경영지침' 또는 일종의 '성공지수(index)' 정도로 전락하게 될 것이다. 그러나 예를 들어, 최고 경영진은 역량 개발 또는 신규고객에 대한 마케팅 등에 얼마나 많은 투자를 해야 하는지에 관해 방향을 제시해 줄 수 있

어야 한다. 물론 이것은 그 사업의 책임자에 의해 제시된 '투자 제안'이 받아들여졌다는 것을 전제로 한 것이다. BSC 개념과 함께 하는 예산수립은 '자본지출 검토'의 성격을 띨 것이다. 하지만 이러한 검토에서는 프로세스 향상, 고객유지 활동, 역량개발 등과 같은 전체 기업 내의 '비실체적' 투자들이 제안되고 토론 될 것이다.

■ 단지 그것을 BSC라고 부른다고 해서, 사업의 모든 주요 측면들을 묘사할 수 있는 측정지표들을 찾는 것이 갑자기 쉬워지는 것은 아니다. '너무 많은' 측정지표들을 찾는 것은 아주 쉬운 일이다. 그러나 그것들이 사업에 대한 완벽한 '조망'을 제공해 주지는 않을 것이다. 여기에서 중요한 것은 사용된 측정지표들이 '잠재적인 전략적 중요성을 가지고 있다고 생각되는 것'과 합리적으로 잘 대응되어야 한다는 점이다. 사실 일부 측정지표들이 부적절한 지표가 될 수도 있다는 것은 그리 큰 문제가 되지 않는다. 다만 필자들이 지금 방금 언급한 관점에서 측정지표들을 고려하라. 즉, 측정지표들이 사업을 묘사해 사람들이 그것을 도구로 하여 사업에 관해 '토론'할 수 있다면 그것들의 일차적 목표는 달성된 것이다. 이런 관점은 성과평가뿐만 아니라 목표설정의 경우에도 염두에 두어야 한다. 뿐만 아니라 여러 개의 측정지표들을 활용하는 것은, 의도적으로 측정 결과가 좋을 것 같은 분야에만 노력을 국한시키려는 이른바 '계수 조작'을 피하게 해주는 효과도 있다.

· 주(註) ————————————

1) 경영지침 하달 및 블루북에 관해서는, 제5장 끝 부분의 제록스사 사례 소개편에 더 자세히 설명되어 있다.

2) 이런 사고법은 닐손과 랩(Nilsson & Rapp, 1998)에 의해 더 세부적으로 개발되어졌다.

3) 그 예로는 ABB가 있다. 이 작업은 1997년 가을에 착수되었으며, 스웨덴의 프로다카포(ProDacapo)사에 의해 제공된 프로그램에 근거하고 있다. 유사한 절차가 캐플런과 쿠퍼(Kaplan & Cooper, 1998)에 의해서도 설명된 바 있다.

7

측정지표와 그 인과관계

이 장에서 필자들은 각 시각 또는 초점분야별로 흥미를 일으키는 측정지표들에 대해 살펴보고자 한다. 필자들은 제5장에서 이미 측정지표들에 대해 논의하였다. 이때 필자들이 논의했던 것들은 예를 들면, '고객 만족도'는 다양한 질문들에 대한 많은 사람들의 응답에 기초한다는 것과 같은 문제들이었다. 핵심 수치(key number)들은 흔히 서로 다른 측정지표들을 일정한 방식으로 서로서로 연결시킨다. 이러한 방식은 '작년 수치와의 비교'라든지 '비용대비 효율성에 관한 측정지표' 등을 통해 이루어진다. 제6장에서 BSC를 TQM 및 기타 품질 측정지표들과 비교할 때 필자들은 이런 종류의 지수들에 관해 언급한 바 있다. 이제 필자들은 이런 측정지표들의 상호 연관관계에 대해 더욱 자세히 살펴보고자 한다. 이 문제는 측정지표들을 선택할 때 또는 가능한 측정지표들을 초기에 선정할 때 꼭 고려해야만 한다.

이 장에서의 논의는 측정지표의 선택에 있어 유용하다고 판단한 다음의 기준들에 근거하게 될 것이다.

- 측정지표는 모호해서는 안되며 전사적으로 동일하게 정의되어야 한다.
- 측정지표들은 총체적으로 취해졌을 때, 전략 및 핵심 성공요소에 포함된 '사업의 양상들'을 충분히 나타내 줄 수 있어야 한다.
- 서로 다른 시각에서 사용된 측정지표들은 상호간에 명확히 연결될 수 있어야 한다. 성과측정표는 '있는 그대로의 사업'뿐만 아니라 '기대 상황으로서의 사업'도 묘사한다. 이때 묘사된 '그림'은 성과측정표의 하부(프로세스, 학습과 성장)에서 묘사된 노력들이 상부(재무, 고객)의 기준들을 성공적으로 달성하는 데 기여하였음을 논리적으로 정당화할 수 있는 '조리 있고 설득력 있는 보고서'가 되어야 한다.
- 측정지표는 목표들을 설정할 수 있어야 하며, 그 목표들은 담당 책임자들에 의해 '현실성' 있는 것으로 받아 들여져야 한다.
- 측정은 쉽고 그 프로세스는 복잡하지 않아야 한다. 예를 들어 기업의 인트라넷 또는 데이터 웨어하우스(data warehouse) 등과 같은 다른 시스템들에서 측정 결과들을 이용할 수 있어야 한다.

이 마지막 기준은 제8장에서 심도 있게 다루어질 예정이며, 이 장에서는 그 나머지 기준들이 논의될 것이다.

성과동인과 결과물 측정지표

'성과동인'과 '결과물 측정지표' 사이, 즉 '기업이 하는 행위'와

'달성된 효과'를 각각 기술하는 지표들 사이에서 적절한 균형을 추구해야 한다는 것은 자주 강조되는 사항이다. 필자들은 이 개념을 제1장에서 소개하였다(〈그림 1-1〉 참조). 엄밀히 말해서 동인들과 결과물들은 하나의 '사슬'을 형성하는데, 그 안에서 하위 계층의 '결과물'은 상위 계층의 결과에 대한 '동인'이 될 수 있다. 이러한 인과관계의 순환을 알아내는 것은 매우 어렵다. 그 이유 중 한가지는 외부적 변수들이 종종 실제적인 결과물에 영향을 미치기 때문이다. 그러나 목표 지향 행동의 근저에는 약간의 인과관계 개념이 깔려 있다.

처음에는 성과의 동인보다는 결과물을 측정할 수 있다는 것이 더 나은 것처럼 보일지도 모른다. 그러나 성과측정표의 기능 중 하나는 현재의 행동들이 어떤 식으로 미래에 대한 준비에 도움이 되고 있는지 토론할 수 있도록 도와준다는 것이다. 이런 점에서 결과물을 기다린다는 것은 성과측정표의 의미를 반감시키는 것이 된다. 예를 들어, 종업원들이 판매 촉진 캠페인을 통해 기업에 대한 고객의 인식을 향상시킨 경우를 생각해 보자. 아직 그 결과가 판매의 증가로 나타나지는 않았더라도, 만약 그것이 결국 '의도한 결과'를 가져오리라고 확신할 수 있다면 '바로 지금' 그들의 업무 수행에 대해 보상할 수도 있다. '바로 지금' 보상되어야 하는 또 하나의 이유는, 비록 기대되던 판매의 증가가 기술 또는 경제상황 등의 변화로 인해 결국 실체화되지 못했을 경우에도, 그 결과에 대한 책임은 경영진의 몫이며 실제로 그 캠페인을 실시한 직원들은 일이 잘 수행되었다고 생각할 수 있기 때문이다.

그러므로 성과측정표는 적절한 숫자의 동인들을 포함해야만 한다. 또한 동인들은 즉시적이고 실체적인 것들과 연관되어 있으므로 쉽게 합의가 도출될 수 있다. 동인과 결과물의 혼합비율은 각 시각별로 다르다. 일반적으로 성장 및 학습 시각처럼 더 장기적인 시각들은 더 많은 동인들을 포함하게 될 것이다.

각 시각별 측정지표들

필자들은 앞에서 각 시각에는 '측정지표들을 통해 관련된 성공 요소들을 나타낼 수 있는' 몇 가지 방식들이 있음을 설명하였다. 예를 들어, 측정지표들은 기업이 원하는 정도까지 '기업이 보는 기업 자신' 및 '외부에서 보는 기업 자신'을 보여주어야 하며, 동시에 '시간의 경과에 따른 비교' 및 '다른 기업들과의 비교'를 가능하게 해주어야 한다. 또한 그들은 서로 인과관계로 연결되어야 하며, '저량'과 '유량'의 양면을 적절하게 나타낼 수 있어야 한다. 또한 종종 기업들은 백분율, 비율, 순위 등과 같이 그 자체가 비교와 관계된 측정지표들을 선호하는 경향이 있다. 그러나 이 이상의 선을 넘어서 측정지표들을 직접 추천한다는 것은 매우 어렵다. 왜냐하면 대부분의 경우 기업의 상황과 전략이 그 측정지표의 '적정성' 여부를 결정하게 될 것이기 때문이다. 또한 전문가가 추천하였기 때문에 채택된 측정지표들보다는 BSC 구축 프로세스를 통해 기업 내부에서 '자생적'으로 나온 측정지표들이 당연히 조직 내에서 더 많은 지지를 받게 될 것이기 때문이다.

하지만 필자들은 각 시각별 측정지표들을 추천해 보려고 하며, 이를 위해서 먼저 한 시각(초점분야)에서 주로 사용되는 측정지표가 다른 시각에서 사용될 수도 있다는 점을 명확히 하고자 한다. 이러한 점은 캐플런과 노튼(1996a)의 많은 예들에서 나타나고 있다.

- '특정 고객 집단에 대한 시장점유율', '시설 또는 설비 가동률 (capacity utilization)' 등이 재무적 시각을 위해 제안될 수 있다. 그러나 이것들은 본질상 고객 또는 비즈니스 프로세스 시각의 측정지표들이다.
- '각 세분고객 시장별 수익성'이 고객 시각을 위해 제안될 수 있다. 그러나 이것은 재무적 시각을 위해서도 유효할 수 있다.
- '신제품의 판매 점유율'은 비즈니스 프로세스 시각을 위해 제안될 수 있다. 물론 이 측정지표는 발전 시각에서 더 자주 볼 수 있을 것이다. 하지만 혁신적 요소가 중요한 기업에서는 혁신 프로세스의 측정지표로서 채택될 수 있다.
- 역량, 프로세스 향상 시간(예를 들어 비용, 반품 등을 반으로 줄이는 데 든 시간) 등에 관련된 측정지표들이 학습과 성장 시각을 위해 제안될 수 있다. 그러나 이것들은 비즈니스 프로세스 시각에서 더 자주 볼 수 있을 지도 모른다.

이상과 같은 예들은 인과관계에 대한 토론이 매우 중요함을 보여준다. '역량 및 향상 능력'은 '신제품의 시장점유율'보다 장기적인 효과를 가진 요소들이며, 신제품의 시장점유율은 다시 미래 이익에 대한 전망을 나타내준다. 이상과 같은 추론은 이런 측정지표들에 대한 시각 선택을 정당화한다. 인과관계에 동의한다는 것은 물론 상당히 큰 의미를 가지며, 이것을 간단한 그래프로 나타낼 수 있다면 더욱 좋다. 또한 앞서 필자들은 앞에서 그것들이 시뮬레이션의 목적으로 사용될 수 있음을 강조한 바 있다. 필자들은 아직 필자들이 작업했던 어떤 기업에서도 성과측정표에 대한 공식적인 시뮬레이션이 행해지는 예를 본 적이 없다. 하지만 비공식적인 인과관계 추론들은 많이 행해지고 있기 때문에, 성과측정표에 대한 더 많은 경험들이 축적됐을 때 이것들이 시뮬레이션의 단계로까지 발전될 수 있으리라는 것이 필자들의 생각이다.

이러한 인과관계에 대한 토론은 프로젝트팀에 의해 '조직의 하부계층'들을 위한 지표 세분화 작업시에도 동일하게 적용될 수 있다. 하부계층의 성과측정표가 엄밀한 의미에서 공식적으로 상위 성과측정표와 연결되는 경우는 거의 없다. 하지만 현존하는 연관관계들에 논리적 설득력을 부여하려는 시도들은 행해지고 있다. 필자들이 지금 말하고 있는 것은, 예를 들면 종업원들은 그들의 역량개발을 위해 다양한 종류의 업무들을 두루 섭렵해야만 한다든지, 또는 어떤 특정한 데이터베이스가 구축되어야 한다든지 등의 극도로 구체적인 목표들에 관한 것이다. 그러므로 이상적인 지표들은 조직 내 각 조직 수준의 지표들간에 명백한 인과관계로 연계되는 것이다.

측정지표들간의 관계가 명확해지고 많은 사람들에 의해 그것이 토론될 때 '학습을 위한 기반' 역시 창조된다. 동시에 그 관계들의 강도 및 그 효과가 명백해지기까지 걸릴 시간 등을 수학적으로 파악하는 것이 가능할 수도 있다. 예를 들어, 연구는 고객들이 만족할수록 신속하게 대금을 지불한다는 사실을 밝혀낼 수 있다. 이런 경우, 고객 서비스를 강화하는 것은 장기적으로 새로운 거래의 가능성을 높일 뿐만 아니라 단기적으로도 직접 이익과 연결되게 된다.

이 책 말미의 부록에는 각 시각별 측정지표들의 예가 제시되어 있

다. 지금부터 필자들은 각 시각별 측정지표들을 하나하나 차례로 설명
하고자 한다.

재무적 시각의 측정지표들

필자들이 지금까지 보아온 성과측정표들은 이익 및 손실, 투자수익
률 등과 같은 일반적인 측정지표들을 사용하고 있었다. 이것들은 재무
적 측정지표들 또는 그것들로부터 기인된 측정지표들이다. 문헌상에
서는 '종업원 1인당 수입' 또는 '각 고객 집단별 수익성' 등이 이 범
주에 포함된다. 하지만 필자들은 때때로 이와 관련된 측정규준들이
'종업원' 또는 '고객' 초점분야에 포함되어 있는 것을 본적이 있다.
이런 재무적 측정지표의 분류는 합리적인 것이다. 즉, 이 측정지표들
은 고전적인 수익성 측정지표의 외연(extension)을 가지고 있으며, 두
가지 모두 '이미 발생된 것'을 측정한다. 그러나 이것들은 동시에 고
객 관계 또는 비즈니스 프로세스의 성공요소에 대한 훌륭한 지표가
될 수도 있다. 그러므로 이것들은 다른 초점분야들에서도 적절한 측정
지표가 될 수 있는 것이다.

재무적 측정지표들이 항상 기업의 정규 회계시스템으로부터만 취
해지는 것은 아니다. 주식시장에 상장된 기업의 성과측정표에서는 그
기업의 시장가치, 즉 '한 주당 가격'은 중요한 성공 측정지표가 될 수
있다. 또한 기업 또는 사업단위의 지적자본(제2장 참조)의 가치가 결정
될 수 있다면, 이 자본에 대한 '관찰된 시장 가치' 및 '그 가치의 변
화' 등도 역시 적절한 측정지표들이 될 수 있다.

이와 비슷한 맥락에서, 한 걸음 더 나아가 관리회계에서 기간비용 (period cost) 및 수익에 대해 재무회계와 다른 법칙들을 적용하기도 한다. 예를 들어, 〈그림 6-4〉에서 필자들은 역량 및 소프트웨어 개발에 관련된 간접비용들에 대해 '좋은 비용'이란 용어를 사용하였다. 사실상 이런 비용들은 투자로서 고려되어야 한다.[1] 물론 많은 고위경영자들은 이런 차이점들을 최소한으로 유지하고자 하겠지만, 이런 방식으로 기업의 재무회계와는 다른 관리회계 원칙을 따르는 것은 충분히 받아들여질 수 있다. 이런 '좋은 비용'에 대한 투자는 그것들이 미래의 일정한 기간 동안 이익을 창출해낼 수 있을 것이라는 기대와 함께 수행된다. 만약 그것들이 감가상각할 수 있는 자산으로서 보고된다면, 사람들은 그 사업을 더욱 정확하게 파악할 수 있게 될 것이다. 뿐만 아니라 이런 자산들을 가시화함으로써 그것들을 관리하는 사람들에게도 많은 도움을 줄 수 있다. 한가지 단점은 그 결과, 이익 및 손실 측정 지표들이 손익계산서와 일치하지 않으리라는 것이다. 하지만 이런 상이점들을 설명하는 것은 그리 어렵지 않을 것이다.

최근 들어 부쩍 이 분야에 대한 관심이 높아져 가고 있는데, 특히 미국에서의 일부 연구들이 '개발비용'들을 비용이 아닌 투자로서 처리해서 보고된 이익을 조정하였을 때, '그 기업의 이익과 주가 사이의 상관관계'를 더욱 잘 설명할 수 있다는 사실을 밝혀냈다. 그 후 이에 대한 논의가 더욱 활발해지고 있다. 이런 조정방식 중 가장 많은 흥미를 끌어온 것은 이른바 EVA(경제적 부가가치)이론이다(Stewart, 1991). 이 이론은 또한 기업의 경영방식으로도 제시되어 왔다. 즉, 모든 관리자들이 기업 전체의 EVA에 대한 해당 부서의 기여도에 대해 계속 유의한다면, 그것은 결국 주주에게 최대 이익을 가져올 수 있게 되리라는 것이다. 예를 들어, 그들은 보고된 이익에만 집중했더라면 하지 않 았을 연구개발에 대한 투자에 나서게 될 것이다.

EVA 이론의 옹호자들은 성과측정표 개념에 대해 큰 관심을 보이지 않는다. 만약 재무적 측정지표들이 기업의 미래 능력 개발에 노력을 반영할 수 있다면, 이러한 노력을 위해 다른 측정지표들을 사용하는 것이 불필요하다는 주장은 타당성을 가지게 된다. EVA이론의 지지자 들에 의하면, 이와 같은 조정된 재무적 측정지표들이 보너스 지급의 근거로서 기업의 최하부 계층에 이르기까지 적용될 수 있다고 한다. 이런 제안들은 다른 측정지표들을 '관리의 목적' 또는 '보상할 가치 가 있는 성공에 대한 기준'으로서 사용하는 것과는 상당한 거리가 있 어 보인다.

하지만 여기서 문제의 핵심은 재무적 측정지표와 비재무적 측정지 표의 '각 조직 계층별 적합성'이다. 필자들의 경험에 의하면, 일선업 무 수준에서는 성과측정표에 의해 제공되는 '더욱 구체적인 묘사'들 이 높이 평가되고 있었으며, 이곳에서는 재무적 측정지표들 중 가장 명확한 종류의 것들조차도 추상적이고 불가사의해 보이는 것 같았다. 기업의 최상부에서는 재무적 초점이 압도적일 것이다. 사업의 다양한 측면들은 다른 방식으로는 비교하기 어려울 뿐만 아니라 최고경영진 이 주주 및 시장에 대해 지고 있는 책임 등을 고려해 볼 때, 그들이 재 무적 측정지표들을 선호하는 것은 당연하다고 볼 수도 있다. 그러나 경영진이 미래 경쟁상황을 반영할 수 있도록 재무적 측정지표들의 정 확성을 향상시키면 시킬수록, 조직의 하부에서는 성과측정표와 같은 '다수 측정지표 접근법'으로 변화하는 것이 필요하게 될지도 모른다. 또한 EVA 및 기타 유사한 측정지표들은 성과측정표의 '기본틀' 안에

서 그것의 재무적 측정의 정확도를 높이기 위해 사용될 수 있다. 그러
므로 필자들은 재무제표들로부터 직접 취한 것들 외의 다른 측정지표
들을 재무적 초점에 포함시킬 것을 권한다.

　가끔 재무적 초점을 확장해서 이것이 일종의 '주주(ownership) 시
각'으로서 기능할 수 있도록 할 필요가 있다. 왜냐하면 주주들의 기대
는 '단지 재무적인 것' 이상일지도 모르기 때문이다. 이런 점은 특히
공공 분야에서 절실한데, 필자들은 이런 문제들을 제11장에서 다룰 예
정이다. 그 외에도 협회 또는 그룹 내의 일부 회사들도 이러한 주주들
의 기대에 의해 영향을 받게될 수 있다. 그 한 예는 새로운 사업분야 또
는 그 기업이 그때까지 진출하지 않았던 국가에서 '임계 총량(critical
mass)'을 구축하는 경우이다. 주주로부터 순수하게 재무적인 것 이외
의 이익들을 창출해 줄 것을 요구받고 있는 법인체의 성과측정표의 경
우에는, 확장된 '재무 및 주주 초점'에 그것들의 성공에 대한 측정지
표들을 포함시키는 것이 타당하다는 것이 필자들의 생각이다. 또는 그
대안으로서, 주주들을 일종의 '고객'으로 간주하는 방법이 있을 수 있
다. 즉, 이러한 이익들은 그들을 위해 창출되는 것이며 그들은 그것에
대해 자금을 조달할 용의가 있으므로 고객인 셈이다. 그러나 필자들의
경험에 의하면, 재무적 초점을 확장하여 주주들에게 미치는 전체적인
영향을 거기에 포함시키는 편이 더 유용하며 이해하기도 쉽다.

고객 시각의 측정지표들

　많은 기업들에 있어서 고객관련 측정지표들은, 이미 기업에 존재해

왔지만 다른 목적들을 위해 개발되어 왔다. 가끔 기업들은 고객 태도를 측정하기 위해 전문화된 기업들을 이용하기도 하므로, 앞서 제5장에서 논의되었던 것들을 다시 한 번 간단하게 살펴보는 것이 좋을 것이다. 즉 첫째, 고객이 보는 기업 및 기업이 보는 고객 모두에 대한 측정지표들을 제공할 수 있도록, 고객 시각은 또한 고객 초점의 뜻으로도 받아들여질 수 있다. 둘째, 유량 및 저량 모두 측정 가능하다. 예를 들어, '지난 기간 동안 고객 인식의 변화'와 '현재 고객의 인식' 모두를 측정할 수 있는 것이다. 셋째, 태도와 행동, 둘 다 똑같이 중요하다.

이상에서 알 수 있듯이 기업이 기업 자신에게 캐플런과 노튼의 원래 질문인 '고객이 기업을 어떻게 보느냐(고객의 시각)'를 물어보느냐, 또는 '기업이 고객을 어떻게 보느냐(고객에 대한 초점)'를 물어보느냐에 따라 사용될 측정지표들도 달라지게 된다. '고객이 보는 기업'은 그들의 행동(예를 들어 불만사항, 재구매 빈도 등)과 태도조사 등을 통해 알아낸다. 또한 '기업이 보는 고객'은 △고객의 총구매 중 그 기업의 점유율 △주요 세분시장에서의 시장점유율 등을 포함해야 한다.

넷웨스트 라이프사

넷웨스트 라이프(NWL)사가 취급하는 상품들(생명보험, 연금, 장기투자 상품)은 모두 장기간에 걸쳐 가치를 제공하기 때문에, 고객관계 및 그것에 대한 측정의 중요성은 다른 기업들 보다 훨씬 크다.

NWL사는 상품, 서비스, 관계 등에 대한 고객의 인식을 모니터하기 위해 다양한 방식들을 사용한다. 그 예로 △만족도 조사 △거래기준 회답카드(transaction-based feedback cards) △고객 초점 그룹(focus group) △판매사원 만족도 △비거래자, 계약 취소자 및 경쟁사의 고객 등에 관한 조사 등이 있다.

NWL사는 거래기준 회답카드를 통해, 정기조사 사이의 공백기간 동안에도 끊임없이 고객 정보를 얻어 왔다. 처음에 그들이 서류와 함께 동봉된 조그만 카드를 사용했을 때는 그 응답률이 9% 정도였다. 현재 그들은 총 천연색의 A4용지를 사용하고 있으며, 응답률은 23%로 상승하였다.

NWL사에서는 모든 출처들로부터 결과들이 분석되며 그것들에 대한 '향상도표'가 만들어진다. 또한 모든 추이 및 의견들은 기록되고 번호가 붙여진 후 적절한 후속 조치를 취할 사람들에게 넘어간다. NWL사 사람들은 이러한 방법들의 효과에 대해 확신을 가지고 있으며, 그들의 철학은 "모든 피드백은 '향상 기회'를 의미한다"라는 것이다.

일렉트로럭스사

다른 기업들과는 달리 일렉트로럭스사는 최종 소비자가 누구인지 알지 못하며, 앞으로도 역시 기업은 소비자들이 일렉트로럭스사의 제품 구매를 등록하면서 자발적으로 의견 및 다른 정보들을 제공해 주기만을 기다릴 수밖에 없다. 또한 소비자들이 구매시에 등록되지 않는다면 법적인 문제가 생길 수도 있다. 경험에 의하면 단지 10~15%의 소비자들만이 설문지에 응답했으며 이런 표본집단으로는 평균을 나타낼 수가 없었다. 그래서 일렉트로럭스사는 이 정보를 보완하기 위해 전화응답 조사를 실시한다.

일렉트로럭스사가 속해 있는 산업은 소비재와 자본재의 중간 정도로 분류될 수 있기 때문에 고객 조사를 실시한다는 것은 특히 어렵다. 각 사업분야의 경영자들은 이런 문제점을 인식하기 시작하고 있다. 하지만 임야 및 정원 제품들과 같은 일부 분야들의 경우에는 그 고객들이 주로 전문적인 바이어들이기 때문에 이런 문제와는 관련이 없다. 이런 종류의 고객들은 일반적으로 제품 품질에 대해 적극적인 영향력을 행사하고자 한다.

제록스사

제록스사는 '만족한 고객 비율 100%'라는 전사적인 목표를 가지고 있으며 현재 수치는 약 98%이다. 제록스사는 전사적으로 동일한 접근법을 사용하기 때문에 기업 각 분야들을 비교 평가해 볼 수 있다. 이것을 통해 제록스사는 높은 고객 충성도를 가진 기업이 높은 비율의 만족한 고객들을 가지고 있다는 사실을 발견하였다. 그러나 '만족한 고객'의 범위에는 '매우 만족한 고객' 및 '(단순히) 만족한 고객'의 양자가 포함된다. 1997년의 경우 '만족한 고객' 98% 중 그 반이 '매우 만족한 고객'이었다. 그래서 1998년의 타깃은 '매우 만족한 고객'의 비율을 70%까지 끌어올리는 것이다.

비즈니스 프로세스 시각의 측정지표들

제6장에서 언급한 바와 같이 이 시각의 측정지표들은 주로 TQM 및 기타 유사한 프로젝트로부터 취해진다. 그 예로는 △처리시간 △제품 품질 △반품 등이 될 것이다. 만약 어떤 특정한 프로세스들을 묘사하고자 한다면 다음과 같은 측정지표들을 사용할 수 있다.

■ 생산성 : 보통 '작업시간 또는 비용' 등 대비 양(quantity)의 형태로 측정된다.

■ 품질 : 합격제품의 비율 또는 사용자 의견(태도, 응답 또는 불만 사항)

■ 최신 방식들과 비교한 기술수준

■ 보급률 : 얼마나 많은 타깃 사용자들이 실제로 그 프로세스를 사용하는가?

■ 가동률

■ 배달시간(예 : 정시배달의 비율)

■ 대기 라인 및 대기 시간

■ 프로세스에 투하된 자원 및 작업시간의 점유율(프로세스란 '관련 조직단위 내부' 또는 '더 긴 프로세스 흐름 중의 일부분으로서' 또는 '전 생산 프로세스'를 의미함)

이런 측정지표들은 프로세스 자체를 묘사하는 경우도 있고, '프로세스가 성취한 것'을 묘사하는 경우도 있다. 한 프로세스의 효과는 고객 또는 재무적 초점 등을 통해 더 쉽게 파악될 수 있다. 그러나 이런 측정지표들도 다음과 같은 사항들을 보여줄 수 있다.

■ 만약 비교 가능한 다른(전) 기간의 데이터가 있다면 그 프로세스의 향상 여부를 알 수 있다.

■ 만약 비교 가능한 다른 조직단위들의 데이터가 있다면 그 프로세스가 다른 것들에 비해 뒤떨어지지 않는지 여부를 알 수 있다. 이때 비교 데이터들은 기업외부의 것으로 훌륭하다고 인정받고

있는 프로세스들이라면 이상적이다(benchmarking : 비교평가).
- 만약 목표들이 이런 측정지표들의 관점에서 수립되어 있다면 이런 목표들이 달성되었는지 여부를 알 수 있다.

비즈니스 프로세스 시각의 전형적인 측정지표들은 '흐름'에 대한 측정지표일 경우가 많다. 그것들은 '해당 기간 동안의' 사업 및 그 사업의 결과를 묘사한다. 그러나 이 시각에는 서류화된 절차들, 데이터베이스, 다양한 일상업무 처리용 소프트웨어 등과 같은 비즈니스 프로세스 자본들에 대한 측정지표들도 포함된다. 이런 항목들은 필요한 만큼 충분히 자주 측정되지 않는 경향이 있다. 필자들은 '정보기술에 대한 측정지표들'이란 제목하에서 이런 측정지표들에 대해 다시 논의할 예정이다.

영국항공사

히스로 공항에서의 절차 및 시스템 개발을 나타내는 좋은 예는 수속데스크의 인력배치 측정에 관계된 문제들이다. 1997년 여름 히스로 공항의 고객들은 오랫동안 줄에 서서 기다려야 했다. 그로 인해 수속데스크와 잦은 문제가 발생했고, 고객들은 매우 불만족스러워 했다. 이에 대해 '고객 서비스 및 업무운영' 담당 이사는 온종일 모든 수속데스크들에 대해서 100% 인력배치를 명령하였다. 이것은 물론 많은 비용이 드는 것이었지만, 그는 이것이 영국항공사에 대한 일반의 인식을 높여줄 수 있을 것이라고 생각했다. 이 때 문제는 이 목표의 측정방법이었다. 그 당시 시스템은 다른 항공사의 티켓을 가진 사람이 수속할 경우 그 데스크에는 인력배치가 되지 않은 것으로 처리되었기 때문에 담당 관리자가 그것을 측정한다는 것은 불가능했다. 이 말을 들은 히스로 공항 지사장은 그 관리자를 불러 "만약 시스템을 통해 할 수 없다면 사람이 직접 돌아다니며 측정할 수밖에 없지 않겠소?"라고 말했다. 그래서 처음에는 승객들이 가장 많이 몰리는 시간대에 직원이 직접 데스크를 돌아다니며 배치상황을 확인하였다. 그리고 그 관리자는 자신의 성과측정표에 측정지표를 기록했다. 지사장은 그 관리자에게 언제쯤이면 이런 측정을 위한 시스템이 개발되어 전체적인 측정이 가능할지 물어 보았다.

결국 측정지표는 한 달 동안 '육안'으로 측정되었다. 그리고 두 번째 달에 마침내 시스템이 개조되었다. 그래서 지금은 그 측정지표에 대한 측정이 하루종일 이루어지고 있다. 이 측정지표가 실제로 측정되기 전까지 지사장은 100% 인력배치를 확신하고 있었다. 하지만 실제 측정결과는 90%를 넘지 못했으며, 특히 승객들이 몰리는 시간대에는 가끔 50% 정도를 기록하기도 했지만, 여기서 중요한 것은 그 전에는 할 수 없었던 다른 방식으로 상황이 분석되고 조치가 취해질 수 있게 되었다는 것이다.

혁신 및 발전 시각의 측정지표들

이 시각(종종 '학습과 성장 초점분야'라고도 함)의 측정에 있어서는 상당히 자주 '대리 측정지표(surrogate measures)'에 의존해야 한다. 예를 들어, '결과' 대신 '개발 또는 교육훈련에 투하된 자원의 양'을 측정하는 경우이다. 또는 개발 프로세스의 성공 여부를 알아보기 위한 지표로서 '가장 최근에 출하된 제품의 판매점유율'을 이용할 수도 있다. 그러나 '실제적인 혁신능력' 또는 '새로 습득된 학습' 등은 파악하기 상당히 어려운 개념들이며, 특히 새로운 개발이 얼마만큼 유용했는지 또는 그것이 어떤 식으로 미래의 성공에 기여할 수 있을지 등을 알기를 원한다면 그 어려움은 더욱 크다.

혁신, 학습, 발전 등은 이런 프로세스들에 무엇을 포함시키고, 포함시키지 않을지를 명확히 해야만 측정될 수 있다. 필자들이 언급해 온 '좋은 비용'에 대해 이 분야가 시사하는 바는 무엇일까? 물론 '투하된 자원의 양'을 통해 우리가 얻는 믿음은, '이미 성취된 결과'를 보고 얻어질 그것에 비해 그 정도가 약할 것이다. 이러한 이유로 사람들은 R&D 프로젝트들에 대한 측정지표로서 '특허신청 건수' 또는 그것이 기초연구의 경우라면 '과학논문 발표 횟수' 등과 같이 명확한 측정지표들을 찾기 위해 노력해 왔다.

하지만 여기서 중요한 것은 사업전략을 기업 내 다른 사람들에게 커뮤니케이션할 수 있는 방법을 찾는 것이라는 사실을 명심해야 한다. 물론 이상에서 언급된 측정지표들은 경우에 따라 훌륭한 측정지표들이 될 수 있다. 그러나 개발이란 △역량 범위의 확장 △새로운 분야의 사업 또는 새로운 시장에서의 시험적 운영의 실시 △조직 또는 경영관리 시스템의 변화(예를 들어 BSC의 도입을 통한) 등의 개념들로 구성되는 것이다. 다음은 이 분야의 측정지표의 예들이다.

- 인터넷을 정기적으로 사용하는 종업원의 비율
- 그해 동안 업무가 변경된 종업원의 비율
- 신규 합작, 제휴, 계약 건수

- 진행중인 시스템 개발 프로젝트들의 평균 지체시간
- 인터넷을 통한 주문의 비율

비즈니스 프로세스 자본과 함께 '개발 자본'을 측정하는 측정 규준들을 가지는 것이 바람직하다. 그 예로는 △마무리 단계에 있는 신제품 또는 해결책들(solutions)의 숫자 △대학교육을 받은 종업원의 숫자 등이 될 것이다. 앞에서 언급한 바와 같이 측정지표들은 그것들이 일정한 시점들 사이에서, 각 조직단위들 사이에서, 또는 다른 기업들과 비교될 수 있다면 특히 흥미롭다.

종업원과 관련된 측정지표들

제4장과 제5장에서 필자들이 언급한 대로 스칸디아사와 ABB사 등은 별개의 인적자원 초점을 채택하였다. 스칸디아사는 이에 대해 종업원들도 하나의 자원이며 '인적자원 자본'과 '비즈니스 프로세스 자본'은 상호 강화작용을 할 수 있다는 사실을 강조하고자 한 것이라고 설명한다. 즉, 성공을 위해서는 두 가지 모두에서 높은 평점이 필요하다는 것이다.

앞선 논의에서 필자들은 이런 상호 작용을 각 시각의 측정지표들에 대한 근거로서 고려했다. 고객의 인식, 잘 기능하는 비즈니스 프로세스, 혁신 등은 그 기반을 사람 및 시스템에 두고 있다. 물론 이런 이유로 기업은 종업원에 관해서 철저한 조망을 갖고자 할지도 모르지만, 만약 그렇게 되면 나머지 다른 시각들에 대한 조망이 불완전해질 수도 있다.

  기업의 사업계획에 관한 연구들은, 종업원 학습 및 역량에 대한 목표들이 명확하게 규정되어진 예가 별로 없다는 사실을 보여주고 있다 (Hansson, 1997). 1960년대 후반에 도입된 '인적자원 회계'는 이런 항목들에게 '재무적 가치'를 부여하려는 시도를 했다. 또한 기업의 인적역량에 대한 일종의 대차대조표를 준비하고자 했으며, 특별한 계산 방식을 통해 종업원의 장기결근 및 이직률이 '재무적 결과 및 기업 포지션'에 미치는 영향을 알아내는 데 성공했다(Johanson et al., 1998).

  하지만 필자들은 이런 시도들 중 일부가 지나치게 많은 '회계적 언어'들을 도입했다고 생각한다. 측정지표를 사용하고 목표를 나타냄에 있어서는 태도, 감정, 지식, 기술 등과 같이 좀더 일상적인 수준의 용어들을 사용해야 한다.

  필자들이 보아온 성과측정표들은 부분적으로는 '태도 조사'에 근거하고 있는 경우가 많았다. 또한 기업들은 가끔 종업원들의 의견을 알아보고 고객들을 조사하기 위해 컨설팅 기업들을 이용한다. 그러나 절대적인 용어로 표시된 핵심비율 및 측정지표들도 또한 태도 등과 더불어 성과측정표의 한 부분을 차지하게 된다. 그러므로 이들 두 가지 사이에 균형이 필요하다. 통계학적인 표본 추출법을 이용하면 적은 비용으로도 큰 조직단위의 전체적인 구도를 파악할 수 있다. 또한 많은 종업원들이 E-메일과 인트라넷을 매일 사용하는 기업라면, 인터넷을 통해 설문지를 간편하고 신속하게 배부하고 회수할 수 있다. 그뿐 아니라 많은 기업들은 이미 기업 내부에 이용 가능한 많은 측정결과들을 가지고 있다. 그것들은 예를 들어, 종업원들의 상사들에 대한 평가, 또는 '비지니스적 접근방식 등과 관련된 기업 분위기' 등에 대해

홀륭한 지표로서 활용될 수 있다. 그러나 필자들은 이런 상황들과 관련되는 측정지표 및 쟁점 사안들을 여기에서 논하는 것은 큰 의미가 없다고 생각한다.

핼리팩스사

핼리팩스사의 프로젝트팀은 직원 개발 및 향상 시각에 대한 적절한 측정지표들을 찾기 위해 상당한 시간을 투자하였다. 교육 훈련 일수, 장기 결근율, 직원 이직률 등의 일부 측정지표들은 쉽게 판명되었다. 그러나 이런 성질의 측정지표들은 쉽게 조작될 수 있었다. 즉, 그 측정지표들이 실제적인 기업의 진보(예를 들어, 기업에 필요한 역량의 개발)를 반영하고 있는지 불명확한 상태에서도 해당 목표들은 쉽게 달성될 수 있었다. 이런 점을 개선하기 위해 핼리팩스사는 성과관리 프로세스에 초점을 맞춘 의견조사 설문지를 설계했다. 그 결과 기업은 직원들의 관점에서 봤을 때 실제로 해당 조직단위의 관리자들이 얼마나 그들을 잘 관리하고 있는지를 측정할 수 있게 되었다. 이 설문지들은 △계획 수립 및 목표 설정 △지속적인 관리 및 지도 △평가(appraisal) △교육 훈련 및 개인적 개발 등 네 가지 종류로 구성되었다. 직원들은 매 분기마다 이 설문지들 중 하나에 응답하게 된다. 이때 모든 설문지들에 언제나 변함없이 포함되는 질문들이 있다. 이것은 특히 중요하다고 생각되는 분야에 관한 질문들인데, 결과적으로 이것들은 일년에 네 번 측정되는 셈이 된다.

일렉트로럭스사

GIMS의 비재무적 측정지표들 중 하나가 '종업원 동기부여도'이다.

하지만 단기적인 목적의 경우 이 측정지표는 종업원 태도조사(EAS)로 대체되었다. EAS는 종업원 동기부여도 측정을 외부 기업에 의뢰해 실시해 본 결과 너무 많은 비용이 들었다고 판단했기 때문에 취한 조치였다. EAS에서 종업원들은 16~18개의 질문들로 구성된 덜 포괄적인 설문지에 대해 일년에 네 차례에 걸쳐 응답하게 된다.

볼보 자동차사

볼보사는 매년 '통찰(insight)'이라고 불리는 태도 조사를 실시한다. 이 조사의 목적은 각 조직단위들이 자신의 업무 및 종업원들에 대해 더 많은 지식과 더 깊은 이해를 얻을 수 있도록 하기 위한 것이다. '인식(awareness)'이라는 조사는 각 종업원들의 성과에 대한 평가를 포함한다. 이것은 또한 '향상이 필요한 분야' 및 '모든 것이 만족스러운 분야' 등도 나타내준다. 연간 태도조사는 기업 전체에 대해 실시되며 다음 5가지 분야들을 다룬다.

- 동기부여도 및 헌신성
- 리더십
- 작업 능률
- 고객 지향성
- 전반적 자질

정보기술에 대한 측정지표들

스웨덴 정부 위원회의 한 보고서(Olve & Westin, 1996)는 조직 내 정보기술에 관한 점검 및 의사결정을 위해 사용되고 있거나 제안되었던 500개의 측정지표들을 제시하고 있다. 이 중 많은 것들은 BSC 프로세스를 위해 적절한 것들이다. 하지만 이것들이 실제로 성과측정표에 사용된 것은 오직 한 기업의 경우밖에 없다. 그것은 미국 스칸디아사로서, 그들은 연간보고서에 대한 부록들을 통해 그들의 성과측정표들을 소개해 오고 있다(제4장 및 제10장 참조). 〈그림 7-1〉은 미국 스칸디아사의 경영진이 정보기술의 사용을 하나의 사업영역으로서 어떻게 나타내고 있는지를 보여준다. 조만간 정보기술은 더욱 일상적인 운영의 한 부분으로서 묘사될 것이며, 그때에는 정보기술 역량 및 성과에 대한 일부 측정지표들이 '일반적인' 성과측정표에 포함되어질 것이다. 이때 이것들은 주로 비즈니스 프로세스 초점에 포함되는 경우가 많겠지만 경우에 따라서는 발전 초점 및 고객 초점에서도 사용될 수 있을 것이다.

스웨덴 보고서에서 열거된 대부분의 측정지표들은 △현재 보유 컴퓨터 수 △정보기술 분야에서 활동중인 기업 및 사람들의 숫자 등을 보여준다. 정보기술에 대한 완벽한 조망을 얻기 위해서는 정보기술 외의 다른 측정지표들이 함께 고려되어야 한다는 것이 필자들의 생각이다. 왜냐하면 모든 정보기술의 경험들이 보여주듯이 그 성공 여부는 정보기술 자체 외에도 △처리되는 정보 △사람들이 기술을 사용하는 방식 등에 달려있기 때문이다. 〈그림 7-2〉는 측정이 필요한 대상에 대

<그림 7-1> 미국 스칸디아사 BSC의 예

재무적 초점

정보기술 비용 / 관리 비용	19%
부가가치* / 정보기술 종업원	117
정보기술 투자	297

고객 초점

내부적 정보기술 고객의 숫자	552
외부적 정보기술 고객의 숫자	14
계약 숫자 / 정보기술 종업원	1906
전사적 정보기술 이용능력	+7%

비즈니스 프로세스 초점

정보기술 능력 (CPU 및 DASD)	
AS/400 168 300 trans./hour	47GB
PC/LAN 14 044 MIPS	199GB
정보기술 재고 변화	3639

혁신 및 발전 초점

정보기술 개발 비용 / 정보기술 비용	60%
정보기술 교육훈련 비용 / 정보기술 비용	1%
R&D 자원 / 총자원	5%

* 부가가치는 '정보기술 재고 변화'를 의미함.
— 단위 : 천달러

▶ 자료원 : "Visualizing Intellectual Captial" at Skandia, supplement to the 1994 annual report

〈그림 7-2〉 측정 대상별로 분류된 정보기술 측정지표들의 예

정보기술에 이존하는 행위들 (매트릭스 A)

	하드웨어	프로그램 소프트웨어	데이터 저장량	정보기술 종업원	전체 시스템
양	컴퓨터 숫자/개인	정보기술 패키지 수	저장 메가바이트 수	정보시스템 직원의 총숫자	총 정보시스템 예산
능력	MIPS/종업원	프로그램 유지 보수			데이터센터 운영시간
활용	시간당 처리 건수	ATM 거래 건수	판매원에 의한 고객 데이터 조회 횟수	월 1인당 기능부서 접촉 건수 (function points)	XX당 네트워크 사용자의 숫자

정보기술 행위의 결과 (매트릭스 B)

	직 접	간 접
내 부	컴퓨터에 의해 지원된 고객 접촉 횟수	정보기술 비용당 이익
외 부	전자신문 구독자의 숫자	'재택근무'로 인한 작장출근 감소 횟수

▲ 자료원 : Olve & Westin (1996)

해 보고서에서 제안된 구조를 보여주고 있다. 미국 스칸디아사의 측정
지표들은 주로 △하드웨어 △정보기술 종업원들 △일부 직접적인 내
부적 결과 등과 관계된 것들이다. 또한 대부분의 것들은 기업의 지출
과 관련해 표현되어 있다. 〈그림 7-2〉의 측정지표들은 다른 기업들로
부터의 자료 및 간행된 국가 통계자료들로부터 취해진 것들이다. 이것
의 목적은 단지 다양한 범주의 측정지표들을 예로 보여주기 위한 것이
며, 이런 측정지표들의 적절성 여부는 그것들이 사용되는 실제적 상황
에 의해 결정되게 된다. 양(quantity)에 대한 측정지표는 물론 '저량'
과 '유량' 양면을 묘사할 수 있다. 미국 스칸디아사와 같은 경우에는
이런 두 종류의 측정지표들이 함께 사용되었다. 예들 들어 비즈니스
프로세스 초점에서 다양한 기술적인 측정지표들은 '유량'에 대한 재
무적 측정지표들과 함께 해당 연도의 '저량'으로서의 능력(capacity)
을 보여준다.

그러나 현재보다 더 개선된 방식으로 기업 내 정보기술 운영을 나
타낼 필요가 있다는 것이 필자들의 생각이다(Falk & Olve, 1996).

정보기술 및 정보의 사용방식에 대해 필요한 토론을 촉진시킬 수
있는 가장 중요한 측정지표들은 기술적인 것들이 아니고 〈그림 7-2〉
의 하단 오른편 칸에 있는 것들이다.

환경적 측정지표들

필자들은 '환경'을 별개의 초점분야로 추천하진 않는다. 이것은 정
보기술의 경우와 마찬가지로 자연스럽게 몇 개의 초점분야들에 융합

될 수 있다. 이 두 가지 사이의 주된 차이점은, 정보기술 및 정보는 조직 내부에서 발견되고 사용되는 데 반해, 많은 환경적 측정지표들은 그 사업이 주위에 미치는 영향들과 관계되어 있다는 것이다. 얀손 (Jansson et al., 1997)은 환경적 측정지표들이 사용될 수 있는 몇 개의 분야들을 보여주고 있는데 다음은 그 중 일부이다.

- 생산 요소들의 활용 및 부속물
- 생산 공정으로부터의 배출물
- 제품 내용물 및 제품 사용의 효과
- 각 운송수단들의 효율성 및 환경적 효과
- 잔류물(residual products)
- 환경감사, 법적 분쟁 등과 같은 행정적 프로세스

이상의 대부분 측정지표들은 비즈니스 프로세스 초점에 연관되어 있다. 하지만 외부 환경에 대한 효과는 비용이 수반될 수 있을 뿐만 아니라 때로는 고객 태도에도 영향을 줄 수 있다. 그러므로 이것들은 재무적 초점 및 고객 초점에서 고려되어질 수도 있다. 또한 만약 이런 점들이 전략적으로 고려된다면, 기업의 환경 친화적 제품/프로세스 개발 진행상황을 나타내줄 수 있는 특별한 측정지표가 발전 초점에서 필요하게 될 수도 있다.

일렉트로럭스사

일렉트로럭스사는 '녹색지대(green range)'라고 알려진 측정지표를 개발하였는데, 이것은 또한 더 넓은 개념의 측정지표인 EPI(환경

성과지표)의 일부분이기도 하다. 일렉트로럭스사의 경영진은 '내부적 경영관리'를 위한 측정지표와 외부적 분석가들에 의해 설정된 '새로운 기준들에 대한 준수도'를 나타내주는 측정지표들 사이의 구분이 중요함을 강조한다.

측정지표들 사이의 인과관계

각 초점분야들 및 측정지표들 사이에서의 균형은 성과측정표 설계에 있어 중요한 요소들이다. 그렇기 때문에 각 요소들 사이의 상관관계 및 우선 순위들을 확정시키려는 많은 노력들이 행해지고 있다.

- 종업원들의 컴퓨터능력 향상이 얼마나 긴급한 문제인가?
- 고객서비스는 재구매 빈도에 있어 얼마나 중요한가?
- 가격을 낮추는 것보다 비즈니스 프로세스를 향상시키는 데 집중하는 것이 장기적으로 더 큰 이익증대 효과를 가져오는 데 더 적절한가?

그래서 기업들마다 성과측정표상 각 측정지표들간의 상호연관관계를 나타낼 수 있는 모델 개발에 열을 올리고 있다. 이런 모델들은 한 측정지표의 다른 측정지표들에 대한 의존관계를 나타내 줄 수 있다. 예를 들어, 고객이 만족하면 그들은 더 많이 사게 될 것이고, 그것은 결국 이익증대라는 효과를 가져온다(제록스사 참조). 또한 이런 모델들은 기업이 각 측정지표들에게 부여한 중요도에 대한 표현방식일 수도 있다. 예들 들어, 한 은행 지점의 품질은 △고객 만족지수 △감사평가 결과 △연간보고서 완료의 적시성 등을 결합한 하나의 측정지표에 의해 묘사될 수 있다(제9장 노르드방켄 참조).

이런 인과관계는 크게 2가지 종류로 볼 수 있다. 그 중 하나는 경험, 또는 연구를 통해 다소 증명이 가능한 관계이다. 그 예로는 △컴퓨터 능력이 향상된 종업원의 생산성 향상 △제공된 서비스에 대한 소비자의 반응 등을 들 수 있다. 나머지 하나는 기업의 기대사항들의 표현이다. 예를 들어 기업은 기업 홈페이지에 더 많은 사람들이 접속하는 것은 멀지 않은 미래의 새로운 사업기회에 대한 '신호탄'이며, 그렇기 때문에 다른 방식보다는 인터넷에 투자하는 것이 더욱 효과적이라는 확신을 가질 수도 있다. 그러나 이런 기대사항들을 열거할 수는 있겠지만 어떤 연구도 그것들이 맞는지에 대한 확답을 주지는 못한다.

그러므로 성과측정표상의 다양한 측정지표들 사이의 관계 또는 균형에 대해 토론할 때에는 연구 조사 외에 '특정한 결론 도출이 가능한 연구조사와 경험'을 함께 활용해야 하며, 또한 언제나 '선택적인 요소'가 남아 있다는 사실을 명심해야 한다.

원인과 결과에 대한 추론은 두 방향으로 전개된다. 즉, 비전 및 전략을 측정지표들 및 '그것들을 지원하는 목표들'로 세분할 때에는, 맨 위의 비전에서부터 시작해 '그것의 성취를 도울 수 있는 측정지표들'을 추출해 내려고 시도하게 된다. 그후 그 사명들을 성과측정표를 통해 전사적으로 커뮤니케이션시킬 때에는, 그 측정지표들이 비전으로 향하는 하나의 '사슬(a chain)'을 형성하고 있음을 이해시켜야 한다. 이때 그 상호 연관관계들은 각 시각들 사이에서 '쌍방향'으로 작용하게 된다. 〈그림 7-3〉은 이런 추론의 흐름을 보여주고 있다. 여기의 화

<그림 7-3> 전략적 측정지표들 사이의 인과관계

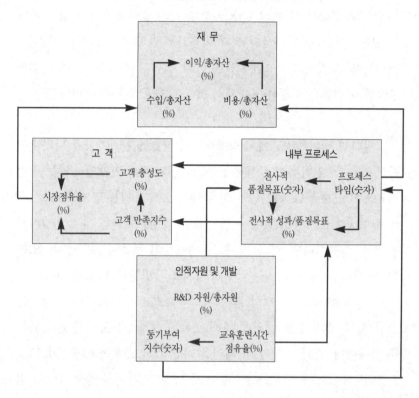

살표들에는 일정한 '시간 경과' 개념 역시 포함되어 있다. '인적자원' 및 '개발 자본'에 있어서의 향상된 가치는 '고객자본' 및 '수익성'에 대한 선행지표가 되어야 한다. 일부 컨설팅 기업들은 이런 종류의 연관관계를 과거에 수립했다고 주장하기도 한다.

〈그림 7-3〉에서 제시된 예들이 물론 상당히 흥미로운 전개들이긴 하지만, 필자들은 실제 기업에서 사용하기에는 너무나도 불완전해서 위험하기까지 할 정도라는 것을 밝혀두고자 한다. 만약 사업이 정보기

술 솔루션 형태의 구조적 자본에 많이 의존하고 있다면 지식의 수준은 단지 고려해야 할 여러 요소들 중 한 가지에 불과하다. 기업이 가지고 있는 정보기술 자원들의 질과 이용가능성 및 활용도 등도 역시 측정되어야 할 것이다. 〈그림 7-3〉은 단지, 선택된 측정지표들은 사업의 중요한 국면들을 일괄하는 전체적 조망을 제공해 주어야 한다는 것을 보여주기 위해 제시되었을 뿐이다.

그렇다면 성과측정표에 측정지표들의 상호 연관관계들을 나타내어야만 하는가? 일반적으로 성과측정표에는 몇 개의 연관되지 않는 측정지표들이 있게 된다. 하지만 이런 점들은 오히려 전통적 재무보고서에 대해 이점으로 작용하게 된다. 만약 모든 측정지표들을 서로 연결시키는 것이 가능하다면, 예를 들어, '종업원들의 컴퓨터능력 향상' 또는 '고객 서비스' 등이 가지는 금전적 가치를 산정할 수도 있게 된다.

하지만 일반적으로 그런 결정은 성과측정표의 사용자에게 맡기는 편이 훨씬 낫다. 우선 순위에 대한 토론은 성과측정표의 주요 측면들 중 하나이다. 만약 우리가 한 대안을 다른 것들보다 선호한다면, 그것은 다른 것들보다 특정한 결과들에게 더 많은 가치를 부여하기로 결정했다는 것을 의미한다. 예를 들어, '고객 서비스'를 향상시키기로 결정하는 것은 '비즈니스 프로세스의 향상' 또는 '가격 인하' 등과 같은 다른 선택들을 포기하였음을 뜻한다. 우리들의 행동이 상당히 합리적이라고 가정한다면 우리들의 가치판단은 행동에 반영되게 될 것이다.

일반적으로 측정지표들의 '정예화 작업(핵심지표의 선택을 위한 지표 수의 축소를 의미)'을 급히 서두르지 않는 이유는 많은 종업원들이 가진 사업에 대한 지식 또는 의견들로부터 이득을 얻을 수도 있기 때문

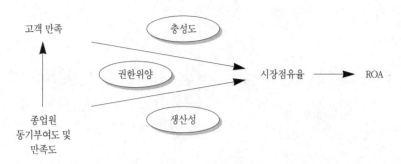

〈그림 7-4〉 측정지표들 사이의 인과관계의 예(제록스사)

이다. 또한 측정지표들간의 상호 연관관계들에 대해서는 개방적인 토론이 있어야 하며, 실사에 의해 확립되거나 설명될 수 있는 일부 측정지표들에 대해서는 공식적인 통계학적 조사를 실시하는 것이 바람직하다.

제록스사

제록스사는 △고객 만족 △종업원 동기부여도 △시장점유율 △자산 수익률(ROA) 등 네 가지 우선 순위 분야에 초점을 맞춘다. 제록스사는 고객 충성도를 유지하고 증가시키기 위해 이런 분야들에 상당한 노력을 경주해 왔다. '고객 충성도'의 감소는 기본적으로 '고객 만족도'와 연결되며, 그것은 다시 '시장점유율'에 영향을 주어 결국, '자산 수익률'에 상당한 타격을 주게 된다. 또한 제록스사는 경험을 통해 1%의 소비자 만족도 증가는 0.5%의 고객 충성도 증가에 연결됨을 밝혀냈다. 이와 같이 제록스사는 각 측정지표들 사이의 인과관계 및 연결고리들을 찾기 위해 노력하고 있다(〈그림 7-4〉 참조).

<그림 7-5> Z이론 : 우리 직원들이 쉽게 이해할 수 있도록

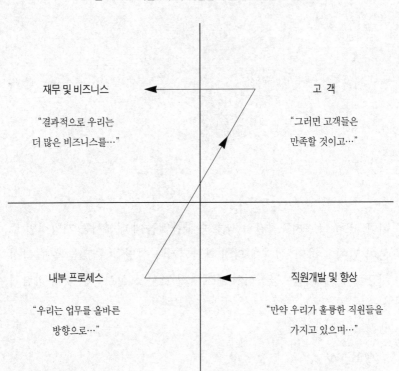

핼리팩스사

1996년 당시까지 핼리팩스사는 다양한 워크숍, 직원 잡지 및 사보의 이용, 교육교재 등을 통해 BSC의 실행을 상당히 진행시켰다.

하지만 기업은 직원들이 각 시각들을 개별적으로 고려하는 경향이 있음을 알게 되었다. 이것을 개선하기 위해 핼리팩스사는 1997년 초 'Z이론'을 도입했다. 직원들에게 전달된 'Z이론'의 메시지는 성과측정표상의 네 가지 시각들이 '모두 다' 중요하다는 것이었다(〈그림 7-

5) 참조). Z이론의 논리 전개는 다음과 같다.

- 만약 우리가 훌륭한 직원들을 가지고 있으며, 그들이 잘 훈련되고 동기부여되어 있다면(직원 및 향상),
- 우리는 업무를 올바른 방향으로 추진하게 되고(내부 프로세스),
- 그러면 고객들은 만족할 것이고, 고객 충성도는 향상될 것이다 (고객).
- 결과적으로 우리는 더욱 많은 사업을 유지하고 획득해 나갈 수 있게 된다(재무).

'Z이론'의 목적은 직원들이 더욱 손쉽게 업무처리를 할 수 있도록 하기 위한 것이었다. 또한 핼리팩스사는 이런 인과관계에 대한 인식도를 높이기 위해 'Z이론'의 로고를 제작하여 BSC와 관계된 모든 것들에 부착하였다. 핼리팩스사에 따르면 'Z이론'이 도입되고 나서야 비로서 성과측정표에 생명이 불어넣어졌다고 한다. 즉, 이전에는 주로 재무적 숫자나 내부적 프로세스에 집중했었던 직원들이 네 가지 시각이 모두 중요함을 이해하기 시작했던 것이다.

현재 핼리팩스사는 각 시각 측정지표들 사이의 연결고리들을 찾기 위해 노력하고 있다. 아마도 이런 노력들은 '재무적 숫자들'이 '각 시각의 행동들'에 의해 어떻게 영향을 받을 수 있을 지에 대한 논리를 강조해 줄 수 있을 것이다.

영국항공사

히스로 공항에서도 역시 일정한 인과관계들이 발견되었다. 관리자들은 '고객 측정지표'들을 바로잡기 위해 '내부적 프로세스 측정지표'들을 관리하려고 노력하는중이다. 즉, '고객 측정지표'들은 결과물인 반면, '내부적 프로세스 측정지표'들은 동인인 것이다. 히스로 공항에서 산출물 측정지표들은 그 조직의 성공 여부를 가리켜주기 때문에 가장 중요한 측정대상이었다.

히스로 공항에는 자원, 장비, 직원들의 숫자 등과 같은 입력물들이 있다. 그리고 신속성, 고객만족 등과 같은 산출물들이 있다(〈그림 7-6〉 참조). 경영진의 과제는 이 사각형 내부에 존재하는 복잡한 연관관계들을 알아내는 것이었다. 히스로 공항에서는 이것을 '경영진의 지적(intellectual) 과제'라고 불렀다. 지사장은 그 직원들의 입력물보다는 '산출물'들에 의해 그들을 측정하고자 한다. 즉, 그는 만약 산출물 측정지표들에서 문제가 드러나기 시작하면 입력물 등에 대해 의문을 품기 시작한다. 비즈니스 BSC에서 산출물 측정지표들은 고객 쪽에, 그리고 입력물 측정지표들은 내부적 성과 쪽에 속하게 된다. 그리고 관리자들과 지사장은 입력물과 산출물 사이의 연관관계에 대해 토의하게 된다. 관리자들은 '무엇이 산출물들의 동인이었는지 완전히 밝혀지기 전까지는' 산출물들에 의해 평가되지 않는다. 만약 어떤 관리자가 일정한 산출물에 대해 실패했다고 판단되면, 그는 입력물, 그리고 그 산출물에 영향을 준 연관관계 등을 분석하여 그 결과를 보고해야 한다.

많은 전반적 상위 측정지표 및 지수들은 '가설'과 '기수립된 관계'들의 조합에 근거하게 된다. 흔히 사용되는 '고객 만족' 또는 '인적자원 자본' 등은 종종 태도에 관한 몇 가지 질문들의 단순한 조합이다. 예를 들어, 종업원 역량에 관한 평점은 설문지상의 몇 가지 질문들에

<그림 7-6> 투입물/산출물 박스

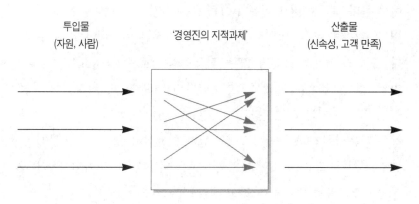

투입물	'경영진의 지적과제'	산출물
(자원, 사람)		(신속성, 고객 만족)

대한 '단순 평균치'로 표현된다. 가령 역량 평점은 80%이었는데 75%
의 직원들만이 '나는 필요한 전문지식을 가지고 있다'라는 항목에 대
해 '그렇다'라고 대답했다고 가정해 보자. 이 질문에 대한 평점은 전
체 역량 평점보다 낮기 때문에 일단 이곳은 향상이 필요한 분야인 것
처럼 보인다. 그러나 이곳의 평점을 올리는 것이 꼭 더 좋은 것인가의
질문에 대해 그들이 아니라고 대답한 이유로는 다음과 같은 몇 가지
를 생각해 볼 수 있다.

1. 종업원이 실제로 전문지식의 부족을 깨달았다.
2. 업무가 잘 조직되어 있지 않거나 그 조직에 대한 이해 부족으로
   인해 종업원들이 그 업무에 대한 자격이 갖추어지지 않은 상태에
   서 '해서는 안될' 업무를 수행하고 있다.
3. 종업원들이 개인적 야심으로 자신의 전문성을 더욱 강화하고자
   한다.

이들 중 두 번째와 세 번째의 경우는 약간 다른 방향에서 생각해 보아야 한다. 즉, 두 번째 이유가 그들이 아니라고 대답한 주요인이었다면 '역량개발 프로그램' 은 이것에 대한 적절한 처방이라고 볼 수 없다. 오히려 업무의 재할당, 또는 절차의 재검토 등이 필요할 것이다. 만약, 세 번째 이유가 그 주요인이었다면 역량개발 프로그램이 적절한 조치가 되기는 하겠지만, 그 경영진은 아마도 25%의 직원들이 자신의 전문성에 대해 불만족스러워 한다는 사실이 오히려 흡족하게 느껴질 것이다. 그리고 "25%의 불만족률은 너무 낮은 거 아니야? 더 좀 불만족스러워 해야 하는데" 라고 생각할 것이다.

이상과 같은 예를 든 것은 이런 조사들 자체를 비판하고자 함이 아니라, 단지 때때로 이것들이 잘못 해석되어지고 있음을 말하고자 한 것이다. 즉, 측정대상에 대한 완전한 파악이 필요하며, 개개의 측정지표들을 한개의 통합적 지수로 묶고자 하는 경우에는 그 타당성 여부를 신중히 고려해 보아야 한다.

태도 측정에 관해서

캐플런과 노튼의 첫 번째 BSC에 관한 논문에서 그들은 고객 시각을 '고객이 우리를 어떻게 보느냐' 라고 정의했다. 물론 이러한 종류의 질문들은 성과측정표가 등장하기 훨씬 전부터 연구의 주제가 되어 왔다. 태도 측정에 관해 전문화된 기업들이 세계 곳곳에 있으며, 성과측정표상의 측정지표들을 고려할 때 그들의 도움을 빌리는 것은 자연스러운 것이다. 더욱이 이러한 기업들은 △몇 개의 측정지표들을 한 개의 통합

<그림 7-7> 측정들 사이에 존재하리라고 추정된 관계들(스웨덴 고객지표)

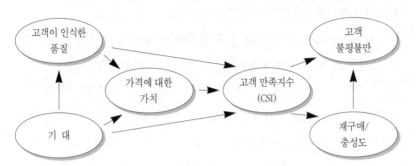

적인 지수로 묶는 적절한 방법 △취해진 행위와 측정된 결과 사이의
관계 등에 관하여 오랫동안 연구해 왔다. 일부 기업들은 성과측정표와
비슷한 방식을 사용하여 다양한 종류의 측정들을 조합함으로써, 어느
정도까지는 그 활용도 면에서 BSC 개념과 비슷한 서비스들을 개발하
기에 이르렀다.

　그 한 예가 '고객 만족지수'이다. 이것은 미시간 대학교의 클래즈 포
넬 교수에 의해 개발된 통계학적인 모델에 근거하고 있으며, 현재 많은
국가들에서 사용되고 있다. 고급 통계학적 분석은 단순한 '고객 만족
의 정도'에 대한 측정은 물론, '다양한 제품과 서비스의 속성들이 소비
자 만족에 미치는 영향'을 밝혀내기 위해서도 사용되고 있다.

　관찰된 관계들로부터 결론을 끌어내어, 기업들은 그들의 전략을 조
정하고 사업의 초점을 변경할 수도 있다. 예를 들어, 만약 '통신 판매
제품에 대한 배달시간', 또는 '공항의 수속 대기시간'이 고객에게 중
요한 요인이라면, 이러한 점들에 대한 기업의 성과향상이 고객 만족과
충성도에 얼마나 많은 영향을 미칠 것인지를 거의 정확하게 추정해

낼 수 있다. 〈그림 7-7〉은 그러한 관계들에 관한 예로, 고객 만족에 대한 스웨덴의 연구들로부터 추출한 것이다.

'고객 충성지수'는 고객의 총수에 대한 비율로서 표현되며, 이는 향후 구매시 그 기업의 제품과 서비스를 다시 이용할 현재 고객의 비율을 나타내 준다. 이것은 다시 기업의 '고객 자본'으로 연결될 수 있다. 이 때 고객 자본은 '고객 관계의 평균 지속기간'에 '고객에 의해 발생된 수입'을 곱한 수치로 나타내진다. 이 측정지표는 △사업의 개발 △R&D에 대한 투자 등에 대한 안내지침을 제공하며, 때로는 제품의 일정한 특성을 없앤다든지 더 나아가 얻어질 이익이 거의 없을 때에는 그 고객에 대한 서비스를 중단해야 할지 등을 판단하는 기준이 된다.

기업들의 시급한 과제 중의 하나는, 제품, 배달, 가격, 서비스 등과 같은 '고객 인식'의 중요한 구성 요소들 상호간, 그리고 고객 인식, 고객 만족, 재구매 상호간의 상관관계에 대해서 명백한 논리를 확립하는 것이다. 물론 충성 없이도 고객들이 만족할 수는 있지만, 일반적으로 만족은 충성도에 영향을 미치고 그것은 다시 이익으로 나타나게 된다. 중요한 것은 고객들이 '되돌아온다'는 것이다. 보통 새로운 고객을 끌어들이는 것보다는 현재의 고객을 유지하는 것이 그 비용 면에서 더 저렴하다. 스웨덴에서의 경험에 그 기반을 둔 고객 지표들이 미국, 노르웨이, 독일, 대만 등지에서 개발되는 중이다. 또한 EU의 제3기 집행부는 EU 전반의 여러 나라에 걸쳐 고객을 확보하고 있는 다국적기업들의 숫자가 점점 더 늘어나는 추세에 맞춰 현재 '고객 만족 측정지표'들의 도입 방안을 검토중이다.

다른 지수들 역시 이미 확인되었거나 가정에 근거한 상관관계들에 기초하고 있다. 예를 들어, 제록스사는 소비자 만족도에서의 1% 증가는 소비자 충성도에서의 0.5%의 증가를 가져온다고 주장한다. 소비자 충성도는 다시 재무적으로 환산될 수 있다. 즉, 충성도는 더 많은 고객이 다시 돌아올 것이라는 사실을 의미하며, 이것은 '미래 수익성'에 직접적인 영향을 미치게 된다. 또한 우리들은 '새로운 고객을 유입하는 데 드는 비용'과 '현재 고객의 충성도를 증가시키는 데 드는 비용'을 상호 비교해 보아야 한다. 그 결과 후자의 경우가 더욱 수익성이 높은 것으로 밝혀질 수도 있다. 제록스사는 그들의 전세계적 판매 경험을 바탕으로 하여 이러한 사실들을 뒷받침할 수 있는 상당한 통계학적 증거들을 제시하고 있다. 오늘날 많은 컨설팅 회사들 역시 이와 비슷한 접근들을 시도하고 있다. 또한 소매업에서의 몇 가지 연구들은, '소비자 만족지수'를 통해 자사의 고객을 잃게 될 수 있는 지역뿐만 아니라 다른 경쟁 매장의 시장점유를 잠식할 수 있는 지역까지 밝혀낼 수 있음을 보여준다.

　다양한 요소들간의 관계에 대해 이와 같은 명백한 가설들을 세움으로써 '고객 자본'에 대한 재무적 가치평가가 가능하게 된다. '재구매의 가능성'은 '고객의 구매빈도' 및 '그에 따른 이익의 증가량'과 어우러져서 '현재 가치의 산정'을 위해 사용될 수 있다. 하지만 그러한 산정은 가설들에 근거하고 있음을 명심해야 한다. 그러나 그것들을 믿을 수만 있다면, 뒤따르는 계산은 인과관계의 논리적 순환의 산물이며, 우리는 '고객 서비스 투자'를 '장기적 기업의 번영'에 연계시킬 수 있게 될 것이다. 필자들이 BSC 프로세스를 추천하는 이유 중의 하나는 BSC가 이러한 성질의 토론을 활성화시켜 줄 수 있다는 것이다. 뿐만 아니라 '향상된 서비스'가 '고객 자본' 등에 미치는 영향을 시뮬레이션해 볼 수도 있게 된다. 즉, 일종의 '투자 계산'이 가능해지는 것이다.

이러한 문제들은 뒤에서 다시 한번 세밀하게 다룰 예정이다.

제록스사

제록스사는 실제적으로 모든 고객조사들을 자체적으로 실시했다. 경영진은 고객 불만사항에 신속하게 대응할 수 있는 능력뿐만 아니라 완벽한 관리를 원한다. 모든 고객 정보는 LICA(life care) 프로세스로 알려진 컴퓨터화된 시스템으로 수집된다. 정보는 그 후에 분류되고 제품분야, 서비스단위, 개인별로 세분된다. 이러한 절차는 각 제품의 분야별 책임자들에게 지속적인 피드백을 제공하며, 전사적으로 어떠한 고객 집단에 대해서든 완벽한 보고서가 즉시 이용 가능하다.

정보는 전화를 통해 고객들로부터 얻는다. 제품이 배달된 지 48시간 이내에 모든 고객들은 제록스사에 의해 어떻게 대우받았는지를 질문 받는다. 어떠한 불만사항이든지 48시간 이내에 해소되어야 한다. 그리고 30일, 90일, 365일 후에 모든 고객들은 15개의 질문에 대한 답을 요구받는다. 또한 똑같은 질문들이 제록스사와 거래한지 1년에서 5년까지 된 고객들에게 무작위로 보내진다. 모든 고객정보는 LICA에 입력되어지므로, 어떠한 불만사항에 대해서든지 그에 대한 책임자 및 관계 프로세스를 추적해서 판명해낼 수 있다. 또한 일년에 한 번 외부 기관에 의뢰하여 경쟁사들과 비교한 제록스사의 고객관계를 진단한다. 제록스사에서는 고객들이 기업이 제공하는 것에 만족하고 있는지를 밝혀내는 것이 대단히 중요하다. 그러므로 이러한 조사들에 너무 많은 시간, 노력, 비용 등이 쓰여지고 있다고 말하는 사람은 아무도 없으며, 제록스사 내에서는 오히려 그 반대의 경향들이 감지된다.

소규모의 기업들은 이러한 종류의 측정을 하는 것이 어려울 지도 모른다. 고객들이 더 적기 때문일 수도 있고, 그 프로세스에 대한 비용 때문일 수도 있다. 새로운 서비스의 경우에, 누구에게도 자문을 구할 수 없다. 이 때의 사업은 '경영진들이 존재할 것이라고 생각하는' 관계에 의존할 수밖에 없다. 만약 인터넷의 홈페이지에 투자한다면 그것은 판매에 어떤 영향을 미칠 수 있을까? 대부분의 나라들에 있어서 최소한 앞으로 수년 이내에는 이것에 대한 해답을 얻어낼 수 없을 것이다. 단지 그 차선책으로서, 홈페이지가 얼마나 많은 관심을 끌고 있는가, 얼마나 자주 접속되는가, 얼마나 높이 평가되는가 등을 조사하여 그 추이를 예의 주시하는 정도가 될 것이다. 하지만 사업의 결과에 대한 어떤 결론이든지 어느 일정 시점까지는 담당 관리자의 가정에 기초할 수밖에 없다는 사실을 명심해야 한다.

성과측정표를 사용한 시뮬레이션

지금 방금 설명한 대로 경험을 통해 일정한 행위와 그 효과 사이의 관계를 알 수 있다면, 우리는 이를 통해 '성과측정표상의 목표들이 성공적으로 달성되었을 때 얻을 수 있는 결과'를 예측할 수 있게 될 것이다. 물론 이것은 '관계'가 다소간 증명되었다는 것을 전제로 한 것이다. 그러나 이 장의 첫머리에서 밝힌 대로, 이와는 약간 다른 종류의 관계들이 있다. 즉, '언제쯤 개발 투자가 현실로 나타날 수 있을까?' 라는 문제에서처럼 일정한 '가정'이 필요한 관계들이다. 만약 이러한 점들을 완전히 명확하게 할 수만 있다면, 우리는 미래의 성과측정표상에 나타날 것들을 미리 예상해 볼 수 있게 될 것이다. 특히 오늘날의 많은 지출들이 사실은 일종의 투자라는 점을 고려해 볼 때, 이러한 종류의 시뮬레이션은 성과측정표 모델이 흥미로운 방향으로 발전될 수 있음을 보여준다. 〈그림 6-8〉을 보면, 이런 항목들은 '좋은 비용'으로 보고되어 있다. 이것들은 △매일매일의 효율성 향상 △시장개발 비용 △교육훈련 △고객 접촉에 대한 기록 △프로세스 등을 포함하게 된다. 이런 것들은 일부 경우에는 데이터베이스에 보관될 수도 있겠지만(구조적 자본), 대개의 경우 그 담당 종업원의 개인적 경험 또는 지식 선에서 마무리되는 것이 보통이다. 또한 이런 투자에는 '이익실현 시기에 대한 믿음'이 뒷받침되어야 한다. 만약 우리가 다양한 요소들간의 상호연관관계들을 추정해낼 수 있다면, 미래에 무엇이 일어날 것인가에 대한 시뮬레이션이 가능해질 것이다. 컴퓨터화된 도구들은 시뮬레이션을 하는 데 도움을 줄 수 있다.

예를 들어, 이 책에 관한 홈페이지를 개설하고 유지하는 데 드는 '좋은 비용'의 경우를 생각해 보자. 이 책의 독자들은 거기에서 이 책에 대한 의견이라든지 다른 저작물과의 관계 등을 알 수 있으며, 더 나아가 만약 이 책이 어딘가에서 교재로 사용될 것이라면 강좌프로그램 또는 시험 문제 등에 관한 조언을 얻을 수 있게 될 것이다. 이때 이 책, 또는 이 책의 출판사에 대한 성과측정표가 있다면, 고객 초점은 책 그 자체, 또는 '출판사의 서비스'에 대한 독자들의 일반적 평가 등에 의해 영향받게 될 것이다. 이러한 평가는 '재구매의 가능성'이라는 면에서 출판사의 자산이 될 수 있다. 예를 들어, 대학교의 교수들이 이 책을 교재로 사용할 예정이라면, 이 책의 판매는 그에 상응하는 보장을 받을 수 있게 되는 것이다. 홈페이지에 대한 독자들의 흥미와 관심이 판매에 어느 정도의 영향을 미쳤는지 추산할 수 있는 준비가 되어 있다는 전제하에서, 출판사가 한 권을 팔 때마다 얼마를 버는지만 알 수 있다면 우리는 쉽게 홈페이지에 대한 일종의 '투자 계산'을 해낼 수 있을 것이다. 이러한 것들은 상당히 복잡하게 보일지도 모른다. 하지만 위의 홈페이지의 경우와 마찬가지로, 일정한 프로젝트를 계획할 때에는 누구든지 '알게 모르게' 이런 식의 추정들을 이미 머리 속에 그려본다. 그러므로 이러한 가설들을 밖으로 끌어내서, 이에 대해 토의하고 여기에 대해 사람들이 제각각 가지고 있는 의견들의 타당성을 검토해 보는 것은 종종 의미 있는 결과로 이어질 수 있다.

　이러한 목적에 사용될 수 있는 다수의 컴퓨터 프로그램들이 있다. 예를 들어, 필자들은 성과측정표에 적용하기 위해 현재 미국에서 개발 중인 '아이싱크(ithink, High Performance System)'를 사용한 적이 있다. '아이싱크'는 쉽게 모델을 구축할 수 있게 해주는 것은 물론, 더 나아가 시뮬레이션을 통해 어떤 투자가 이익이 될 것인지 까지 알려줄 수 있다. 이러한 접근법은 개발과 마케팅에 대한 일종의 '투자게임'과 비슷하다. 성과측정표에 나타난 사업상황과 이러한 게임과 같은 시뮬레이션의 지원을 조합하여 몇 개의 흥미로운 가설들을 구상해 낼 수 있으며, 이것들은 최고 경영층이 미래에 대해 토론할 때 그 토대로서 사용될 수 있다. 이 때에는 사업에 관련해서 증명된, 그리고 가설적인 관계들을 적절하게 조화시켜야 하며, 사람들에 의해 제시된 가설들은 상호 비교되어야 한다. 모든 주요 투자들은 어느 정도는 일정한 '믿음'에 근거한다. 그러므로 그 '믿음'에 대한 결정이 상황을 잘 알고 있는 몇 사람의 판단들을 종합한 것이라면 더 좋을 것은 물론이다. 우리가 가지고 있는 생각들이 이러한 종류의 '건설적인' 토론에 의해 영향을 받을 수 있다는 것은 이미 잘 알려진 사실이다. 필자들은 중요

<그림 7-8> '발생 가능한 시나리오' 도표의 예(한 출판사의 책을 위한 홈페이지 개설에 대한 결정)

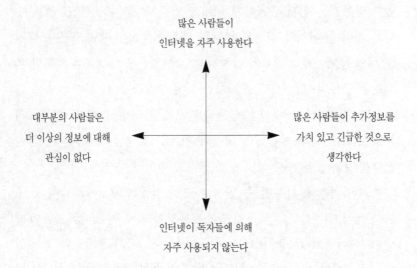

한 투자일수록 '토론'이 필요하다는 것을 설명하기 위해 그 '축소판'
으로서 이 책의 홈페이지에 대한 예를 들었다. 그러나 필자들이 아쉬
워하는 것은 이러한 토론들이 실제에 있어서는 거의 행해지고 있지
않다는 사실이다.

성과측정표, '전략적 대화', 그리고 시나리오

성과측정표의 관점에서 사업을 묘사함에 있어 필자들이 권장하고
싶은 것은 이른바 '전략적 대화'에 많은 종업원들을 끌어들이라는 것
이다. 이 때 그 대화의 주제는 모두, 단기적인 이익의 관점에서는 '정

당화'될 수 없는 행위들일 것이다. 이러한 점에서 이것은 '시나리오 기법'과 일부 유사한 점이 있다. 시나리오 기법은 미래의 상황을 '몇 가지의 조합'으로 나타내서 생각할 수 있게 해주는 도구이며, 때때로 '전략적 대화의 기술'이라고 불리기도 한다(van der Heijden, 1996). 이 기법은 이미 진행되고 있는 행위들을 합리화하기 위해 일반적으로 흔히 사용되는 '막연한 예측 시나리오' 같은 것이 아니고, '동등한 가능성'을 가진 미래 전개 방향들을 이용한 '살아있는' 개념이다.

보통 이것은 미래에 대한 2~3개의 상황설정에서부터 출발한다. 이 때 그 미래는 중요한 것이지만 그것이 어떻게 전개될 지에 대한 판단 근거가 없거나 최소한 미래 상황에 대한 의견이 일치되지 않는다. 필자들은 〈그림 7-8〉에서, 이 책의 홈페이지를 예로 하여 그 시나리오 도표를 구성해 보았다. 이 책의 독자들 중 얼마나 많은 사람들이 추가적인 정보를 필요로 할 것인지에 대해 판단하거나 최소한 의견의 일치를 보기는 쉽지 않다. 이 때 그 정보는 그림에서처럼 홈페이지를 통해서 얻어질 수도 있지만, 기타 다른 출판물들을 통해서 얻어질 수도 있다. 또한 타깃 그룹 중 얼마나 많은 사람들이 미래에 이러한 정보를 얻기 위해 인터넷을 선호할 것인지도 알기 어렵다(일단은 책에 대한 홈페이지가 아직 책을 구입하지 않은 사람들을 끌어들일 수도 있다는 가능성은 무시하기로 한다). 그림에 있는 네개의 분면 중 시나리오가 어디에 위치하느냐에 따라서 올바른 행동의 방향도 명백히 달라지게 된다. 즉, 제4사분면에 그것이 위치한다면, 그것은 사람들이 추가정보에는 관심이 있지만 인터넷은 별로 사용하지 않는다는 것이므로 이 책의 '제2탄'을 구상하는 것이 그 올바른 응답이 될 것이다(만약 제1, 2사분면에 위치하게 된다면, 우리는 정보 전달수단으로서의 책의 미래 유용성에 대해 회의를 품게 될 것이다).

우리가 시나리오의 관점에서 생각하는 것은, 지금 결정되어야만 할 사안들을 끌어내서 그 결정들이 다른 시나리오들과 어떤 관계들을 가지고 있는지 생각해 보기 위한 것이다. 이때 물론 이 모든 시나리오들은 '동등한 실현 가능성'들을 가진다. '지금 행해져야 할 것' 중 어떤 것이, 상정된 모든 시나리오들에서 공통적으로 긴급하게 요구되는 것인가? 또는 특정한 한개 또는 몇 개의 시나리오들에 대한 의존도가 너무 강해서 방향이 다른 쪽으로 흐르게 될 경우, 그것을 끝까지 해내기 위해서 우리의 행동반경을 제한해야 하는데, 그 경우 어느 것을 택할 것인가? 흔히 하나의 행동방향을 제안한 사람은 그 시나리오만이 발생 가능한 유일한 것이라고 생각하기 쉽다.

변화의 조짐이 보이자마자 이를 감지할 수 있도록 일정한 '체크 포인트'를 설정하여, 명백한 미래의 방향이 드러나기 시작했을 때 이에 맞춰 신속하게 행동방향을 조정할 수 있어야 한다. 즉, 〈그림 7-8〉에서 만약 제3, 4사분면의 시나리오가 실제 일어나고 있는 상황과 맞아떨어지는 것으로 드러난 경우에는, 미래의 홈페이지를 위해 준비했던 것들은 즉시 다른 방식으로 전용될 수 있어야 한다.

성과측정표 측정지표들간의 상관관계에 대해 토의할 때에는 BSC와 시나리오 사이의 관계 역시 논의해야 한다. 기업이 성과측정표의 하부 칸들에게 관심을 갖는 이유는 '거기에서 개발된 것들이 훗날 이익을 가져다 줄 것'이라는 사업논리에 대해서 믿음을 가지고 있기 때문이다. 또한 기업은 많은 사람들을 토론에 관여시킴으로써 일정한 이익을 얻고자 한다. 이때 각 '시나리오'들은 이런 '전략적 대화'를 활성화시키는 역할을 할 수 있다. 그것들은 또한 기업로 하여금 그 핵심 성공요소 선택에 있어 더욱 신중을 기할 수 있도록 해줄 것이다. 예를 들어, 그것들은 기업이 시장상황에 대한 조기경보 중 어떤 것을 따라야 할지, 또는 종업원들이 제안한 해법들 중 어떤 것에 근거해 행해야 하는지 등을 판명해 낼 수 있도록 도와줄 것이다.

그러므로 만약 전략에 대한 올바른 결정을 내리고 그것들을 조직 내에 커뮤니케이션되도록 하려면, 먼저 경험 또는 가설 등에 근거해 성과측정표상의 다양한 측정지표들을 서로 연계시키고 그것들의 상호연관관계를 확정짓기 위해 노력해야만 한다. 이런 조치는 기업이 나중에 성과측정표를 통해 사업을 모니터하고 그것을 올바른 방향으로 유지시키려고 노력할 때에도 역시 도움이 될 수 있다. 상황이 어떻게 전개되고 있는지를 알 수 있다면, 기업은 '결과물'과 '기대'를 비교해 볼 수 있다. 전의 경험과 가설들은 새로운 경험의 관점에서 끊임없이 재검토될 것이며, 그에 따라 적절한 인과관계에 관한 개념 역시 조정될 것이다. 이런 식으로 해서 성과측정표에 관련된 토론은 '학습을 위한 토대'를 제공해 줄 수 있게 된다. 이러한 '학습'에 대해서는 9장에서 자세히 논의할 예정이다.

주주가치에 대한 시뮬레이션 효과

만약 〈그림 3-12〉, 또는 〈그림 4-7〉(코카콜라사)과 같은 인과관계의 흐름을 따라서 완벽한 모델이 구체화될 수 있다면, 생각할 수 있는 모든 행동들이 주주가치에 어떤 효과를 미칠지를 시뮬레이션 할 수 있을 것이다. 그렇다면 이것이 궁극적인 목표일까? 필자들은 이런 종류의 토론들이 유용하다고 믿기 때문에 그것들을 장려하는 입장이긴 하지만, 여기에 대해서는 여전히 약간의 의구심을 가지고 있다.

필자들이 함께 작업했던 대부분의 조직체들은 물론 장기적 주주가치에 관심을 가지고 있었다. 그럼에도 불구하고 그 당시 그들이 BSC에 대해 관심을 나타내었던 주요한 이유는 사업에 대한 다차원적인 시각을 가질 수 있는 효익을 얻을 수 있으리라고 생각했기 때문이었다. 일반적으로 기업들은 몇 개의 측정지표들을 '균형 있게' 개발하게 되면 궁극적으로 주주가치를 향상시킬 수 있으리라는 생각을 은연중에 갖고 있지만 이것들의 '인과관계 사슬'이 과연 어떤 모습을 가지고 있을 지에 대해 토론하는 예는 별로 없다. 가끔 필자들은 이런 토론의 중요성이 인식되고 있는지조차 의심스러울 때도 있다. 물론 각 경영자 또는 이해관계자들은 각자 다른 장기적 세계관들을 가지고 있겠지만, 그들이 단기적인 의견일치를 보는 것은 가능한 일이다.

그렇다면 장기적 주주가치를 가져다 줄 수 있는 것이 무엇인지에 관한 토론이 필요하다고 볼 수도 있다. 하지만 많은 경우에 있어 시뮬레이션의 가치는 일차원적인 '가치'를 수립하는 것보다는 사업 및 그 환경에 관한 다차원적인 표현을 수립하고 이것을 효과적으로 다루는 데 있다.

이러한 점은, 성과측정표적 사고를 공공부문에 적용한다든지, 또는 기업의 지원부서들에서처럼 전체 조직에 대한 효용성이 다차원적인 곳의 경우에 더욱 절실하다. 만약 기업들이 그 자신을 적절하게 묘사할 수 있다면, 사업이 다양한 이해관계자들을 위해 다양한 종류의 가치를 창출할 수 있다는 사실을 깨닫게 될 것이다. 더 이상 주주가치만이 '존재하는 유일한 가치'는 아닌 것이다.

필자들은 제2장에서 다음과 같은 결론에 도달했었다. 즉, 사업에 있어서 이해관계자 균형에 대한 대안적 시각이 가능하며, 이 시각에서 보았을 때에 '진정으로 가치 있는 자원'들은 기업이 직원들에게 임금을 지불한다든지, 또는 합작제휴사들과 업무관계를 맺는 것과 같은 형태로 얻어지게 된다. 이런 시각에서 사업을 본다면, 이들의 지적 능력 및 영업권 그리고 그들의 고객들을 얼마나 잘 이용하느냐가 사업성패의 관건이 된다. 만약 이것에 성공한다면 기업은 나눠가질 수 있는 훨씬 더 많은 가치들을 창출해 낼 수 있을 것이다. 결과적으로 이것은 주주가치의 최대화를 실현한 것이라고 볼 수도 있다. 그러나 이 가치창출 과정에서 재무적 자본의 역할은 점점 더 감소하고 있기 때문에 그만큼 그것의 중요성은 줄어들었다고 보아야 한다.

그렇다고 이것이 시뮬레이션의 의미감소를 뜻하는 것은 아니다. 만약 사업의 궁극적인 목표가 '다양한 방식으로 공헌을 하는 많은 이해관계자'의 목표들 사이에서 '끊임없이 변화하는 균형'이라고 본다면, 그 관점들을 비교해 보고 만약 가능하다면 '고객 만족도와 미래 판매량과의 관계' 같은 사안들에 대해 합의에 도달하는 것은 중요한 의미를 가지게 된다. 그러나 일부 이해관계자의 입장에서는, 사업의 여러 구성 요소들 중 단지 한 가지 측면만을 위해서 결과물과의 관계를 추적한다는 것이 불만스러울 뿐만 아니라, 이것이 시간의 낭비처럼 느껴질지도 모른다.

시뮬레이션은 일종의 '시스템 역학적 접근법(시스템 역학 : 어떤 시스템 안에서 문제, 경향을 생성시키는 모든 힘을 수학적 모델을 써서 도식적으로 재현하는 일)이라고 볼 수 있으며, 이것은 '지식관리'에 관한 최근의 논의들과 아주 흥미로운 방식으로 연관된다(제9장 참조). 시뮬레이션 소프트웨어의 '쌍방향식(interactive)' 사용은 경영자들이 은연중에 가지고 있는 '바람직한 행동방향에 대한 기준들'을 부분적으로 드러나게 해줄 수 있을 것이다. 또한 이런 기준들을 서로 비교해 보는 것은 조직 내의 지식들을 활용하는 좋은 한 가지 방법이 된다. BSC 개념의 본질은 사업에 대한 커뮤니케이션을 위한 '언어의 창조'이다. 이것은 시뮬레이션과 더불어 사람들로 하여금 그들의 서로 다른 견해들을 밖으로 끌어내어 모두가 공유할 수 있도록 해줄 것이다. 하지만 이것이 곧바로 손쉽게 '인과관계' 및 '인과사슬들(성과동인, 결과물 등)'에 대한 합의를 가져다 주는 것은 아니며, 특히 궁극적으로 주주가치에 대한 동의에까지 이르게 해줄 것이라고 생각해서는 안된다. 그럼에도 불구하고 이것이 가치를 가지는 이유는, 이것을 통해 사업행동 근저에 있는 가설들을 발전시켜, 그것들에 대한 일반적 동의를 이끌어 낼 수 있기 때문이다.

요 약

이 장을 통해 필자들은 측정지표들과 그 측정에 관한 문제들을 논의했다. 특정한 초점분야 내에서 측정지표들을 선택할 때에는 그것들과 다른 시각의 측정지표들간의 인과관계를 고려해야 하는데, 이때 필자들은 다음과 같은 사항들에 주목했다.

■ 측정지표들을 선택하고 그것들을 적절하게 조합함에 있어서는 주의 깊은 사고가 요구되며, 이때에는 사람들이 각자 다양한 측

정요소들의 상관관계에 대해서 어떻게 생각하고 있는지 토의해 보는 것이 도움이 된다.

■ 또한 연구조사들을 실시해온 다양한 전문화된 기업의 경험들이 이때 도움이 되며, 때때로 성과측정표의 근거로서 더욱 광범위한 측정이 요구될 경우에는 이런 기업들의 전문적인 도움을 받는 것이 필요하다. 이들의 연구조사들은 이미 이용 가능한 수준이다.

■ 제5장에서 필자들이 강조한 바와 같이, 성과측정표상의 측정지표들 각각은 다른 것들은 고려하지 않은 채 그것에 관련된 일정한 상황을 강조하겠다는 한 가지씩의 선택을 나타내게 된다. 물론 성과측정표 자체가 핵심 성공요소들에 대한 추론에 근거하고 있기는 하지만(제3장 참조), '표현된 구도 안에 명확히 나타난 것'의 근저에 있는 가설들에 대한 주의 깊은 통찰이 필요하다.

시뮬레이션 및 시나리오 관점의 사고는 BSC 개념과 함께 사용되어야 한다는 것이 필자들의 생각이다. 다음은 필자들이 제기했던 문제들을 요약한 간단한 체크리스트이다.

■ 측정지표들이 사업의 다양한 측면들을 모두 다루고 있는가? 혹시 한 가지 측면만 강조되고 있지는 않은가?

■ 저량, 능력, 활용, 효과 등과 같은 가장 중요한 측정요소들을 고려했는가?

■ 선택된 측정지표들의 '저량과 유량 사이의 균형'이 적절한가?

■ 측정지표들이 이전에 측정된 적이 있는 것들에 관한 것인가, 아니면 새로운 측정절차가 필요한가?

■ 측정지표들의 실제적 연관관계에 관한 경험들, 또는 인과관계에
관한 명확한 가설개발 등을 통해 그 측정지표들을 다른 측정지
표들과 연관시키는 것이 가능한가?

또한 성과측정표에 속하지 않는 일부 측정 및 핵심비율 등도 항상 필
요하다. 필자들은 일부 기업들이 상당히 적은 측정지표들을 사용하고
있는 것을 본 적이 있다. 그러나 우리들이 적은 숫자의 측정지표들을
선택하는 경우, 필자들이 앞서 제기한 체크리스트가 측정지표들에 대
한 심사숙고에 큰 도움이 될 수 있으리라는 것이 필자들의 생각이다.

· 주(註) ────────────────

1) 이 점에 관해 좀더 자세히 알기를 원한다면 팔크와 올브(Falk & Olve,
1996)의 논문을 참조하기 바란다. 제10장에서 기업의 재무제표들과 관련
하여 이 문제를 다시 한 번 다룰 예정이다.

PART Ⅲ BSC의 실행

성과측정표를 위한 시스템과 정보기술 해결책들 |
학습조직을 향하여

8

성과측정표를 위한 시스템과 정보기술 해결책들

　이 장에서 필자들은 BSC 프로젝트가 전략 프로세스로부터, 보다 더 운영상의 경영관리 시스템으로 구현되어 가는 방법론을 논의할 예정이다. 그러한 관점에서 필자들은 수작업에 의한 측정시스템과 자동화된 측정시스템 간의 균형, 측정에 소요되는 비용과 측정되는 것을 앎으로써 얻게 되는 이익, 그리고 새로운 경영관리 시스템에서 비재무적 측정지표들에 기반한 의사결정을 비즈니스 운영 흐름에 종사하고 있는 종업원들에게 전적으로 위임함으로써 얻게 되는 이익 간의 균형에 관련된 쟁점들을 주로 다루고자 한다.

　성과측정표에서 중요하다고 여겨지는 모든 정보들을 확보하려면 어떠한 도구들이 필요할까? 경영관리의 영구적 시스템으로서 BSC가 반드시 도입되어야만 하고, 그리고 BSC를 활용하는 것이 정상적 운영 절차의 한 부분이 꼭 되어야만 하는가? 우리들이 예상하기에 그러한 질문들에 대한 답은, 투자 금액에 대비하여 BSC가 우리들에게 줄 수 있는 최대의 이익은 과연 무엇인가에 달려 있다. 물론, 우리들의 예상

<그림 8-1> BSC 프로세스

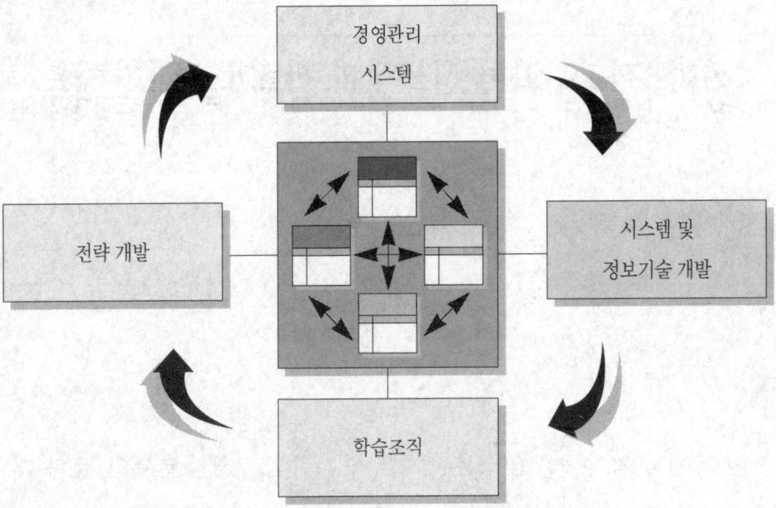

이 정확한 것인가를 분간하는 데는 상당한 어려움이 뒤따를 것이다. BSC 접근방법은 시스템과 소프트웨어 개발보다는 그 접근방법에 수반되는 작업들에 더 많은 비용이 소요된다. 기업에 있는 어떤 사람들이 성과측정표 도표에 선정된 측정지표 몇 가지를 집어넣거나, 아니면 기존 시스템에서 그러한 측정지표들을 도출하여 보고서들을 만들어내는 것만으로는 충분하지 않다. 그러한 방법론에 어떤 이점들이 있는가를 결정하는 것은 측정지표들과 자신들의 전략을 선택하는 데 어떠한 판단을 내렸는가에 관한 우리들의 대화(dialogue)에 있다. 궁극적인 시금석은, 어떠한 비용 추정으로부터 확실하게 발견되는 것이 아니라 그 방법론의 지속적 사용을 정당화시키기에 충분한 이점들을 찾아내었느냐에 달려 있다.

〈그림 8-1〉은 성과측정표들이 학습고리 동인의 하나로 간주된 제3장의 시작부터 반복되고 있다. 앞장들에서는 전략개발과 경영관리를 위한 성과측정표들에 중점을 두었다. 필자들은 이제 실질적인 성과측정표 활용의 동인들인 시스템과 정보기술로 넘어간다.

성과측정표 살려두기[1]

만약에 BSC가 기업의 전략적 토론과 학습 과정에서 자연스럽게 역할을 수행하고 효과를 가져오려면, 현재 운영상의 적절한 정보로 지속적으로 변경되어져야만 한다. 잘 설계된 성과측정표는 기업의 전략과 사업의 논리를 명확하게 보여준다. 다양한 측정지표들과 기업의 전략적 목표들 간의 연계는 기업이 지금 투자하는 것과 미래에 장기적 성과를 거두는 것들 간의 인과관계에 대한 가장 중요한 가설로 간주된다. 능동적인 기업은 고도로 역동적인 시장에서 자신의 성과측정표의 다양한 부분들을 지속적으로 분석하고 평가한다. 그러나 성과측정표를 계속해서 살아 있게 하려면 그렇게 하는 것만으로 충분한가?

물론 기업의 비전과 전략적 목표들이 기업의 미래 생존을 위해 필수적이지만, 만약 조직의 모든 계층이 그것들을 알지 못하게 되면, 기업이 경쟁력을 유지하는 데 바람직하고 필요한 변화를 가져오기는 어렵다. 그러므로 기업에 있어 하나의 중대한 질문은 운영상으로 적절한 정보를 수집할 뿐만 아니라, 종업원들과 파트너들에게 기업의 비전과 전략적 목표들을 알려주어서 그들이 바람직한 방향으로 공동의 비전을 실현할 수 있도록, 어떻게 측정 절차와 시스템을 구축하느냐이다.

BSC 모델은 그 자체로서는 단지 기업의 비전과 전략을 구체적인 목표들과 측정지표들로 바꾸어 묘사할 수 있는 하나의 구조만을 제공한다. 만약 구체적인 시스템과 절차의 도움이 성과측정표에 수반되지 않으면, 종업원들의 역량 개발을 무시하게 될 명확한 위험이 존재한다. 그렇게 되면 경쟁력을 유지하기 위해 기업에 요구되어지는 행위에 확실한 변화를 가져오기가 어렵게 된다.

필자들이 이미 앞의 여러 장들에서 광범위하게 그러한 영역들을 다루었지만 성과측정표의 기초는 바로 전략과 전략적 통제의 개발이다. 일단 '네 가지 박스들(재무, 고객, 내부 비즈니스 프로세스, 학습과 성장)'에 기존의 측정지표들이 자리매김을 함으로써 완료되었다고 생각하는 BSC 프로젝트에, 전략과 전략적 통제의 개발은 우선적으로 포함되어야만 하는 중요한 측면들이라고 이따금씩 듣게 된다. 필자들의 견해로는 그러한 관점을 취하게 되면 당면 문제에 봉착하게 되는데, 그 이유는 〈그림 8-1〉에서 보는 것처럼 BSC의 효과들은 차후의 단계들에서만 발생되기 때문이다. 만약 종업원 역량이 개발되어져야 하고, 행위가 변화되어야 하고, 그리고 미래에 대한 가정들이 검증되려면 그러한 단계들은 필수적이다.

성과측정표가 살아있으려면 적절한 정보들이 수집되고 종업원들과 파트너들에게 정보를 전달하기 위한 시스템들과 절차들이 반드시 존재해야만 한다. 기업은 성과측정표에서 정보의 질이 확보될 때에야 비로소 정보기술(IT : Information Technology)을 도입할 수 있게 된다. 그러한 단계는 두 가지 요소로 구성되어 있다 :

1. 측정지표들의 분석 − 여기에서는 개발되어 온 측정지표들이 분

석된다. 그러한 지표들이 명확하고 일관성 있게 정의되었는가?
그러한 지표들은 기업의 전략을 반영하고 있는가? 상이한 관점
들이 서로 연계되는 방법이 분명한가?

2. *측정 방법과 시스템의 신뢰성과 타당성 확보* – 필요로 하는 측
   정을 수행할 기업의 역량을 분석한다. 미래의 요구에 대비하여
   현재의 측정시스템과 방법들은 얼마나 적절한가? 모든 것을 측
   정하는 것이 경제적으로 타당한 것인가? 어떤 시간의 간격으로
   상이한 측정이 이루어져야 되는가? 각각의 측정지표들은 누가
   책임을 져야 하는가?

영국항공사

히스로 공항에서 측정지표들이 확인되었을 때, 대략 75%의 측정지
표들은 기존 절차와 시스템들에 의해서 이미 탐지되었다. 중요한 것은
그러한 측정지표들 가운데 어느 것도 타깃을 갖고 있지 않았다는 것
이다. 요즈음에는 측정되는 모든 것들에 반드시 타깃이 설정되어야 한
다는 철학이 있다.

히스로 공항은 중요한 것으로 확인된 측정지표들의 약 90%를 측정
할 수 있는 시스템과 절차들을 갖고 있다고 추정한다. 그렇지만 산출
물 측정지표들은 100%가 측정된다. 히스로 공항의 운영에 따르면 산
출물 측정지표들은 조직의 성공 여부를 알려주기 때문에 추적해야 할
가장 중요한 측정지표들이다.

측정방법을 확고히 하기 위하여 히스로 공항은 다음과 같은 세 가
지 방법들을 사용한다 :

1. *새로운 측정 시스템에 삽입되어 언제나 운영한다.* - 대단히 비용이 많이 들기 때문에 종종 히스로 공항에서는 단지 몇 가지의 측정지표들에서만 활용한다.
2. *모집단의 샘플만 감사(audit)한다.* - 대단히 복잡한 문제들에 대해 감사는 충분한 정보를 제공하지 못한다. 히스로 공항에서 자주 사용되지는 않는다.
3. *어떤 기간 동안에 걸친 모집단 100%의 일괄 샘플링* - 자주 행해지면 대단히 비용이 많이 들지만 선택된 기간 동안에 모든 것을 망라하는 것이기 때문에 대단히 유익하다. 히스로 공항에서는 매우 자주 사용한다.

측정지표의 분석

비전이 아무리 호소력을 지니고 있는 것으로 인식되거나, 혹은 성과측정표가 아무리 명확하고 커뮤니케이션이 잘 이루어지도록 구성되어 있다 할지라도, 그러한 요소들이 조직에 필요한 변화를 가져오지는 않는다. 종업원 각자에게, 자신들이 공헌하는 것과 그것이 조직이 정의한 목표를 달성할 수 있도록 전체로서의 조직에 어떤 방법으로 도움을 주고 있는가에 대한 가시적인 증거가 보여질 때에만 변화가 일어난다. 종업원의 헌신은 매일매일의 운영에 기반을 두고 있을 경우에만 명확해질 수 있다. 그러한 이유들 때문에, BSC 프로젝트의 성공 여부는 조직이 전체로서 달성하고자 하는 것에 비추어 모든 개개인, 집단, 그리고 부서의 성과를 묘사하는 시스템들의 신뢰성과 타당성에 달려 있다.

　성과측정표가 정의되어질 때 —즉 비전이 설정되어지고, 전략적 목표들이 구축되고, 그리고 비전과 전략적 목표들로부터 핵심 성공요소와 측정지표들이 도출될 때— 프로젝트의 주요한 다음 단계가 시작되는데, 종종 많은 조직들에서는 그 단계가 망각되어지고 있다. 모든 사람들은 이제 기반조성이 이루어졌으므로 대단히 행복하게 되고, 측정하려는 열망에 불타서 조직은 프로젝트 집단이 산출해낸 측정지표들과 구조들을 분석하고 검토할 필요성에 소홀하게 된다.

　일반적으로 기업의 성공요소, 전략적 목표들, 그리고 비전의 구체적 표현인 측정지표들이 거의 명확하게 정의되어 있는 경우는 드물다. 더군다나 현재 사용되는 측정지표들은 성격상 불명확하기 때문에 BSC 목적에 맞는 측정지표들을 종종 선정해야 한다. 만약에 올바른 측정지표들을 정의하는 것과 적절한 측정을 수행하는 것을 단순한 문제로 취급했다면, 그러한 측정지표들은 BSC 프로젝트를 거치지 않고 선정된 것임에 틀림 없을 것이다.

　시스템과 정보이론에서 다양한 개념들의 의미를 정의하는 것은 오랫동안 중요한 영역으로 간주되고 있다. 개념적 모델링의 목적은 개념들의 성격을 정의하는 것으로, 주어진 영역에서 그러한 개념들은 무엇을 나타내고, 그리고 그것들은 어떻게 상호 연결되어 있는가이다. 많은 조직들이 개념들을 다양한 관점에서 사용함에 따라 발생되는 비용을 뒤늦게 발견하고 있다. 매일매일의 예를 들어서 살펴보자. 그룹 회사는 종업원당 관리비용에 관해서 자회사들간에 비교하길 좋아한다. 각각의 사업단위들은 자신들의 데이터를 보고하지만 사용하는 개념은 각기 다르다. 한 사업 단위는 전체 고용인력의 인력별 근속년수를

합한 총숫자를, 다른 사업 단위는 개개인의 숫자를, 또 다른 사업단위
는 관리직의 숫자를 보고한다. 각각의 사업단위가 상이한 기준에 따라
자신들의 자료를 준비했기 때문에 그것들을 합산한 수치는 이상한 것
이 되어버린다. 그것뿐만 아니라, 동일한 정의를 사용하여 기업 전체
그룹을 위한 자료를 준비하려면 터무니없이 많은 비용이 들어가는 것
으로 밝혀지고 있다.

조직들이 비재무적 용어들로 자신들의 운영성과를 측정하기 시작
할 때는 명확한 일련의 개념들에 대한 필요성이 한층 더 커진다. 조직
에 몸담고 있는 모든 종업원은 논외로 하더라도 모든 사업부문이 송
장, 고객, 증빙, 회의 시간 등과 같이 매일 사용하는 용어들에 동일한
의미를 부여할 것이라고 어떠한 조직도 가정할 수는 없다.

BSC의 아이디어에 내재되어 앞으로도 계속 진행될 측정이 어떤 의
미를 가지기 위해서는 일련의 통일된 개념들이 필수적이다. 바람직한
통제가 가능해지려면 상이한 측정지표들간에 인과관계가 확인되어야
만 한다. 성과측정표의 내부 논리 명확화를 통해 얻게 되는 이점 가운
데 하나는 그것들이 어떻게 재무적 결과에 공헌하는가를 종업원들이
알 수 있게 된다는 것이다(〈그림 7-3〉 참조). 종업원들이 문제의 성과측
정표의 근저에 놓여있는 것으로 추정되는 인과관계를 믿지 않게 되면,
비재무적 측정지표들에 부합되게 행동을 할 수 없다. 그러한 경우에
BSC 프로젝트는 사업에 거의 영향을 미치지 못한다. 만약에 고객, 프
로세스, 그리고 발전 시각에서 조직에게 비재무적 측정지표들에 기반
을 두고 의사결정을 할 수 있는 자신감을 주려면, 조직의 전체적인 비
전과 장기적 수익성에 그러한 비재무적 측정지표들이 어떻게 연계되
는가를 명확하게 보여줄 수 있어야만 한다.

측정 방법과 시스템의 신뢰성과 타당성의 확보

기업의 현행 관리시스템으로부터 새로운 세 가지(고객, 프로세스, 발전) 초점분야의 측정지표들이 기반을 두고 있는 대부분의 정보를 확보하기는 어렵다. 그러한 측정지표들을 위한 기반이 벌써 활용 가능했다면, 그러한 지표들이 표현하고 있는 변수들은 이미 측정이 되어 왔을 것이 분명하다.

새로운 성과 측정지표들을 공식화하는 하나의 효과는 조직이 예전에는 수작업 방식으로 수행되어져야만 하는 많은 양의 작업을 수반하는 시스템들을 새로운 측정시스템들 안에 적절하게 자리매김시키게 된다는 것이다. 그런 연유로 측정에 들어가는 이론상의 비용이 대략적으로 적게 발표된다. 우리들은 의사결정을 위한 새로운 정보들을 지속적으로 분석해야만 하고 그러한 새로운 정보를 준비하는 데 들어가는 부가적인 비용들을 새로운 정보의 효용성에 비추어서 지속적으로 저울질해 보아야만 한다. 여기에서도 필자들의 논점을 설명하기 위해 하나의 단순한 예를 사용할 수 있다. 자본재를 판매하고 있는 어떤 기업에서, 판매 사원들은 기업의 매장을 방문한 가망 고객들(prospective buyers)과 더 긴 대화를 나누는 숫자는 확실한 구매 숫자와 상관관계가 있다고 믿고 있다. 당연히 더 긴 대화의 숫자를 자동적으로 기록한다는 것은 불가능하다. 그래서 조직은 고객과의 대화의 숫자를 수작업으로 기록하든가, 아니면 예전처럼 지낼 것인가라는 선택의 기로에 놓이게 된다. 예전처럼 한다는 것은 기업이 대량의 TV 광고(TV 광고가 더 많은 고객들과의 대화들을 만들어내고 있는가)와 같은 다른 활동들이 계속 진행되어 감에 따라 핵심 성공요소(고객과의 더 긴 대화)가 어떻게 발전되고 변화하는가에 대하여 무지한 상태로 남아 있게 되는 것을 말한다. 그 기업은 고객들과의 대화 숫자를 수작업으로 기록하기로 결정했다. 판매원들은 대화가 끝난 후 계산대 뒤에 놓여 있는 상자에 토큰을 넣는다. 매주 상자에 들어있는 토큰의 숫자를 세어서 상점에서의 고객 대화 흐름에 대한 정보를 만들어낸다. 그러한 기록을 위해 다른 고객들과 대화를 나누는 것과 같은 또 다른 일에 투입될 수 있는 시간을 쓰게 된다. 계산대로 다가가서 자신의 대화를 기록하기 위해 토큰을 넣어야만 하는 판매원은 상점에서 항상 몇 초를 잃게 된다. 그러한 시간 손실은 비효율로 간주될 수도 있다. 그러므로, 기업은 그러한 요인들을 측정하는 것이 왜 중요한가를 알게끔 해주어야만 하고 그렇게 하는 것이 궁극적으로는 어떻게 사업이 가고자 하는 곳으로 갈 수 있도록 도움을 주는가를 보여 주어야만 한다. 주간 요약도 또한 부가적인 관리업무를 낳기 때문에, 가능한 한 사용하기 용이한 측정시스템을 개발하는 것이 중요하다. 운영의 흐름 중에는 수작업으로 기록하는 것이 핵심 활동들로부터 '시간을 빼앗지(steal time)' 않도록 기록방식을 최대로 단순화시켜야만 한다.

가능한 한 최대로 현행 디지털 시스템을 활용하는 것이 더 낫다. 예를 들면, 물리적인 편지나 전화통화의 숫자를 기록함으로써, 커뮤니케이션의 강도를 측정하기보다 기업의 E-메일 시스템의 전자적 커뮤니케이션을 하나의 대리 측정지표(a surrogate measure)로 활용할 수 있다. 전자메일 시스템은 사용자 자신들이 기록할 필요 없이 간단한 조작 하나만으로 의사소통의 흐름을 보여주는 업무일지(logbook)를 작성해낼 수 있다. 관리자들은, 조직에 가해지는 관리상의 부담을 경감시키기 위해, 수작업 측정을 요하는 정보원들과 상관관계를 맺고 있을 것으로 추정되는 모든 디지털 정보원들을 활용해야만 한다.

성과측정표를 위한 정보기술의 해결책들

BSC 모형은 기업의 비전과 전략을 목표들과 측정지표들이라는 구체적인 용어들로 표현한 하나의 구조만을 기업에 제공한다. 기업은 적절한 정보를 수집하고 종업원들과 파트너들에게 그러한 정보를 전달할 시스템을 구축해야 하는 난제에 여전히 직면하게 된다. 일반적으로 바람직한 행위상의 변화를 달성하려면, 정보는 또한 다음과 같아야만 한다.

■ 전달 가능한 방식으로 표현되어야만 한다(개관(overview)이 가능하도록 숫자, 표, 그림, 혹은 멀티미디어로).
■ 사용자가 편리한 환경으로 표현되어야만 한다(단순하고 익숙한 인터페이스).
■ 접근하기 용이해야 한다(정보가 필요로 하는 사람은 어디에서든 정보를 획득할 수 있어야만 한다).
■ 비용 대비 효과가 큰 방식으로 수집되고 측정되어야만 한다(연성(soft) 자료의 측정지표들은 종종 새로운 측정 도구들을 필요로 한다. 측정비용이 측정지표들의 효용성을 초과해서는 결코 안된다).

정보기술 해결책을 선정하는 데 또 다른 질문은 누구를 위해 정보

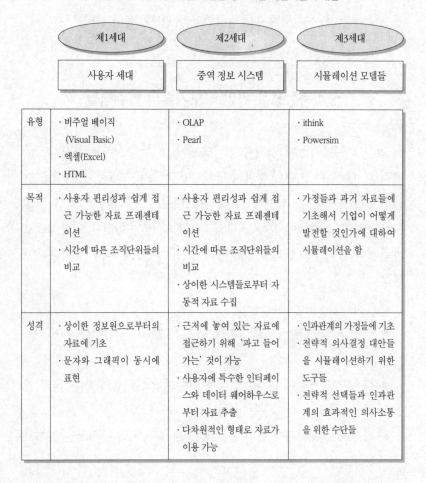

<그림 8-2> BSC를 위한 가능한 정보기술 해결책들의 개관

	제1세대 사용자 세대	제2세대 중역 정보 시스템	제3세대 시뮬레이션 모델들
유형	· 비주얼 베이직 (Visual Basic) · 엑셀(Excel) · HTML	· OLAP · Pearl	· ithink · Powersim
목적	· 사용자 편리성과 쉽게 접근 가능한 자료 프레젠테이션 · 시간에 따른 조직단위들의 비교	· 사용자 편리성과 쉽게 접근 가능한 자료 프레젠테이션 · 시간에 따른 조직단위들의 비교 · 상이한 시스템들로부터 자동적 자료 수집	· 가정들과 과거 자료들에 기초해서 기업이 어떻게 발전할 것인가에 대하여 시뮬레이션을 함
성격	· 상이한 정보원으로부터의 자료에 기초 · 문자와 그래픽이 동시에 표현	· 근저에 놓여 있는 자료에 접근하기 위해 '파고 들어가는' 것이 가능 · 사용자에 특수한 인터페이스와 데이터 웨어하우스로부터 자료 추출 · 다차원적인 형태로 자료가 이용 가능	· 인과관계의 가정들에 기초 · 전략적 의사결정 대안들을 시뮬레이션하기 위한 도구들 · 전략적 선택들과 인과관계의 효과적인 의사소통을 위한 수단들

가 의도되었느냐는 것이다. 경영자들은 때때로 상이한 사업들의 하나의 공통된 시각을 마련하기 위해 광범위하게 분산된 성과측정표를 보기 좋아하고, 또 다른 경우 성과측정표는 대단히 민감한 정보를 담고 있을 수 있다.

BSC와 함께 사용되기 위해 고려되는 정보기술 해결책들에는 세 가지의 주된 부류가 존재한다(〈그림 8-2〉 참조). 그들 각각은 세 가지의 상이한 야심(ambition) 수준을 반영한다. 첫 번째는 가장 낮은 수준의 야심 수준을 나타내고 세 번째는 가장 높은 야심 수준을 나타낸다.

1. *사용자 인터페이스* — 바꾸어 말하면, 자료 표현의 방식으로 부문들간의 비교, 시간에 따른 비교를 가능케 하는 방식. 우리들이 이제까지 보아온 제안들은 계기판을 닮았다. 그러한 시스템은 수작업 시스템과 자동화된 시스템들로 구성된 여러 가지의 상이한 정보원들로부터 얻은 자료에 기반을 둘 수 있다.

2. *중역 정보시스템* — 표현 양식에 부가하여, 중역 정보 시스템은 이미 구축된 다양한 다른 시스템으로부터 자동적인 자료 수집을 위하여 제공된다. 더 정교한 성과측정표를 위해서는 그러한 시스템의 숫자가 더 커질 수 있다. 우리들은 특수한 BSC 어플리케이션을 구축하기 보다, BSC가 경영정보 시스템(Management Information System)과 인터페이스를 작동시키는 결과를 낳게 할 것을 추천한다. 그러한 해결책은 또한 성과측정표에서 보이는 숫자가 왜 그렇게 나타났는가를 알아내기 위하여 그 근저에 놓인 자료들을 검토해 볼 수 있도록, 사용자들이 그 원인을 '파고 들어가는(drill down)' 것을 가능하게 한다. 여기에서 웹 기술은 새로운 가능성들을 열어 줄 수 있다.

3. *시뮬레이션 모델들* — 여기서 우리는 기업의 성과측정표를 미래에 투사해 보거나 특정지표의 변화가 어떠한 결과를 가져오는가에 대해 모의실험을 할 수 있다. 그렇게 하기 위해서는 예를 들면,

개발에의 투자가 결실을 맺으려면 얼마나 오래 걸릴까? 그리고 결과적으로 재무적 측정지표들에 미치는 효과는 얼마나 될까? 등에 대한 가설들을 세워야만 한다. 제7장에서 우리들은 간략하게 시뮬레이션을 논했다. 여기에서는 구체적인 모델과 도구들이라는 관점에서 우리들의 아이디어를 제시할 것이다.

우리들이 지금까지 보아 온 정보기술 해결책들은 주로 제1세대이다. 성과측정표 양식으로 제2세대인 경영정보 시스템으로부터 자료를 제공받기 위해선 현행 시스템에 존재하지 않는 자료의 품질문제를 확보하는 문제와 보고서 설계 문제가 중요하다. 기술한 바와 같은 제3세대의 해결책을 우리들은 지금까지 단지 몇 가지만을 보았을 뿐이다. 요구되는 새로운 시스템을 만드는 데 따르는 어려움은 다음과 같이 두 가지 범주로 나누어진다.

1. *상이한 자료원을 결합시키는 것* – 문제는 전산화된 상이한 시스템간의 기술적인 호환성뿐만 아니라 바로 자료의 논리적 측면, 이해의 용이성, 자료 수집의 빈도 등에도 있다.
2. *각각의 계층들을 거친 자료값의 합산* – 여기에서의 쟁점들은 성과측정표에서 측정되는 많은 값들이 간단히 산술적으로 합산하기에 적합하지 않거나, 합산한 수치가 경영의 시각에서 보면 별 의미가 없다는 것이다.

제1세대 : 사용자 인터페이스

성과측정표의 도입은 일반적으로 운영수준에서 시작된다. 여기에서 정보기술 지원의 목적 가운데 하나는 성과측정표에 정의된 측정지표들의 전반적인 관점을 제시하는 것이다. 사용자 인터페이스는 자료에 쉽게 접근할 수 있고 자료가 사용자들에게 편리한 방식으로 표현되는 것을 의미한다. 근저에는 데이터베이스가 있어야만 하고, 어플리케이션은 비주얼 베이직(Visual Basic), 엑셀(Execl), 로터스 노츠(Lotus Notes), 델파이(Delphi), HTML(Hyper Text Markup Language) 등과 같은 간단한 PC(Personal Computer) 도구들을 가지고 개발될 수 있다. 주된 요구사항은 도구가 통합을 용이하게 하고 그래픽과 문자를 동시에 표현할 수 있고, 따라서 시간에 따른 부문간 비교가 가능해야 한다는 것이다. 사용자 인터페이스를 위한 제안들 가운데 하나의 정보원은 ABB(Asea Brown Boveri)사에서의 EVITA 프로젝트이다.

ABB사

ABB사 자신이 개발한 프레젠테이션 지원시스템의 보조기구를 활용하여, 5가지 시각에서의 성과가 사업단위의 모든 종업원들에게 PC를 통해 명확하고 잘 조직화된 방식으로 전달된다. 그러한 효과는 다양한 관리 측정규준(metrics)들을 자동차 속도계처럼 설계된 각종 도표와 계기들을 활용해 시각적으로 보여줌으로써 얻어진다. 관리 측정규준에서는 당기(current period)에 해당하는 숫자와 전기와의 비교값도 제공한다. 단기적 세부목표들은 장기적 목표들과 연관지어서 보여진다. 관리 측정규준을 위하여 개발된 각각의 활동계획들을 보여주는 것도 또한 가능하다. 바꾸어 말하면, 프레젠테이션 지원시스템은 간단하고 매력적인 방법으로 각각의 사업단위들이 어떻게 진행되는지를 보여주기 위해 예정되었다. 화면으로 보여지는 프레젠테이션 예들은 〈그림 8-3〉에 제시되어 있다.

제2세대 : 중역 정보시스템

경영정보 시스템들은 프레젠테이션 지원시스템과 분석도구, 그리고 데이터베이스를 자신들에게 자료를 제공하는 시스템들과 연결시키는 것을 필요로 한다. 자료의 종류는 성과측정표에 포함된 측정지표들에 의존하게 되지만, 일반적으로는 회계 자료, 주문에 관한 자료, 그리고 생산통제 시스템이 포함된다. 종업원들과 고객들을 시스템에 직접적으로 연결시키는 방식으로, 특별하게 종업원들과 고객들에 대한 태도 측정과 같은 자료를 입수하는 것이 터무니없는 소리만은 아니다.

여기에서 기업은 프레젠테이션을 위해 여전히 동일한 시스템을 활용하면서도, 다른 혹은 대안적인 측정시스템들과 절차들을 구축할 것인가에 관해서도 고려할 수 있다(본서 325쪽 '성과측정표를 살려두기' 참조).

이러한 유형의 경영정보 시스템과 다른 중역 정보시스템/의사결정 지원시스템을 실질적으로 구별할 필요는 없다. BSC 개념과의 연결은 정보의 선택과 인터페이스의 설계에 놓여 있다.

BSC가 조직 전체에 도입될 때, 어떠한 요구사항이냐에 따라서 시스템들의 해결책은 달라진다. 여전히 쉽게 관리가 가능한 그래픽 인터페이스이어야 하지만 상이한 조직단위들의 특수한 요구에 따라서 시스템 설계에서 변화가 가능하도록 유연성도 지녀야 한다. 더 상세한 수

<그림 8-3> ABB사의 프레젠테이션 지원 시스템의 예

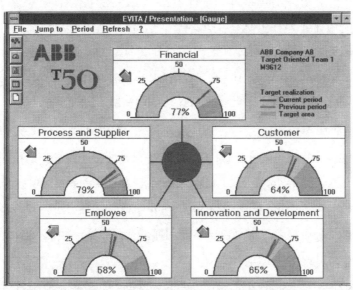

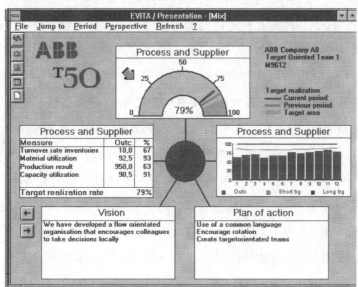

준에서 측정지표들의 값을 계산할 필요가 있는 자료는 양이 많고 다차원일 수 있다. 대부분의 기본적 자료는 모든 조직단위들에 동일하겠지만, 집계와 계산은 부서별로 다를 수 있다.

선택된 해결책은 일관성 있고 정확한 자료를 확보하기 위해서는 자료가 공통의 데이터베이스에 저장됨과 동시에 각각의 사업단위들에게는 반드시 자신만의 독특한 사용자 인터페이스를 제공해야만 한다. 공동운영 처리(Co-operative Processing)라고 말해지는 변형의 클라이언트-서버 아키텍처(〈그림 8-4〉 참조)가 그러한 요구사항을 만족시키는데 그 이유는, 예를 들면 메뉴 시스템을 가동하는 클라이언트 소프트웨어는 클라이언트 환경에 있는 반면에 데이터 베이스를 운영하고 연산을 위한 규칙을 지배하는 어플리케이션의 일부는 기업 차원의 서버에 위치해 있기 때문이다.

정보를 제시하기 위해 정보기술을 독자적으로 활용하게 되면 부가적 이점은 거의 없다. 다양한 종류의 측정지표들이 계산되고 제시될 때, 사용자들은 당연히 추세나 혹은 예측에 대하여 질문하기를 원한다. 질문들에 대한 해답을 제공하기 위해서는 단순히 자료의 저장과 프레젠테이션만을 포함하고 있는 해결책보다 더욱 더 세련된 해결책이 필요하게 된다. 가장 적절한 기법은 OLAP(On-Line Analytical Processing)이다. OLAP를 활용하면 일상적인 스프레드시트(spreadsheet)와 유사하지만 2차원 이상의 다차원 형식으로 된 자료에 접근이 가능하다. 추세나 예측을 제공하기 위해 통계적인 계산도 실행이 가능하다.

BSC 개념의 흥미로운 적용은 다양한 측정지표들이 어떻게 상호 연관되어 있는가를 보여주는 모델을 만들기 위해 서로에게 다양한 측정지표들을 대조해 보는 것이다.

<그림 8-4> BSC를 위한 정보기술 지원으로서의 클라이언트-서버 해결책들의 작동을 위한 아키텍처

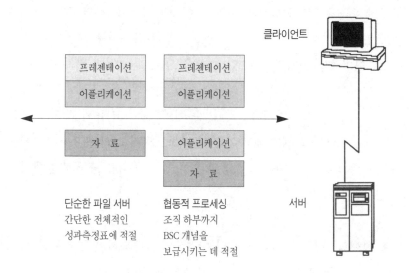

OLAP 기법이 그러한 목적을 위하여 활용될 수 있다. 예를 들면, 고객 만족과 수익성이 상호 어떻게 영향을 미치는가를 모의실험하는 모델들은 두 측정지표들간의 최적의 조합을 확인할 수 있는 기반을 제공할 수 있다. 만약 고객 만족 수준이 90% 이상을 넘어감에 따라 수익성이 떨어지는 모습을 모델이 보여준다면 고객 만족 목표를 100%로 잡는 것은 거의 의미가 없다. 그렇게 되면 고객 만족이 90%를 초과할 때 바로 수익성을 향상시키기 위해 비즈니스 프로세스를 개선해야만 한다. 요구되는 상이한 비즈니스 차원들을 조합해서 모의실험하여 최적안을 도출하는 데 OLAP을 활용하게 되면 더욱 간단해진다.

인트라넷을 활용하게 되면 그러한 종류의 정보기술 해결책은 더욱 흥미로워진다. 그렇게 되면 우리들은 자신들의 클라이언트 컴퓨터에 소프트웨어를 저장할 필요가 없을 뿐만 아니라 필요로 할 때 그 소프트웨어를 다운로드를 받으면 되거나, 아니면 자바(Java)와 같은 기술들의 도움을 받아 윈도우에서 자신들의 웹 브라우저를 사용하여 그 소프트웨어를 가동시킬 수도 있다. 웹을 사용할 때 얻게 되는 주요한 이점은 웹이 사용자들이 쉽게 받아들이는 언어와 의사소통의 플랫폼이 되어가고 있다는 것이다. 정보기술 기업들은 자신들의 많은 혹은 모든 프로그램들을 웹과 호환이 되게 만듦으로써 그러한 요구사항에 대처해 나가고 있다. 따라서 다음과 같은 것들이 웹을 통해 가능해지고 있다.

- 현행의 다른 시스템들로부터는 검색이 가능하지 않은 자료를 비용 대비 효과가 있으면서도 간단하게 보고한다.
- 상이한 수준의 자료에까지 상당한 정도로 '파고 들어갈(drill-down)' 수 있을 뿐만 아니라 상이한 시스템들로부터도 자동적으로 자료 수집이 가능하도록 만든다.
- 자료 프레젠테이션을 위해 사용자에게 편리하고 쉽게 접근이 가능한 도구들을 제공한다.
- 추세에 대한 논평과 어떤 행위가 취해져야만 하는가를 지시하는 것만 아니라 BSC 구조에서의 자료에 대한 추세와 결과를 제시한다.

〈그림 8-5〉는 어떻게 상이한 정보기술 해결책들(OLAP과 웹)이 하나의 시스템으로 통합될 수 있는가를 보여준다. 사용자들은 웹 인터페이스를 통해 자료를 입력할 수도 있고 출력할 수도 있다. 또한 OLAP

클라이언트를 통해서도 시스템에 접근이 가능하다. OLAP을 이용하여 보다 더 광범위한 분석을 상이한 차원에서 수행할 수는 있지만 OLAP 에서 시스템에 자료를 입력시킬 수는 없다. 상이한 시스템인 OLAP과 웹은 서로에게 연결되고 데이터 웨어하우스(data warehouse)로도 연결된다. 데이터 웨어하우스는 또한 회계자료 시스템, 관리시스템과 생산시스템과 같은 다른 시스템들로 연결된다.

핼리팩스사

초기 단계에 프로젝트 그룹은 현행 시스템의 확장 개발이 필요하다는 것을 깨달았다. 프로젝트의 한 단계에서는 적절하게 자료가 투여되는 절차들을 만드는 것과 같은 복잡한 문제들과 들어가는 초기화면에서 BSC의 4분면 모두로부터의 지표들을 보여주는 'PC-시스템'에 대한 필요성을 다루었다. 그 시스템은 상이한 사람들이 상이한 수준에서 접근이 또한 가능해야만 했다. 예를 들면, 지역 관리자들은 자신의 영역에 대해 통합된 자료들을 보고 싶어한 반면, 각각의 지점 아울렛은 자신만의 성과에 대한 자세한 내역들을 보고자 했다.

새로운 시스템을 개발하기 위해, 핼리팩스사는 외부 컨설턴트들을 고용했다. 결과적으로 만들어진 시스템은 상업 OLAP 소프트웨어에 기반을 두고 있다. 많은 수의 요소들이 측정되어져야 하기 때문에, 측정지표들이 설계되어 감에 따라 시스템 해결책의 성격이 발전되어 갔다.

경영층에 따르면, 핼리팩스사는 단지 측정되어질 수 있는 것들만을 측정하는 일상적인 함정에 빠지지 않았다. 대신에 기업은 시스템이 반드시 측정되어져야만 하는 것들의 측정지표들을 가지게 되는 절차를 만들었다. 처음부터 올바로 하는 것이 비용을 치른 다음에 수정하는

<그림 8-5> BSC를 위한 정보기술 지원을 위한 구조

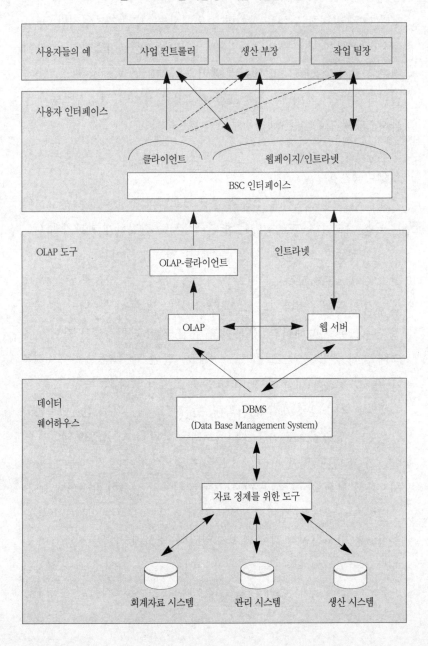

<그림 8-6> 핼리팩스사 OLAP 시스템의 화면 보기

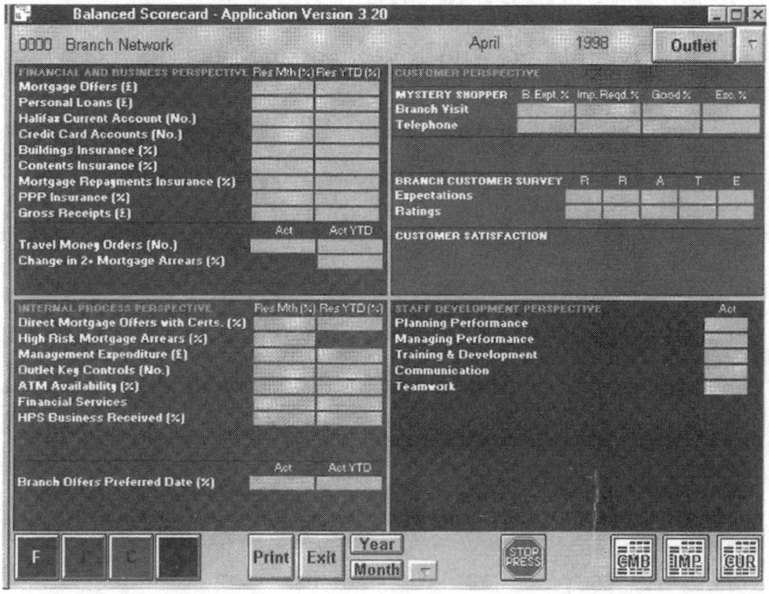

것보다 더 중요하다.

요즈음, 핼리팩스사의 소매 네트워크 지점들은 각 핼리팩스사 지점과 서비스 센터에서 데스크 탑 컴퓨터로부터, 그리고 분야와 지역 관리자들이 사용하고 있는 노트북 PC들로부터 접근이 가능한 PC 기반의 BSC 해결책을 가지고 있다.

지점의 전직원들은 그 시스템에 접근이 가능하다. 암호와 같은 어떠한 제약도 없다. 모든 직원들은 어떤 시간에라도 최신 정보들을 볼 수 있다. 시스템 도입화면에서는 BSC에 있는 4분면 각각으로부터 작금의 측정지표들의 새로운 사실들을 보여준다. 60개의 더 많은 화면들도 접근이 가능하다. 그러한 화면들은 BSC의 여러 가지 양상들에 대한 점점 상세한 자료들을 제공한다. 그 정보는 관리자들이 비즈니스 성과를 이해하는 데 도움이 될 수 있도록 사용자에게 편리한 방식으로 월별로 제공된다.

그 시스템은 기획 학문(planning-science)과 다차원 OLAP 데이터베이스에 기초하여 구축되었기 때문에, 상이한 차원에서 모든 최고의 측정지표를 '파고 들어가는' 분석이 가능하다. 다양한 측정지표들은 몇 개의 데이터 웨어하우스에 저장되어 있다. 고객에 관련된 많은 측정지표들을 포함하는 어떤 측정지표들은 외부 기업들로부터 생기는데 불행하게도 그 기업들은 핼리팩스사와 온라인으로 연결되어 있지 않다. 그러한 측정지표들은 디스켓으로 갱신된다. 현행 시스템으로는 시뮬레이션이 불가능하다. 그러나 경영층에 따르면 시뮬레이션은 주로 전략기획 과정에 적합하기 때문에, 지금 시점에서 핼리팩스사는 그 어떠한 필요성도 발견하지 못하고 있다. 머지 않아 현행 시스템은 웹에 기반을 둔 인트라넷으로 통합된다.

새로운 시스템은 약 1400명이 참여한 일련의 지역 브리핑을 통해 1995년 말까지 구축되었다. 각각의 관리자들에게는 전체적인 프레젠테이션 패키지가 주어졌고, 그리고 그 시스템은 핼리팩스 자신의 비즈니스 텔레비전 네트워크로 도입되었다. 1995년 11월 말부터 1997년 초까지의 기간 동안 신·구 시스템이 병행하여 가동되었다. 그런 까닭에 네트워크 관리자들은 공식적인 도입 이전에 새로운 시스템 사용 경험을 획득할 수 있었다. 또한 두 시스템간의 결과가 비교되어질 때 명확하게 드러나는 차이를 해소하도록 초점을 맞추는 것이 관리자들에게는 더욱 쉬워졌다.

1997년 초기에 새로운 시스템이 실질적으로 가동되었을 때, 소규모 팀의 구성원들은 BSC가 어떻게 작동되고, 계획과 목표들은 어떠한 방법으로 설정되는지, 그리고 그러한 것들이 어떤 방법으로 추적되는지를 설명하기 위해 네트워크에 종사하는 모든 관리자들을 방문했다. 그 때로부터 사용자들로부터의 피드백을 받아 수 차례 시스템이 수정되어 오고 있다.

회고하면 핼리팩스사의 경영층은 1995년 중반 리즈(Leeds) 합병과 동시에 일어난 'BSC 프로젝트' 시점이 완벽했음을 발견했다. 두 기업은 매우 상이하게 경영되고 있었기 때문에 공통적인 경영시스템에 대한 큰 필요성이 있었다. 양 조직의 사람들을 위해, BSC가 비즈니스 경영을 위한 하나의 새로운 시스템으로서 그러한 필요성을 충족시켰다. 그렇게 됨으로써 긴장이 감소되었고, 양 조직은 무에서 새롭게 출발해야만 했다. 그러한 관점에서 볼 때, 성과측정표가 도입된 시점보다 더 좋은 도입 시점은 아마 없었을 것 같다.

넷웨스트 라이프

넷웨스트 라이프(NWL)사에서는 1994년에 이미 중역정보시스템을 통해 모든 핵심 성과지표들과 균형잡힌 비즈니스 성과측정표를 감시하는 것이 가능했다. 그 시스템은 매일 갱신되었으며, 그리고 권한을 가진 모든 사람들은 자신들의 목표가 달성되었는가를 보기 위해 어떤 측정지표라도 '파고 들어가는' 것이 가능했다.

어떻게 사업을 운영할 것인가, 그리고 어떻게 시스템으로부터 유용한 정보를 얻어낼 것인가를 사람들에게 가르치기 위해 첫 해 동안은 그 시스템이 대단히 유용했다. 그러나 NWL사는 그러한 경영방식이

측정지표들이 아주 자주 바뀌어질 때에는 필요 이상으로 비용이 많이
소요된다는 것을 발견했다. 그리고 많은 숫자의 측정지표들은 매일 바
뀌지 않았다. 결과적으로 시스템에서의 많은 기능들이 떨어져 나갔고,
오늘날에는 상이한 측정지표들에 대한 진척이 대부분 서류로 보고된
다. NWL사에 의하면 그러한 방법이 예전보다 더 실용적이고 비용도
적게든다고 말한다. NWL사에서는 여전히 동일한 자료를 추적한다는
것을 강조하는 것이 중요하다. 그 기업은 더 이상 측정지표들을 화면
에서 생방송으로 표현하지는 않는다.

'생방송 시스템'을 포기한 또 다른 이유는 모든 세부목표들이 달성
되었을 때에는 종업원들을 잘못된 만족감에 빠지게 한다는 것이었다.
NWL사는 당신이 그것을 정의하는 것이 가능하게 되었을 정도로 전망
이 딱 들어 맞았음을 그저 강조하고 싶었을 수도 있다. NWL사의 경영
층에 따르면, 비즈니스의 진정한 복잡성을 과소평가하지 않는 것이 중
요했다. 그러므로 핵심 성공요소, 핵심 성과지표, 그리고 측정지표들
의 결과물들에 대한 빈번한 점검을 수행하는 것이 중요했다.

볼보 자동차사

자동차 산업에서는 확실한 변수들을 측정하는 것이 필요하다. 그러
나 무엇보다 중요한 것은 추세를 측정하는 것이다. 현재 볼보사는 적
시에 지속적으로 중앙 데이터 웨어하우스에 자동적으로 보고되는 수
백 가지의 성과지표들을 측정한다. 현재 그러한 정보들의 일부는 상
당한 비용을 치르면서 수작업으로 진행된다. 볼보사는 그러한 자동화
된 새로운 정보시스템을 이용해 어떤 시간에 어느 누구에게라도 자료
활용이 가능한 사실 지향적인 문화를 구축하고 싶어한다. 사실은 논

란의 여지가 없다. 볼보사의 경영층에 따르면, 당신은 실질적으로 사실을 교묘히 둘러댈 수는 없다. 바라건대 그 변수들을 사용하고 전세계를 망라한 상이한 상황에 있는 상이한 사람들의 욕구들에 맞추어 그것들을 개작하는 것이 또한 가능할 것이다. 수백 가지의 변수들을 측정함으로써 그리고 중앙의 데이터 웨어하우스에서 그러한 변수들의 이용을 가능하게 함으로써 경영층이 달성하기를 원하는 것은, 바로 그러한 사고방식을 가르치는 것이다. 오늘날 VCC 성과보고서는 단지 기업 인트라넷에서만 발표된다. 그렇다 해도 모든 종업원들이 그 문서에 접근이 가능한 것은 아니다. 접근이 가능하려면 다양한 수준의 권한이 부여되어야 한다. 그 문서는 자동적으로 갱신되는 것은 아니고, 재무 기획과 통제를 위해 중앙 사업단위에 의해 가장 먼저 처리되어야만 한다.

영국항공사

히스로 공항에서 대부분의 운영성과 측정지표들은 사업단위 스스로 개발한 정보기술에 기반을 둔 지원시스템에서 추적된다. 여기에서 실시간으로 측정지표들을 추적하고 어떤 차원들에서든 '파고 들어가는' 것이 가능하다. 여전히 BSC를 개발중에 있지만, 그 시스템은 BSC 방식을 사용하고 있는 것은 아니다. 거의 모든 사람이 그 시스템에 접근하고 있다. 예를 들면, 조직의 모든 휴게실에는 컴퓨터 한 대가 설치되어 있다.

제3세대 : 시뮬레이션 모델들

자료 지원의 3번째 형식인 시뮬레이션 모델들은 인과관계를 기술하기 위해 오늘날에는 이용이 가능한 보조기구들(the aids)을 사용할 수 있다. 여기서는 BSC의 근본적인 특성을 기억하는 것이 중요하다. 여러 가지의 시각들과 측정지표들을 동시에 고려하는 것과 그것들을 같이 저울질하는 어떤 특수한 방법에 영구적으로 얽매이지 않는 것이 우리들에게는 도움이 된다. 제7장에서 논한 것처럼, 시간에 따라 상이한 측정지표들에 무엇이 발생할 것인가를 모의 실험하는 것은, 첫째로 중심이 되는 기본 가정들에 대한 토론과 합의를 조장하는 하나의 방법으로 간주되어야만 한다. 마케팅이 판매에 어떠한 효과를 미칠 것으로 가정하는가? 그리고 어떠한 기간 내에 그러한 효과를 미칠 것으로 가정하는가? 만약에 우리들이 배달의 속도를 더 빨리 하거나 더 많은 신제품들을 소개한다면 어떤 일이 일어날까? 오늘날에는 BSC를 포함하는 시뮬레이션 도구들을 사용하는 다양한 보조기구들이 있다. 하나의 예는 시스템 사고에 기반을 두고 있고 BSC 개념의 많은 부분들과 통합이 가능한 '아이싱크(ithink)' 소프트웨어이다.

다른 사람들은 어떤 사업의 복잡한 구조에서 단지 무수히 많은 세부사항들, 사건들, 그리고 경향들 간에서 떨어져 있는 사건들만을 보는 데 반해 시스템 역학(system dynamics)의 핵심은 어떤 사업의 복잡한 구조에 감추어져 있는 시종일관성이 있는 유형들을 인식하는 데 있다. 환언하면, 시스템이론은 우리들이 접촉하는 다양한 하위 시스템들에 내재하는 전체성을 포착하려는 분과학문이다. 시스템이론은 시간에 따른 전체적인 관계성을 모델링하고, 연구하고, 통합하는 하나의 방법과 기법을 우리들에게 제공한다. 그런 까닭에 시스템이론은 상이한 현상들을 서로 분리시켜서 보는 것이 아니라 어떻게 상이한 현상들이 상호 연결되어 있는가를 인지하고 이해하게끔, 그리고 움직이지 않는 화면들 대신 변화와 유형의 과정들을 보게끔 도와준다(Senge, 1990).

BSC에 깔려 있는 아이디어들과 시스템이론을 통합함으로써 우리들은 하나의 사업을 더욱 더 역동적으로 바라볼 수 있다. 물론 미래의 사건들과 결과들을 예측하는 것은 불가능하다. 그러나 미래는 어떠한 모습을 하고 있을 것으로 생각되는가에 대한 토론을 위한 기초로서 상이한 의사결정 대안들을 시험할 수 있는 시스템이론과 시뮬레이션 도구들을 활용하여 미래를 위해 더 나은 의사결정을 할 수 있다. 간략하게 말하면, 그러한 두 영역의 통합은 우리들에게는 다음과 같은 것들을 제공한다.

- 전략적 목표들과 측정지표들 간에 인과관계를 확인하는 방법과, 그리고 그것들간에 균형을 달성하는 방법을 이해하도록 우리들을 고무시키고 도와주는 하나의 구조
- BSC 프로세스에서 확인된 미래 결과들, 혹은 시뮬레이션, 측정지표들의 간단한 테스트
- 기업의 경쟁상황과 운영되고 있는 현실을 반영하는 다차원 전략들의 모양을 딴 학습 토대
- 가치창출로 이끄는 운영상의 실행계획을 개발하는 방법에 대한 토론을 위한 기초

ithink와 Powersim은 양자 모두 시스템 사고에 기반을 둔 전산화된 시뮬레이션 도구이다. 간단한 모델링 언어에 기반을 둔 ithink를 사용해서 우리들은 시뮬레이션 모델들과 눈에 보이는 지도들을 만들어낼 수 있다. 컴퓨터의 도움이 없이는 시스템을 통제하고 내부적인 인과관계에 따라 시스템이 어떻게 작동하는가에 대한 전체적인 이해를 얻기는 어렵다. 시뮬레이션 프로그램은 채택한 행위가 시스템의 상이한 변수들에 어떻게 영향을 미치는가를 명쾌하고 명확하게 설명해 준다.

그 프로그램은 세 가지의 상이한 수준으로 구성되어 있다. 가장 높은 수준에서는 중간 수준에서 개발된 모델들의 시뮬레이션을 더욱 쉽게 만들어주는 사용자 인터페이스를 개발할 수 있다. 시뮬레이션에서는, 제품에는 얼마나 많은 비용이 소요될까, 기업은 얼마나 많은 종업원들을 거느려야만 할까, 혹은 마케팅에는 얼마나 많은 투자가 되어야 할까와 같이 모델에서 어떤 변수들이 변경된다. 사용자 인터페이스의 도움을 받아 우리들은 테이블과 그래픽 모양으로 시뮬레이션의 결과들을 명확하게 볼 수 있다. 언급된 것처럼, 프로그램의 중간 수준에서는 인과관계의 모델들을 개발한다(〈그림 8-7〉 참조). 그러한 모델들을 개발하기 위해서는, 축적된 양들로서의 저장들(stocks)과 저장들에 들어오고 나가는 흐름들(flows)로 구성된 간단한 플로우 차트를 그려야 한다. 프로그램의 가장 낮은 차원에서는 시뮬레이션의 결과를 만들어내는 방정식들을 모델에 삽입시킬 수 있다.

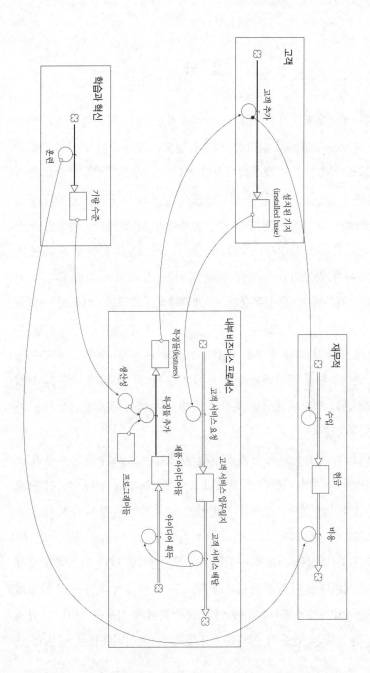

<그림 8-7> 시스템에서의 근본적 관계를 설명하기 위하여 '아이씽크(think)'에 그린 인과관계 모형

요 약

만약 성과측정표가 기업에서의 전략적 토론과 학습과정에서 자연스런 역할을 수행하게 되려면, 성과측정표는 운용중인 최신의 적합한 정보들로 지속적으로 갱신되어야만 한다. 그러므로 기업을 위해 중요한 질문은 운용중인 적합한 정보들을 수집하고 아울러 종업원들과 파트너들에게 그것을 전달하는 측정절차들과 시스템들을 어떻게 구축하느냐이다. 이 장에서는 자료의 품질 확보의 중요성을 논하였고, BSC를 위한 정보기술 지원에 관해 상이한 세 가지 수준의 목표를 설명했다. 최하위 수준의 목표는, 프레젠테이션을 위한 사용자 인터페이스를 제공하는 것으로 국한되어 있다. 다음 수준은 경영 정보를 쓸모 있게 만들기 위해 성과측정표의 형식과 내용을, 예를 들면 중역정보시스템이나 웹 해결책들과 더불어 사용한다. 세 번째 수준은 측정지표들 간의 인과관계성을 포함하고 있으며 따라서 시뮬레이션을 가능하도록 만든다.

BSC 프로젝트가 이 부분에 도달할 때에야 비로소 우리들은 우리 조직이 행동을 위한 기반을 확보했다고 말할 수 있게 된다. 이 전 단계들은 전체적인 성과측정표를 개발하는 실제적인 과정에 주로 초점을 맞추었다.

우리들은 적절한 정보를 수집할 수 있는 신뢰할 만한 시스템과 절차들이 존재한다는 사실을 확실하게 함으로써, 미래에 대한 우리 자신의 가정들(기업 전략에 공식화된)에 대해 스스로에게 질문을 던질 수 있게 된다. 환언하면, 단순히 성과측정표를 많은 측정지표들로 채우고 난

후에 그 측정지표들을 상이한 시스템들에 연결시키는 것만으로는 충분한 것이 아니다. 우리들의 측정지표들이 어떻게 발전되고 있으며, 우리들은 왜 자신들만의 전략을 선택했는가, 그리고 우리는 어떻게 학습할 수 있는가 등에 대한 대화가 진행될 수 있게 되었을 때에야 비로소 우리들은 BSC 활용의 이점들을 얻을 수 있게 된다.

· 주(註) ────────────────

1) Westin & Wetter (1997), 기사 참조

9

학습조직을 향하여

BSC의 주요 목적들 중 하나는 기업이 미래에도 경쟁력을 유지할 수 있는 방식으로 지속적으로 발전하고 변화하는 조직, 즉 학습조직을 조성하는 것이다. BSC 모델 자체는 기업의 비전과 전략을 명백하고 이해 가능한 용어들로 기술하기 위한 하나의 구조이다. BSC는 기업 내의 토론을 위한 하나의 언어로서 공헌한다. 바꾸어 말하면, 공통의 이해관계를 가진 기업에서 자신들의 기업 관점을 연합하여 개발하고 있는 사람들간의 하나의 인터페이스 수단이다. 비전과 전략들을 구체적인 활동으로 전환시키는 것은 사람들이다. 그 과정은 종종 행위의 변화, 예를 들면 개인역량의 개발을 필요로 한다. 이 장에서는 학습조직의 중요성과 BSC 개념의 창출과 실행과정이라는 양자가 어떻게 조직학습을 고양시키는 하나의 도구로서 공헌하는가를 논의하고자 한다.

<그림 9-1> BSC 프로세스

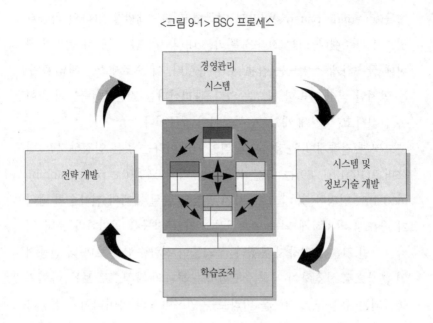

성과측정표, 전략개발 그리고 학습

〈그림 9-1〉은 제3장의 서두에서부터 반복되고 있는데, 거기에서는 성과측정표가 학습 고리의 동인으로서 간주되었다. 성과측정표 구축모델에서(3장), 필자들은 기업 전략개발 프로세스의 역할을 강조했다. 성과측정표를 활용하게 되면 사내 토론이 활성화됨으로써 결국에는 전략들, 측정지표들과 행동(실행)계획들이라는 용어들로 구체화되어 뚜렷한 비전으로 발전한다.

전략들이 사전에 계획될 수 있느냐에 대한 정도에 대해 많은 상이한 의견들이 있다. 민쯔버그(1994, pp.286ff)는 전략들을 출현되는 유

형들(emerging patterns)이라고 언급했고 전략개발을 하나의 학습과
정으로 간주했다. 그는 전략을 뿌리를 내리면서 점차 '조직 전체의 행
위에 급속하게 스며드는 잡초'로 비유했다. 이 프로세스는 관리될 수
는 있지만 굳이 관리할 필요는 없다. 관리한다는 것은 '전략들의 출현
을 인식하고, 적기에 개입하는' 것이기 때문이다.

    그러한 전략개발 관점이 극단적인 관점이라는 것은 인정하지만, 민
쯔버그(1994, p.289)는 자신이 순수한 기획 모델(the pure planning
model)로 명명한 것 : "그 두 가지 관점은 현실 세계의 전략수립 행위
가 반드시 위치하게 되는 연속선상의 양 끝점들을 의미한다"보다 더
극단적인 것은 발견하지 못했다. 우리들이 전략수립을 보다 더 전통적
인 관점으로 선호하여 기획을 포함하는 하나의 과정으로 보든, 아니면
출현되는 유형들로 전략을 바라보는 민쯔버그의 아이디어에 공감하
든간에, 전략들이 기반을 두고 있는 가정들뿐만 아니라, 상이한 전략
들이 어떤 의미를 내포하는가를 조직원들에게 알려주는 것도 중요하
다. 필자들의 견해로는, 조직은 종업원들로 하여금 성과측정표 방법을
통해 자신들이 가진 아이디어들을 토해 내도록 조장하고 그러한 방향
으로의 발전을 가속화시키게 한다.

    〈그림 9-1〉의 사이클에 의하면, 전략에 대한 아이디어들은 실행 관
리에 의해 추적된다. 성과측정표의 경영관리 시스템으로서의 역할은
지금까지 최대의 주목을 받아 왔다. 제6장에서는 조직구성원들간의
주의를 성과측정표가 기업에서 중요하다고 밝혀진 것들에 맞추도록
하는 개념에 이르기까지 어떻게 경영관리의 개념을 확장시키는가에
대해 논의했다. 여기에서는 단기적 모험과 장기적 모험들 간의 균형,

그리고 기업이 역량, 시장, 시스템 등을 개발하는 방법들을 논의한다.

　제8장에서 필자들은 성과측정표가 지속적이고 주기적으로 활용되려면 기술적 해결책들이 필요하고, 그러한 해결책들은 기업에서 반드시 관습상의 절차가 되어야 한다는 것에 주목했다. 시스템과 정보기술 개발은 비즈니스 성공에 결정적인 것으로 이미 밝혀졌다. 시스템과 정보기술 개발 후 기업은 계속해서 통용되는 기준하에서 발전여부들을 점검할 수 있고, 종종 기업은 그러한 과정을 통해 습득하는 경험 내용에 따라서 기업이 행동하기에 충분한 특별한 측정방법들을 획득할 수 있다. 비교를 위해 기존의 경영관리를 살펴보기로 하자. 단순히 예산에 표현된 야망을 논하는 것과, 무엇이 일어나고 있는가에 대하여 이따금 특별한 연구를 수행하는 것만으로는 우리들이 원하는 주의의 초점을 어디에 맞추어야 할지 알지 못한다. 그러한 이유 때문에 신속하고 주기적인 보고시스템을 확립하기 위하여 엄청난 노력을 투입하고 있다. 그렇지만 필자들이 그렇게 중대하게 받아들여지길 기대하고 있는 성과측정표를 위해서도 그러한 종류의 보고시스템은 아직까지 활용되지 않고 있다.

　필자들은 성과측정표 방법이 그러한 방식으로 조직학습에 공헌할 것으로 믿는다. 그래서, 만약에 우리가 특별히 계속하여 진행되는 과정으로서, 민쯔버그의 전략수립의 관점을 받아들인다면 우리들은 자신들의 전략들을 재평가하는 시점으로 되돌아오게 된다. 전략수립을 기업의 연간 사이클에서의 일상적인 사업기획의 형태와 연계시키는 것이 실제적이기는 하지만, 기업은 스스로가 학습하게 됨으로써 더 자주 무엇이 수행될 필요가 있는가에 대해 다시 생각할 수 있게 된다. 이 장에서는 기업에서 누구에게 그 일을 담당시켜야만 하는가에 대한 질문만이 아니라, 그러한 가능성에 대해서도 보다 꼼꼼히 따져보기로 한다.

학습 – 지식경영의 현안

'학습조직'은 최근의 경영문헌에서 사용되고 있는 많은 개념들 중의 하나이다. 가빈(Garvin, 1993, p.80)에 따르면, 학습조직은 '지식을 만들어내고, 습득하고, 그리고 전달하는 데 익숙한, 그리고 새로운 지식과 통찰력을 반영하기 위해 자신의 행위들을 수정하는 데 익숙한 조직'이다. 바꾸어 말하면, 학습조직은 내·외부의 상황변화에 대응하고, 적응하고, 그리고 상황변화를 이용하도록 기업의 능력을 향상시킨다. '학습'이라는 단어를 사용하는 의도는 지식과 역량에 초점을 맞추도록 강조하기 위해서이다. 지식자본에 대해 이미 논의한 것과 비교해 보라. 학습조직에서는 학습하는 각각의 종업원이 최우선이라고(인적자본 증대- 〈그림 2-5〉) 믿는 것에 대해 경고한다. 개인학습이 집단학습(collective learning)의 기초로서 중요하기는 하지만, 긴 안목으로 보면 개인학습은 한정된 범위 내에서만 기업에 중요하다. 학습된 것은 반드시 기업의 다른 사람들에게도 접근이 가능해야만 하고, 되도록 보다 지속적인 방식(구조적 자본)으로 기업에 묶여 있어야만 한다.

학습조직은 무엇보다 다음과 같은 일을 할 수 있는 관행과 구조를 필요로 한다.

■ 고객들, 새로운 기술, 공급자, 동업자, 그리고 미래에 종업원이 될 가망성이 있는 사람들과 잦은 접촉을 하고 있는 종업원들을 통

해, 사업환경에서 어떠한 일들이 발생되고 있는가를 포착하는 것
- 그러한 정보를 받게 되는 사람들로 하여금 다른 사람들이 주목하고 있는 것에 연결시키도록 유도하고 기업에 이전부터 가지고 있는 지식에 비추어서 그러한 정보를 분석하게끔 하는 것
- 정보와 분석내용을 문서화하여 기업 내의 다른 사람들과 차후에도 활용이 가능하도록 하는 것
- 이득이 실질적으로 얻어지는가를 확실히 하기 위해 조직의 학습 비율과 수준을 측정하는 것

위에 이야기한 것들은 또한 '지식경영'으로 명명되고 있다. '지식'이라는 용어는 그 자체만으로는 개념상의 문제가 야기된다. 데이터는 무엇이고, 정보는 무엇이며, 지식은 무엇인가? 우리들의 논의 목적을 위해 그러한 용어들을 굳이 구분할 필요는 없다. 데이븐포트(1998, p.43)의 지식에 대한 정의 —"지식은 경험, 맥락, 해석, 그리고 숙고(reflection)와 결합된 정보이다"— 를 개략적으로 사용하면 우리들에게는 충분하다. 맨빌과 푸트(Manville & Foote, 1996)는 지식경영은 기업이 자신의 재고, 원자재, 그리고 여타의 물리적 자원들을 관리하는 것처럼, 종업원들의 자원과 능력을 집합시키고 관리하기 위한 목적을 가진 체계적인 프로세스라고 정의한다. 맨빌과 푸트는 그러한 접근방법을 '탈근대적 리엔지니어링(post-modern reengineering)'이라고 부른다. 탈근대적 리엔지니어링에서는, 조직학습의 프로세스와 질을 향상시키는 데 기술이 대단히 중요한 역할을 한다.

스베이비(Sveiby, 1997)는 지식경영의 두 가지 방식 혹은 두 가지 이론들을 언급하고 있다. 그러한 것들은 두개의 상이한 전문적인 분야들

과 연결되는데, 하나는 지식경영을 '정보를 관리하는 것'으로 보고 다른 하나는 '사람을 관리하는 것'으로 본다. 전자의 분야에 속하는 전문가들은 일반적으로 컴퓨터 과학이나 시스템이론에 자신들의 경력이나 지식을 가지고 있는 사람들이다. 그들에게 지식은 정보시스템 내에서 식별되고 처리될 수 있는 '객체들(objects)'로 구성되어 있고, 그리고 그들은 그 개념을 상당히 새로운 것으로 간주한다. 현재 그러한 집단들은 빠른 속도로 커지고 있고 새로운 정보기술 해결책들과 밀접하게 연합되어 있다.

후자의 분야에 속하는 전문가들은 통상적으로 철학, 심리학, 사회학, 혹은 조직이론이나 경영학을 공부해온 사람들이다. 그들에게 지식은 부단히 변화하고 있는 복잡하고 역동적인 인간의 역량, 행위들로 이루어진 '과정들(processes)'과 동일한 의미이다. 학습에 영향을 미치는 것은 전통적으로 기업에서의 개인들을 다루는 문제로 간주되었다. 지식경영의 그러한 관점은 전혀 새로운 것이 아니기 때문에 그의 지지자들은 그렇게 빠른 속도로 증가하지 못하고 있다.

맨빌과 푸트가 언급하고 스베이비가 말한 두 가지 분야에서, 첫 번째에 초점을 맞추고 있는 지식경영의 방식은 컴퓨터와 더욱 밀접하게 연합되어 있고 또한 빈번하게 수많은 책들과 논문들, 그리고 심지어는 새로운 정기간행물들의 주제가 되고 있다. 그 주제가 컴퓨터 발간물에서는 더욱 간단하게 제시되고 있다. 즉, "우리들은 '데이터 마이닝(data mining)'을 통해 새로운 지식을 발견하는 데이터 웨어하우스들(data warehouses)을 가지고 있습니다" 그러나 저장된 데이터들이 기업의 지식과 동일한 의미인가? 그것들을 개관하고 관리하고 심지어는 평가할 수 있는가? 그렇게 함으로써 기업은 올바르고 전략적인 의사결정을 내리고 있는가?

우리들이 지금 정보의 전략적 활용에 대해 더 많이 말하게 되는 데에는 몇 가지 이유가 있다. 기술은 우리들에게 새로운 가능성들을 줌과 동시에, 고객들과 우리들이 잘하고 있는 관행들에 실제적으로 가깝게 근접하는 것을 모방하는 것보다는 모방하기 더욱 어려운 방식에서 경쟁우위를 찾도록 강요하고 있다. 예전에는 우리들이 괜찮은 생활비를 벌었던 영역, 즉 생산과 자동적 과업관리에서는 로봇이 활용됨으로써 점차 전자공학이 우리들의 뒤를 이어가고 있다. 만약에 산업화된 나라들의 사회들이 종업원들에게 높은 임금을 계속하여 지급할 이유가 있다면, 그 사회들이 컴퓨터와 로봇, 혹은 증대되고 있는 제3세계에서 더 교육을 받은 사람들이 수행하지 못할 그 어떤 일을 할 수 있어야만 한다. 기업이 할 수 있는 것은 사람들을 둘러싼 구조들, 즉 업무처리 절차와 저장된 데이터들이 결합된 상호작용을 위한 공동의 장들을 만들어 주는 것이다.

인류 역사 전체를 보면 인류는 바로 그러한 방식으로 복지를 증대시켜오고 있다. 우리 인간들이 동물들과 구별되는 주요한 점은 미래를 내다보고, 의사소통을 하며, 그리고 문자와 여타의 다른 기록의 형태로 외부의 기억들을 활용하는 능력이다. 다소 제한적일 수밖에 없는 우리들의 지성에게 그러한 요인들은 엄청난 지렛대가 된다. 부족의 연장자들이 다음 세대에게 예전에 일들이 어떻게 진행되어 왔는가를 말로써 전수한 것도 바로 지식경영의 사례이다. 우리들은 오늘날 근본적으로는 동일한 것이지만 더욱 더 복잡 미묘한 다양성을 위해 각종 도구들을 가지고 있다. 그렇지만 도구들의 활용 방법들을 찾는 데 조직들이 고생하게 된다는 것이 점차 명확해지고 있다(흥미로운 제안을 위해

선, 데이븐포트와 프루삭(Davenport & Prusak, 1988)과 퀸과 그 외(Quinn et al, 1988)를 참조).

BSC가 지식경영에 공헌한 것들

더 지각 있는 지식경영 정책을 추구하는 기업이 되려면 우선적으로 "우리들은 무엇을 위해 지식을 원하고 있는가?"라고 질문을 해보아야만 한다. 이익창출을 위해 운영되고 있는 기업의 자산은 예상되는 미래 현금흐름들을 현재 가치로 환산한 가치이다. 어떤 기업이 데이터 웨어하우스에 수백만 달러를 투자한다면, 그 기업은 원가를 떨어뜨리든지, 혹은 수익을 증대시키는 방법을 통한 자신의 이익 향상을 예상하면서 투자하는 것이다. 우리는 어떻게 비용과 이익 간의 연계를 설명할 수 있는가? 돈을 쏟아 붓기 전에, 우리들은 왜 돈을 쏟아 붓는가에 대해 의견을 같이 하려고 노력해야만 한다.

우리는 그러한 상호연계성을 증명하는 것에 대해 말하고 있는 것은 아니다. 우리는 그렇게 할 수도 없다. 그러나 우리들이 그러한 상호연계성에 대해 '믿고 있는' 것이 외부로 확실하게 표출되어야만 한다. 그렇지 않다면 우리들은 바람직한 결과를 달성하기 위해 노력을 기울이지 않게 된다. 데이터 그 자체로서는 그러한 일을 할 수 없다. 우리들이 데이터를 가지고 무엇을 할 것인가는 우리가 원하는 바람직한 결과들로부터 나온다. 그리고 기업이 축적하고 있는 데이터를 취급하는, 즉 시스템에 입력하고, 분석하며, 의사결정과 사업수행을 위한 기본으로서 데이터들을 활용하는 '우리'는, 수많은 종업원들이고 때로는 기업 밖에 존재하는 협력사들과 고객들이다.

모든 것을 가능토록 하는 시스템과 훈련에의 투자에는 점점 더 많은 비용이 들어가고 있다. 새로운 종업원들을 채용하는 것조차도 우리들이 어떻게 데이터를 활용할 것으로 기대하는가에 영향을 미친다. 만약에 우리가 왜 이러한 투자를 하게 되었는가에 대한 합의에 도달하려면, 필자들이 생각하기로는, 지식이 담당할 미래의 전략적인 역할은 무엇일가에 관해 토론하는 데 우리 자신들이 반드시 함께 참여해야만 한다. 필자들은 이 책 전반에 걸쳐서 그러한 종류의 토론에 관해 말해 오고 있다. 예를 들면, 그러한 목적을 위해 시나리오 분석이 매우 큰 도움이 될 수도 있지만, 구조화된 방식으로 중견관리자들의 아이디어들과 여타의 종업원들의 아이디어를 비교해 보는 것도 좋은 출발이 된다.

그러한 아이디어들을 개발하는 것을 보다 더 확대시키기 위해 최고경영층들은 무엇을 할 수 있는가? 앞에서 이미 살펴본 것처럼, 스베이비는 두 가지의 '학파들(schools)'로 구분하였는데, 한 학파는 데이터와 정보에 초점을 맞추고 있고, 다른 학파는 사람에 초점을 맞추고 있다. 필자들은 두 가지 모두 중요하다고 보지만 제3의 요소도 중요하다고 주장한다.

반복하지만, 첫 번째 학파는 지식까지는 말할 것도 없고 여전히 정보가 되지 못한 데이터를 취급하는 일을 강조한다. 그런데 여기에서 말하고 있는 정보는 컴퓨터와 여타의 형식으로 저장되고 활용이 가능하도록 만든 사실들로 단순하게 구성되어 있다. 개념들을 정의하는 데 오랫동안 관여해 온 시스템이론은 고객과 같이 보기에는 단순한 용어들을 종종 아주 모호하게 정의함으로써 데이터 분석 노력을 헛되게 만든다. 심지어 어떤 저자들은 기업 존재의 유일한 정당화는 기업들이 따로 떨어져 있는 데이터들을 다른 사람들도 사용이 가능하도록 통합시키는 방법에 있다고 주장한다. 그랜트(Grant, 1996)는 맨 밑바닥에는 단순한 건축용 블록들로서의 지식이, 그리고 위로는 주요한 건설 프로젝트들의 관리에 대한 지식에 이르기까지 지식에는 계층이 있다고 주장하고 있다. 그의 견해에 의하면, 기업의 통합 능력이 기업 차별화의 요인이다. 건축용 블록들은 굳이 기업 내에 있을 필요가 없다. 중요한 것은 기업이 필요한 지식을 통합할 수 있게 됨으로써 데이터, 정보, 그리고 지식이 어떻게 서로 맞아 떨어지는가를 알 수 있게 된다는 것이다. 다른 미국의 연구자인 폰 히펠(von Hippel, 1994)은 정보를 조직 내에서 필요로 하는 곳으로 쉽게 이동되거나 전이가 되지 못하는 다소 '끈적끈적한(sticky)' 것으로 묘사한다.

앞서 말했듯이 다른 학파는 훈련, 정보기술 도구들 사용에 있어서의 기량들, 그리고 힘의 기반이 되는 지식들을 보호하려고 몹시 마음을 쓰기보다, 사람 즉 지식을 공유하는 풍토를 조장하는 문화를 강조한다. 지식은 기량의 형태에서는 특별히 사실들이기보다는, 종종 직관적이거나 혹은 말로 할 수 없고, 심지어는 무의식적이기도 하다. 학습에 관해 글을 쓰고 있는 사람들 중 대부분은, 분명하게 말하지 않은 것들을 우리가 어떠한 방법으로 커뮤니케이션하고 있는가라는 질문을 놓고 씨름하고 있다. 직관적 통찰력을 문자나 숫자로 표현하려고 애를 쓰면 어떤 중요한 것이 소멸되고 있는가? 우리의 직관이 우리들에게 말하고 있는 것을 단어들이라는 형태에 집어 넣는 것은 전문적 접근방법의 일부라고 필자들은 생각한다. 조직에 몸담고 있는 사람들은 무엇이 어떻게 되었는가를 확실히 알고 있다는 자신감을 가지게 될 때만이, 다음에도 그와 똑같이 할 수 있다고 자신하게 된다. 아울러 그들은 그것을 어떻게 하는지, 그리고 그 방법을 다른 사람들에게 어떻게 가르칠 수 있는지에 대해 설명할 수 있다. 전문가주의(professionalism)에는 그렇게 할 수 있음, 우리가 그것을 할 수 있음을 아는 것, 그리고 어떻게 하는지를 아는 것이 포함된다. 긴 안목으로 보면 우리가 일반적으로 성공했다는 것을 단지 아는 것보다 우리가 그것을 어떻게 했는가를 아는 것이 우리들의 자신감을 위해서, 그리고 밤에 잠을 더 잘 자기 위해 더 낫다는 것이다.

우리가 주의를 집중하고픈 세 번째 학파는 사람과 데이터를 둘러싸고 있는 구조에 초점을 맞춘다. 우리들은 어떤 도구들을, 어떤 하부구조들을 사람들을 위해 제공해야 하는가? 그들의 지식에 공헌하도록 그들을 고무시키기 위해서는 어떤 인센티브를 우리는 그들에게 제공해야 하는가? 지식을 공유하는 가치를 보여주는 성공사례들을 공포해야 하는가? 이러한 분야에 초점을 맞추고 있는 프로젝트나 저술가들이 많지는 않다. 우리들이 발견해 온 저자들은 데이븐포트(1997)가 정보 생태학(information ecology)으로 명명한 '기업에 의한 데이터와 지식을 다루는 법에 우리들이 살고 있는 조건과 환경의 총체성이 포함되는 것'을 강조한다.

이론적으로 그것은 대단히 단순하다. 기업에 있는 모든 사람들은 깨어 있는 순간마다 엄청난 감각기관의 느낌들에 의해 포격을 당하고 있는데 우리는 그러한 느낌들의 단지 10^{-7}승 정도만 의식하고 있을 뿐이다. 그렇다면 우리는 어떻게 관리해야 하는가? :

1. 모든 사람들의 주의 집중 ― 우리는 어떤 느낌들을 흡수 동화할

기회를 갖고 있는가?

2. 각 개인들이 타인들과 공유하기 위해서 혹은 미래의 사용을 위한 문서화를 위해서 어떤 것을 선택할 것인가?

3. 그러한 데이터를 각 개인 자신은 어떻게 활용하며 그리고 그 후 다른 사람들은 그러한 데이터를 어떻게 활용하는가?

사실상 위에 열거한 모든 것을 관리하기 위한 방식을 찾는다는 것은 실제적으로 불가능하다. '지식경영'이라는 용어는 결국 컴퓨터에서 발생하는 부분만이 아니라 기업에 있는 사람들의 삶의 모든 측면을 포괄하는 것으로 판명되었다. 그러나 그러한 문제들은 동시에 최고 경영층의 주의를 가장 긴요하게 필요로 하는 것들이다. 기업이 자신의 전략에 많은 노력을 기울이게 되는 핵심은 독창적이고 모방하기 어려운 어떤 것을 정확하게 만들어내는 것이다. 쉬우리라 생각할 순 없다. 최고 경영층은 기업이 달성하기를 원하는 것에 대해 주도 면밀하게 선택한 하나의 구상(conception)을 가져야만 한다.

필자들은 그 방식이 데이터, 사람, 그리고 구조 모두를 반드시 포함해야 한다고 믿는다. 우리들은 꼭 가능한 미래에 대한 하나의 구상에 기초하여 일을 추진해야만 한다. 그리고 그러한 구상을 위해 우리 자신을 준비시켜 나가야 한다. 우리가 하나의 데이터베이스나 또 다른 데이터베이스, 특별한 기술이나 정보생태학을 개발해야만 할 것인가의 여부는 우리가 무엇을 필요로 하는가에 달려있다. 그리고 거의 모든 종업원들이 연관되어 있기 때문에 그러한 문제를 토론해야만 하는 것은 대단히 중요하다.

여기에 바로 BSC의 본질적이면서도 핵심적인 역할이 있다. 우리들이 전략을 선택하는 시점에 우리들의 의도에 비추어서 종업원 역량의 개발, 데이터 저장, 그리고 두 가지 모두를 둘러싸고 있는 구조들을 BSC 안에서 재검토하게 된다.

'지식 기업들'과 '지능적 기업들'은 전혀 새로운 것이 아니다. 왜냐하면 모든 기업들은 항상 지식에 기초를 두고 있기 때문이다. 그러나 만약에 경영층이 사람과 데이터 간의 상호작용을 의도적으로 설계된 구조하에서 관리하기를 원한다면, 이전까지는 중요하게 간주해 오지 않든, 혹은 그것들을 위해 어떤 적절한 언어들도 존재하지 않았든 수 많은 질문들을 비망록에 써 놓아야만 한다. 만약에 지식경영에 대해 말하는 것이 경영층이 해야 할 일이기 때문에 그렇게 한다면 종업원 들은 고무될 것이다. 단지 데이터베이스나 인트라넷을 활용하는 방법 에 대한 교육 투자들에 대해서만 그러한 대화들을 나누어서는 안된다. 우리는 우리가 무엇을 하기를 원하는가에 대해 하나의 균형잡힌 그림 을 모든 사람들에게 보여주는 성과측정표를 필요로 한다.

지식경영을 위한 정보시스템

변화의 근저에 놓여있는 논거는 프로세스 자체의 흐름으로부터 프 로세스들의 본질에 놓여 있는 핵심역량으로 초점을 이동하는 것이다. 그러한 변화는 또한 기업 정보시스템에 대한 새로운 요구사항을 부과 한다.

맨빌과 푸트(1996)는 오늘날의 정보시스템은 다음과 같은 세 가지 의 요구사항을 반드시 충족시켜야 한다고 주장한다.

1. 새로운 정보 구조(information architecture) - 기업의 역량들과
   기량들을 식별하고 측정하기 위해 새로운 언어, 범주, 그리고 은
   유들을 제공
2. 새로운 기술 구조(technical architecture) - 인터넷과 같이 특성에
   있어서는 더 사회적임. 바꾸어 말하면, 더욱 투명하고 공개되어 있
   으며 유연한, 그리고 개개인들에 대한 존경심을 보여주는, 또한 사
   용자들로 하여금 변화하고 발전하도록 만드는 구조
3. 새로운 어플리케이션 구조(application architecture) - 결과나 거
   래들보다 문제해결과 프레젠테이션을 강조

전통적인 '리엔지니어링'은, 일반적으로 전통적인 기업의 정보를
보다 더 새롭고 저렴하고, 혹은 더 간단한 방법으로 수집하는 것을 의
미하는 것으로 받아들여서 더 많은 사람들이 그 정보를 더욱 신속하
게 사용할 수 있도록 만들어 준다. 핵심역량은 학습과 경험에 그 기초
를 두고 있다. 여기에서 우리는 전통적인 데이터 웨어하우스 해결 방
안들은 그러한 학습과 경험을 일반적으로 거의 제공하지 못함을 발견
하게 된다. 그러므로 도전해야 할 것은 기업 종업원들이 자신들의 경
험과 자신들의 지식 모두를 공유하는 것을 알게끔, 그리고 그들을 도
와서 그렇게 할 수 있도록 정보시스템을 구축해야만 한다. 그러한 시
스템에서는 사람과 그들의 요구가 우선하지 기술이 결코 우선하지 않
는다. 맨빌과 푸트(1996)는 현행 정보시스템과 미래의 정보시스템 간
의 차이를 〈표 9-1〉에서 보여준다.

<표 9-1> 현행 정보시스템과 미래의 정보시스템 간의 차이

오늘날 - 프로세스들을 지원하는 시스템들	도전 - 역량을 지원하는 시스템들
· 거래 프로세스들 · 통합 물류 · 업무 흐름들(work flows) · 전자적 자료 교환 (EDI : Electronic Data Interchange)	· 의사소통 구축 · 작업장에서의 대화와 학습 · 사람들을 연결시키는 네트워크 · 경험을 상호 교환하기 위한 구조

브리티쉬 텔레콤사

BT사에서는 SPAM 시스템이 두 가지의 이득, 즉 효과성과 상승효과 (synergy)라는 결과를 낳고 있다. SPAM 시스템은 그 시스템이 대체한 비즈니스 기획 프로세스에 비해 하위 프로세스들 간에 개선된 응집력을 제공하고 있다. 그러한 응집력은 프로세스 전반에 걸쳐서 왜 그들이 만들어 내는 정보가 중요한가, 언제 그 정보는 필요한가, 그리고 그 정보는 어떻게 활용되는가를 개개인들에게 알려주는 커뮤니케이션이 개선된 결과이다. 성과측정표의 도입으로 BT사의 모든 사람들은 자신이 몸담고 있는 기업이 전략으로부터 달성하고자 노력하고 있는 것이 무엇인가를 보다 잘 이해하게 되었다.

상승효과는 성과측정표, 자가진단, 전략, 기획, 그리고 운영들 간에 공통된 정보기반을 사용하고, 공유하고, 토론하기 때문에 만들어진다. 확실히 지식을 모아 놓는 것이 주요한 이득이 되고 있다. 첨단 통신기술의 도입으로 그러한 이득이 더 빨리 더 넓게 확대할 수 있게 되었다. 예를 들면, 전사와 사업단위 성과측정표에 부가하여 많은 부서들도

BT 인트라넷을 매개로 하여 자신들의 성과측정표를 공유하고 있다. 인트라넷 기술은 최상의 관행을 보급시키고 이해 공동체들을 양육시키는 데 가장 훌륭한 방식이라는 것을 증명해 오고 있다.

인센티브, 측정지표, 그리고 보상

새로운 이니셔티브를 조장하는 기업 분위기에서, 집단들이나 개인들은 자진하여 현행 계획들에서건 아니면 계속되는 사업에 관한 대화에서건 자신들의 현행 진로와 자신들이 활약한 것을 비교해 볼 수 있다. 성과와 현재상태에 관한 정보는 종업원 자신들이 그들의 진척상황을 평가해보도록 하는 데 우선적으로 요구된다. 그리고 이러한 정보는 두 번째로, 경영층들로 하여금 조직과 개인들의 상이한 부분들이 전체적인 전략에 따라 행동하고 있는지를 책임지게 하는 하나의 도구로서만 간주되어야 된다. 종업원에게는 자신의 진척상황을 스스로 보는 것이 그 자체로서 하나의 보상이다. 당신이 골프치는 사람이라고 간주하고 친구와 한 라운드 게임을 한다고 생각해 보라. 당신은 당신의 스코어를 유지하고 당신의 역량에 견주어서 당신이 어떻게 하고 있는가를 알 수 있다. 당신이 그렇게 할 수 있는 것은 골프 코스의 각 홀에는 홀의 길이를 표시하고 있는 파(par)와 다른 홀들에 비해 그 홀이 얼마나 난해한가를 표시하고 있는 핸디캡(handicap)이 할당되어 있기 때문이다. 게다가, 모든 골프치는 사람들은 자신의 기량 수준을 나타내는 하나의 핸디캡을 가지고 있다. 바꾸어 말하면, 개개인의 성과 측정을 허용하는 구조와 시스템이 있다는 것이다. 사업 맥락에서의 목적은 경

쟁력을 미래에도 유지하도록 개개인들의 활동들을 중요한 분야들에
집중시키기 위함이다.

　제5장에서 우리들은 개개인들의 성과측정표의 중요성을 간략하게
다루었다. 여기에서는 더 일반적인 의미에서의 보상 문제로 되돌아 간
다. 물론, 그러한 주제는 집단이나 부서가 성공적인 운영의 대가로 보
상을 받는 방식을 포함한다. 그러나 무엇이 성공인가? 모든 측정지표
들에서 원하는 수준들을 달성했을 경우인가? 혹은 교환 조건들(trade-
offs)이 허용되는가? 성과측정표 관점에서 성과를 보상하는 데 따르는
하나의 문제점은 몇 가지의 상이한 측정지표들이 하나의 이득 지수(a
single index of benefit)로 통합되어질 때 그러한 측정지표들 간의 역
동적인 균형이 깨질 수 있다는 것이다. 성과에 기반을 두고 상여금을
주고자 할 경우 그러한 지수는 필요하다. 최종적인 분석에서 중요한
것은 자연스럽게 종업원의 상여금액이다. 일차원 측정지표는 바로 돈
이기 때문이다.

　만약에 우리가 상이한 측정지표들을 단순히 합쳐서 가늠해 본다면
그러한 주장이 어떻든 잘못된 것은 아니다. 종종 상여금에 대한 요구
사항으로 어떤 경계치(threshold value)를 반드시 달성시켜야만 하는
경우도 있다. 상이한 측정지표들은, 그것들이 자신들의 경계치를 계속
하여 밑도는 한, 특별히 그것들이 상당히 쉽게 영향을 받게되는 조건
들을 반영하고 있을 경우에는 꽤 중요하게 간주되어야 하고 최대한의
주의를 기울여야만 한다. 상여금 관점에서 일단 그러한 지표들이 어떤
수준에 도달하면 그러한 지표들을 더 개선시키려는 노력은 더 이상
관심을 끌지 못한다. 때때로 그러한 결과는 측정지표들에 반영되어 있
는 상이한 조건들간의 바람직한 '균형'의 적정하고 공정한 반영이다.

넷웨스트 라이프사

NWI사에 따르면 비즈니스 계획을 성취하는 능력은 기업 성공의 핵심이다. 그러므로 비즈니스 계획에 관한 목표달성이 종업원들에게는 성과에 기초한 보상의 한 요소가 된다. 그러한 목적에서 목표달성의 타깃 수준을 초기인 1993년에는 약 85%로 설정했다.

NWI사에서의 성과관리 시스템은 개인, 팀, 기업성과와 연계되도록 고안되었다. 그러한 연결에서 성과관련 보상체계는 중요한 역할을 수행한다. 이러한 체계에서, BSC와 비즈니스 탁월성 모델에 밀접하게 연결된 상당수의 핵심 측정지표들에 대한 기업성과의 타깃들이 설정된다. 게다가, 타깃에 관련된 성과에 따라 종업원들에게 배분될 상여금 수준이 결정된다.

1993년에 확립된 그 체계는 모든 관리자들에게 최초로 시도되었는데, 상대적으로 기본급은 커졌지만 그들의 총급료의 더 높은 몫은 위험한 상태에 놓이게 되었다. 그러한 경험에 비추어 꼼꼼한 점검을 거친 후에, 성과 관련 보상 체계는 1994년에 전직원들로 확산되었다.

측정지표들에 대한 진척상황은 팀 보고를 통해 일반적으로는 매월 한 번씩 주기적으로 종업원들에게 보고된다. 그러한 미팅을 통해 종업원들은 자신들이 어떻게 하면 기업의 성과에 기여할 수 있는가에 대하여 이해하게 된다. 임원회의에서는 BSC를 만들어내기 위해 보상 체계에 포함된 측정지표들을 신중하게 선정한다. 그렇게 함으로써 기업에 소속된 모든 사람들은 균형 잡힌 방식으로 기업의 발전에 필요한 부분들에 초점을 맞추게 된다.

경영층은 매년 성과지표들을 점검한다. 또한 일년마다의 우선 순위를 반영하기 위해 결과들에 관한 초점의 균형이 조정된다. 상이한 성

<그림 9-2> 상여 계산 성과측정표에서의 성과지표들(1996)

재무적 결과들	고객 시각
· EVP	· 고객 만족 · EQA 점수 · IIP 유지

내부 품질	조직개발
· BBP 달성도 · 서비스 표준 · 기금 성과	· MORI · 영업사원 만족

과측정표 구성요소들에 가중치를 매김으로써 그러한 조정은 이루어
진다(〈그림 9-2〉 참조).

핼리팩스사

핼리팩스사에 근무하는 모든 종업원들은 성과측정표의 네 가지 시
각 모두에 대한 개인적인 성과 계획을 가지고 있다. 바꾸어 말하면, 성
과측정표가 지점만을 위한 것이 아니고, 개인 차원까지 쪼개져 있다.
실질적인 개인의 성과에 따라 나중에 개인의 급여 상승과 상여가 결
정된다. 핼리팩스사는 미래에는 개인의 성과측정표와 보상시스템 간
의 연계를 더욱 향상시키기를 원하고 있다. 개개인 모두는 자신의 관
리자와 매월 코칭세션을 갖는다. 그러한 세션에서 종업원들은 자신들
의 목표들과 비교하여 진척 상황을 점검하고, 또한 가능한 미래 행동
들에 대해 토론하면서, 측정지표들의 결과물들을 검토한다.

헬리팩스사에는 비록 재무적 관점과 내부 프로세스 관점들에서의 측정지표들만을 고려한 것이지만 과거에 대단히 성공적인 관리자들의 수가 상당히 있어 왔다. 그러나 새로운 시스템이 구축되었을 때, 그러한 관리자들은 새로운 비즈니스 운영 방식에 적응하는 것이 어렵다는 것을 알고 그들 중 상당수가 기업을 떠났다. 오늘날 기업에 입사하는 모든 종업원들은 자신들은 어떻게 관리될 것이고 개개인들의 성과는 어떻게 평가될 것인가에 대해 알고 있다. 다르게 말하면, 오늘날 헬리팩스사가 사원을 채용하는 방식은 새로운 시스템에 의해 영향을 받는다는 것이다.

영국항공사

관리자들의 성과측정표들과 보상시스템 간의 연계가 현재 아주 정교하지는 못하다. 전반적인 성과에 기반을 둔 성과관리 시스템은 존재한다. 모두 다는 아니지만 성과측정표에서의 몇 가지 측정지표들은 개개인들을 위한 핵심 성과지표들로 사용되고, 연말에 그러한 측정지표들 중에서 몇 가지는 상여금과 연계된다(운영되는 상여금은 연봉 중 약 5% 정도로 그리 크지는 않다). 상여금의 약 60%는 비재무적 수치에 기반을 두고 있고, 나머지 40%는 개인들이 팀원으로서 얼마나 일을 잘 했는가 등에 대한 개인적 발전에 기반을 두고 있다.

제록스사

제록스사는 초기에 중요한 행위들에 개입하기 위해 전조직에 걸친 인센티브 시스템을 개발해 오고 있다. 영업사원들은 고객 충성도(customer loyalty)에 기초해 인센티브를 받게 된다. 각 영업사원들과 기술팀은 매분기 초에 자신만의 점수를 알게 된다. 제품의 숫자와 제품들의 가치가 가산되는 점수시스템을 통해 다른 분기들과의 비교가 이루어진다. 자신에게 설정된 타깃을 달성한 영업사원들은 상여금을 받는다.

제록스사는 자체적으로 자신들의 기술자들 모두를 훈련시키는데, 스웨덴에는 약 160명의 기술자들이 근무하고 있다. 그들은 지리적으로 나누어져 있고, 하나의 팀은 6명에서 8명으로 구성되어 있다. 각 팀들은 자신의 고객 지역을 책임지고 있다. 고객만족이 팀별로까지 측정되고 있으므로 팀별로 고객만족을 점검한다. 자신들의 설정된 타깃을 달성하는 팀들은 상여금을 받는다.

그러한 협정을 통해 제록스사는 고객들을 위한 의사결정과 더 큰 책임을 고객들과 가장 밀착되어 있는 현장직원들에게 위임하고 있다. 스웨덴에 그러한 시스템이 구축되었을 때, 제록스사는 누가 무엇에 대해 책임을 져야하는가 그리고 설정된 타깃들이 달성되기 위해서는 무엇이 반드시 수행되어야 하는가에 대해 명확하게 기술하지 않는 실수를 범했다. 기업은 그러한 문제점을 훈련을 통해 해결하려고 했다. 예를 들면, 하나의 팀의 기술자들이 3등급 인증을 받게 되면, 그들은 자신들을 공인된 '권한이 위양된 작업집단(empowered workshop)'으로 부를 수 있는 권한이 주어졌다.

매년 한 차례씩 제록스사는 종업원 만족도를 측정하는데, 이유는 당연히 만족한 종업원들이 보다 생산성이 높을 것으로 여겨지기 때문이다. 종업원들의 만족 정도는 종업원들이 답하는 15개 항목에 기초를 두고 있다. 그 결과를 전반적인 만족지수(OSI : Overall Satisfaction Index)라고 제록스사에서는 명명하고 있는데, 전반적인 만족지수는 경영 프로세스에서 기초자료로 활용된다.

지난 10년 동안 경영자들에게는 고객만족, 종업원만족, 그리고 비즈니스 성과에 기초한 상여시스템이 적용되어 오고 있다. 상여금은 연봉의 30%이고 고객 만족과 종업원 만족은 각각 6%이며, 비즈니스 성과인 자산대비 수익률(ROA : Return On Assets)은 18%이다. 그러한 퍼센트(%)는 매년 달라지지만 그 차이는 근소하다. 그러나 거기에도 경계치(threshold)가 있다. 개개인들의 타깃들이 반드시 달성되어야 한다는 것이다.

개인들의 연봉은 결코 전반적인 기업이익들과 연계되지 않는다. 경영층에 따르면, 이러한 방침은 자동적으로 기업의 다양한 부분들에 초점을 맞출 수 있도록 동기를 부여한다.

영업사원들에게 연봉의 8%는 자신들의 고객 충성도 타깃에 따라 결정되고, 기술자 연봉의 3%는 개개인들의 타깃에 따라 결정된다. 기업 경영층은 모든 관리자들에게 또한 전년 대비 5% 이상의 종업원 만족도를 향상시키도록 요구한다. 만약 타깃이 달성되면 관리자들은 상여로 일정한 액수를 지급 받는다.

노르드방켄 은행

스웨덴의 우수 은행들 가운데 하나인 노르드방켄(Nordbanken) 은행 본점에서는 정교한 시스템을 사용해 운영에서 올바른 초점이 맞추어지도록 한다(Wenberg, 1996).[1] 공식적인 의미에서 BSC는 아니지만 그 시스템은 BSC와 대단히 유사하다. 은행 지점들은 소위 '챔피언십(Championship)' 안에서 경쟁하고 있는데, 거기에는 다음과 같은 네 가지의 '결과들(events)'이 존재한다.

- 새로운 비즈니스
- 품질
- 전략
- 수익성

챔피언십에서의 지점들의 전반적인 위상은 각 결과(event)에서의 순위를 비교 가능한 지점들과 비교하여 더한 총점을 4로 나눔으로써 계산된다. 그러나 각 결과에서의 순위를 측정하는 절차는 더욱 복잡하다. 예를 들면, '품질'은 고객태도, 일정에 맞춘 연간보고서 제출, 지점의 감사 순위의 비선형(non-linear) 결합이다. 하나의 분야에서의 저조한 성과를 다른 분야에서의 걸출한 성과로 벌충한다는 것은 사실상 불가능하다.

'챔피언십'과 노르드방켄 은행에서의 공식적인 보상시스템 간에 연계는 없다. "대부분의 사람들에게는 단지 경쟁하에 있다는 것 자체가 하나의 보상이다"라고 지역 관리자는 말한다.

측정으로 끌게 된 주의력과 조직 전체에 걸친 공표는 비록 상여는 없을지라도 종종 조직원들의 행위에 영향을 주기에 충분하다. 여전히 대부분의 사람들은 아마 '그들은 내가 할 수 있는 것을 계속 보아 오고 있다. 그리고 만약에 내가 조직과 함께 하고, 그리고 우리가 정확하게 미래에 내기를 건다면, 나는 나의 보상을 받게 될 것이다'라고 생각하고 있다.

성과측정표에 대한 책임

성과측정표가 개발될 때는 책임에 관련된 많은 상이한 쟁점들을 반드시 거론하고 해결해야만 한다.

- **성과측정표에 포함되는 운영들에 대한 책임**

  성과측정표는 추적관찰(follow-up)을 대비하고 목표들과 결과들을 기술하는 하나의 계획서로 작용한다. 그러한 것에 책임을 지는 사람은, 비록 어떠한 경우에는 팀이 합동으로 그 운영에 책임을 지지만, 물론 문제가 있는 부문의 책임자이다.

- **성과측정표 설계와 활용에 대한 책임**

  그러한 책임은 하나의 '기법', 즉 용어, 프로세스 설계로서, 성과측정표 활용에 관계가 있다. 특별히 성과측정표들이 조직 전체에 걸쳐 활용되어질 때, 축적된 조직의 상이한 부분들의 경험들을 바탕으로 심사숙고하여 잘 선정된 일단의 용어들을 확립하는 것은 대단히 중요하다. 만약 예전에 필자들이 사용한 보다 넓은 의미에서의 '경영관리(management control)'로 해석한다면, 그러한 임무는 회계감사관(controller) 역할의 한 부분이다. 그러나 전반적인 책임이 필수적으로 기업의 회계감사관에 달려있다는 것을 의미하지는 않는다. 그 외에, 적어도 초기에는 성과측정표의 프로젝트를 위해 특별한 조정자가 지명될 수 있어야 한다. 우리들이 이미 보아 왔듯이 그러한 해결책은 캐팔(KappAhl)사에서 도입했다.

■ **측정이 이루어지고 그 결과가 활용되는가를 지켜보는 책임**

측정과 보고서들 혹은 자료들의 배포는 일반적으로 정보기술 해결책을 요구하기 때문에 여기에서의 책임은 시스템에 대한 것이다. 그 주제는 제8장에서 거론하였다. 우리는 그러한 기능을 특별하게 선임된 사람을 요하는 별개의 책임으로 보진 않는다. 그렇기보다는 그것은 기업 정보시스템의 운영자들에게 부과된 임무들 중 하나라고 보아야만 한다. 그러나 그러한 쟁점에는 다른 측면이 있다. 시스템이 항상 자동적인 측정을 보장하지는 않는다. 종종 종업원들의 행동이 요구된다. 우리들이 제8장에서도 언급했듯이 여기에서는 필요한 관심과 참여를 이끌어내는 것이 성과측정표 프로세스의 중요한 부분이고 또한 회계감사관 역할의 한 부분이라고 간주될 수 있다.

■ **경영관리에서 성과측정표에 적절한 동기를 부여하는 책임**

성과측정표가 실질적으로 활용될 것인가는 주로 그것을 그렇게 활용할 수 있도록 만드는 인센티브가 존재하는가에 달려 있다. 전통적인 관리 방식을 어떻게든 반드시 경계해서(alert), 더 이상 재무적 예산 달성 관점에서만 성공이 측정되어서는 안된다. 때때로 상여시스템을 변경해야만 하지만, 그와 동등하게 종종 성공과 기업에서 보상을 받는 것이 기업 문화에서 어떻게 비쳐지고 있는지를 따져 보고 그러한 것을 바꿀 필요도 있다. 종종 그러한 필요를 충족시키는 것도 또한 회계감사관의 기능이다.

■ **학습에 대한 책임**

이 장에서 우리들은 성과측정표 프로세스의 궁극적인 목적으로 학습에 대한 책임 문제를 살펴 보았다. 습득되어진 경험을 성찰

하는 데는 시간이 소요되며, 그리고 그러한 프로세스도 또한 책임의 한 영역으로 간주될 수 있다. 그러나 여기에서 어떤 특정한 한 사람을 선발하여 그 사람에게 책임을 지우는 것은 더 어렵다. 비록 마지막 분석에서의 학습은 일선 관리자들의 책임이어야만 하지만, 기업감사관은 아마 그러한 점에서도 중요한 역할을 가지고 있다. 그러한 책임은 각 부문의 성과측정표를 개발하는 과정에서 형성되어야만 한다.

우리들은 반복해서 성과측정표 프로세스에서의 회계감사관의 역할에 대해 언급해 왔다. 그러한 역할이 어떻게 개발되어지는가에 대해 보다 면밀한 검토가 필요하다.

기업감사관의 변화하는 역할

필자들은 회계 직원들이 회계감사관으로서 능동적으로 성과측정표 사고(thinking)의 도입을 촉진하는 역할을 수행하게 되는 것을 보게 되면 즐거울 것이라고 이미 말했다. 또한 최근 수년 동안 '미래의 회계감사관'과 같은 주제에 대한 많은 회의에서 그러한 메시지는 나왔고, 회의에서 BSC 개념은 종종 기존의 기획과 예산의 대체 안으로 제시되어 오고 있다. 그러한 쟁점에 대한 토론은, 비록 때로는 너무 주제에서 멀리까지 벗어나는 경우도 있지만 유용하다. 그러한 점을 제6장에서 필자들은 언급했다.

스칸디나비아사와 독일에서, 사람들은 1970년대에 회계사들과 비즈니스 경제학자들에 대한 보다 적극적인 역할을 강조하기 위해, 즉 장부기록 시스템에 의해 제한되기보다는 기업의 의사결정에 더 초점을 맞추는 개념으로, 영어 단어 '회계감사관' 을 사용하기 시작했다. 그러한 추세는 옳든 그르든 영어권 국가들에 있는 기업들은 '회계감사관' 이라는 용어를 사용함으로써 보다 적극적인 역할을 마음 속에 그려 보게 되는 하나의 믿음을 반영한다.

간략하게 말하자면, 그러한 유형의 회계감사관들이 비즈니스에 필요한 이유는 비즈니스를 보다 쉽게 관리가 가능하도록 만들 수 있기 때문이다. 회계감사관은 관리자들과 관리자들의 부하들이 제공받는 정보에 영향을 미침으로써 관리가 가능하게 한다. 정보는 기업의 시스템에 의해 이용이 가능하며, 비즈니스 환경으로부터 수집되고, 혹은 회계감사관에 의해 설계된 모델을 사용하는 계산에서처럼 데이터를 국부적으로 처리할 때도 생겨난다. 회계감사관의 또 다른 책임은 기업 관행과 인센티브 시스템이 관련된 사람들로 하여금 현행 정보에 관심을 기울이게 할 생각을 하고 있는가를 살펴보는 것이다. 행동을 취하기 전에 상황을 분석하는 것이 자연스러운 기업문화에서는, 회계감사관은 훈련과 사내 정보에 참여해야만 한다. 오늘날 우리들은 내부 네트워크가 회계감사관이 달성하길 원하는 대부분의 기반을 어떻게 변혁시키고 있는가를 목도하고 있다. 많은 기업들에서 계산과 분석은 회계 직원 자신들에 의해 수행되는 일이 점점 더 적어지고 있다. 회계 직원들의 새로운 역할은 추후에 운영을 책임지고 있는 사람들이 활용하게 되는, 통합된 전체적 정보시스템으로부터 새로운 측정지표들과 계산모델들에 이르기까지의 모든 관리도구들을 제안하고, 설계하고, 설치하는 일이다. 또한 어떤 회계감사관들은 관리를 위한 그러한 종류의 도구들을 개발하는 프로젝트가 자신들의 일 가운데 계속 많아지고 있다고 필자들에게 말하고 있다.

예산수립이 성과측정표로 대체되어야 한다는 주장은 그러한 맥락에서 비추어 보아야만 한다. 예산은 유연성이 없고 심지어는 잘못된 방향으로 이끄는 관리도구라고 알고 있는 사람들이 많다. 스웨덴의 앞선 상업은행 가운데 하나인 스벤스카 핸델스방켄은 25년 전에 이미 예산을 폐지하기로 선언했다. 그들은 예산수립을, 시작부터 시대에 뒤떨어지게 됨으로써 비즈니스에서는 실제로 거의 활용이 되지도 않는 세밀한 계획들을 만들어 내는 데 비용과 시간을 많이 투입하는 과정이라고 주장한다. 최근에 주요한 국제적 기업인 ABB사와 볼보사를 포함한 스웨덴의 많은 기업들이 예산수립을 새로운 종류의 비즈니스 기획으로 대체하려는 소망을 표명하고 있다(제6장에서 기술한 볼보사의 새로운 기획 프로세스 참조). 그러나 핸델스방켄 은행은 예전보다 기획의 범위를 더욱 제한하면서 변화하는 상황, 유연성, 그리고 예측에 기반을 둔 관리에 적응하는 데 더 많은 주안점을 두면서 더욱 더 급진적인 변화를 계획하고 있다. 그렇다고 핸델스방켄 은행이 어떤 비즈니스 결정에 사전준비와 그에 의한 어떤 기획형식이 필요하다는 것을 부인하는 것은 결코 아니다. 요구되는 기획의 정도는 산업에 따라 다를 수 있고, 그리고 대규모이면서 비용이 많이 들어가는 투자에 대한 의사결정만이 아니라 워크숍 비용을 다른 사업부문에 시간당 얼마로 청구할 것인가와 같은 문제들에 대한 의사결정도 포함한다. 그러므로 심지어는 예산수립을 하지 않고 있다고 부인하는 기업들마저도 여전히 예산과 유사한 어떤 기획형식을 가지고 있다. 그것은 때때로 '예산'이 사람들로 하여금 과정 그 자체보다 용어 사용을 회피하게 만드는 어떤 의미를 함축하고 있는 것처럼 보이기도 한다. 사람들은 예산 과정을 적정 비용으로 개략적인 견적을 내고, 사전기획을 요하는 사항들에 대해 집중하는 것으로 제한시켰다고 말하기보다 예산을 폐지했다고 말한다. 그리고 나서는 어떤 새로운 비즈니스 기획 형식을 도입하지만 예전과는 조금도 다름이 없는 것을 어떻게 설명해야 할까!

여기에서 우리는 성과측정표에의 연계를 발견하게 된다. 만약에 우리들이 성과측정표 용어로 목표들을 설정한다면, 혹은 다음 회계년도를 위한 우리들의 활동을 결정하는 데 성과측정표 프로세스를 사용한다면, 우리들이 하고 있는 일을 앞선 예산수립 형식으로 보는 것이 오히려 상당히 타당할 것이다. 예산수립의 고전적인 정의는 예산을, 책임센터별로 조직화하고 경영층의 책임(commitment) 요소를 포함하고 있는, '일반적으로 1회계 연도에 걸친 하나의 재무계획'으로 기술하고 있다(Anthony et al., 1992, ch.9). 비록 그러한 재무계획이 재무적 용어들로 기술되어 있지만, 비재무적 숫자들이 그러한 재무적 수치들을 뒷받침을 하고 있다. 차이는 책임(commitment)과 자원을 효율적으로 사용하는 경제적 사명에 이제는 재무적 측정지표들만이 아니라 비재무적 측정지표들도 함께 포함하고 있다는 것이다. 만약에 비재무적 용어들로 의사소통하는 것이 우리에게 더 나은 관리를 가능하게 해준다면, 그때는 물론 우리들도 그렇게 해야만 한다. 많은 종업원들과 많은 상황에서, 재무적 용어들은 지나치게 간접적이고 심지어는 혼란스럽다.

그러므로 성과측정표를 활용하기로 결정한 기업들에게는, 머지않아 점차 성과측정표 프로세스와 예산수립, 그리고 전통적 보고를 통합시키기 시작해야 할 시간이 다가오고 있다. 제10장에서 필자들은 연

<표 9-2> 전통적 재무수치와 성과측정표와의 비교

재무적 초점	성과측정표 관리
·이해하기 어렵기 때문에 전문가들에게 정치적 기반을 제공함	·모든 사람들이 의견을 가지며, 전문가들의 절대적 필요성이 줄어듦
·의무적임, 그래서 회계감사관들에게 회의적 견해에 대한 논증을 제시함	·자발적, 그리고 많은 방식으로 설계될 수 있음
·측정지표들은 통합 정리될 수 있음	·측정지표들은 일반적으로 통합
·그리고 폐쇄적으로 잘 정립된 논리를 구성하고 있음	·정리하기가 어려움 ; 상호 연계와 가치명세서, 사업전략의 문제를 다룸
·주요한 이득 : 문제 밖에 머물면서 사업의 재앙을 피할 수 있음	·주요한 이득 : 사업이 성공적이 되도록 도와줌

간보고서에 사업을 기술하는 데 성과측정표를 어떻게 활용할 수 있는가에 대해 설명할 것이다. 그러면 회계 직원들과 회계감사관들은 자신들의 전문적 역할을 어떻게 볼 것인가에 대해 자신들에게 질문을 해보아야만 한다. 그들은 새로운 측정지표들에 얼마나 관심을 가지고 있는가? 전통적인 재무수치들과 성과측정표와의 간단한 비교표가 〈표 9-2〉에 제시되어 있다. 좌측 항목들도 어떤 이점들을 보여주고 있다. 회계감사관들이 재무에 초점을 맞추는 것이 매력적일 수 있다. 왜냐하면 그러한 재무 수치들이 익숙하기도 하지만 또한 확실하게 필요하기 때문이다. 회계 준칙(Accounting Act)과의 연계와 불일치의 조정은, 비록 추출해 보는 정보들의 대부분이 내부 활용의 목적이고 그래서 법률적인 요구사항들이나 혹은 일반적으로 수용되는 관행들과 명확한 연계를 가지지 못함에도 불구하고, 경영층들의 주의와 관심을 유지하

는데 도움이 된다. 회계감사관에게 좌측 항목들은 정보를 회계 자료들에 국한시킴으로써 얻게 되는 이점이 있는데, 그것은 그에게 정치적 기반(power base)을 제공하고 어떤 어려운 문제라도 즉각 답을 해주기 때문이다. 다른 많은 사람들은 또한 어려운 질문들을 피하게 만드는 주된 이점을 가진 관리 유형을 선호하기 쉬운데, 특별히 손실이 나고 현금이 부족한 시기에 재무 지향적인 회계 직원들은 중역회의나 유사한 상황에서 흔히 모든 사람들의 관심을 얻게 되는 경향이 있다. 반면에, 성과측정표에서는 모든 사람들이 토론에 참여하기를 원하고, 정보가 어떤 특별한 형식으로 제시되어야만 한다는 핑계를 가지고 뒤로 숨는 것이 더 이상은 불가능하다.

그러나 긴 안목으로 보면, 그러한 상황은 만족스럽지도 못하고 유지시킬 수도 없다. 필자들은 BSC가 사업에 좋을 것으로 생각한다. 설정된 이익 목표들이 달성될 당해 연도에는 아마 그렇게 도움이 되지 못할 것이다. 그러나 만약 우리들이 다음해, 그 다음 해에도 사업이 유지되기를 원한다면, 우리들은 성과측정표 아이디어를 필요로 한다. 그렇게 되면 심지어 회계 직원들마저도 더 광범위한 토론과 새로운 측정지표들에 개방적이어야만 한다. 그러한 의무를 필자들은 조직의 관리가능성에 대한 회계 직원 자신들의 전문적 책임의 일부라고 생각한다. 만약에 기업이 상이한 사람들의 정보에 근거한 관점들로부터 이익을 얻고자 한다면, 돈보다 측정지표를 모니터하고 토론하는 것이 필요하다. 예를 들면, 전통적인 예산수립과 관련해서도 실제적으로 그와 같은 대화들을 항상 모색해 왔다. 토론이 일어나게 보장하는 더 나은 어떤 방법들의 활용을 촉진시키는 것은 회계 직원들의 책임이다.

영구적인 일상의 일, 혹은 '특별한 목적' 으로

그래서 BSC는 기업 기획의 일부로서 취급되어야만 한다. 이제는 성과측정표와 예산과의 관계를 살펴보기로 하자. 그렇다면 성과측정표 개념을 일상적인 기획에 포함시켜야만 하는가, 아니면 때때로 비즈니스의 상태를 점검하는 방법으로서만 활용하면 충분한가? 기업 전반적으로 활용해야만 하는가, 아니면 선택적으로 적용해야 하는가? 모든 곳에 동등하게 필요한 것인가?

실제로 성과측정표를 제한적으로 적용하는 것을 뛰어 넘은 기업들은 그리 많지 않다. 그래서 아직까지는 활용 가능한 경험이 많지 않고, 무슨 일이 일어날 것인지에 대한 예상을 하기에도 기반이 부족하다. BSC를 닮은 예전의 많은 방법들이 비록 기업들로 하여금 자신들의 비즈니스들을 재평가해 보도록 유도함으로써 기업들에게 도움을 주었는지는 모르지만 그것은 한때 지나가는 유행에 지나지 않았다. 그러나 그러한 방법들이 도입되었을 때, 그것들은 확실히 더 장기적으로 퍼져 나갈 것으로 생각되었다. 이러한 방법으로는 영점기준 예산(Zero-Based Budgeting)과 집중화 전략을 위한 방법뿐만 아니라 목표관리(MBO : Management By Objectives) 등도 이에 해당된다. 그러나 일단 그러한 방법들이 실질적으로 활용되면, 자신들만의 새로움을 잃게 되고 그리고 자원들에 대한 요청서들이 제출되었을 때, 대부분 어떤 제목들만 사용되는 공식적인 의례가 되어버린다. 우리들은 아마 예전에는 할 수 없었던 일을 이제는 할 수 있다고 주장함으로써 기업에 활력을 불어넣을 필요가 있을 때마다 새로운 기획모델을 요구하는 것 같다.

그러나 우리들은 성과측정표 사고의 어떤 형식이 또한 미래에도 요구되어질 것이라고 감히 믿는다. 그 때에는 흥미로운 분야가 네개 혹은 다섯개의 시각은 아닐 것이다. 그보다는, 비록 과도하게 제한된 수의 측정 단위들에만 대화를 국한시키는 정도는 아니겠지만, 조직화된 하나의 형식으로 전략에 관한 의사소통 수단이 될 것이다. 과거와 비교하면, 조직에서 더욱 더 많은 사람들이 조직의 '전략적 대화들'에 참여해야만 한다(제8장과 비교하라). 우리들이 반드시 해야할 일은 그러한 목적을 위하여 우리들의 언어를 설계하는 것이다.

또한 그러한 진술에서 우리들은 즉시 제기되는 질문들에 대한 답안들을 찾는다.

성과측정표 프로세스의 전과정을 거치고 그 결과로서 생겨난 전략들에 만족한 채 그대로 있는 기업들은 거의 없다. 우리 자신들과 우리를 둘러싸고 있는 환경은 모두 변화하고 있다. 물론, 특별히 기업에서 예전에는 그러한 성격의 토론이 한번도 열리지 않았을 경우에는 그러한 토론이 처음에는 더욱 광범위해진다. 전통적인 예산수립과 비교함으로써, 그러한 말을 입증할 만한 어떠한 경험도 아직까지 가지지는 못했지만, 몇 개의 측정지표들을 활용하게 되면 프로세스가 반복될 때 생겨나는 약간의 전술적인 책략과 단조로운 일상의 일들을 반드시 제거할 수 있다고 필자들은 믿는다.

만약 성과측정표 프로세스를 하나의 정상적인 절차로 확립했다면, 우리들은 정보기술 해결책에 투입할 자원들을 결정해야만 한다. 우리들은 종종 모든 것을 똑같이 측정할 필요는 없다. 기업의 역량은 다소 느릿느릿 개발되는 데 반해, 어떤 산업들에서의 고객의 태도들은 급속하게 변할 수 있다. 종업원들의 태도들도 그럴 수 있다. 만약 우리들이 성과측정표에 의해 제공되는 초점이 맞추어진 그림으로부터 이득을 얻기를 원한다면, 비록 아주 빈번하게 새로운 측정방법을 수용하고 새로운 수치들을 보고하지 않고서도, 아마 월별 혹은 적어도 분기별로 더욱 더 장기적인 측정지표들을 상기시켜 줌으로써, 우리들에게 도움을 줄 수도 있다. 대부분의 사업들에는 우리가 알기에 성과측정표가 제한적인 용도로 사용될 수밖에 없는 어떤 활동들이 존재한다. 이러한 활동들에는 다른 곳으로부터 구매하는 기능, 개발할 의욕이 없는 기능, 그리고 전략적인 가치가 없다고 여겨지는 구매하는 기능, 내부 운송 기능 등이 있다. 그러한 기능들은 아마 엄격한 재무적 용어들로 측정될 수 있다. 그러나 만약 우리들의 사고를 한 단계 더 진척시킨다면, 우리들은 아마 미래 변화에 대한 초기 정보로부터 항상 이득을 얻게 될 것이다. 그러한 정보는 어떤 프로세스 측정지표들, 어떤 부문과 그들의 내부 고객들 간의 계약서, 그들의 공급자 등에 의하여 제공되어질 수 있다. 그러한 측정지표들은 관련된 부문에게는 적어도 흥미를 일으키게 한다.

그래서 우리들의 결론은 다른 운영 부문들보다 성과측정표를 더욱 필요로 하는 어떤 운영부문들이 있다는 것이고, 물론 힘에 겨운 일에 손을 댐으로써 성과측정표 프로젝트의 성공을 위태롭게 하기보다는 그렇게 성과측정표를 필요로 하는 운영 부문들부터 시작하는 것이 사실상 더 적절하다는 것이다.

그러한 부분적인 접근방법이 가지는 하나의 어려움은 그러한 부문들을 위해 앞으로 나아가는 데 필요한 비전들과 전략들을 어떻게 발견하느냐이다. 많은 거대한 기업들이, 하나 혹은 선정된 몇 개의 부문들과 정확하게 자신의 성과측정표 작업을 시작할 때, 그러한 부문들의 역할을 위해 더 명확한 비전을 개발할 필요가 있음을 발견하게 된다. 비록 전략이 더 포괄적이고 그리고 선정된 부문들에 바로 연관되지는 않는다고 하더라도, 전략에 대한 토론으로부터 얻게 되는 이득은 항상 존재한다. 전반적인 전략이 없이는 부문의 바람직한 전략에 대해 혼동이 있게 마련이다. 왜냐하면 만약에 부문이 그 전략에 자신의 공헌도를 결정하려면 전반적인 전략이 분명해야만 하기 때문이다.

그러한 이유로 인해 때로는 그 방법을 하향적인 프로세스라고 부른다. 그것은 상향이나 하향으로의 정렬(alignment)의 문제 이상이라고 필자들은 믿는다. 정렬은 하부로부터의 훌륭한 제안들이 표면화되도록 허용한다. 그러나 목표는 전체 기업을 위해 하나의 커뮤니케이션이 가능한 목적을 만들어내는 것이어만 하고, 그로 인해 조직에 소속된 모든 사람들이 명확한 역할을 가지게 만드는 것이다. 그 다음으로 최고경영층은 자신의 위상을 명료하게 만들어야 하는 책임을 면할 수 없다.

요약하면, BSC 개념은 회계감사관의 책임인 자연스럽고 적절한 경영관리의 일부이지만, 그 과정 자체는 운영을 담당하고 있는 경영자들에 의해 수행되어져야만 한다. 어떤 기업들에서는 회계 직원들이 그 과정에서 너무 큰 역할을 수행해서는 안된다고도 한다. 그 이유는 회계 직원들이 재무적 측정지표들이 아닌 여타의 측정지표들을 활용해야 할 필요성을 알지 못하기 때문이라는 것이다.

우리가 현재 서 있는 곳

BSC 개념은 매력적인 개념이기는 하지만 실제로 적용하기에는 그리 쉽지 않다. 여기에서는 어떻게 BSC를 활용해야만 할 것인가에 대한 몇 가지 생각들을 말한다.

- 우리들이 거론하고 있는 전략적 자원들은 기업에서 많은 종업원들에 의해서 영향을 받는다. BSC 개념의 주요한 특징은 BSC가 우리들로 하여금 어떠한 종류의 비즈니스에 우리들이 종사해야만 하는가에 대한 서로 다른 아이디어들을 비교하도록 만들어 준다는 것이다. 만약에 경영층이 이미 최선의 것을 알고 있다면, 그때에 BSC는 중요한 것들이 중요한 이유들을 다른 사람들에게 이해하도록 도와주는 하나의 수단이다. 그러나 경영층이 항상 최선을 알지는 못한다.

- 일단 BSC가 만들어지면, 다음 도전은 경영관리를 위하여 BSC를 활용하는 것이다. 목표들이 반드시 설정되어야만 하고, 그리고 추적관찰(follow-up)이 반드시 제공되어야만 한다. 그리고 이제 우리들이 주장해 온 것들을 증명해야만 한다. 모든 측정지표들이 중요하다고 단순히 말하는 것만으로는 충분하지 않다. 균형을 위해 각각의 측정지표들이 어떻게 중요한가를 입증해야 한다. 필자들은 항구적인 교환조건(trade-off) 혹은 가중치를 주는 것에 대해 말하고 있는 것이 아니다. 그 때는 경영관리가 부득이 단순한 방침들이나 혹은 어떤 성공지수의 형식으로 될 수도 있다. 그러

나 최고경영층은, 예를 들자면, 물론 비즈니스에 즉각적인 책임이 있는 사람들에 의해 제시된 '투자 제안서'가 수용된다는 것을 가정하고서, 역량개발에 혹은 새로운 고객에 대한 마케팅에 얼마만한 투자를 할 것인가를 가르쳐줄 수 있도록 반드시 준비되어 있어야만 한다. BSC 개념을 가진 예산수립은 자본—지출 검토의 어떤 특성들을 가져야 한다. 그러나 여기에서는 프로세스 개선, 고객유지 활동들, 역량개발 등과 같은 기업에 전반에 걸친 '무형자산'에 대한 투자들이 제시되고 토론된다.

■ 우리가 아이디어라고 부르고 있음에도 불구하고 BSC 개념이 비즈니스의 모든 중요한 측면을 기술하는 측정지표들을 발견하는 일이 갑자기 쉬워진다는 것을 의미하지 않는다. 일반적으로, 여전히 온전한 그림을 제공하지도 못하는 대단히 많은 측정지표들을 발견하는 것만이 쉬울 뿐이다. 여기서는 긁어 부스럼을 만들지 않는 것이 중요하다. 활용되는 측정지표들은 잠재적으로 전략적 중요성이 있는 것으로 여겨지는 것들에 논리적으로 부합되어져야만 한다. 어떤 측정지표들이 부적절한 지표가 될 경향이 있다는 사실은 큰 문제가 되지는 않는다. 측정지표들은 우리들로 하여금 사업에 관해 토론할 수 있도록 만들어주는 하나의 비즈니스에 대한 기술(a description of the business)이라고 필자들이 이제 방금 말해 왔던 것에 비추어서 측정지표들을 고려해야 한다는 것을 잊어서는 안된다. 그러한 말은 성과 평가에만 적용될 뿐만 아니라 목표설정에도 바로 적용된다. 우리들이 몇 가지 측정지표들을 활용하게 되면 바라건대, 측정되어지는 것에서 우리들의 노력을 의도적으로 성공적인 부분에만 국한시키는 사실의

조작(window-dressing)의 위험을 피할 수 있을 것이다.

■ 프로세스를 더 진척시키는 책임의 할당은 신중하게 고려되어야
만 한다. 종종 회계감사관이 적극적인 역할을 수행하는 것이 자
연스럽겠지만, 그러나 성과측정표들이 단지 회계감사관의 눈들
만을 통해 비즈니스들을 보여 주게 되는 것을 허용해서는 결코
안된다. 필자들이 강조해 왔듯이, 측정지표들, 목표들, 그리고 실
행계획들은 반드시 일선 관리자들에 의해서 적극적으로 토론되
어져야만 한다.

■ 성과측정표는, 책임(commitment)이 비재무적 용어들로 표현된
예산보다 앞선 형식으로 간주될 수도 있다. 그러나 방법 자체가
의미를 지니기 위해서 기업 전체에 걸쳐서 포괄적이고, 일상적인
성과측정표 기획이 필요하다고 믿지는 않는다. 그보다는 오히려
성과측정표 프로세스와 다른 기획 방법을 점차 통합시키기 이전
에, 시작부터 신중하기를 권한다.

· 주(註)

1) 노르드방켄 은행은 Finnish bank Merita와의 합병을 발표했다.

PART Ⅳ 부가적 용도

외부 관계자들을 위한 BSC | 공공부문의 성과측정표

10

외부 관계자들을 위한 BSC

제2장에서 필자들은 외부 관계자들도 사업내용을 이해할 필요성이 있다는 점을 설명했다. 과연, 한 기업의 주식시세가 모든 관련정보를 가진 시장 분석가에 의해 수행된 기업의 향후 전망을 정확히 반영하고 있는가? 기업이 사업활동 데이터들을 공개함으로써 의도적으로 그들을 도와주지 않는 한 이것은 거의 불가능하다고 보아야 한다. 재무제표에 대한 일반적인 회계관행은 외부에 더 많은 정보를 공시하는 추세에 있다. 그렇다면 이런 목적을 위해 BSC를 그 보충자료로서 제공하는 것은 유용한가? 이 장에서 필자들은 스웨덴 보험기업인 스칸디아사를 비롯해서 이런 관행을 도입한 몇몇 기업들의 사례를 통해 이 문제를 논의할 예정이다.

연간보고서와 BSC

어떤 면에서 기업의 정보공개와 관련된 성과측정표의 역할은 재무적 측정지표들과 비재무적 측정지표들 사이의 균형문제와 관련되며, 필자들은 이 문제를 제2장에서 다루었다. 기업의 경영진은 일종의 '재산 관리인'으로서의 책임이 있다. 주주에 관한 한 이런 책무는 자금관리에 대한 것이다. 그러나 주주들의 출자금은 이미 다른 자산으로 '변형'된 상태이다. 주주들(또는 다른 이해 관계자들)은 이런 자산과 관련해서 그것들의 장부가치 외의 사항들에 대해 어느 정도까지 알아야 하는가? BSC 관점을 통해 시장에 그 기업 사업의 전반적 구도를 공개함으로써 얻을 수 있는 한 가지 이점은, 다른 사람들로 하여금 그들의 미래 판단에 따라 그 기업을 평가할 수 있도록 한다는 데 있다. 예를 들어, 기업의 고객 및 역량개발 초점 등이 이러한 외부 평가자들이 가지고 있는 그 기업의 미래상과 부합되는가? 만약 그렇다 하더라도 외부 관계자들과 관련된 '신뢰성' 문제가 여전히 남아 있다. 회계감사 보고서는(아직까지는) 단지 감사의 대상이 되는 재무적 수치들만을 그 대상으로 하고 있기 때문이다.

스칸디아사

BSC 관점을 통한 외부공개를 본격적으로 시도한 기업은 세계적으로 아직까지 스칸디아사가 유일하다. 스칸디아사에 따르면, 지금까지 연간 및 중간 보고서에 대한 부록으로서 간행되어 오던 것들이 조만간 주된 보고서가 되고, 반대로 현 포맷의 연간보고서는 부록이 될 것이라고 한다. 이 기업의 경영진은 또한 '미국 증권거래위원회는 현재 상장사들에게 스칸디아사를 모델로 하여 일련의 실험적 프로젝트에 착수해 줄 것을 촉구하고 있는 중'이라고 한다.

BSC개념의 도입 당시 스칸디아사의 지적자본에 관한 작업은 이미 상당히 진행된 상태였다. '지적자본'이라는 용어를 통해 알 수 있듯이, 처음부터 그 작업의 목적은 기업의 다양한 분야들에 대한 '점수 기록'이 아니라, 대차대조표상에 드러나지 않는 자산들을 묘사하는 것이었다. 1994년 부록에 이미 스칸디아사 조직단위들의 BSC 개념 도입과정들이 소개되고 있다. 앞서 설명한 대로 이 시스템은 '스칸디아 네비게이터'라는 것이다. 이것은 인적자원을 위한 다섯 번째 초점분야를 채택하여 BSC를 지적자본 개념과 조화시키고 있다. 그 이후 많은 보고서들은 스칸디아사 각 조직단위들의 성과측정표들을 계속 소개해오고 있다.

그렇다면 이러한 스칸디아사의 성과측정표 자료공개는 어떤 결과들을 가져 왔을까? 스칸디아사에 따르면, 그 부록들은 재무 전문가들 사이에서조차 상당한 관심을 불러모아 연간보고서만큼 두루 알려졌다. 여기에 제시된 기업에 대한 세부적 묘사들은 장기적 수익성 유지를 갈망하던 투자가들의 관심을 끌기에 충분했다. 또한 그들은 경영방향을 너무 많이 외부에 공개함으로써 기업이 부담하게 될지도 모를 위험부담에 대해서는 크게 개의치 않았다. 즉, '언제나 앞서 나가기만 하면 된다'라는 식이었다. 스칸디아사는 이런 식의 회계 처리를 통해 그들의 '역동적인 힘'을 외부에 알릴 수 있었으며, 이것은 그들의 공식적 시장가치에 부가적 가치를 얹어주는 효과를 가져 왔다. 이것을 통해 외부 및 내부의 이해관계자들은 기업의 전반적 구도를 충분히 파악할 수 있는 정보를 얻을 수 있으며, 머지 않은 장래에는 스칸디아사의 미래 이익능력까지 가늠해 볼 수 있게 될 것이다.

하지만 여기에는 몇 가지 해결할 문제점들이 있다. 즉, 시장이 이런 식의 정보들을 이해하고 확신할 수 있으려면, 그것들은 간결하고 이해하기 쉬운 측정지표들에 의해 표현되어야 할 뿐만 아니라 어떤 식으로든 증명 가능해야 한다. 오늘날 재무제표들은 이런 필요성들을 충족시킬 수 없으며, 이것은 기업의 자본을 소유한 자가 그 기업을 소유한다는 법적 현실과 더불어 재무제표의 한계를 여실히 드러내 주는 단적인 예이다. 재무제표상의 자본은 법적으로 주주에 의해 관리된다. 이것은 고객 또는 종업원들과는 아무런 관계가 없다(물론 거래 또는 고용계약상의 권리들의 경우는 예외겠지만). 그렇다면 우리는 특정한 사업에 적절하면서도 이런 요구들을 충족시키는 적절한 하나의 성과측정표에 동의할 수 있는가?

증명 가능성은 특별한 문제이다. 앞으로 이를 위해 독립된 외부 검토자를 위촉하는 것이 필요하게 될 것인가(물론 이 때의 외부 검토자들은 오늘날의 회계감사인들이 아닌 더욱 전문화된 기업들이 되겠지만)?

만약 오늘날의 기업들이 교육훈련 또는 프로세스 등에 많은 투자들을 해야만 한다면, 기업들은 △그 투자의 필요성 △그것들의 진행상황 △그것들로부터 발생되는 이익 등을 설명함으로써 쉽게 거기에 대한 자본을 조달받을 수 있어야 한다. 기업은 이런 정보들을 공개하거나 외부 검토자들에게 이용하도록 하는 것을 꺼릴지도 모른다. 창출 과정에 있는 자산들은 미래의 사업이익을 겨냥한 것이므로, 일단 이것들이 외부에 알려지면 다른 경쟁자들에 의해 쉽게 모방될 수 있다. 그러나 산업시대의 기업들은 그들의 공장에 대한 투자를 경쟁 기업들에게 감

출 수 없었다. 그렇다면 교육훈련 또는 프로세스와 같은 무형자산이
유형자산과 무엇이 다르단 말인가? 그리고 스칸디아사는 그 부록들을
통해 최소한 '경영진의 태도'를 외부에 알릴 수 있으며, 이것은 그 자
체로 투자가들에게 호소력을 지니게 된다.

SJ사

SJ(Statens Jarnvagar)사는 스웨덴의 국영철도 기업이다. 이 기업은
1988년 철도가 국가 기간산업으로부터 분리되어 독립적인 하나의 운
송서비스 공급자가 되었다. SJ사는 스칸디아사를 따라, 그들의 연간보
고서인 'SJ사의 재창조 및 발전'에 대한 부록 – '대차대조표가 알려
주지 않는 것들' – 을 간행하고 있다. 이 부록의 주요 목적은 연간보
고서에 포함되지 않은 사항들에 대한 추가적인 정보를 제공하여 더욱
완벽한 기업의 조망을 제시하는 데 있다. SJ사의 경영진은 "일반적으
로 재무적 핵심비율에만 집중하고 기업수행의 다른 측면들은 소홀히
되기 쉽다"고 지적한다.

여기에 사용된 측정지표들은 다른 많은 이사회 보고서에서 흔히 볼
수 있는 것들이다. 예를 들어, 다음과 같은 측정지표들이 '종업원'이
라는 제목하에 포함되어 있다.

- 연령별 성별 분포
- SJ사 재직기간
- 종업원의 이직률
- 종업원의 수
- 대학졸업자의 수

외부 관계자들을 위한 BSC의 목적

기업의 연간보고서는 그 본문 및 주석을 통해 비재무적 측정지표들의 관점에서 본 정보를 오랫동안 제공해 왔다(Johanson et al., 1998 참조).

몇 개의 측정지표들이 더욱 조직적으로 사용된 일종의 '확대 연간 보고서'들이 1970년대에 이른바 '사회적 감사(social audit)'[1]라는 형식으로 출현했으나 그것들에 대한 관심은 오래 가지 않았다. 최근에 와서 특히 기업운영의 환경적 영향을 강조한 새로운 초점이 등장했다. 감사인들은 환경감사 외에도 △환경관련 사업개발 △환경적 경영 시스템 등을 고려하기 시작했다.

> 환경회계는 기업이 현재 환경에 관해 수행하는 일에 대해 커뮤니케이션하고, 기업에게 그 윤곽을 제공하는 방식이다. 또한 이것은 환경에 관계된 기업의 현 상황에 대한 정보를 제공해야 하며, 가치평가의 목적들을 위한 부가적 자료가 되어야 한다(Nilsson et al., 1996, p.22).

기업은 △합작제휴사 △환경단체 △언론매체 △인근 주민 △다양한 행정관청 등에게 이런 사실을 알리고자 할 것이다(이 같은 목적에 기여할 수 있는 측정지표들이 제7장에 제시되어 있다). 최근 들어 배출물, 또는 산업쓰레기 처리 노력 등을 다루고 있는 연간보고서들이 부쩍 눈에 띈다. 그러나 필자들이 보기에는 앞서 소개한 스칸디아사 및 SJ사의 부록들만이 BSC 개념과 일관되도록 이런 보고서들을 체계적으로

엮은, 유일한 조직적 시도로 보인다.

전세계적으로 논의되고 있는 대부분의 이론들이 사실상 재무회계의 발전과 연계되어 있는 것이 사실이지만, 만약 무형자산들에 대한 가치평가의 향상을 원한다면, 먼저 그것들을 파악한 후, 다른 측정지표들을 이용해 묘사해야만 할 것이다. 1991년 미국 공인회계사협회(AICPA)는 뒤에 '젠킨스 위원회(Jenkins committee)'라고 불리게 될 단체를 구성했다. 이 위원회는 투자가 및 대출자를 비롯한 미국의 회계정보 이용자들을 대상으로 면접조사를 실시했다. 그들의 보고서에서 위원회는 "무엇보다 기업들은 경영진이 사업을 경영하기 위해 사용하는 상위 계층의 운영 데이터 및 성과 측정치들을 보고해야 한다"라고 제안한다(AICPA, 1994, 제5장 1항). 왜냐하면 이런 정보들은 기업의 미래에 대한 전망을 진단하는 자료로 사용될 수 있기 때문이다. 또한 이런 정보들은 사업운영 분야들에 관한 것이어야 하며 다음과 같은 목적들에 기여할 수 있어야 한다.

- 기업의 사업분야들에 대한 개별적 분석
- 기업의 사업분야들에 대한 본질적 이해
- '이벤트 및 행위'와 '그것들의 재무적 효과' 사이의 연관관계에 대한 이해
- 사업에 영향을 주는 추세들의 파악
- 경영진의 시각에 대한 이해

물론 이런 정보들이 신뢰성 있고 적절하며 비교 가능한 것들이라면 이상적일 것이다. 그러나 젠킨스 위원회는 "사용자들은 각 기업

들간의 비교보다는 '한 기업의 일정한 기간에 걸친 진행 상황'에 더 주목해야 할 것이다"라고 충고한다. 이것은, 누구든 그러한 비교를 위해서는 객관적 사실에 그 자신의 주관적 '조정'들을 첨가하게 될 것이라는 점을 염두에 둔 것이다. 이런 관점은 "무형자산들을 대차 대조표상에 포함시키는 것은 중요한 것이 아니다"라는 그들의 또 다른 관점과도 일맥상통하는 것이다. 이런 과업은 너무 주관적이고 어려운 것이라고 생각되었으며, 그것보다는 이러한 자산들이 미래 현금 흐름에 미치는 영향이 더 중요한 것으로 평가된 것이다. 무형자산의 본질, 근원, 유효기간 등에 대해서 더 많은 정보들이 필요하다. 젠킨스 위원회는 이런 목적을 위한 적절한 측정지표들로 다음의 것들을 들고 있다.

- 수입 창출행위에 관련된 통계
  (품질, 시장점유율, 고객 만족도, 불량률 / 반품률)
- 비용 발생원인 행위에 관련된 통계
  (종업원 숫자, 사용된 재료의 양 및 가격)
- 생산성 및 '핵심행위 수행에 필요한 시간' 등에 관련된 통계
- 인적자원이나 핵심자산의 평균연령과 같은 핵심자원들의 질과 양에 관련된 통계
- 혁신 관련 측정지표들
  (지난 3년 이내에 설계되어 금년에 생산된 제품의 비율)
- 종업원 참여 및 만족에 관한 측정지표들
  (종업원 만족도)
- 판매상(vendors)과의 관계에 관련된 측정지표들

(판매상 만족도)

※이상 AICPA, 1994, 제3장으로부터 발췌

미국 증권거래 위원회(SEC) 또한 이런 문제들에 관심을 나타내었다. 그 소속위원 중 한사람인 스티븐 월맨(Steven Wallman, 1996)은 회계 및 재무 보고들이 사용자의 필요성 충족에 대한 적합성을 점점 잃어가고 있음을 언급하고, 그 이유는 그것들이 다음의 각 질문들에 대해 명확한 답을 줄 수 없기 때문이라고 지적했다.

- 기업이란 누구인가? 즉, 기업의 외부 부분(outer edge)을 어디까지 정의해야 하나? 오늘날 '가상기업'들을 비롯한 많은 법인체들은 다른 기업들에게 크게 의존하고 있다.
- 무엇을 측정하고 보고하고 있는가? 재무보고서는 '디즈니 미키마우스'처럼 명백한 것에조차 아무런 가치를 부여해 줄 수 없다.
- 언제 보고해야 하는가? '상황의 빠른 전개'와 함께 분기별 보고서조차 구식으로 인식되고 있다. 이제는 '실시간(real time)' 개념의 보고 체계가 필요한 것은 아닌가?
- 재무보고의 방향을 어디에 두어야 하며 어떻게 표현해야 하는가? 수준 높은 사용자들은 기업들이 애써 집약시킨 자료들을 다시 애써 '분해'시키려 하고 있다. 그렇다면 데이터들은 더욱 방대한 규모, 더욱 '가공되지 않은' 생생한 상태로 제시되어야 하는가?

월맨은 오늘날의 재무제표들을 '다양한 회색의 농도를 가리키는 기준표가 없는 흑백 그림'에 비유한다. 이제 우리는 오늘날의 '흑백 표현'으로부터 벗어나 '다양한 색깔을 가진 표현'을 향해 나아가야 한다. 물론 다양한 정보들에 대한 모든 '색깔' 층들이 다 똑같은 정도로 규명되진 않겠지만 말이다.

회계 전문가들 사이에서 이런 참신한 아이디어들이 나오고 있는 것과는 대조적으로, 일부 조사결과 정보사용자들은 그들보다 더 신중한 태도를 보이고 있는 것으로 나타났다. 많은 사람들은 비재무적 정보들은 상호비교가 불가능하다고 생각한다. 특히 그들이 우려하는 것은 이런 정보들이 조작되어 그들을 '장밋빛 환상'으로 이끌지도 모른다는 점이다. 그러나 이런 조사들은 주로 주요 투자가 및 재무분석가들의 진술에 기초하고 있으며, 아이러니컬하게도 그들이 많은 '추가적 정보 원'을 가지고 있다는 사실에 주목해야 한다. 오늘날 많은 기업들이 개최하고 있는 '특별히 초빙'된 분석가들을 위한 정보회의는 도덕적 측면에서도 옳지 않은 관행이라는 것이 필자들의 생각이다. 왜냐하면 이것은 소수 특권층에게 주어지는 부당한 특혜와도 같은 것이기 때문이다. 다른 관계자들에게도 이런 광범위한 정보들이 필요하지 않은가? 만약 그렇다면 그들은 그것들을 해석해 낼 수 있는 능력은 있는가? 그리고 '입증'의 문제는 어떻게 해결해야 하는가?

우리가 일정한 측정지표들을 선택했다는 것은 또한 일정한 측정지표들은 제외시켰다는 것을 의미한다. 그러므로 제공된 정보의 정확성 여부와는 관계없이 일단 무언가를 묘사하게 되면 그 사용자는 그것에 의해 영향을 받게 된다(측정지표들에 관한 제5장 참조). 전통적 회계 관행에 있어서는 사용자들을 오도할 수 있는 정보를 제공하는 데 따르는 위험성을 최소화하는 것을 목적으로 하고 있다. 그러나 성과측정표의 형태처럼 더욱 다양한 사업구도를 제공하는 경우, 그 의도는 사용자들에게 스스로 해석할 수 있는 기회를 주자는 것이다. 그러므로 보고된 데이터가 사실상 입증된 것이라 하더라도 그 사용자가 오도될 위험성은 여전히 남아 있게 된다.

하지만 그렇다고 해서 전통적 재무회계가 제공하는 훨씬 더 불완전한 조망을 받아들이는 것이 그 대안이 될 수는 없다. 그리고 무형자산들을 대차대조표에 포함시킨 경우, 그 책임은 그것들의 가치를 결정한 사람에게 전가되어야 한다. 필자들이 보는 한, 성과측정표 포맷과 같은 다수 측정지표들을 가진 '더욱 세부적 묘사'만이 유일한 해결책이다. 즉, 사용자는 그 자신이 원하는 모델을 사용하여 정보에 접근할 수 있는 '선택의 자유'를 갖는다. 이때 경영진이 그들의 행동근거로 사용하고 있는 미래 시나리오를 일종의 안내지침으로서 제공한다면 많은 도움이 될 것이다. 하지만 이것은 전략적 사안에 관한 민감한 정보이기 때문에 이런 점에 있어 경영진이 얼마나 적극적일지는 미지수이다. 또한 이런 정보들을 사용할 때에는 좀더 세심한 주의가 필요하다.

의사결정을 위한 가치평가, 목표, 그리고 정보

필자들은 제7장에서 재무적 측정지표들에 관해 설명하면서 EVA와 같은 개선된 재무적 측정지표들에 대한 최근의 제안들에 대해 언급했다. 만약 재무적 초점분야에서 사용되는 측정규준들이 미래 이익을 더 잘 반영할 수 있도록 개선된다면, 성과측정표상의 다른 초점분야들에 대한 필요성은 감소될 것이다. 그뿐 아니라 재무제표들은 기업 포지션에 대한 신뢰할 수 있는 조망을 제공하여, 원래 의도대로 자금 조달자, 합작제휴사, 그 외 기타 관계자들 등에 의해 적절한 의사결정의 근거로 사용될 수 있을 것이다.

그렇게 되면 기업에 의해 개발된 무형자산 중 훨씬 더 많은 부분들을 대차대조표상에 포함시킬 수 있게 될 것이다. 기업의 내부적 관리 회계에 있어서의 이런 변화는 상당히 자연스러운 것이다. 하지만 기업의 외부적 재무회계에 있어 어떤 것들이 자산으로서 보고되어야 하는가에 대해서는 일반적으로 나라에 따라 상당한 차이가 있다.

예를 들어, 스웨덴의 통신 기업인 에릭슨(Ericsson)사의 1997년 연간보고서(주 24)에는 다음과 같은 내용이 언급되어 있다.

> 스웨덴 회계원칙에 의하면 소프트웨어 개발비용은 발생시에 전액 비용으로 계상된다. 미국 일반회계원칙(US GAAP) FAS No.86의 매매, 임차 또는 기타 방식으로 거래될 컴퓨터 소프트웨어 비용에 대한 회계원칙에 따르면, 이런 비용들은 관계된 제품이 일정한 '기술적 실현 가능성'을 갖추게 되었을 때 자산화(capitalization)되고, 그 제품이 고객들에게 이용 가능하게 되었을 때 자산화가 끝나고 감가상각이 시작된다. 미국 회계원칙에 따라 이익을 산정하면, 그 기간 동안 52억3천2백만 SEK 상당의 자산화가 이익을 증가시켰으며, 39억3천4백만 SEK 상당의 감가상각액이 비용으로 계상되었다.

이익에 대한 순수 효과는 1억6천만 달러 이상의 증가였으며, 이것은 세금공제 후 약 10%의 연간수입에 해당되는 금액이다.

그러나 에릭슨사에서는 미래효과를 겨냥한 다른 개발노력들이 진행중이기 때문에 그에 따른 비용이 발생하고 있다. 하지만 이것들은 무형자산들에 대한 투자로서 간주될 수 있을 것이다. 필자들의 견해로는, 이런 지출 중 많은 부분들은 경영관리에 있어 자산으로 처리되어야 한다. 하지만 이런 것들을 외부에 공개할 때에는 더 많은 주의가 요구된다. 만약 이런 것들이 공개되지 않았다면 그 이유는 '그 자산들의 존재 여부' 또는 '누가 그것들을 관리하는가' 등의 문제들을 정립하는 것이 어렵기 때문일 것이다. 단지 이런 자산들이 비실체적이라고 해서 그것들에 대한 '사업의 현재가치 산정'이 특별히 어려울 것이라고 생각할 필요는 없다. 실제적 시장가치를 전혀 가지고 있지 않으면서도 특별히 제공되고 있는 시설 및 장비들을 생각해 보면, 이런 것들은 실제로 시장가치를 가지고 있지는 않지만, 만약 그것들이 파괴된다면 그 복구비용은 엄청나다.

필자들이 BSC 접근법이 연간보고서에 대한 보완자료로서 자연스런 역할을 하게 될 것이라고 생각하는 주된 이유들 중 하나는 다음과 같다. 즉, 대차대조표의 원래 목적에 이상적으로 부합하는 가치평가를 위해서는 모든 관계자들에 의해 받아들여질 수 있는 기업 미래에 대한 예측이 필요하다. 하지만 미래는 불확실한 것이기 때문에 일반적으로 이런 가치결정은 미래 예상가치를 현재가치로 할인하여 산정한 값이 될 것이다. 이런 측정지표들의 형태로 정보를 제공받는 모든 사람들은 많은 가설들[2]을 받아들여야 한다. 그것들 중 하나는, 기업에 의해 제공되는 효익의 궁극적 측정지표로서의 '돈', 그리고 '돈'의 시간가치에 대해 사람들이 동일한 관점을 공유하고 있다는 가정이다.

시장은 자체 내에 다양한 미래에 대한 진단들을 융합하는 기능을 가졌다고 볼 수 있다. 즉, 다양한 목표들을 가진 각 관계자들은 스스로의 판단과 책임하에서 그 투자 기업을 선택하게 된다. 그러나 투자가들이 필요한 정보를 모두 얻는다는 것은 쉽지 않을 뿐 아니라 주식시장의 기능 자체도 원활하게 작동되지 않는 경우가 많다. 고작 그들이 얻을 수 있는 것은 관습에 근거한 대차대조표가 제공하는 조망 정도일 뿐이다. 물론 그런 관습에 이미 친근해진 사람들은 그것을 통해 완전한 구도를 파악할 수 있다고 믿을지도 모른다. 하지만 분명한 것은 그것들이 기업가치를 충분히 보여주지 못한다는 점이다. 이때 추가적인 정보들이 있다면 큰 도움이 될 것이다. 하지만 앞서 필자들이 언급한 대로, 이것을 제공하기로 결정한 기업들은 그것이 '내부자 정보문제'가 될 수도 있다는 점을 감안해야 한다. 예를 들어, 재무 전문가들이 기업들로부터 '특별한 정보제공'이라는 특혜를 받아도 무방한 것인가? 그렇지 않으면 이런 관행은 '시장 윤리'에 반하는 것인가?

만약 기업들이 성과측정표의 더욱 체계화된 형태를 빌어 더욱 세부적인 정보들을 제공하게 된다면 어떤 종류의 의사결정에 도움을 주게 되는가? 즉, 주로 어떤 사람들이 이것으로부터 가장 큰 이익을 얻을 수 있는가? 일단 주요 기관투자가들은 아닐 것이다. 왜냐하면 그들은 그들이 필요한 정보를 얻을 수 있는 다른 방법들을 이미 가지고 있기 때문이다(하지만 그들 역시 흔히 임시변통으로 제공되는 기존의 정보들보다는 체계적인 성과측정표상의 묘사들을 선호하게 될지도 모른다). 또한 고도로 다각화된 자산 포오트폴리오를 가지고 있는 소액 투자가들은 아마 더 이상의 정보를 흡수할 여력이 없을 것이다. 그렇기 때문에 그 주된 수혜자들은 '중간 규모의 주주'들이 되리라는 것이 필자들의 생각이다. 그들은 기업, 또는 그 기업의 사업시각 등에 관한 더 많은 정보를 얻을 수 있는 공개적인 원천을 기대하고 있다. 이들은 성과측정표에 의해 제공되는 기업의 구도에 대해 관심을 가질 것이며, 기꺼이 이것에 그들의 시간을 할애하고자 할 것이다. 또한 주요 대출자들도 그들의 위험진단을 위해 성과측정표를 유용하게 사용할 수 있다. 종업원 및 합작제휴사들 역시 그들의 주요 질문들에 대한 답을 찾기 위해 성과측정표를 사용할 수 있다. 즉, "기업의 전략이 우리의 사고와 일치하는가?" 또는 "기업은 우리의 장기적인 목표들에 상응할 만큼 충분히 투자하고 있는가?"

그럼에도 불구하고 필자들이 중요하다고 생각하는 것은 기업, 또는 경우에 따라서는 그룹 전체 상황에 대한 전반적 구도를 간결하게 제시하는 것이다. 이때 그 묘사는 △기업의 최근 무형자산(지적자본) 투자규모 △이미 장기적 가치의 자산 상태에 도달한 투자분야(물론 이것은 그 경영진의 판단에 의한 것) 등도 보여주어야 한다. 그 예로는 무엇보다도 △우월한 프로세스들 △고객 베이스에 대한 관리 △정보기술 능력 등이 될 것이다. 물론 객관성을 갖춘 명확한 측정지표들을 찾기가 쉽지 않겠지만, 이런 자산들을 설득력 있게 묘사할 수 있어야 한다.

이때 한 가지 딜레마는, 일반적으로 이런 투자들에 관한 정보들은 전략적 관점에서 볼 때 민감한 사안들이라는 것이다. 캐플런과 노튼은 이런 점과 관련해서 한 가지 일화를 소개하고 있다(1996a). 한 관리담당 이사가 실수로 비행기에 기업의 내부회계정보를 두고 내렸는데 전혀 걱정을 하지 않더라는 것이다. 그러면서 그는 "만약 이것이 BSC였더라면 문제는 달랐을 것이다"라고 말했다고 한다. 즉, 그것이 경쟁자의 수중에 들어가는 즉시 그 기업의 전략은 간파당하게 된다. 하지만 사실상 이런 상황은 기업이 특정한 국가들에 투자한다든지, 특정한 연구조사자를 고용한다든지, 또는 특정 제품의 생산을 위해 공장을 짓는 경우 등과 비교해 볼 때 원칙적으로 큰 차이가 없다. 단지 차이가 있다면, 그것은 그런 행위들이 더욱 가시적이라는 점이다. 또한 잠재적 자본 조달자들(주식 또는 다른 방식들을 통한)을 위해서도 이러한 정보는 필요하다. 즉, 그들에게 기업의 소프트웨어, 교육훈련, 신제품, 기타 다른 무형자산 등에의 투자에 동참할 것인지를 결정할 수 있는 기회를 주어야 한다. 그러므로 이런 투자들은 묘사되어야 하며, 동시에 획득된 '연성(soft)' 자산들이 미래를 위해 필요한 이유, 거기에 대한 의견 등도 연간보고서에 첨부되어야 한다.

연간보고서상의 추가적 정보 : 다목적용 보고서의 사용자들

BSC 개념이 출현하기 오래 전부터 적어도 서비스기업들에 있어서 만큼은 그 사업에 대한 더욱 완벽한 구도의 제시가 필요하다는 사실을 인식하고 있었다. 1970년대에는 사회적 감사 및 환경회계가 시도되었으며, 1980년대에 들어서는 '인적자원 회계'가 시도되었다. 1990년대로 접어들 즈음 스웨덴의 일부 기업들은 그들의 재무제표들을 통해 종업원 경험, 환경적 효과 등과 같은 문제들에 대해 더 많은 정보들을 제공하기 시작했다. 스베이비(1997, p.185)는 일부 예들을 제시하며 다음과 같이 언급했다. "정보기술 컨설팅 업체인 EDS사, 캡 제미니 소게티사 등과 같이 세계에서 가장 큰 컴퓨터 기업들조차도 단지 그들이 사람들을 고용하고 있다는 것 이상의 어떠한 정보도 외부에 공개하지 않고 있다" 이것은, 지금 필자들이 논의하고 있는 것들이 일반화되기까지는 아직도 많은 시간이 필요하다는 사실을 단적으로 보여준다.

필자들은 대체적으로 이런 추세를 환영하는 입장이지만 여기에는 몇 가지 단서가 붙는다. 조금 관대한 시각에서 본다면, 일부 기업들에 의해 제시되고 있는 측정지표들은 성과측정표의 '변형물'로 볼 수도 있다. 그러나 이런 측정지표들은 많은 문제점들을 내포하고 있으며 단지 제한된 범위 내에서만 사용되고 있다. 가장 큰 문제점은, 그것들이 경영진에게 기업의 미래와 관련하여 다양한 지적자본 분야들에 대한 투자를 정당화할 수 있는 근거를 제공해 주지 못한다는 것이다. 이것을 위해서는 객관적이고 공정한 의견을 제시해 줄 수 있는 새로운 평가 관행들이 필요하다. 하지만 누가 이런 관행을 의무화하려고 하겠는가? 아마도 그 기업의 경영진은 이것을 원할지도 모른다. 왜냐하면 그들은 외부 관계자들을 설득해야 할 필요가 있기 때문이다. 이를 위해서는 일반적으로 외부 관계자들이 얻을 수 있는 것보다 훨씬 더 자세한 기업의 계획 및 시스템들에 대한 정보가 이용 가능해야 한다.

세계적인 회계감사 법인인 KPMG사의 최근 간행물을 보면 이런 종류의 감사에 대한 제안이 담겨 있다. "오늘날의 감사인들은 기업 재무제표 내용의 타당성 여부를 확정지음에 있어서 그들의 사업 및 산업 그리고 그 환경과의 상호작용 등에 더 많은 비중을 두어야 한다"(Bell et al., 1997). 물론 여기서도 아직 그 초점은 재무적 감사에 있다. 그러나 KPMG사는, 감사인들은 무엇보다도 △내부 프로세스 △기업의 고객지식 △조사에 나타난 종업원 태도 등을 고려해야 한다고 언급하고 있다. 감사의 이런 측면들은 '경영진에 의해 명확해진 전략'에 수반되는 필요들과 관련되어야 한다. 그들의 경쟁력이 지적자본에 크게 의존

하는 기업들은 이것 외의 방법으로 시장의 투자가들에게 그 투자가치
를 알리는 것은 쉽지 않다. 즉, 이런 기업들은 '가시성'이 결여되어 있
기 때문에 주식시장을 통한 자본조달에 곤란을 겪을지도 모른다. 기업
이 특별한 측정지표들을 많이 사용하면 할수록 지표들의 개발 이유
및 과정들을 아는 것도 그만큼 중요하다. 물론 제한된 일부 투자가 집
단에 있어서는 이런 필요성은 별 문제가 안된다. 그러므로 성과측정표
를 가장 유용하게 사용할 수 있는 집단은 △비교적 대규모 주주들의
내부모임 △합작 제휴사 △종업원 등이 될 것이다. 또한 기업들이 자
신들의 사업에 대한 성과측정표적 묘사들을 인터넷 기업 홈페이지 등
과 같은 대량 정보수단을 통해 제공하는 것도 상당히 긍정적인 효과
를 가져올 수 있을 것이다. 특히 대기업의 경영진들은 기업 인트라넷
을 통한 각 분야 사업의 성과측정표식 정보제공을 한번 고려해 봄직
하다. 이렇게 되면 단 몇 번의 '클릭'으로 기업의 사업전반에 대한 상
세한 정보를 이용할 수 있게 된다. 마찬가지로 인트라넷을 통해 제공
된 정보들은 '가상조직'을 한데 묶어 주는 '접착제'와 같은 역할을
하게 된다(Hedberg et al, 1997). 바로 이것이 다음 파트의 주제이다.

합작제휴사 간의 상호작용과 성과측정표

성과측정표는 독립적인 기업들 사이에서 내부적 사용과 외부적 사
용의 중간적 성격으로 사용될 수 있다. 현재 전개되고 있는 몇 가지 상
황들을 고려해 볼 때 이런 사용은 지극히 자연스러워 보인다.

■ BSC 개념을 통한 '흐름'의 조정 및 통합과정에는 흔히 몇 개의 기업들이 관계된다(제5장 참조). 즉, 기업들이 도급-하청업체들을 이용하는 추세가 점점 증가함에 따라 여러 기업들이 다소 긴 '가치창조 사슬' 안에서 연결되게 된다. 거기에서 '품질' 및 '적시성'과 관련된 각 '연결고리'들의 수행은 고객 입장에서 본 최종결과에 영향을 미치게 된다. 그러므로 필자들이 성과측정표를 통해 창조하고자 하는 일련의 보고체계는 이런 기업들에게 상당히 흥미로울 것이다.

■ 이런 보고체계는 거의 '영구적'으로 기업의 체계로서 구현될 수도 있다. 즉, 가상조직(Hedberg et al, 1997)의 경우 주도적 기업은 나머지 다른 기업들의 자원 및 역량에 의존할 뿐만 아니라 그것들의 개발에 영향력을 행사할 수 있기를 원한다. BSC 개념은 이런 상황의 자연스런 일부분이 될 수 있다.

■ 인터넷의 발전과 함께 기업 내 정보 확산을 위해 '웹(web)' 기술을 사용하는 사례가 늘고 있으며, 특히 자체적 네트워크가 없는 기업에서도 각 지역 조직단위들간 커뮤니케이션이 가능하게 되었다. 1997년 정도를 분기점으로 해서 이런 기업들 중 거의 대부분은 자사종업원들만 접근 가능한 '인트라넷'이라고 불리는 웹페이지 개발을 완료했다. 또한 '엑스트라넷'에 대한 관심 역시 고조되고 있다. 즉, 웹페이지를 종업원들뿐 아니라 합작제휴사들에게도 공개하는 것이다. 물론 이 엑스트라넷은 가상조직을 더욱 가시화하는 역할을 한다.

그러므로 필자들의 주장은, 종업원들로 하여금 그들의 업무분야 내에서 연결고리를 형성하고 있는 측정지표들을 자주 관찰할 수 있도록 함으로써 가상조직의 조정 및 통합을 보장할 수 있다는 것이다. 주도적 기업은 이런 식의 정보교환을 통해 공식적 권한이 제한된 상황에서 '효과적이고도 은밀하게' 영향력을 행사할 수 있게 된다.

이때 그 측정지표들의 초점은, 일부는 통합적으로 창출된 고객 가치에게, 일부는 그 통합사업의 특정한 성공요소들에 맞추어지게 된다. 후자의 예로는 △통합 프로젝트들의 숫자 △개인적 접촉 횟수 △공동 데이터베이스에 대한 기여도 등이 될 것이다. 그래서 이런 것들이 새롭고 더욱 수익성 높은 통합사업의 형태로서 효율적임을 보여줄 수 있다면 모든 것은 순조롭게 진행될 것이다.

요 약

이상에서 볼 수 있듯이, 주주 또는 시장에 대해 성과측정표가 제공하는 것과 같은 더욱 철저한 사업구도를 제시하는 것이 과연 필요한 것인지, 또는 그것이 가능한 것인지에 대해서는 아직까지 서로 의견일치가 되지 않고 있다. 하지만 이런 식의 보고가 높이 평가될 수 있는 상황들은 비교적 쉽게 유추해 낼 수 있다.

- 더욱 광범위한 묘사를 요구할 뿐만 아니라 그것에 대한 이용능력도 갖춘 소수의 '실세' 주주들을 가진 기업
- 상당한 지적자본을 가지고 있고, 그것을 통해 그들에 대한 시장의 가치평가에 영향력을 미치고자 하는 기업

■ 다른 기업들과 밀접한 협동관계에 있으므로 그들의 합작제휴사들에게 그들 자신 및 그 관계에 대한 묘사를 제공하고자 하는 기업

· 주(註) ────────────

1) 그 당시의 상황을 더 자세히 알기 원한다면 융과 오프테들(Ljung & Oftedal, 1976)을 참조하라.

2) 의견일치가 필요한 측정지표들에 대해서는 제5장에 자세히 설명되어 있다.

11

공공부문의 BSC

BSC 개념의 기본 발상은 재무적 측정지표들이 항상 중요한 것들을
파악하지는 못한다는 데 있다. 그러므로 이 모델을 공공부문을 비롯한
이익이 주목적이 아닌 분야들에 대해 사용하기 위해서는 일부 수정이
필요하다. 이제부터 필자들은 현재 취해지고 있는 접근법들을 하나하
나 설명하고자 한다.

이익이 목적이 아닌 곳에서의 성과측정표

BSC는 업무운영에 대한 순수한 재무적 조망을 보완하는 기능을 가
진다. 그러므로 일부 상거래에서처럼 단기적 이익의 극대화가 그 지상
명령인 기업들에게는 거의 필요가 없다고 볼 수 있다. 하지만 그런 곳
에서도 어떤 학습들이 진행중인지, 또는 어떤 지원 시스템들이 개발중
인지를 살펴보는 것은 상당히 흥미로운 일이 될 수 있다. 필자들이 생

각하기에 성과측정표를 가장 필요로 하는 곳들은 △장기적 시각을 가진 분야들 △효익이 단기적 이익의 형태로 당장 가시화되지 않은 곳 등이다. 물론 그 궁극적인 목표는 장기적 이익실현에 기여하는 것이긴 하지만 기업의 서비스 및 개발부서들도 이런 분야들에 속한다고 볼 수 있다. 또한 임의단체 또는 이익단체들도 이 범주에 해당되며, 이런 곳의 핵심 측정지표들은 주로 구성원 자신들의 활동에 관한 경우가 많다.

특히 중앙 및 지방정부들은 성과측정표 사용에 가장 적합한 조직들이다. 서비스의 제공자로서의 공공부문 역시, 이 책 전반에 걸쳐 논의된 것과 비슷한 종류의 경영관리 개념의 도입이 절실하다. 특히 미국에서는 1950년대 이후 성과측정 및 정책분석(공공부문 업무운영의 성공 여부결정) 등에 관해 상당히 많은 논의가 있었다.

BSC가 현재 중앙 및 지방정부들의 일부 조직단위들에서 시험적으로 사용되고 있긴 하지만, 필자들이 아는 한 아직까지 이보다 더 넓은 개념으로 도입된 경우는 없다. 여기서는 민간 기업들과는 달리 세금으로 자금이 조달되고, 행위들이 정치적 프로세스를 통해 결정되기 때문에 발생될 수 있는 일부 공공부문의 특이한 점들에 대해 집중 논의할 예정이다.

지방정부

스웨덴의 시 및 주정부들에서는 오래 전부터 다양한 성과측정지표들, 그리고 핵심비율을 통한 업무운영 묘사 등이 시험되어 왔다. 약 20

여 년 전 '영점 기준 예산편성'[1](모든 항목을 제로 상태에서 검토하여 예산을 정하는 방법)에 대해 상당히 많은 논의가 있었다. 이것의 기본개념은 각 업무운영 분야들에 대한 서로 다른 목표수준들을 묘사하는 것이다. 그리고 그후 프로그램 관리자 및 정치가들은 그들이 원하는 목표수준을 선택할 수 있게 된다. 이런 목적을 위해 일종의 '자본 지출' 제안이 필요했는데, 이것은 다양한 수준의 의회승인 예산들이 업무운영에 미치는 영향을 보여주어야 했다. 그러나 사용될 측정지표들에 대한 의견일치가 어려운 경우가 많았다.

최근 스웨덴에서는 다양한 형태의 '구매자─공급자 모델'들이 상당한 관심을 끌고 있다(Daven & Nilsson, 1996). 구매 또는 계약체결 조직단위들은 조세수입을 근거로 하여 주민들에게 필요한 서비스들을 제공한다. 이런 조직단위들이 자유롭게 서비스의 규모 또는 제공자 선정 등을 재검토할 수 있으려면 서비스 제공자로서의 책임으로부터 완전히 자유로워야 한다..그리고 이런 책임은 전적으로 그 서비스를 수행하는 관리 조직단위들에게 전가되어야 한다. 예를 들어, 주(county) 건강서비스 담당 행정기관은 '구매 조직단위' 및 '2~3개의 서비스 제공 조직단위'들로 나누어질 수 있다. 누가 무엇을 하며, 또한 그것을 세부적으로 어떻게 조직해야 하는가 등의 기본개념은, 구매자와 제공자 사이의 계약에 의해 최대한 통제되어야 한다는 것이다. 구매자들의 목적은 국민들이 낸 세금으로 최상의 서비스를 획득하는 것이다. 이것을 위해서는 △구체적인 계약들 △수행된 서비스에 대한 측정 등이 필요하게 된다. 구매자 및 제공자들은 이미 모두 결과에 대한 재무적 측정지표들에 의해 평가되고 있지만, 일부 국가에서의 재무적 목표들은 주민들에게 최상의 서비스를 제공해야 하는 성과의무와 명백한 관런이 있다. 만약 제공된 서비스가 이런 의무 수준에 미치지 못한다면 그 재무적 결과가 긍정적이었다 할지라도 성공적인 업무수행이라고 볼 수 없다. 일부 국가들은 이런 연관관계와 관련하여 제7장에서 필자들이 언급했던 것과 같은 방식을 사용해 그들의 '고객 만족도'에 관한 연구조사를 실시하고 있다.

BSC는 △도로 행정, 학교, 병원 등과 같은 다양한 서비스 제공자 △지역관청 및 주민들에게 그 서비스의 질에 대한 책임을 지고 있는 구매자들 등 양자 모두에게 사용될 수 있다. 이때 BSC는 △투하될 자원 △충족되어야 할 기대수준 등을 미리 명시해 줌과 동시에 '이미 달성된 것'을 확인하기 위해 사용된다.

스웨덴의 많은 자치단체들은 실제로 다양한 형태의 성과측정표들을 이용하고 있다. 일부 경우에 있어서는 몇 년간 계속하여 동일한 핵심비율 및 같은 종류의 측정지표들을 사용해 왔기 때문에, 쉽게 성과측정표 프로세스로 발전될 수 있었다. 이런 성과측정표들의 유용성은 적나라한 비교, 즉 '벤치마킹(benchmarking)'이 가능하다는 데서 비롯되었는데, 당연히 이런 비교는 지방자치단체들의 경우가 일반기업들의 경우보다 훨씬 쉬웠다. 정보누출에 대해서 전혀 염려할 필요가 없으므로 전국의 여러 지방자치단체들 중에서 비교 가능한 곳들을 찾는 것은 아주 쉬운 일이었다. 그래서 이와 유사한 활동들이 많은 지역들에서 행해질 수 있었다.

스웨덴 시정부들의 자료에는 자원, 행위, 인식 등을 묘사하는 핵심비율 등이 언급되어 있으며 이런 자료들은 일반적인 개념에서의 '입력물 – 산출물 모델'의 패턴을 그대로 따르고 있다(〈그림 1-2〉 참조).

보통 모델의 왼쪽에 있는 것들을 측정하는 것이 더욱 쉽다. 즉, 효과들보다는 자원 입력물 및 행위들의 측정이 더 쉬운 것이다. 이것은 유감스러운 일이긴 하지만, 기업의 상황에 정통한 사용자들은 여전히 여기에서 가치 있는 정보들을 발견할 수 있다. 이때 사용된 측정지표들은 '대리 측정지표'들이다. 하지만 스웨덴의 여러 지역에서는 사람들이 지방자치단체들의 서비스의 질에 대해 어떻게 생각하고 있는지 등에 관해 더 좋은 측정지표들을 개발하려는 노력을 하고 있다. 또한 학교교육을 평가하기 위해 고급 수준의 통계학적 접근법들을 사용할 수도 있으며 △학생 및 선생님들의 학교생활에 대한 만족도 △일부 학생들의 이른바 '왕따' 여부 등과 같은 전통적 태도 조사 질문들을 이용할 수도 있다.

스웨덴 지방자치단체들에 의해 비교되는 측정지표들과 그것들 사이의 비율 등은 잘 정의되어 있으며, 일부 경우 이것들은 단위당 원가로 디자인되었다. 즉, 시정부, 관리단위, 일선업무단위 등 각 조직단위의 계층별 사용을 위해 그 측정지표들을 분류하는 데 세심한 주의를 기울였다. 특히, 비교 및 추이들은 무언가를 직접 가리켜 주는 것이라 생각되었기 때문에, 각 공무원들에 의해 처리된 건수의 차이는 곧바로 예산 결정에 반영되었다.

측정지표들은 주로 △현재 시설·장비의 양 △서비스에 대한 연간 비용[2] 등과 관계되어 있다. 전자의 예로는 전체 도로망의 총연장, 가로등 및 신호등의 숫자 등을 들 수 있으며, 대부분의 비용들은 '가로등 당 비용'과 같이 일정한 물리적 단위 또는 양과 관련된 핵심비율의 형태로 표현된다. 어떤 묘사가 가장 적절한지는 보통 그 측정지표의 사용방식에 따라 다르다. 그러나 이런 측정지표들을 각 시각별로 나눈다면 상당히 흥미로울 것이라고 필자들은 생각한다. 이런 측정지표들의

한 가지 이점은, 각 지역자치단체들 사이 또는 일정한 시점들 사이에
서의 비교 · 측정이 가능하다는 것이다.

몇몇 지방자치단체들이 이러한 대안들을 시험해 보고 있는 중이다.
이런 시도들은 '예산 삭감 또는 다른 변화를 위한 토론 등에서 측정지
표들을 그때그때 필요에 따라 사용하는 것'에서부터 '변형된 형태의
성과측정표'에 이르기까지 다양하다. 스웨덴 베스테비크(Vastervik)시
정부의 아동복지교육국에서 그런 예를 볼 수 있는데,[3] 이 곳의 성과측
정표는 '이해관계자 모델' 쪽(그림 11-1)에 더 가깝다. 이 곳에서는 각
시각별 상황 및 성과 수치들을 나타내기 위해 '탁월성 프로그램'을 이
용한 모델을 개발했다. 그 주요 측정지표들이 〈표 11-1〉에 제시되어
있다. 이 측정지표들은 △5점 만점기준의 평점(학생 및 교직원들과 관련
된 대부분의 평점들) △백분율(재무적 측정지표들) △양(정보기술 투자액)
△숫자(새로운 교육 프로그램들) 등으로 구성되어 있으며, 의도적으로 지
나치게 세밀하지 않고 이해하기 쉬운 측정지표들을 선택하였다.

필자들은 이런 시도들이 상당히 흥미로운 것들이라고 생각한다. 기
본적으로 다른 분야의 성과측정표들과 동일한 원칙들이 여기에서도
적용된다. 즉, 측정지표들을 통해서 전상황을 '총망라'하는 것이 중요
한 것이 아니고, 그것들을 통해 업무운영의 초점을 비전에 맞출 수 있
다는 것이 중요한 것이다. 또한 더 복잡한 업무들을 가진 다양한 계층
들을 위한 많은 측정지표 및 핵심비율들이 필요하며, 이때 이것들은
성과측정표상에 포함될 수도 있고 그렇지 않을 수도 있다.

<그림 11-1> 제안된 초점분야들 (한 지방자치단체의 아동복지교육국 BSC)

<표 11-1> BSC의 주요 측정지표

시 각	측 정 지 표
재 무	· 예산과 비교한 결과(몇 가지 비율들)
학 생	· 품질(지식, 안전감, 발전) · 학생 만족도 · 문제점 · 학부모 관여도
교 직 원	· 능력/헌신도 · 협동 · 직업 만족도 · 역량개발
발 전	· 역량개발 · 정보기술 투자 · 새로운 교수기법 · 새로운 교육 프로그램
학교관리	· 위원회의 효율성 · 관리의 효율성 · 교직원 개발 · 평가

중앙정부에 있어서의 BSC 개념

1970년대 들어 스웨덴 국립회계감사원(이하 스웨덴어 이니셜인 'RRV'로 호칭)은 새로운 성과측정 개념을 도입하였다. 이것은 성과 묘사를 위해 몇 개의 개별적인 측정지표들을 사용하는 것에 초점을 맞춘 것이었다(RRV, 1994). 또한 〈그림 1-2〉와 유사한 그림이 그 참고자료로 활용되었다. 더욱이 이 때의 논의는 주로 △구조적 자본 △바람직한 사회적 효과를 가리키는 측정지표들 등의 관점에서 전개되었으며, 그것들을 실제로 측정하는 것은 부차적인 문제였다. 이런 접근법들이 강조되어 현재 중앙정부기관들에게는 목표에 의거한 관리 개념이 도입되었다. 즉, 그들은 예산승인 신청 또는 연간보고서 등에서 그들의 성과 및 활동 효과 등을 묘사하기 위해 다양한 종류의 측정지표들을 사용해야 한다.

> 정부기관의 업무운영 결과는 '그것의 성과' 또는 '그 성과로부터의 효과'라고 정의된다. (중략) '성과'는 '그 정부기관이 서비스 및 기타 생산물 등의 형태로 창출하는 것'을 뜻하며, 통상 그 정부기관이 궁극적으로 제공하는 것들(최종 생산물 또는 서비스)이 된다. '효과'는 그 기관의 노력이 없었다면 발생하지 않았을 '발전 또는 변화'를 뜻한다. (중략) '점검'은 그 기관이 '그것의 성과' 또는 '작업을 통해 영향을 미치고자 하는 이벤트의 진행방향' 등을 파악하고 기술하는 것을 뜻한다. '평가'에는, 그 기관의 성과 및 이벤트의 적절한 진행방향 등을 판단하고 그것들을 설명하고자 시도하는 것도 포함된다(RRV, 1994, pp.41ff).

각 정부기관들은 운영점검 및 결과보고를 위해, 측정방식 및 결과 측정지표들을 확정해야 한다. 이런 측정지표들은 일정한 기간에 걸쳐 달성된 것들에 대한 질적·양적인 측정지표들이다. 또한 이것들은 △비교 △관리 및 통제를 위한 상황 판단 △학습 및 변화를 위한 근거 제시 등을 위해 사용된다. 또한 이런 측정지표들과 함께 많은 상호 보완적인 결과 측정지표들이 그 기관이 산출한 결과들의 다양한 측면들을 보여주기 위해 사용되어야 한다.

> (중략) 종종 결과측정지표들은 단지 '지표'로서 사용되며, '통상 그 측정지표가 측정하는 것'보다 더 넓은 범위의 관계들을 대략적으로 나타내게 된다. 지표들은 운영결과를 측정하기 어려울 때 사용된다. 즉, 그 결과 파악이 어렵다든지, 너무 부정확한 경우, 또는 아직 완전히 개발되지 않은 측정방식을 사용해야 하는 경우 등이 이에 속한다. 이런 경우에는 운영결과를 단지 대략적으로 나타내 주는 '지표'들에 만족할 수밖에 없다. 정보의 사용자 및 수신자들이 그 지표, 그리고 그것들의 적절성에 동의하는 것이 필수적이다. (중략) 그러므로 '정보의 이용방식'이 측정 그 자체보다 중요한 경우가 종종 있으며, 측정에 대한 접근법 및 태도가 '올바른 기법을 사용하여 모든 것을 측정하는 것'보다 더 중요하다(RRV, 1994, pp.41ff).

예산 긴축시에는 그 대체안이 장기적으로 무엇을 달성할 수 있는지를 정확히 알 수 있어야 한다. 운영책임자 및 그 의사결정 체계의 상위 직급자들은 현상황 및 전개 가능성을 이해할 수 있어야 한다. 즉, 앞서 지방자치 단체들에 관해서 논의했던 것들이 여기에도 똑같이 적용되는 것이다.

RRV는 또한 한 간행물(1996)을 통해 그들의 BSC방식을 소개하고 있는데, 여기에서 묘사된 BSC는 필자들이 제시했던 것과 매우 유사한 형태를 취하고 있다. 그러나 그 곳에서는 BSC가 공공부문에 사용될 때 일정한 수정이 필요하다고 강조한다. 예를 들어, 성과측정표 프로세스는 '정부에 의해 정의된 그 조직단위의 전반적 임무'에서 출발한다. 또한 거기에 제시된 세 가지 가상적 사례들을 보면, 원래의 네 가지 시각들이 각 관계기관들에 의해 더 적절하다고 생각된 초점분야들로 수정되어 있음을 알 수 있다. 〈표 11-2〉(RRV, 1996)에서의 외적 · 내적 시각은 각각 고객 및 프로세스 시각에 해당된다. 또한 RRV는 '시간적 개념'을 도입하였다. 그래서 '재무적 시각' 대신 '후방 시각'이 사용되고 있다. 또는 '전방 시각'은 '학습과 성장 시각'에 해당된다. 그리고 이 간행물의 뒷부분에는 이런 초점분야들이 상세하게 설명되고 있는데, 여기에서 이것들은 해당기관의 운영분야의 성격에 따라 약간씩 다르게 묘사되고 있다.

물론 각 초점분야 및 측정지표들은 그 기관들이 그들의 임무 및 상황분석을 근거로 해서 적절하다고 판단한 전략을 반영해야 한다. 그렇기 때문에 이 세 가지 사례들에 대해서 어떤 평가를 내린다는 것은 쉽지 않다. 흥미로운 한 가지 예가 법원에 대한 것인데, 거기에서는 '법적 권리 초점'이 '고객 초점'과 유사한 성격을 띠게 된다. '적절한 정의 구현'에 의해 성취된 효과는 당면한 어떠한 직접적 수혜자 집단에서도 찾아볼 수 없다. 제안된 한 가지 측정지표는 '상급법원에서 결과가 뒤바뀐 소송건수'인데, 이 측정지표는 하급법원 업무의 질에 대한

<표 11-2> 조점분야와 기관에 따른 조점들

초점분야	기 관		
	박물관	대학교	법 원
외적	전시 초점	교육 초점	판결 초점
내적	방문적 초점	학생 초점	법적 권리 초점
후방	재무 초점	재무 초점	재무 초점
전방	재생 초점	강좌개발 및 인력자원 초점	발전 초점

지표가 될 수도 있을 것이다.

BSC 개념의 목표는 전략선택 및 성공적 운영에 관한 커뮤니케이션을 활성화하는 데 있기 때문에, 해석상의 문제가 발생한다든지, 또는 적절한 측정지표 선정에 대한 합의 도달이 어렵다고 해서 거기에 대해 부정적인 생각을 가져서는 안된다. 필자들은 정부기관들도 역시 BSC 개념을 통해서 대단히 건설적이고 생산적인 토론에 착수할 수 있으리라 확신한다.

공공부문의 성과측정표는 달라야 하는가?

지방정부 및 RRV의 경우 둘 다 일반 기업들의 BSC 접근법과 유사하다. 그러나 성과측정표를 공공부문 운영의 조건에 맞추기 위해서는 약간의 수정이 필요하다.

첫째, BSC 개념의 기본논리는 각 시각 및 측정지표들 사이의 균형이 장기적 생존 및 수익성을 보장해 줄 수 있을 것이라는 데 있다. 지방자치단체 또는 중앙정부기관들에 있어서는 그 목표가 다르다. 그러므로 이에 대한 재무적 시각상의 대체물이 발견되어야 한다. 둘째, 성과측정표와 관련된 의사결정 프로세스가 제3장에서 설명되었던 일반기업들의 전략설정 토론과는 약간 다르다. 일부 전문가들(Brunsson, 1985)은 '의사결정'이라는 용어 자체가 과연 정치의 본질적 역할을 묘사하는 데 적절한 것인지에 대해 의문을 제기하고 있다.

먼저 첫 번째 문제에 관해 생각해 보자. 일반적인 네 가지 시각이 공공 부문에도 적절한 것인가, 아니면 RRV의 경우보다 더 많은 수정이 필요한 것인가? 이 장에서 설명된 몇 가지 사례들이 그에 대한 좋은 예가 될 수 있다.

일반기업들과 마찬가지로 공공부문에서도 스칸디아사의 경우처럼 BSC를 '과거-현재-미래'의 개념으로 분할하는 것이 적절하다. 즉, 이때 재무적 초점은 과거에 대한 검토이고, 그 나머지 초점분야들은 미래에 대한 준비가 잘 되는지를 보여주는 지표가 된다. RRV에서도 이런 조치가 취해졌다. 그러나 공공기관은 재무적 초점 대신 좀더 넓은 관점에서 그 업무, 또는 그 수행 결과를 묘사해야 될 것이다. 즉, 입력물-산출물 모델(〈그림 1-2〉 참조)에 의거해서 그것들의 효과를 묘사하는 것이다. 공공기관의 '주주(owner)'는 헌법에 명시된 바와 같이 넓은 개념에서의 '사회'가 된다. 그들이 공공기관에 요구하는 것은 이익이 아니라 사회에 대한 특정한 효익이다. 일반적으로 이런 효익은 공공기관의 특정한 고객집단에 대한 단순한 서비스보다는 훨씬 더 넓은 개념을 가진다. 학교의 경우를 예로 들면, 그 성과는 졸업생들과 관련해 측정되어야 한다. 즉 그들의 숫자, 질, 사회진출 후의 직업 등이 될 것이다. 사회의 관심은 이들을 통해 △필요한 기술 및 지식을 가진 인적 자원의 공급 △국가 경쟁력 유지 △인력시장의 원활성 유지 △기타 이와 유사한 효과 등을 확보하는 데 있다. 학교가 이런 목적에 얼마나 잘 기여하고 있는지는 '주주' 초점에서 잘 묘사될 수 있다. 즉, 이런 측정지표들이 재무적 측정지표들보다 더 적절한 것들이 될 수 있다. 물론 재무적 결과 산정이 가능하도록, 단과대학 및 종합대학들은 현재 그 '학위 수여량'에 근거하여 중앙정부에 의해 재정지원되고 있다.

또한 고객 초점은 '관계 초점'에 의해 대체될 수 있다. 고객 베이스는 기업의 미래 사업성공에 대한 결정적인 요소가 된다. 지방자치단체들 역시 그들의 '고객들'을 가지고 있다. 그것은 바로 그 지역 주민들이다. 그들이 이주하지 않는 한. 사람들(특히 기업들)의 그 지역으로의 전·출입 현황을 측정하여 그 지역이 주거공간 또는 영업지역으로서 얼마나 훌륭한 입지조건을 갖추고 있는지 알아보는 것도 상당히 의미있는 작업이다. 그러나 그 지역의 기업, 협회, 공급자, 시민 등과의 관계는 단순한 서비스(성과)의 공급차원에서 고려되어서는 안된다는 것이 필자들의 생각이다.[4)]

'고객 초점'을 '관계 초점'으로 확장시킴으로써, 지방자치단체의 행위들과 관련된 환경의 변화를 프로세스 초점과의 균형을 고려해 나타낼 수 있다. 이때 그 프로세스 초점은 그 지방자치정부의 내부적 상황과 관련된다.

〈그림 11-2〉에서 필자들은 '프로세스 초점' 대신 '활동 초점'이라는 용어를 사용했다. 여기에서는 다양한 지방자치단체들의 활동들이 묘사되기 때문이다. 일반 산업의 프로세스 개념이 많은 다른 분야들에 응용·적용되고 있는 추세에 있기는 하지만, 공공서비스들이 '흐름

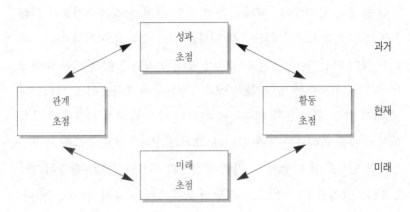

<그림 11-2> 공공부문 BSC 모델의 일반화

및 프로세스의 관점'에서 고려되어서는 안된다는 것이 필자들의 생각이다.

　마지막으로 '미래 초점'은 '학습 및 성장 초점'에 해당된다. 여기서는 일반기업들과 마찬가지로 미래 업무운영에 대한 근거가 묘사된다. 그렇다면 지방자치단체들의 하부 구조는 어떤 것들일까? 예를 들어, 그 해당연도 동안 아무런 활동 또는 성과들이 나타나지 않을지라도 '도로 및 거리 유지 · 보수'의 경우처럼 미래에 대한 필요들이 여기에서 묘사되어야 한다.

　필자들이 앞서 제기했던 문제들 중 나머지 하나는 '공공부문 성과측정표와 관련된 의사결정 프로세스는 일반기업들의 전략에 관한 합리적 토론과는 다른 것인가'였다. 다시 말해서 정책입안자들이 성과측정표 커뮤니케이션의 핵심적 요소라 할 수 있는 '분명한 입장 표명' 및 '상충작용(trade-offs)' 등과 같은 것들을 과연 받아들일 수 있는지가 이 문제의 초점이다.

이 문제의 근저에는 "때때로 우선 순위 설정시, 성과측정표에 의해 요구되는 것과 같은 '명확성'을 피하는 것이 오히려 정치적으로는 유리한 것이 아닌가"라는 의혹이 깔려 있다. 필자들은 이 부분에 대해서 무어라 단언할 수는 없다. 물론 성과측정표상에 조목조목 묘사되었다고 해서 그것이 곧 모든 변수들에 대해서 각각 명확한 목표들이 설정되어야 함을 의미하는 것은 아니다. 그러나 성과측정표에 의해 제공된 명확한 업무운영 현황이 그 지역 일간지의 헤드라인으로 등장하기라도 하는 날이면 그 자체로서 상당히 곤혹스러운 일이 될 수도 있다. 즉, 더 짧은 의료대기시간, 더 낮은 실업률 등과 같은 정치적 공약들의 경우가 이에 해당된다. 이런 공약들을 측정지표들로 표현하는 것은 아주 쉬운 일이며 가끔 이것이 실제로 행해지기도 한다. 그러나 여기에서 한 걸음 더 나아가서 더욱 장기적인 관점에서 최종선택안을 분명히 제시했을 경우에는 그것이 문제가 될 수도 있다.

그러나 이런 이유 때문에 성과측정표의 도입을 꺼린다는 것은, 눈앞의 위험을 피할 생각은 하지 않고 그것을 보지 않으려고 머리를 모래 속에 파묻는 타조의 경우와 다를 바가 없다. 오히려 공공서비스를 더 정확히 묘사할 수 있는 BSC 방식을 적극 도입하여 핵심사안에 대한 토론 및 논쟁을 활성화시키는 것이 책임 있는 정치인 또는 공무원이 가져야 할 태도일 것이다.

누구를 위한 정보인가?

제10장에서 필자들은 기업들이 그들의 성과측정표를 공개함에 있어 얼마나 적극적일지에 대해서는 약간의 의구심을 가지고 있다고 말했다. 물론 공공부문에 있어서는 그 경우가 다르긴 하지만, 여기에서도 역시 그 담당 공무원의 태도에 따라 이런 문제가 발생할 수도 있다. 예를 들어, 일부 공무원들은 지방자치단체 또는 특정한 정부기관들에 있어서의 개발상황, 또는 제공된 서비스 등을 일반에게 낱낱이 공개하는 것을 꺼릴지도 모른다. 지방자치단체들의 경우 '현재 주민' 또는 '그 주민으로 추정되는 사람들'은 중요한 이익단체가 된다. 그리고 지방자치단체들의 경우에는 중앙정부와는 달리 자신의 미래자원 할당계획에 따라 독자적으로 주요 개발분야들을 선택할 수 있다. 물론 그것은 현재의 우선 순위들에 의해서도 영향을 받는다. 인터넷상의 홈페이지를 보면 각 지방자치단체마다 그 강조분야가 다름을 알 수 있다. 예를 들어, 정보기술 개발 또는 예술분야를 강조하고 있는 지방자치단체가 그 성과측정표상에 이런 노력들을 부각시키는 것은(만약 그들이 성과측정표를 가지고 있다면) 아주 합리적인 조치라고 볼 수 있다.

RRV가 명시한 정부기관들의 업무운영 보고방식은 일반 기업의 관리 및 재무회계에 견주어질 수 있다. 정부기관들과 중앙정부 사이의 대화[5] ―일반적으로 주무부처가 그 대상이 되겠지만, 실제로는 재무부 또는 RRV가 이에 연관될 수도 있다― 는 주로 일반국민들이 이용 가능한 서류의 형태로 행해진다. 하지만 이것은 동시에 '본사 경영진'과의 대화이기도 하다. 그러므로 필자들은 더욱 세부적인 '지출승인 신청' 또는 '정부기관들에 대한 감사(audit)' 등의 경우에 BSC 개념과 유사한 방식을 사용해도 무리가 없으리라고 본다.

요 약

비영리 단체의 운영에 있어서 BSC 개념의 다목적 접근법은 합리적이고도 매혹적인 것이다. 그러나 이런 운영들에 대한 성과측정을 시도해 본 결과, 그것이 쉽지 않다는 것이 밝혀졌다. 하지만 그 시도를 중단할 수는 없다. 중앙정부 및 지방정부들에서 성과측정표와 관련된 흥미 있는 성과측정 실험들이 행해지고 있다. BSC 개념의 공공부문 사용을 위해서는 시각들의 일부 수정이 불가피한 것으로 보인다. 예를 들어 재무적 초점은 이익을 목적으로 하는 사업의 경우와는 달리 궁극적인 기준이 될 수 없으며, 정부기관들과 국민과의 관계는 고객 초점 개념에서 파악될 수 없다. 그럼에도 불구하고 BSC 개념은 공공부분에 있어서도 큰 무리없이 적용되어질 수 있다는 것이 필자들의 생각이다. 하지만 합리적인 목적 · 수단적 접근법인 BSC 개념이 정치적 의사결정에 있어 그 존재가치를 가질 수 있을 것인지는 좀더 두고 보아야 한다.

· 주(註)

1) 영점 기준 예산편성은 원래 1960년대 미국 국방성에서 개발된 프로젝트 계획수립 및 예산시스템의 일부분이었다.

2) 제7장의 정보기술의 측정지표들에 관한 논의를 참조하라.

3) 롤프 라슨(Rolf Larsson)의 미간행 자료

4) 이와 마찬가지로 일부 기업들의 경우 고객 초점을 확장시켜 더욱 일반적 인 사업환경 초점을 포함하도록 할 수 있다. 특히 합작제휴사들에게 의존 하고 있는 '가상기업'들은 고객뿐만 아니라 공동사업에 관련된 다른 관 계자들의 수치 및 태도 등도 모니터하고 측정해야 한다.

5) 버그스트랜드와 올브(Bergstrand & Olve, 1996, pp.150ff)는 정부운영의 목표, 예산승인 신청 등을 일반기업들의 예산수립방식과 연계하였다.

PART V 결 론

성과측정표 포로세스의 성공을 위하여

12

성과측정표 프로세스의 성공을 위하여

BSC는 토론에 전략적 사고를 끌어들일 수 있는 언어를 제공해 준다. 일반적으로 기업과 사회의 양쪽 모두에서 이 토론에 관여하는 사람들이 점점 늘고 있다. 언어는 그 토론의 주요쟁점에 따라 다른 어휘들 및 지역적 '방언' 등을 가질 수 있다. 만약 우리가 동일한 언어를 사용할 수 있으려면 다양한 단어들의 의미를 알고 있어야 한다. 문법적 구조 및 문맥 또한 중요하다. 성과측정표를 언어로 사용하기 위해서는 그것의 단어와 용어들인 각 측정지표들에 동의할 필요가 있다. 측정지표는 단순하고 기억하기 쉬운 포맷이지만 목표 및 내용들이 마련되어 있어야 한다. 성과측정표의 가장 중요한 기능은, 초점들이 모두 중요하다는 것을 상기시키는 것과 각 초점분야들의 연관관계에 대한 지속적 고찰을 촉진시키는 것이다.

또한 성과측정표에서는 몇 가지 다른 종류의 균형들이 강조된다. 즉, △장기와 단기 사이 △성과측정표의 각 부분들 사이 △'다른 사람들이 본 우리(시각)'와 '우리가 본 다른 사람들(초점)' 사이 △'변화'에 대한 측정과 '일정 시점의 상황'에 대한 측정과의 사이 등에 있어서의 균형이 그것이다. BSC 자체는 단순해 보일지 모르지만, 이런 다양한 측면에서 균형을 달성할 수 있는 측정지표들을 발견한다는 것은 쉬운 일이 아니다. 또한 정보기술 지원시스템을 확립하여 성과측정표가 '살아 있도록' 만들고, 연결고리들을 활발히 논의하며, 성과측정표를 학습을 위해 이용하는 것 등도 보기처럼 단순하지 않다. 성과측정표 개념 역시 그 단순성으로 말미암아 다른 많은 아이디어들처럼 잘못 사용될 위험이 있다. 단순히 몇 개의 핵심비율들을 4분면으로 나눠 놓는다고 해서 성과측정표를 얻을 수 있는 것은 아니다. 성과측정표가 제기능을 발휘하기 위해서는 전사적으로 폭넓은 지지를 얻어야 하며, 종업원들은 그것을 '장기적 필요 및 목표들을 포함한 기업의 전반적 상황을 보여주는 조감도'로서 받아들여야 한다. 또한 여기서는 모든 것을 다 중요시 할 수는 없기 때문에 경영자들은 '비교 선택의 문제'를 해결해야만 한다(시간과 돈은 한정되어 있으므로). BSC의 역사는 아직 짧지만, 필자들은 이미 성과측정표 프로젝트가 기대에 못 미친 채로 실망만 안겨주는 경우도 종종 목격하였다. 일부 경우는 재출발에 의해 '구조'되었지만 거기에는 그만한 시간, 자원, 그리고 그에 따른 노력들이 뒤따라야 했다. 그래서 이 장을 통해 필자들은 성과측정표 프로세스를 성공으로 이끌기 위한 필자들의 제언을 요약·설명할 예정이다. 앞서 소개한 여러 사례들 각각에 있어서의 접근법들은 서로 약간씩 달랐다. 특정한 기업의 상황 및 목표들에 따라 그 처방도 달라질 수밖에 없기 때문이다. 그러므로 필자들의 제언은 '기업 발전'이라는 맥락에 맞추어 질 것이다. 또한 최종적인 결론으로서 필자들이 성과측정표를 추천하는 이유들을 다시 한

번 반복 · 강조하면서 이 책을 마치고자 한다.

전략적 관리와 운영적 관리

이 책에서 필자들은 BSC 프로세스의 각 측면들을 보여 주는 그림들 (3-1, 6-1, 8-1, 9-1)을 사용하였다. 성과측정표는 운영적 목적을 위해서 뿐만 아니라 전략적 목적을 위해서도 유용할 수 있다. 관계된 그림들 이 보여주듯이 성과측정표는 기업이 학습하고 그 전략을 재검토하게 해주며, 이것은 다시 그 경영관리 시스템을 수정하여 새로운 경험들을 얻을 수 있게 해준다. 또한 성과측정표는 기업 내 커뮤니케이션을 활 성화시켜 주위환경에의 적응력을 높여주며 새로운 아이디어들을 시 험할 수 있게 해준다.

조직들은 보통 일정한 시간에 걸쳐 다양한 단계들을 거치게 되므 로, 외부적 영향 및 내부적 변화에 대한 반응으로서 그들의 우선 순위 들을 재검토해야 한다. 그레이너(Greiner, 1972)는 사람들에게 자주 인용되는 그의 논문에서 '5개의 성장국면'에 대해 설명하고 있는데, 이것들은 각 '위기 상황(crisis)'들을 기점으로 나누어지며 그 때마다 기업들은 새로운 조직시스템을 실행해야 한다. 또한 각 국면에 대해 △새로운 리더십 △새로운 경영관리 시스템 △새로운 사고방식 등이 요구된다. 헤드버그는 이른바 '고정관념(myth)' 사이클에 대해 언급 하며, 기업들은 그들의 세계관을 가끔 재조명해 볼 필요가 있음을 강 조하였다(Hedberg & Jonsson, 1978 참조). 성과측정표는 이런 목적을 위해 아주 유용할 수 있다는 것이 필자들의 생각이다. 다수의 측정지

표들을 사용하는 것은 활발한 정보교환을 가능하게 해 줄 것이다. 뿐
만 아니라 성과측정표는 인과관계의 점검을 촉진시킨다. 제7장에서
설명한 대로 여기에는 두 가지 방법론이 있다. 그 한 가지 방법은, 예
를 들어 '고객들의 실제적인 반응'과 같은 '경험'이다. 그리고 또 하
나는, 미래에 어떤 것이 높은 수익성을 가질지에 관한 '아직 검증되지
않은 가설'이다. 처음에는 일단 경영진이 가지고 있는 '경험에 대한
인식' 및 '사업이 근거하게 될 가설들'(특히 미래역량 개발에 대한 가설
들)은 올바른 것으로 추정된다.

　그러나 기업들은 그들의 현 세계관에 대한 맹신에 빠지지 않도록
언제나 주의해야 한다. 오늘날의 시장과 기술은 빠르게 변화하고 있으
므로 경영진은 지속적으로 새로운 가설 및 기회들을 시험해야 한다.
즉, 가설 및 현재의 경험들을 현실과 대조해 보는 지속적인 검토가 필
요하다. 그러므로 측정 및 성과측정표 사용 역시 이런 목적에 맞추어
져야 한다. 이것을 통해 새롭고 적절한 경험들이 얻어진다. 예를 들어,
기업은 고객들의 반응을 더 잘 이해 할 수 있게 될 것이다. 일단 기존
의 믿음이 잘못된 것으로 판명되면 우리는 우리의 사고를 바꾸어야
한다. 즉, 새로운 경험들이 축적됨에 따라 새로운 반응패턴이 나타나
야 하는 것이다. 이런 점에서 성과측정표를 통한 경영관리는 '지식관
리'와도 상통한다.

　필자들은 그 동안의 경험으로부터 다음과 같은 사실에 대한 믿음을
가지게 되었다. 즉, 출발단계에서의 성과측정표 프로세스는 그것이 수
반할 결과에 대한 다양한 관점에 근거하게 된다는 것이다. 즉, 일부 기
업에 있어서 성과측정표 프로세스는 앞서 그레이너가 지적했던 것과
같은 '위기상황(crisis)'에 대한 응답으로서, '기업의 전략을 변경시키

는 것'이 그 주된 과제가 된다. 하지만 또 다른 일부 기업들에 있어서 그 프로세스는 주로 '운영적 관리를 좀 더 다듬는 프로세스'가 된다. 제3장에서 필자들은 출발단계의 성과측정표 프로세스들은 그 정도의 차이는 있지만 '전략적·운영적 관리'가 그 목적인 경우가 압도적인 다수를 차지하고 있음을 설명하였다. 또한 사례들을 검토하는 과정에서 필자들은 다음과 같은 사실을 발견했다. 즉, 각 기업들은 그들 각각의 관점에 따라, 이 책에서 필자들이 자주 인용해 온 'BSC 프로세스 순환도'의 네 가지 국면 중 어느 하나를 선택하여 그 출발점 및 강조점으로 삼는다는 것이다.

캐팔사는 자신이 재무적 위기상황에 있으며, 또한 기존의 전략에 대한 믿음이 흔들리고 있음을 명확히 깨달았다. 하지만 산업 및 기업 자신이 가지고 있는 오랜 사업 역사는 '경험'에 대한 믿음을 심어 주기에 충분했다. 이런 상황에서 BSC의 주요기능은 기업으로 하여금 강점활용 및 성공전략에 대한 새로운 가설에 합의할 수 있도록 도와 주는 것이었다. 그러므로 캐팔사 BSC 프로세스에 있어서의 강조점은 '새로운 전략의 개발'이었다.

BT사에 있어서 사업에 대한 새로운 접근법은 더욱 절실한 주제였다. 물론 그 산업 및 기업 자체는 오랜 역사를 가지고 있었지만, 민영화 및 각종 규제해제라는 새로운 상황은 새로운 접근법을 요구하였다. 이때 BT사의 성과측정표 프로젝트는 전반적 '전략적 계획수립 및 경영'으로 완전히 통합되어, 본사 경영진이 '하나의 의미'를 창조하고 그것을 조직 전체에 커뮤니케이션시키는 수단이 되었다. 즉, 그 상황에서 BT사에게 필요했던 것은, 거대한 조직이 새로운 방식에 따라 사고할 수 있게 해줄 뿐만 아니라 전략을 구체적 목표 및 측정지표상의 수치들로 '번역'해 줄 수 있는 도구였던 것이다. 다시 말해서 BT사에서의 강조점은 '전략 및 새로운 경영관리 시스템의 개발', 그리고 '그 점검 프로세스'에 있었다.

다른 몇 가지 사례들에 있어서의 상황은 또 달랐다. 코카콜라사는 오랫동안의 세계적 경험 및 포괄적 세계전략에 근거하여 스웨덴에서 새로운 사업을 구축하는 중이었다. 또한 이 기업은 치열한 경쟁상황 속에 있었으므로, 조직 전체가 일관된 기본적 경영방침 및 전략을 따를 수 있도록 하는 것이 중요했다. 이곳에서 성과측정표는 소규모의 팀에 의해 개발되어, 후에 경영관리 및 보상시스템의 토대로서 기능하였으며, 더 나아가 사원 선발 안내서로서의 역할까지 하게 되었다. 즉, 코카콜라사의 성과측정표는 지속적으로 조직의 학습능력 및 전략을 검사하는 운영적 도구인 것이다.

NWL사는 최근에 설립된 기업이다. 이곳에서는 소규모의 집단이, 전략 및 경영관리에 대한 결정을 내리고 다양한 시스템의 정보제공 능력을 확인할 뿐만 아니라 보상시스템 및 사원 선발절차를 기업의 기본 경영방침 및 전략에 적응시키는 역할까지 한다. 그러므로 NWL사에 있어서의 강조점은 이미 결정된 경영관리 구조 내에서 조직의 운영을 관리하는 데 있다. 즉, 이 기업의 강조점은 BSC 순환도상의 '학습하는 조직' 국면에 해당된다고 볼 수 있다.

제록스사도 NWL사와 마찬가지의 경우인 것처럼 보인다. 왜냐하면 기업은 혁신적인 새로운 사고보다는, 기존의 경험 활용, 좋은 관행의 광범위한 이용 등과 같은 '운영적 관리를 위한 경영정보'를 강조하고 있기 때문이다. 오늘날의 경영관리 시스템은 기업이 위기상황에 있었을 때에 개발된 것이다. 제록스사는 점차 가열되고 있는 경쟁 속에서 시장점유율을 잃어가고 있었다. 그러므로 전략을 커뮤니케이션할 수 있고, 위기상황 탈출의 방향을 제시해 줄 수 있는 경영관리 모델에 대한 필요성이 절실했었다. 그렇기 때문에 그 당시의 초점은 '전략개발'에 있었지만, 오늘날 시장이 성숙국면에 접어듦에 따라 '운영적 관리'쪽으로 옮겨 졌다.

다른 경우들은 다소 중간적인 성격을 띠고 있는 것으로 보인다. VCC사는 1993년에 위기상황을 맞았다. 르노(Renault)사와의 합병이 무산됨에 따라 2년 간의 제품개발 노력이 아무런 결실도 보지 못하게 되었다. 그 후 장기적 전략이 짧은 시간 내에 개발되었으며, 기업이 속한 산업의 성숙성 및 치열한 경쟁 등을 고려해 볼 때, 핵심기능에 대한 '장기적 접근'과 일상업무적 조직단위들에서의 '단기적 접근' 사이의 조화가 요구되고 있었다. 그리하여 지금까지도 이 기업에서는 전략적 관리 및 운영적 관리의 양 측면이 모두 강조되고 있다.

핼리팩스사는 처음에 운영적 관리에서 출발하여 재조정을 거쳐 전략적 관리로 이행한 경우이다. 이 곳에서의 강조점은 주로 '경영관리', 그리고 '시스템들과 정보기술의 개발'에 있었다. 그리하여 거대한 규모의 조직임에도 불구하고 개발된 운영적 도구들의 덕택으로 별 무리 없이 업무진행 상황을 파악해 나갈 수 있게 되었다. 경영진은 여기서 한 걸음 더 나아가 학습하는 조직을 확립하였으며, 몇 년 후인 현재에는 전략적 계획수립 프로세스를 BSC 개념에 접목시키려는 시도가 진행중이다.

히스로 공항에서의 영국항공사 성과측정표에 있어서는 그 운영적 측면이 더욱 확연하다. 영국항공사는 그곳에서 총체적 난국에 처해 있었으므로, 사업에 대한 통제를 회복하고 '정말 중요한 것들'에 초점을 맞추는 것이 시급한 상황이었다. 최대 과제는 '교육적 기본틀', 즉 사업을 묘사할 뿐만 아니라 관리자들이 일상업무적 목표들에 있어서 맡은 바 소임을 다 할 수 있도록 도와줄 '언어'를 개발하는 것이다. 이러한 히스로 공항의 '아래서부터 위로'의 접근법을 통해 관리자들은 그들 자신의 사업에 대해 많은 것들을 알게 되었으며, 그 결과 이제 오늘날 그들이 사업향상을 위해 노력하면서 느끼고 있는 것은 '위로부터의 압력'이 아니라 '위로부터의 지원'이다.

스칸디아사의 지적자본 분야에 있어서의 노력은 전략적 초점 및 운영적 초점의 특징들을 조화시킨 것이다. 그것은 한 사업부에서 비롯되었다고 볼 수 있는데, 그곳의 전략 및 조직적 모델은 기업 또는 산업적 전통을 완전히 벗어난 '획기적인' 것이었다.[1] 그들은 혁신적 전략사고의 전형적인 예라 할 수 있으며, 또한 그 전략적 사고는 그들의 국제적 확장의 근거인 '인과관계 가설들'을 커뮤니케이션시켜야 할 필요성을 수반하였다. 그 후 성과측정표 프로세스는 그룹 내의 다른 분야들에게도 확대 실시되었다. 이때에도 역시 '밑에서부터 위로'의 접근법이었으며, 그 초점은 주로 '운영의 효율성'에 맞춰졌다.

이상으로부터 다음과 같은 결론 한 가지가 요약될 수 있다. 즉, 관련된 경험의 양은 시간의 경과와 함께 증가한다. 성숙한 산업 또는 오랜 역사를 가진 기업들 내에는 많은 경험들이 축적되어 있다. 그러나 경험은 그 적절성이 여전히 유지되고 있는지 시험되어야 한다. 또한 그 경험이 사용 가능한 형태로 되어 있는지 여부는 또 다른 문제이다(지식관리에 관한 현재의 논의들을 참조하라). BSC는 이런 점에 있어서 큰 기여를 할 수 있다.

새로운 기업들 —특히 새로운 산업 내에서— 에 있어서는 경험보다

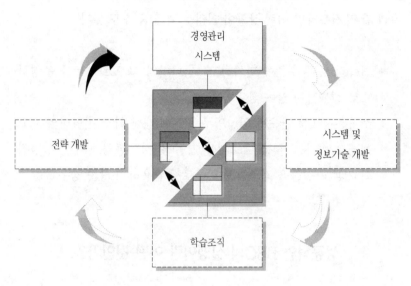

<그림 12-1> 순환의 단절(피해야 할 상황)

가설들이 성과측정표 프로세스에 있어 더 큰 역할을 하고, 더 많은 전략적 초점들을 갖게 될 것이다.

하지만 아마도 가장 중요한 것은 그레이너와 헤드버그가 각자 다른 방식으로 표현했던 '성숙하고 안정된 국면'과 '혁신적 재검토' 사이의 상호 연관관계이다. 성과측정표의 목표 중 하나로서의 '조직의 학습'이란 단순히 '기업 및 주위환경에 관한 경험에의 집착'을 의미하는 것이 아니다. 현재의 구도에 의문을 제기해 볼 수도 있어야 한다. 왜냐하면 상황이 바뀌었을 수도 있기 때문이다. 만약 그렇다면 이제는 새로운 '가설'들을 시험해 볼 때이다.

그러므로 성과측정표상에서 전략적 기능과 운영적 기능 사이의 상호작용은 지극히 중요한 것이다. <그림 12-1>과 같은 순환이 되어서는 안된다. 여기에서는 그 연결관계들이 단절되어 버렸다. 그러나 다음과 같은 경우라면 이런 상황이 의외로 쉽게 올 수도 있다.

- 전략적 토론 수준에 만족하고, 더 나아가 그 프로젝트를 운영적으로 실행하지 않는 경우
- 성과측정표를 단순한 일상업무 운영에 대한 확장된 형태의 보고체계로 받아들인 결과, 그것을 기업 및 사업환경에 대한 경영진의 기본 가설들을 검증하는 도구로서 활용하지 않는 경우

성공적인 BSC의 실행이란 어떤 것인가?

이상의 논의로부터 알 수 있듯이 일반화된 해결책 같은 것은 없다. 수년 간의 BSC 작업 경험을 통해 필자들은 이것을 감히 단언할 수 있다. 각 기업들의 BSC의 형식 및 그 실행 방식은 그 산업, 기업의 규모, 기업의 역사, 그 기업의 기업문화 등과 같은 요소들에 의해 좌우된다. 그럼에도 필자들은 나름대로 '성공에 필수적이라고 생각되는' BSC 프로젝트의 '일정한 측면들'을 검토해 보고자 한다.

지원 및 참여

최고경영진의 확고한 지원 없이 BSC와 같은 개념을 성공적으로 실행한다는 것은 극히 어려운 일이다. 또한 BSC의 기본개념 및 그것이 각 종업원들의 일상업무에 미치는 효과를 전사적으로 이해시키기 위해서는 상당히 긴 시간이 필요하다. 이때 가장 중요한 것은, 모든 종업

원들로 하여금 최고경영진이 BSC의 가치 및 기본개념, 그리고 그것의 고유한 경영철학을 전적으로 확신하고 있음을 느낄 수 있도록 하는 것이다. 또한 최고경영진은, 충분한 시간 및 교육훈련 등 성과측정표 실행에 필요한 자원들을 공급해 주어야 한다. BSC 개념 실행에 필요한 지원의 원활한 공급을 위해서는, 많은 어려움에 맞서 그 프로젝트를 끝까지 완수시킬 수 있을 만큼 충분히 높은 직급에, BSC의 열광적인 '팬'이 한 사람쯤은 있어야 된다는 것이 필자들의 생각이다.

BSC의 주요 목표들 중 하나는, 기업의 비전 및 전략적 목표들과 관련된 '참여와 커뮤니케이션'을 확립시키는 것이다. 만약 그 개념이 적절하게 적용되지 않는다면, 조직 내의 사람들은 BSC를 '기업이 확정된 목표를 향해 나아갈 수 있도록 보장해 주는 도구'라고 생각하기보다는, 단순히 '자신들을 관리하기 위한 도구'로서 받아들이게 될 것이다. 그러므로 기업의 많은 부분들이 성과측정표 개발의 실제적 프로세스에 참여하는 것이 중요하며, 이때 프로세스는 기업의 포괄적 비전과 함께 출발해야 한다. 이런 식으로 해서 기업은 '각 개인이 기업의 전략적 목표달성에 어떻게 기여할 수 있는가'라는 문제에 대한 일정한 합의에 도달할 수 있게 된다. 종업원들의 참여의식을 높일 수 있는 한 가지 좋은 방법은, 그들로 하여금 스스로 그 기업 고유의 BSC 개념에 대한 이름을 결정하게 하는 것이다.

우선 순위

최근 들어 많은 기업들이 주요한 변화들을 겪어 왔다. 그 결과 기업들은 다양한 조직변화 이론들에 근거한 많은 변화 프로젝트들을 실행해 왔으며, 당연히 그 종업원들은 상당히 '피곤해진' 상태에 있다. 이런 상황에서 그들이 BSC를 처음 접했을 때 던질 첫 마디는 "이번엔 또 뭐냐", 또는 "또 왔냐, 또 왔어" 정도가 될 것이며, 그들은 BSC를 그저 또 하나의 부담스런 프로젝트로 여기게 될 것이다. 또한 프로젝트의 지속적 효과에 대한 회의와 함께, 그 효용성 역시 불분명해질 것이다. 그러므로 적절한 '타이밍'이 중요하다. 뿐만 아니라 최고경영진은 △ 성과측정표 프로젝트의 목표 △앞서 있었던 다른 프로젝트들과의 관계 등을 설명해 줄 수 있어야 한다. 예를 들어 기업이 이미 TQM의 일환으로 다차원적 측정지표들과 함께 작업한 적이 있다면, 경영진은 성과측정표가 그 경험을 토대로 그 위에 무엇을 '추가'할 수 있는지에 대해 설명해 주어야 한다.

프로젝트팀의 구성

BSC 개념의 의도는 가능한 한 완벽한 기업 사업구도를 제공해 주는 것이다. 그러므로 프로젝트팀은 조직의 다양한 부분들을 대표할 수 있도록 구성되어야 하며, 그 구성원들은 그들의 다양한 관점들을 제시함으로써 성과측정표 개발 프로젝트에 기여해야 한다. 필자들은 일부 기업들에 대한 사례연구 과정에서 프로젝트팀들의 너무 많은 구성원들이 회계적 경력을 가진 인물들로 구성되어 있다는 것을 발견하였다. 또한 당연히 이런 기업들은 전통적 재무측정지표들을 선호하는 경향을 가지고 있었다.

실제에 있어서 프로젝트팀은 4~15명의 인원으로 구성되는 경우가 많지만, 몇 명이 가장 적절하다고 일률적으로 말할 수는 없다. 그 팀의 규모가 너무 커서 효율성 및 행동의 자유를 침해해서도 안되겠지만, 반대로 너무 작아서 조직 일부의 의사가 프로젝트에서 제외되는 결과를 가져와서도 안된다.

프로젝트의 범위

BSC 프로젝트의 규모가 너무 광범위하다든지, 또는 너무 많은 사람들이 이에 관련되게 되면 그 작업에 대한 지출이 방대해져, 결국 기업자원을 과도하게 소비하는 결과를 가져오게 될 것이다. 또한 필요한 지원을 얻는 데 너무 긴 시간이 소요되어 기대된 효과 달성이 어렵게 될지도 모른다. 뿐만 아니라 기업 핵심인물들이 프로젝트에 너무 많은 시간을 빼앗겨, 그것을 끝까지 완수한다는 것이 그들에게 큰 부담으로 작용할 수도 있다. 그래서 일부 기업들은 자회사, 또는 한 부서에서의 시험적 프로젝트로부터 출발함으로써 이런 문제점들을 피해가고자 하기도 한다. 이것은 그 조직으로 하여금 시행착오를 미연에 방지할 수 있도록 해줄 뿐만 아니라, 더 나아가 BSC 개념의 원활한 실행에도 큰 도움을 줄 수 있다. 시험 프로젝트로부터 얻을 수 있는 또 한 가지 이점은 종업원들의 지지를 확보할 수 있다는 것이다. 즉 최고경영진, 또는 외부인들의 일방적 프로세스가 아니고 종업원들 스스로의 선호가 직접적으로 반영된 프로세스였다는 점이 그들에게 큰 신뢰감을 심어줄 수 있는 것이다.

그러나 일부 기업들은 BSC 개념이 '넓은 파장 효과'를 통해 전사적 관심을 불러모을 수 있다는 판단하에, 처음부터 전사적 규모의 프로젝트를 출발시키는 것을 선호하기도 한다. 이런 접근법은 기업 경영관리 철학의 변화, 미래목표 지향 등의 효과를 가져오게 된다. 하지만 그 단점은 그 프로세스(지지 획득, 메시지 전파, 적절한 태도 주입)에 긴 시간이 소요될지도 모른다는 점이다.

기업 전략에 근거한 성과측정표

BSC는 기업의 포괄적 비전 및 전반적 전략목표들에 근거해야 한다. BSC 프로세스가 본격적으로 진행되기 위해서는, 그 전에 기업의 전략이 그것과 일관된 측정지표 및 목표들로 세분되어야 한다. 만약 성과측정표가 전략에 근거되지 않게 되면 조직의 다양한 부분들은 혼선된 목표들을 가지고 일하게 될 것이고, 그것은 '부분 최적화'라는 결과에 귀착될 것이다. 여기서의 주된 과제는 '전략수립 프로세스'와 '운영적 초점 유지' 사이의 균형 달성이다. 많은 기업들이 그들의 실제적 일상업무 파악보다는 머나먼 비전에 대한 '백일몽'을 즐기는 경향이 있었기 때문이다. 일부 기업들은 이런 부작용을 방지하기 위해, 전략 수립 과정은 소규모의 팀에 일임하고, 전체 조직은 사업계획수립, 측정지표의 고안, 타깃설정 등의 과제를 맡는 2분적 접근법을 시도하기도 한다.

명확하고 일관되게 정의된 측정지표들

BSC에 사용되는 측정지표들은 정확하게 정의되어야 한다. 그리고 전사적 차원에서 볼 때도 마찬가지이다. 기업이 각 자회사 또는 부서들의 진행상황을 비교하고자 한다면, 사용될 측정지표들에 대한 일반적 정의를 처음부터 명확히 규정해야 한다. 또한 그 정의들은 데이터베이스 또는 안내지침 등을 통해 쉽게 접근할 수 있어야 한다. 만약의 경우, 측정지표를 찾는 것이 너무 어렵다면, 그것은 측정을 실시하지 않으려는 구실이 될 수도 있기 때문이다.

측정지표들 사이의 균형 및 인과관계

기업의 목표들은 전통적으로 재무적 측정지표 및 목표들의 형태로 표현되어 왔다. 그 결과 대부분의 경우 그 시스템들은 재무적 측정지표들을 사실상 매일 모니터할 수 있도록 맞추어져 있다. 많은 기업들은 비재무적 측정지표들을 모니터 할 능력이 없거나, 또는 그런 '전통'을 가지고 있지 않다. 그 결과 비재무적 측정지표들은 소홀히 될 수도 있다는 위험이 있다. BSC는 '사업에 대한 더 넓은 조망을 제공'하는 것 외에도 '측정지표들간 상호작용에 대한 토론 유도'라는 의도를 가지고 있다.

만약 기업이 후자에 대한 과거의 통계를 전혀 가지고 있지 않다면, 조직 내에서 그것에 대한 토론이 이루어져야 한다. 그 인과관계들이 확실히 입증되진 않더라도, 경영진은 최소한 그것들에 대한 개념들은 가지고 있어야 한다. 고객 유지 활동, 서비스, 또는 역량의 개발 등을 강조하는 이유는, 그것들이 미래 사업의 수익성을 향상시켜 주리라고 추정되기 때문이다. 이때 다소간 공식화된 시뮬레이션 및 시나리오 모델들을 경영의 도구로 도입한다면 상당히 좋은 결과를 가져올 수 있을 것이다.

목표의 설정

측정지표들에 대해서는 각각 목표들이 설정되어야 한다. BSC가 신뢰받기 위해서는 첫째, 목표들이 포괄적인 비전 및 전반적 전략들과 일관성을 유지하고 있어야 한다. 둘째, 그 목표들은 실제적이고 달성 가능한 것이어야 한다. 물론 목표들은 조직의 발전에 박차를 가할 수 있을 만큼 '야심적'이어야 하겠지만, 그와 동시에 전사적으로 종업원들이 '목표란 달성 가능한 것'이라는 인식을 가질 수 있어야 한다.

기업은 장기적 목표 및 단기적 목표 모두 필요하다. 단기적 목표들은 일반적으로 3~18개월 정도의 시간틀을 가져야 하며, 그것들은 장기적 목표들에 대해 '하부 목표들'을 구성하게 된다. 단기적 목표들에 관련된 측정지표들에 대해 초점을 계속 유지하기 위해서는 측정이 비교적 자주 이루어져야 한다(경우에 따라서는 월단위의 측정도 필요하다). 반면에 장기적 목표들은 2~5년 정도의 시간틀을 가지게 되며, 이것들은 일반적으로 전략수립 프로세스를 통해 갱신되고 수정된다. 관리수단으로서 기능하기 위해서는 최소한 일년에 한번 장기적 목표들의 진행상황에 대한 측정이 이루어져야 한다. 하지만 이상적인 것은 각 분기별로 측정되는 것이다.

기존의 관리시스템들과의 관계

BSC는 사업 또는 기타 운영에 대한 전략적 관리방식이다. 그러므로 특히 경영관리를 비롯한 기존의 관리시스템들과 조화를 이루어야 한다. 예산, 보고, 보상 등의 시스템들은 성과측정표에 맞게 이루어져야 하며, 그 후 조정을 통해 경우에 따라서는 성과측정표상의 측정지표들과 통합되어야 한다. 그렇지 않으면 재무적 성과에 근거한 전통적 책임 및 보상들이 계속 그 '압도적 지위'를 유지하게 되어, 성과측정표적 대화에 기초한 임무들의 수행책임은 발 붙일 곳이 없게 될 뿐만 아니라 과도한 자원들이 관리 프로세스에 투하되는 결과를 초래할 것이다.

이런 상황은 재무적 측정지표들에 초점을 둔 관습적인 시각을 갖고 있는 경영진(특히 이사회 또는 본사 고위경영진 등)에게는 걱정스러운 상

황을 넘어, 거의 위험하게까지 보여질 것이다. 더구나 다양한 조직단
위들이, 다양한 산업에서, 다양한 시장에 대해 사업을 운영하고 있기
때문에, 이런 상황은 오직 본사 최고경영진에 의해서만 파악될 수 있
다. 그러므로 상당히 초기단계에서, 각 사업의 특징 및 계층적 적절성
등을 고려하여 관리자들에 대한 바람직한 재무적 · 비재무적 책임의
'조합'을 결정해야 한다.

측정지표 및 측정의 실행 가능성 확인

성과측정표가 효과적이려면, 그 내용을 끊임없이 최신의 적절한 정
보들로 갱신하여, 그것이 기업의 전략적 토론 및 학습의 자연스런 일
부분으로 자리잡아야 한다. BSC 프로세스를 통해, 종종 기존의 기업
내 시스템들에는 존재하지 않던 측정지표들이 채택되는 경우가 있다.
이때 그 프로젝트팀은 그것들과 관계된 데이터가 제공될 수 있도록
주의를 기울여야 한다. 그렇지 않으면 그 기업의 성과측정표는 점검될
수 없는 많은 측정지표들로 가득 차게 되어 전략 검증, 또는 학습하는
조직의 실현 등이 불가능하게 될 것이다.

그러므로 기업은 직관력 있고 유연하며 비용 측면에서의 효율적인
측정시스템 및 절차들을 개발하여, 데이터베이스를 통한 외부 및 내부
정보 이용이 가능하도록 해야 한다. 더 나아가 일상업무 운영에 있어
수작업으로 실시되던 측정을 계수화하는 단계에까지 이를 수 있어야
한다.

정보기술에 근거한 프리젠테이션 및 지원시스템

많은 사람들은, 성과측정표가 정보기술에 근거한 표현 및 지원시스

템에 연계되지 않는다면 기업은 BSC 개념을 충분히 활용할 수 없을 것이라고 믿는다. 컴퓨터화된 도표 및 그림 등을 통해 조직은 전반적 업무현황을 빠르고 쉽게 파악할 수 있다. 또한 이것을 통해 각 종업원들은 그들의 업무가 기업의 전반적 성과에 미치는 영향을 명확하게 알 수 있게 된다.

물론 장기적으로 데이터 수집 및 보고 체계가 잘 기능하기 위해서는 정보기술에 근거한 표현 및 지원시스템이 필수적이긴 하지만, 프로세스의 초기단계에서 사람들로 하여금 그 프로젝트가 '컴퓨터 프로젝트'라는 인상을 주어서는 안된다. 만약 그렇게 되면 조직 내 사람들은 그것을 뭔가 '난해한 것'으로서 받아들이게 될 것이다.

정보기술 지원이 어느 프로세스 단계에서 어느 정도로 이용되어야 할지는 그때그때의 상황에 따라 결정될 문제이다. 예를 들어 더 많은 운영단위들을 가진 조직은, 상대적으로 더욱 집중된 운영방식을 가진 작은 기업과는 다른 요구들을 갖게 될 것이다. 하지만 필자들은, 정보기술 지원을 더 표준화된 방식으로, 합리적인 비용수준에서 활용할 수 있는 시대가 오고 있으며, 특히 경영진의 전략적 토론(다양한 요소들 및 측정지표들의 연계에 관한)에 있어서는 거의 필수적이 될 것이라고 믿는다.

교육훈련 및 정보

필자들의 경험에 의하면, 조직에 있어서 정보와 교육훈련은 많으면 많을수록 좋다. 또한 성과측정표 개념에 관한 정보들은 언제나 이용 가능하며 쉽게 이해될 수 있어야 한다. 교육 훈련 및 정보들은 안내지침, 인트라넷, 세미나 등을 통해 제공될 수 있다. 이렇게 제공되는 정보는 20명, 또는 그 이하의 집단에게 가장 잘 전달될 수 있다는 사실이 경험을 통해 밝혀졌다. 이 이상으로 집단이 커지게 되면, 사람들은 질문하기를 꺼리고 기본개념을 면밀히 검토하지 않게 된다.

학습하는 조직으로의 발전

BSC 프로세스를 통해 전략은 측정지표 및 구체적 목표들로 세분된다. 또한 이 프로세스를 통해 △참여의식 △전략에 대한 인지 △분권화된 의사결정 프로세스 △규정된 목표에 대한 달성 책임 등이 개발된다. 그 결과 목표달성 분석이 뒤따르게 되는데, 여기에서 기업은 잘하고 있는 분야, 그리 잘하고 있지 못한 분야, 향상이 필요한 분야 등에 관한 결론들을 끌어내게 된다.

BSC에 대한 점검

기업은 경쟁력 유지를 위해 지속적으로 그 전략을 검토해야 한다. 대부분의 기업들은 지속적인 '전략 검증'이 필요한 사업환경 속에서 운영되고 있다. 기업의 전략적 목표들과 성과측정표상의 측정지표들과의 연관관계는 일정한 인과관계들에 관한 가설들에 근거하게 된다. 그러므로 후에 측정지표들과 전략적 목표들 사이에 서로 아무런 관계가 없다는 사실이 밝혀진다면, 그 전략 선택의 근거가 되었던 이론들은 재검토되어야 한다. 이런 것들은 적어도 1년에 한 번씩은 토론되어야 하며, 경우에 따라서는 분기별 또는 월별로 실시되어야 한다. BSC는 정적인 생산물이 아닌 '살아 있는' 모델로서 인식되어야 한다.

요 약

이 장을 통해 필자들은 BSC 프로젝트의 실행을 결정하기에 앞서 고려해야 할 몇 개의 쟁점사안들에 대해 설명하였다. 필자들은 다시 한 번 '표준적인 해결책'은 존재하지 않음을 강조한다. 기업은 언제나 다양한 요소들을 고려해야 한다. 또한 BSC 프로젝트가 이러한 요소들에게 미칠 영향력의 정도는 그 요소에 따라 각각 다르다. 이런 요소들의 예로는 △산업의 성숙도 △기업의 역사 △기업문화 △기존의 경영관리 시스템 △직원들의 근속년수 등이 될 것이다.

BSC는 기업의 비전과 전략을 전략적 목표, 측정지표, 목표 등의 형태로 표현해 줌으로써, 조직에게 비전 및 전략을 커뮤니케이션할 수 있는 기본틀을 제공해 준다. 그 결과 기업은 새로운 전략을 쉽게 채택할 수 있게 되어, 변화하는 시장에 대해 훨씬 유연하게 대처할 수 있게 된다.

조직의 많은 부분들에 있어서 기업의 전략은 '추상적인 것', 즉 단지 최고경영진만이 이해할 수 있는 서류, 또는 몇 개의 문장들이라고 인식되어 있다. 기업 비전 및 전략의 성공적인 실행을 위해서는, 그에 대한 운영 계획들이 개발되고 점검되어야 한다. BSC는 만약 적절하게 사용된다면 다음 2가지 면에서 기업에 기여하게 된다. 첫째, 비전 및 전략을 전사적으로 커뮤니케이션시킬 수 있도록 그것들의 추상적 개념들을 실체적 용어들로 표현해 준다. 둘째, 의도된 대로 비전이 달성되고 전략이 추구될 수 있도록 그 점검 체계를 제공해 준다.

1990년대 들어 많은 기업들이 다양하게 각색된 성과측정표들을 실험하고 있는 것은, BSC의 '전략에 근거한 경영관리 도구'로서의 효용 가치를 인정했기 때문이라는 것이 필자들의 생각이다. 성공에 대한 조건으로서 특히 강조하고 싶은 것은, '전략, 관리, 측정, 학습, 그리고 다시 전략'으로 이어지는 이른바 '효과적 순환(virtuous circle)'의 중요성이다. 만약 이 순환이 깨어진다면 BSC의 잠재적 효용 중 많은 부분들을 잃게 될 것이다. 반면에 만약 이 순환이 완전성을 유지한다면, 현대적 경영관리의 가장 중요한 요소들의 조합을 통해 기업은 큰 이익을 얻을 수 있게 될 것이다.

· 주(註) ──────────────────

1) 이것은 스칸디아 AFS사를 가리킨다(Hedberg et al. 1997 참조).

부록 각 시각별 측정지표 예시

재무적 시각 | 고객 시각 | 프로세스 시각 | 발전 시각 | 인적자원 시각

각 시각별 측정지표 예시

이 부록에는 각 시각별 측정지표의 예들이 제시되어 있다. 하지만 이것들은 '추천된 측정규준'들로서 간주되어서는 안된다. 필자들이 본문에서 지적했듯이, 측정지표들은 언제나 각 기업들의 특정한 전략 및 핵심 성공요소들을 반영해야 되기 때문이다. 이것들은 성과측정표에 대한 문헌들을 비롯해 다양한 출처들로부터 수집되었다.

이 곳의 측정지표들은 결과물 측정지표 및 성과동인 모두를 포함하고 있다. 하지만 재무적 시각은 당연히 결과물 측정지표들이, 그리고 발전 시각의 거의 대부분은 성과동인들이 차지하고 있다. 그러나 사후적 초점(the later focus)에서 본 '출원 중의 특허권들'과 같은 '상태 측정지표'는 전기에 있었던 '개발행위'들의 결과물이라고 볼 수 있다. 그리고 나머지 시각들은 동인과 결과물들이 혼합되어 있다. 예를 들어, 고객시각에서 '고객관계에 투하된 시간'은 동인으로 볼 수 있는 반면, '고객 충성도'는 결과물로 볼 수 있다. 하지만 '고객 충성도'는 다시 '판매'에 대한 동인으로서 작용할 수 있으며, 이러한 연결관계는 필자들이 제1장에서 논의한 바 있는 측정지표들의 '수단—효과 사슬적' 특성을 잘 보여주는 예라고 할 수 있다.

— 재무적 시각

1. 총자산($)

2. 총자산/종업원($)

3. 수입/총자산(%)

4. 신제품 또는 신규 사업운영으로부터의 수입($)

5. 수입/종업원($)

6. 이익/총자산(%)

7. 신제품 또는 신규 사업운영으로부터의 이익($)

8. 이익/종업원($)

9. 시장가치($)

10. 순자산 수익률(%)

11. 부가가치/종업원($)

12. 총자산 수익률(%)

13. 투하자본 수익률(%)

14. 이윤 폭(%)

15. 공헌이익/수입 또는 공헌 이익률(%)

16. 공헌이익/종업원(%)

17. 현금흐름($)

18. 주주지분/총자산, 또는 지급능력(solvency)(%)

19. 투자 수익률(%)

20. 총비용($)

이외에도 많은 측정지표들이 고려될 수 있으며, 이들 중 많은 것들
은 재무분석가들의 '측정지표 창고에 비축' 되어 있다. 그리고 이것들

에 대한 더 많은 정보를 원하는 독자들은 회계측정지표에 관한 전문
서적들을 참조해 보면 될 것이다. 그러나 위의 리스트를 통해 알 수 있
듯이, 캐플런과 노튼 같은 일부 전문가들은 시장과 더욱 많이 관련된
측정지표(예 : 각 세분고객별 수익성)들을 여기에 포함시키고자 한다. 이
런 측정지표들은 물론 다른 것들과 마찬가지로 기업의 회계자료들로
부터 얻어질 수 있는 '과거에 대한 조망'이지만, 그와 동시에 '고객초
점'에 포함되어 질 수도 있다.

　일반적으로 이런 측정지표들은 기업 내 다양한 부문들을 서로 비교
해보는 데 적합하며, 더 나아가 이것들을 통해 기업을 '산업평균' 또
는 '그 산업의 과거 데이터'와 연관시켜 볼 수도 있다. 예를 들어 볼보
사의 경우(제6장 참조), 그 표현에 있어 그래프 또는 '시간의 흐름에 따
른 추이' 등을 적극적으로 활용하고 있음을 볼 수 있었다. 또한 이 시
각에는 '상태' 및 '변화' 양자 모두에 관한 측정지표들, 즉 대차대조
표 및 손익계산서 모두에 관련된 측정지표들이 포함되어야 한다.

－ 고객 시각

1. 고객 숫자(숫자)
2. 시장점유율(%)
3. 연간판매량/고객($)
4. 잃은 고객(숫자 또는 %)
5. 고객관계에 투하된 평균시간(숫자)
6. 고객/종업원(숫자 또는 %)
7. 판매완료/판매접촉(%)
8. 고객 만족지수(%)

9. 고객 충성지수(%)

10. 비용/고객($)

11. 고객방문 횟수(숫자)

12. 불평불만 건수(숫자)

13. 마케팅 비용($)

14. 브랜드 이미지 지수(%)

15. 고객관계의 평균 지속기간(숫자)

16. 평균 고객규모($)

17. 고객 평가등급(%)

18. 고객의 기업방문 횟수(숫자)

19. '고객접촉'에서 '판매응답'까지의 평균시간(숫자)

20. 서비스 지출/고객/년($)

위 측정지표들의 일부는 '고객 만족지수', 기타 다양한 태도 측정지표 등과 같이 '고객이 기업을 어떻게 보는가'를 나타내 준다. 이런 측정지표들은 다시 고객분야, 마케팅 채널 등에 의해 세분될 수 있다. 또한 이것들은 '각 타깃 그룹별 현황' 및 '전기의 운영에 따른 변화'의 양자 모두를 반영해야 한다. 즉, 이것들은 '대차대조표' 및 '손익계산서' 모두를 제공해 주어야 한다. '고객 인식도(브랜드 인지도)'와 같은 '대리 측정지표'들을 모니터함으로써 미래 판매량을 조기에 예측할 수 있다는 것이 경험에 의해 밝혀졌다. 뿐만 아니라, 이것들보다 더욱 조기의 지표들로서 '완료된 마케팅 노력', '예비고객에 대한 방문' 등이 있을 수 있는데, 이것들은 그 본질상 더욱 더 '대리적'인 성격을 띠게 된다. 때때로 이런 종류의 측정지표들은 '어떤 시장에 참여하거나,

또는 거기에서 기업의 포지션을 구축하기 위해 투하된 자원'의 경우처럼 '재생 및 발전 초점'에 포함될 수도 있다.

또한 상황(즉, 무엇이 성공에 중요한 것으로 판명되었는지)에 따라서, △고객의 구매량에 대한 기업의 점유율 △접촉 빈도 △나름대로 적극적인 고객접촉을 하고 있는 종업원의 숫자 △기타 일반문헌상에서 흔히 볼 수 없는 요소들 등을 보여 주는 측정지표들이 필요할 수도 있다.

― 프로세스 시각

1. 관리 비용/총수입(%)
2. 프로세스 타임(숫자)
3. 정시 배달률(%)
4. 평균 리드타임(숫자)
5. 리드타임, 제품 개발(숫자)
6. 리드타임, 주문부터 배달까지(숫자)
7. 리드타임, 공급자(숫자)
8. 리드타임, 생산(숫자)
9. 의사결정에 걸리는 평균시간(숫자)
10. 재고 회전율(숫자)
11. 생산성 향상률(%)
12. 정보기술 용량[중앙처리장치(CPU) 및 직접 접근 기억장치(ASD)]
13. 정보기술 용량/종업원(숫자)
14. 정보기술 재고 변화($ 또는 %)
15. 정보기술 비용/관리 비용(%)
16. 생산으로부터의 환경 배출물(숫자)

17. 제품사용에 따른 환경적 영향(숫자)
18. 관리상의 하자로 인한 비용/경영수입(%)
19. 하자 없이 체결된 계약(숫자)
20. 관리 비용/종업원($)

이곳은 제7장에서의 많은 추론들과 관련된다. 예를 들어, 이론적 능력 및 일정한 프로세스들에 대한 현재의 성과(실제적 품질, 처리시간 등) 뿐만 아니라 '더 많은 양(quantity) 또는 다른 제품구색(product assortment)'에 대비한 예비능력 및 유연성 역시 중요하다. 또한 여기에서도 역시 '현상황' 및 '그 기간 동안의 변화' 둘 다 고려되어야 한다. 만약 별개의 인적자원 초점을 채택하지 않는다면, 많은 프로세스 측정지표들은 사람과 기술 간의 상호작용을 반영하게 될 것이다. 이 경우에는 필자들이 제7장에서 '정보기술에 대한 측정지표들'이라는 제목하에서 논의했던 것들과 직접적으로 연관된다. 향상에 대한 잠재력 및 확장능력은 종종 종업원들을 교육시켜 기존의 기술을 최대한 활용하는 데 있게 된다. 이런 관점에서 본다면, 종업원의 역량을 시스템의 능력과 결부시키는 측정지표들이 중요해진다. 이러한 측정지표들의 예로는 △기업 컴퓨터 시스템의 다양한 응용프로그램들을 마스터한 종업원들의 숫자 △인터넷 또는 기업의 고객 데이터베이스를 적극적으로 활용하는 종업원들의 숫자 등을 들 수 있다.

— 발전 시각

1. R&D 비용($)
2. R&D 비용/총비용(%)

3. 정보기술 개발비용/정보기술 비용(%)

4. 시간, R&D(%)

5. R&D자원/총자원(%)

6. 교육훈련 투자/고객(숫자)

7. 연구조사 투자($)

8. 신제품 지원 및 교육훈련 투자($)

9. 신규시장 개발 투자($)

10. 고객과의 직접커뮤니케이션/년(숫자)

11. 출원중인 특허(숫자)

12. 기업특허권의 평균연령(숫자)

13. 제안된 향상방안/종업원(숫자)

14. 역량개발 비용/종업원($)

15. 종업원 만족지수(숫자)

16. 마케팅 비용/고객($)

17. 종업원의 관점(권한위양 지수)(숫자)

18. X세 이하 종업원의 점유율(%)

19. 제품 비관련 비용/고객/년($)

20. 기업의 전제품 중 신제품(출시된 지 X년 이하)의 비율(%)

프로세스 초점의 경우와 마찬가지로, 이곳의 측정지표들 역시 사람과 시스템 간의 상호작용을 반영한다. 또한 이곳에서는 일정한 프로세스기간 중 그 초기단계에서 측정을 실시해야 하므로, 일반적으로 '성취된 것' 또는 '그에 따른 효과'에 대한 측정지표들보다는 '하고 있는 중인 것'에 대한 측정지표들을 사용할 수밖에 없는 경우가 많다.

많은 비용을 들여서 새로운 사업을 구축하는 것이 곧 그 성공을 보장해 주지 않듯이, 개발부서에서 강도 높은 이론교육을 실시하는 것이 곧 그 혁신의 도래를 보장해 주지는 않는다. 그러므로 선택된 측정지표들은, 그것을 보는 사람들로 하여금 보고된 '자원(인적자원 및 기타 자원들), 성취, 결과 사이의 조합'이 과연 설득력을 가지고 있는 지에 대해 그들 각자의 결론을 이끌어 낼 수 있도록 해 주어야 한다.

이러한 목적을 위한 측정지표들은 미래투자의 본질에 따라 상당히 다양하게 나타날 수 있다. 하지만 다른 초점분야들에서와 마찬가지로 '상태' 및 '변화' 양자 모두를 반영하는 것은 중요하다. R&D 또는 시스템 개발부서들에 대해서, 그 규모 및 성취(특허권, 운영중인 시스템), 그리고 그것들의 영향(신제품의 판매점유율, 새로운 내부지원 시스템에 대한 수용도) 등을 측정해 보는 것은 상당히 의미 있는 작업이다. 또한 이러한 측정지표들은 전기와 연관된다거나, 기업의 다양한 조직단위들 사이에서 비교될 수도 있다.

─ 인적자원 시각

1. 리더십 지수(숫자)
2. 동기부여 지수(숫자)
3. 종업원 숫자(숫자)
4. 종업원 이직률(%)
5. 종업원 평균 근속연수(숫자)
6. 종업원 평균 연령(숫자)
7. 교육훈련 일수(일/년)(숫자)
8. 임시직 종업원/상근 종업원(%)

9. 대졸 종업원의 점유율(%)

10. 평균 장기결근(숫자)

11. 여성관리자의 숫자(숫자)

12. 직원모집에 대한 평균지원자 수(숫자)

13. 권한위양 지수(숫자), 관리자 숫자(숫자)

14. 40세 이하의 종업원 점유율(%)

15. 1인당 연간 교육훈련 비용($)

16. 총 근무시간 중 50% 이하의 시간을 기업시설 내에서 보내는 전임(full time), 또는 상근 종업원의 숫자(숫자)

17. 전임인 상근 종업원의 비율(%)

18. 1인당 연간 교육훈련, 커뮤니케이션, 지원프로그램 비용($)

19. 전임인 임시직 종업원의 숫자(숫자)

20. 파트타임 종업원 또는 비전임인 계약직 종업원의 숫자(숫자)

만약 별도의 인적 시각을 채택하고자 한다면, 그것은 전략적으로 중요하다고 생각되는 인적자원 요소들과 연관되어야 한다. 종업원 역량은 당연히 그러한 요소들 중 하나가 될 것이며, 그 외에도 △연령 △성 △기타 개인적 배경(직업적 경력, 국적 등) 등에 관계된 종업원의 분포상황이 고려되어야 한다. 또한 △종업원 이직률 △종업원 태도 △기업 내 승진 또는 전근 기회 등도 추가적인 요소들이 될 수 있다. 뿐만 아니라 선택된 측정지표들은 다른 시각들과의 관계를 반영해야 한다. 그 예로는 △종업원들의 고객접촉 △컴퓨터화된 시스템을 사용할 수 있는 능력 등이 될 것이다.

● 인터뷰

다음은 이 책의 집필을 위해 필자들이 직접 인터뷰한 사람들이다.

▶ ABB(ASEA BROWN BOVERI)사
Lennart Lundahl, Group Staff, ABB AB
Lennart Andersson, Manager, Business Consulting
Jan Frisk, Application Consultant

▶ 영국항공사(BRITISH AIRWAYS)
Peter Read, Director of Heathrow

▶ 브리티쉬 텔레콤사(BRITISH TELECOM)
Steve Walkin, Manager, Corporate Development(BT Quality and
Business Management)
Gerwyn Williams, Manager, Corporate Development(BT UK
Human Resources)

▶ 코카콜라사(COCA-COLA BEVERAGES SWEDEN)
Claes Tellman, External Affairs Manager
Per Widerström, Enterprise Project Manager

▶ 일렉트로럭스사(ELECTROLUX)
Peder Zetterberg, Deputy Group Controller, Budget and Control

▶ 핼리팩스사(HALIFAX)
David Fisher, Head of Retail Sales
Su R Kinney, Manager, Network Performance Information

▶ 캐팔(KAPPAHL)사
Thommy Nilsson, President and CEO
Helene Duphorn, Project Leader for balanced scorecard project
Peter Karlsson, Business Controller

▶ 넷웨스트 라이프사(NATWEST LIFE)
Theo van-Hensbergen, Head of Corporate Development, Life and Investment Services
David J Watts, Head of Corporate Development, NatWest Life

▶ 스칸디아사(SKANDIA)
Lars-Erik Petersson, President and CEO
Lief Edvinsson, Director of Intellectual Capital

▶ SKF사
Anders Forsberg, Group Controller

▶ 볼보 자동차사(VOLVO CAR CORPORATION)
Staffan Carlson, Vice-president and CFO
Hans Oscarsson, Finacial Planning and Control

▶ 제록스사(XEROX)
Göran Möller, Director, Rank Xerox Quality Services
Lasse Säfwenberg, Quality and Customer Satisfaction

● 참고문헌

· Adams, C. & Roberts, P. (1993). You Are What You Measure. *Manufacturing Europe 1993*, Sterling Publications Ltd, pp.504-507

· AICPA(American Institute of Certified Public Accountants) (1994). Improving Business Reporting - A Customer Focus, the comprehensive report of the AICPA Special Committee on Financial Reporting, chaired by Edmund Jenkins(a.k.a. The Jenkins Report). URL: www.aicpa.org

· Andrews, K.R. (1980). *The Concept of Corporate Strategy* (3rd edn). Irwin, Homewood, Ill.

· Anthony, R.N., Dearden, J. & Govindarajan, V. (1992). *Management Control Systems* (7th edn). Irwin, Homewood, Ill.

· Barney, J. (1991). Firm Resources and Sustained Competitive Advantage. *Journal of Management*, **17**(1), 99-120

· Bell, Timothy et al. (1997). *Auditing Organization through a Strategic-Systems Lens. The KPMG Business Measurement Process.* KPMG Peat Marwick

· Bergstrand, J. & Olve, N.G. (1996). *Styr bättre med bättre budget* (Improved control through improved budgeting). Liber, Malmö

· Brunsson, N. (1985). *The Irrational Organization. Irrationality as a Basis for Organizational Action and Change.* Wiley, Chichester

· Collis, J.D. & Montgomery, C.A. (1995). Competing on Resources: Strategy in the 1990s. *Harvard Business Review,* July-August, 118-128

· Dahlgren, L.E. et al. (1997). *Make IT Profitable!* Ekerlids, Stockholm

· Davén, B. & Nilsson, H. (1996). *Kommunerna och decentraliseringen - tre fallstudier* (The communes and decentralization - three case studies). Finansdepartementet (Swedish Ministry of Finance) Ds 1996: 68

· Davenport, T. (1997). *Information Ecology.* Oxford UP, New York

· Davenport, T. & Prusak, L. (1998). *Working Knowledge.* Harvard Business School Press, Boston, Mass.

· Davenport, T. et al. (1998). Successful Knowledge Management Projects. *Sloan Management Review,* **39**(2), 43-57

· Eccles, R.G. & Pyburn, P.J. (1992). Creating a Comprehensive System to Measure Performance. *Management Accounting,* October, 41-58

· Edvinsson, L. & Malone, M. (1997). *Intellectual Capital.* Harper Business, New York

· ERQM (1998). *Self-assessment Guidelines.* European Foundation for Quality Management, Brussels

· Falk, T. & Olve, N.-G. (1996). *IT som strategisk resurs* (IT as a strategic resource). Liber, Malmö

· Garvin, D.A. (1993). *Building a Learning Organization. Harvard Business Review,* July-August, 78-91

· Goldenberg, H. & Hoffecker, J. (1994). Using the Balanced Scorecard to Develop Companywide Performance Measures. *Journal of Cost Management,* Fall

· Grant, R.M. (1993). *Contemporary Strategy Analysis.* Blackwell Business, Oxford

· Grant, R. (1996). Prospering in Dynamically-competitive Environments: Organizational Capability as Knowledge Integration. *Organization Science,* 7

· Greiner, L. (1972). Evolution and Revolution as Organization Grow. *Harvard Business Review,* **50**, July-August. Reprinted (1998) with author's comments: **76**, May-June, 55-68

· Hally, D.L. (1994). Cost Accounting for the 1990s. *Finance,* December, 129-182

· Hamel, G. & Prahalad, C.K. (1994). *Competing for the Future.* Havard

Business School Press, Boston, Mass.

· Hansson, J. (1997), *Skapande personalarbete. Kompetens och lärande som strategi.* RabénPrisma, Stockholm

· Hedberg, B.L.T. & Jönsson, S.A. (1978). Designing Semi-confusing Information Systems for a Self-designing Organization. *Administrative Sciences Quarterly,* **21**, 41-65

· Hedberg, B. et al. (1997). *Virtual Organizations and Beyond: Discover Imaginary Systems.* Wiley, Chichester

· Helling, J. (1995). *Verksamhetsmätning* (Activity measurement). Studentlitteratur, Lund

· Jansson, Å., Nilsson, F. & Rapp, B. (1997). Implementing Environmentally Driven Business Development: A Management Control Perspective. Paper presented at the workshop "Environmental Management: Beyond Standardized Systems" arranged by School of Business, Stockholm University, 5-7 November, 1997

· Johanson, U. et al. (1998). *Human Resource Costing and Accounting versus the Balanced Scorecard. A literature survey of experience with the concepts.* A report to OECD. School of Business, Stockholm University(draft version)

· Johnson, T.H. & Kapaln, R.S. (1987). *Relevance Lost - the Rise and Fall of management Accounting,* harvard Business School Press, Boston, Mass.

· Kaplan, R.S. & Cooper, R. (1998). *Cost & Effect.* Harvard Business School Press, Boston, Mass.

· Kaplan, R.S. & Norton, D.P. (1992). The Balanced Scorecard - Measures that Drive Performance. *Harvard Business Review,* Jan-Feb, 71-79

· Kaplan, R.S. & Norton, D.P. (1993). Putting the Balanced Scorecard to Work. *Harvard Business Review,* Sept-Oct, 134-142

· Kaplan R.S. & Norton, D.P. (1996a). *The Balanced Scorecard.* Harvard

Business School Press, Boston, Mass.

· Kaplan, R.S. & Norton, D.P. (1996b). Using the Balanced Scorecard as a Strategic Management System. *Harvard Business Review*, Jan-Feb, 75-85

· Ljung, A. & oftedal, O. (1976). *Social redovisning*(Social Accounting). SPF(Swedish Personnel Managers Organization), Stockholm

· McNair, C.J., Lynch, R.L. & Cross, K.F. (1990). Do Financial and Nonfinancial Performance Measures Have to Agree? *Management Accounting*, November, 28-35

· Maisel, L.S. (1992). Performance Measurement: The Balanced Scorecard Approach. *Journal of Cost Management*, Summer, 47-52

· Manville, B. & Foote, N. (1996). Harvest Your Workers' Knowledge. *Datamation*, July. URL: www.datamation.com/PlugIn/issues/1996/july/07know.html

· Mintzberg, H. (1994). *The Rise and Fall of Strategic Planning.* Prentice-Hall, Englewood Cliffs, NJ

· Mossberg, T. (1997) *Utveckling av nyckeltal*(Development of key numbers), EFI(Economic Research Institute at the Stockholm School of Economics)

· Nilsson, F., Jansson, N.-H. & Jansson, Å. (1996). Systematisk implementering av miljöledning - en förutsattning för miljödriven affärsutveckling. *Balans*, No. 6, 22-27

· Nilsson, F. & Rapp, B. (1998), Implementing Business Unit Strategies - The Role of Management Control Systems. *Scandinavian Journal of Management* (forthcoming)

· Normann, R. & Ramirez, R. (1993). *Designing Interactive Strategy.* Wiley, Chichester

· Olve, N.-G. & Westin, C.-J. (1996). *IT-mått. Hur Kan IT-användning beskrivas?* (Measures of IT. How can IT use be described?) Report no. 96/2 from the Swedish government commission on IT

· Peters, T. (1987). *Thriving on Chaos: Handbook for a Management Revolution*. Macmillan, London

· Porter, M. (1980). *Competitive Strategy: Techniques for Analyzing Industries and Competitors*. Free Press, New York

· Porter, M. (1985). *Competitive Advantage: Creating and Sustaining Superior Performance*. Free Press, New York

· Quinn, J.B. (1992). *Intelligent Enterprise*. Free Press, New York

· Quinn, J.B., Baruch, J. & Zien, K.A. (1998). *Innovation Explosion*. Free Press, New York

· Roos, J. et al. (1997). Intellectual Capital. Navigating in the New Business Landscape. macmillan, London

· RRV(RiksRevisionsVerket, The Swedish National Audit Office) (1996). *Balanced scorecard i myndigheterna - förbättrad resultatinformation för intern styrning* (Balanced Scorecard in the public authorities - improved result information for internal control). Stockholm

· RRV (1994). *Resultat-verksamhet-ekonomi* (Result-activities-economy). Stockholm

· Ruddle, K. & Feeny, D. (1998). *Transforming the Organisation: New Approaches to Management, Measurement and Leadership*. Oxford Executive Research Briefings

· Rumelt, R. (1994). Foreword. In: Hamel, G. & Heene, A. (eds) (1994). *Competence-Based Competition*. Wiley, Chichester

· Senge, P. (1990). *The Fifth Discipline*. Doubleday, New York

· Shank, J.K. & Gobindarajan, V. (1993). *Strategic Cost Management*. Free Press, New York

· Smith T. (1992). *Accounting for Growth*. Century Business

· Stewart, G.B. (1991). *The Quest for Value*. HarperBusiness, New York

· Stewart, T.A. (1994). Your Company's Most Valuable Asset: Intellectual Capital. *Fortune*, Oct. 3

· Stewart, T.A. (1997). *Intellectual Capital. The New Wealth of Organizations*. Currency Doubleday, New York

· Sveiby, K.E (1997). *The New Organizational Wealth*. Berrett Koehler, San Francisco

· Van der Heijden, K. (1996). *The Art of Strategic Conversation*. Wiley, Chichester

· Von Hippel, E. (1994). "Sticky Information" and the Locus of Problem Solving. *Management Science*, 4, 429-439

· Wallman, S. (1996). The Future of Accounting and Financial Reporting, Part II: The Colorized Approach. Remarks of commissioner Steven M.H. Wallman before AICPA, 23rd National Conferece on Current SEC Developments. URL: www.sec.gov/news/ speechess/spch079.txt

· Wennberg, I. (1994). På väg bort från ekonomistyningen(Moving away from economic controls). *Ekonomi & Styrning*, No. 2, 6-10

· Wennberg, I. (1996). Banken mäter med fler mått än pengar(The bank measures with more metrics than money). *Ekonomi & Styrning*, 6, 8-10

· Wernerfelt, B. (1984). A Resource-based View of th Firm. *Strategic Management Journal*, 5, 171-180

· Westin, C.-J. & Wetter, M. (1997). *Att hålla ett stykort vid liv* (To keep a scorecard alive), CEPRO.

🌑 그림 및 표 찾아보기

● 색 인

AB 컨트롤사 · 134
ABB 스웨덴사 · 63
ABB 코일텍사 · 134
ABB사 · 131~136, 168, 175, 191, 199, 337~338

DBM(Dynamic Business Mesurement) · 150~151

EDS사 · 412
EP²M · 50
ERQM 상 · 217, 223
EVA(경제적 부가가치) · 53, 276
EVITA · 133~135

FO(Field Operations)사 · 138~140

GIMS · 150

ISO 9000 · 219
ISO 인증서 · 215, 220

KPMG사 · 413

LPBS(Leeds Permanant Building Society)사 · 137

OLAP (On-Line Analytical Processing) · 340

PFV · 200
Powersim · 352

R&D · 285

SJ(Statens Jarnvagar)사 · 401
SKF사 · 164~168, 188, 195~196, 200, 207~208
SRB사 · 199
SWOT 모델 · 87

T50 프로젝트 · 132~133

가빈(Garvin) · 360
가치사슬 모델 · 103
고덴버그(Gothenberg) · 120
그랜트(Grant) · 366

BSC 구축 & 실행사례

펴 냄	2000년 6월 25일 1판 1쇄 펴냄 / 2006년 2월 10일 1판 3쇄 펴냄
지은이	Nils-Göran Olive, Jan Roy & Magnus Wetter
옮긴이	갈렙앤컴퍼니 · 송경근
펴낸이	김철종
펴낸곳	(주)한언
	등록번호 제1−128호 / 등록일자 1983. 9. 30
주 소	서울시 마포구 신수동 63−14 구 프라자 6층(우 121−854)
	TEL. 02-701-6616(대) / FAX. 02-701-4449
홈페이지	www.haneon.com
e-mail	haneon@haneon.com

이 책의 무단전재 및 복제를 금합니다.
잘못 만들어진 책은 구입하신 서점에서 바꾸어 드립니다.

ISBN 89-88798-49-X   03320

한언의 사명선언문

Our Mission

—. 우리는 새로운 지식을 창출, 전파하여 전 인류가 이를 공유케 함으로써 인류문화의 발전과 행복에 이바지한다.

—. 우리는 끊임없이 학습하는 조직으로서 자신과 조직의 발전을 위해 쉼 없이 노력하며, 궁극적으로는 세계적 컨텐츠 그룹을 지향한다.

—. 우리는 정신적, 물질적으로 최고 수준의 복지를 실현하기 위해 노력하며, 명실공히 초일류 사원들의 집합체로서 부끄럼없이 행동한다.

Our Vision   한언은 컨텐츠 기업의 선도적 성공모델이 된다.

저희 한언인들은 위와 같은 사명을 항상 가슴 속에 간직하고
좋은 책을 만들기 위해 최선을 다하고 있습니다.
독자 여러분의 아낌없는 충고와 격려를 부탁드립니다.

- 한언가족 -

HanEon's Mission statement

Our Mission

—. We create and broadcast new knowledge for the advancement and happiness of the whole human race.

—. We do our best to improve ourselves and the organization, with the ultimate goal of striving to be the best content group in the world.

—. We try to realize the highest quality of welfare system in both mental and physical ways and we behave in a manner that reflects our mission as proud members of HanEon Community.

Our Vision   HanEon will be the leading Success Model of the content group.